대입제도

신분 제도인가?
교육 제도인가?

대입
제도

신분 제도인가?
교육 제도인가?

초판 1쇄 인쇄 2022년 2월 23일
초판 1쇄 발행 2022년 2월 28일

지은이 서남수·배상훈
펴낸이 신동렬
책임편집 신철호
편집 현상철·구남희
마케팅 박정수·김지현

펴낸곳 성균관대학교 출판부
등록 1975년 5월 21일 제1975-9호
주소 03063 서울특별시 종로구 성균관로 25-2
대표전화 (02)760-1253~4
팩시밀리 (02)762-7452
홈페이지 press.skku.edu

ISBN 979-11-5550-525-0 93370

대입 제도

신분 제도인가?
교육 제도인가?

서남수 · 배상훈 지음

성균관대학교
출판부

UNIVERSITY

1

저자의 글

"책을 써야 하나?"

처음 이 생각이 든 것은 2018년이었다. 그해 교육부 의뢰로 국가교육회의가 대입제도 공론화를 진행했고, 연말에는 드라마 〈SKY 캐슬〉이 방영되었다. 대입제도 공론화 과정은 내게 충격이었다. 매년 입시 시즌마다 쏟아졌던 수많은 언론 보도와 분석 기사를 통해 대입제도에 관해서는 우리 사회가 어느 정도의 이해를 공유하고 있을 것으로 생각했었다. 공론화 과정을 지켜보니 그렇지 않았다. 드라마 〈SKY 캐슬〉은 대학 입학 때문에 지금도 수많은 학생과 학부모가 큰 고통을 받고 있다는 사실을 새삼 일깨워주었다. 책임감에 잠을 설쳤다.

나는 30여 년 공직 생활 내내 대입제도와 씨름했다. 1979년 행정고시에 합격하고 발령받은 문교부 초임 사무관 시절에 마음속으로 몰래 떠올렸던 한 오만한 생각이 아마도 평생 짊어질 업의 뿌리가 된 것 같다. "저 입시 문제 하나 해결하지 못해 저렇게들 쩔쩔매나?"

1993년, 김영삼 정부의 오병문 문교부장관으로부터 대학학무과장 발령을 받았다. 대학 입시 업무를 주관하는 직책이었다. 그 해부터 새로운 대입제도와 대학수학능력시험이 처음 시행될 예정이었다. 실무책임자가 되어 대학수학능력시험의 출제 범위를 확정했고, 듣기 평가 시간에는 비행기가 뜨고 내리지 못하게 했으며, 전기에는 세 개 대학까지 복수로 지원할 수 있도록 제도화했다. 대학수학능력시험은, 그 수명이 길지 못할 것이라던 전문가들의 당시 예상과 달리, 그 골격을 유지하면서 지금까지 시행되고 있다.

1996년, 김영삼 정부의 안병영 교육부장관 때 교육정책총괄과장에 임명되었다. 그해 말 폐지될 국립교육평가원을 대신해서 대학수학능력시험을 주관할 한국교육과정평가원 설립 방안을 만들고 출범시키는 실무 역할을 맡아 완수했다.

1999년, 김대중 정부의 이해찬 교육부장관 시절에는 교육정책기획관을 맡아 대입제도 개혁의 실무를 총괄했다. 수시모집 제도 도입, 대학수학능력시험 소수점 배점과 총점제 폐지, 강제 야간 자율학습 폐지 등을 포함한 '2002학년도 대입제도'를 만드는 실무 책임을 맡았다.

2004년, 노무현 정부의 안병영 교육부총리가 대학수학능력시험 9등급제를 골자로 한 '2008학년도 이후 대입제도'를 발표한 직후 교육인적자원부 차관보 임명을 받고 그 후속 대책을 진두지휘했다. 2007년, 김신일 교육부총리 시절에는 학교생활기록부 성적 반영 방법을 둘러싸고 대학과 교육부와의 갈등이 최고조에 이른 시점에 교육인적자원부 차관 발령을 받았고, 대화를 통해 갈등을 봉합하는 데 일조했다.

2013년, 박근혜 정부의 첫 교육부장관에 임명되어 대입 전형 간소화를 포함한 종합적인 대입제도 개선 방안을 마련해 발표했다. 이 과정에서 대학수학능력시험 체제의 근본적인 개선은 교육과정 개정과 연계해서 추진해야 한다는 결론을 내리고 '문·이과 통합형 교육과정' 개발 방침을 확정했다. 2014년 가을쯤 '문·이과 통합형 교육과정'의 주요 내용과 그에 상응하는 대학수학능력시험 체제를 함께 발표할 계획이었다. 그러나 세월호 사고로 갑작스럽게 물러나게 되어 이를 마무리하지 못했다.

정부 정책과 제도는 개인이 만드는 것이 아니라 수많은 사람의 참여와 논의를 거쳐 만들어진다. 또 당시 여건과 상황에 따라 많은 변수가 작용한다. 그래서 한 개인의 역할과 비중은 제한적이다. 그렇지만 행정사무관부터 과장, 국장, 차관보, 차관 그리고 장관에 이르기까지 공직 생활 내내 대입제도와 씨름했던 나로서는 수많은 학생과 학부모가 겪었고 또 지금도 겪고 있는 '입시 지옥'에 대한 책임이 없다고 발뺌할 길이 없다.

'입시 지옥'을 해소할 간단명료한 답이나 묘방은 여전히 갖고 있지 않다. 대입 문제는 우리 사회와 교육이 안고 있는 여러 가지 구조적 문제들과 뒤얽혀 있기 때문이다. 다만, 대입제도를 신분 제도로 볼 것인가, 교육 제도로 이해할 것인가의 관점이 그 해법 모색의 중요한 실마리가 될 수 있다고 믿는다.

우리 교육에서 대입제도를 둘러싼 논의는 앞으로도 계속될 것이다. 망설임 끝에 결국 이 책을 쓰기로 마음먹은 것은 이 문제의 더 나은 해법을 모색하려는 분들에게는 내 경험이 도움이 될 수도 있겠다는 생각이 들었기 때문이다. 이 책이 그분들의 열정과 만날 수 있기를 기대한다. 그렇게 해서 우리 아이들이 '입시 지옥'에서 벗어나 활기찬 삶을 살아갈 수 있는 학교와 세상을 만드는 데 조금이나마 도움이 되기를 간절히 바란다.

이 책은 공저자 배상훈 교수 덕분에 세상에 나올 수 있었다. 여러 사정과 함께 역량 부족을 절감하면서 포기하려고 한 순간, 배 교수가 바쁜 시간을 쪼개서라도 기꺼이 공저 작업에 참여하겠다고 동의했다. 배 교수의 깊은 학문적 역량과 빼어난 글솜씨는 내 기대를 훨씬 뛰어넘어 이 책의 수준을 높이고 내용을 알차게 만들어주었다. 곳곳의 부족한 점은 내 몫이지만, 이 책이 독자의 마음에 가깝게 다가갔다면 그것은 모두 배 교수의 공헌 덕분이다.

예를 들면, 앞으로 대입제도가 어떤 방향으로 나아가야 할 것인가의 문제를 다룬 마지막 12장은 처음 집필 계획에는 없던 내용이었다. 앞으로의 대입제도는 내가 나설 문제가 아니고 앞으로 정책을 맡게 될 사람들의 몫이라고 굳게 생각했기 때문이다. 배 교수는, 그것이 비록 완성된 제안은 아니라고 하더라도, 그렇게 다양한 경험을 한 사람이 생각하는 앞으로의 방향을 제시하지 않으면 독자들은 이 책을 쓴 목적에 의문을 품고 실망하게 될 것이라고 나를 설득했다. 그 충고를 받아들였다. 다만 분명히 하고 싶은 것은 새로운 대입제도를 제안하기 위해 이 책을 쓴 것은 아니라는 점이다. 이 책에서 제안한 내용이 앞으로 논의의 출발점이 될 수는 있겠지만, 이 책의 본래 목적은 우리 대입제도에 관한 역사와 경험을 독자들과 공유하는 데 있다.

이 기회에 서울강남초등학교, 양정중학교, 서울고등학교, 서울대학교에서 저를 가르쳐주신 모든 스승님께 큰절을 올린다. 공직 생활 중 모시고 일했던 안병영 부총리를 비롯한 역대 장·차관과 선배들도 헤아릴 수 없이 많은 가르침을 주신 스승이셨다. 힘든 여건 속에서 동고동락한 동료와 후배들로부터도 많은 것을 배웠다. 예리한 지적으로 늘 자극을 주셨던 언론계의 많은 분에게도 큰 은혜를 입었다. 미국 일리노이대(UIUC) 대학원과 하와이 EastWest Center, 영국 런던대 Institute of Education, 한국교육개발원에서도 많은 가르침을 받았다. 이 모든 스승님께 마음으로부터 깊은 감사를 올린다.

집필에 필요한 연구 여건과 공간을 마련해 준 서울대학교와 학교법인 덕성학원에도 깊이 감사드린다. 무리한 일정에도 출판에 협조해준 성균관대학교 출판부에도 고마운 마음이 가득하다.

당신들은 학교 교육을 조금도 받지 못하고 피난 나와 어렵게 사셨으면서도 슬하 아홉 남매 교육을 위해서는 온갖 정성을 다하셨던 부모님 영전에 이 책을 바친다. 일과 연구 때문이라는 내 핑계에 함께 보내야 했을 많은 시간을 단념할 수밖에 없었던 아내 보현성과 두 딸에게도 한없는 고마움과 미안함을 전한다. 가족 모두에게, 특히 현충원에 잠들어 계신 장인 어르신과 입원 중이신 장모님 그리고 시연이에게, 이 책에 담은 사랑이 전해졌으면 좋겠다.

서남수

저자의 글

　1988년 12월 28일 마산에서 서울로 향하는 열차를 탔다. 서울대 합격자 발표를 보러 가는 길이었다. 서울대 운동장에 붙인 합격자 명단에서 이름을 보는 순간 만감이 교차했다. 어려운 형편에 재수까지 한 터라 마음을 졸였기 때문이다. 4학년 때, 운 좋게 행정고시까지 합격했다. 그 후 서울대와 고시 출신이라는 것은 흙수저였던 나의 인생을 바꾸기에 충분했다. 아버지도 어깨를 펴고 다니셨으니 최고의 효도를 한 셈이었다. 그런 면에서 나는 대학 입시가 한 사람의 운명을 바꿀 수 있음을 보여준 사례라 하겠다.

　이 책의 주제는 대입제도다. 우리나라에서 대입제도는 온 국민이 관심을 쏟는 국가 제도로서 위상을 가진다. 학벌주의를 없애기 위해 부단히 노력했지만, 현실 세계에서 어느 대학을 졸업했느냐는 여전히 중요하다. 집안의 명예와 위신에도 영향을 미친다. 그래서인지 초등학교 이후 12년의 교육이 대입이라는 종착점을 향한다. 대입제도가 변하면 학교는 이를 따라가야 한다. 교육적으로 바람직하지 않지만, 학생의 미래를 좌우하는 문제인 만큼 어쩔 수 없다. 대입 관련 사건도 잊힐 만하면 뉴스에 나온다. 자식의 장래가 걸려 있기 때문에 부모들이 불법이나 편법의 유혹에 빠지기 쉽기 때문이다. 오늘날 대입 정책의 가장 큰 화두가 공정성인 것도 이런 이유 때문일 것이다.

대입제도는 참 복잡하다. 15년 전 청와대에서 근무할 때 업무의 하나가 대입 정책이었다. 여러 번 설명을 들어도 이해하기 어려웠다. 대입을 앞둔 자녀가 있어야만 비로소 제대로 알 수 있다고 했다. 사교육과 고액 컨설팅이 독버섯처럼 자라고 온갖 노력에도 줄어들지 않는 것은 대입제도가 복잡해서일 것이다. 하지만 역설적으로 누구나 한마디 거들 수 있는 것도 대입제도이다. 자식이든, 손주든 주변에 대입을 치르는 사람이 하나쯤은 있기 때문이다. 대입제도 개선 방안도 각자 처지에서 바라보는 만큼 각양각색이다. 공론화를 통해 결론을 내리기가 쉽지 않은 이유다.

대입제도는 여러 정책과 맞물려 있다. 고교 평준화, 특목고와 자사고의 존치 문제, 지역균형선발과 사회통합, 사교육과 고액 컨설팅, 배치표와 대학 서열, 수시와 정시, 3불 정책과 대학 자율 등 수많은 이슈가 얽혀 있다. 그런데도 지금까지 대입제도를 깊이 있게 다차원적으로 살펴본 학술서는 없었다. 심층 분석은 고사하고 제도 자체를 체계적으로 설명하는 자료도 많지 않다. 대입제도와 관련된 현상을 설명하려면, 교육 정책을 넘어 교육철학, 교육사회, 교육과정, 교육법, 교육사, 비교교육에 이르기까지 다양한 지식이 필요하고, 한국 사회의 역사적 변천과 사회 질서의 변동에 대해서도 이해가 필요하다. 저자들은 대입제도를 다각적으로 분석해 보자는 의도를 가지고 집필에 임했다. 복잡한 제도를 쉽게 풀어서 설명하고자 노력했다. 지금 우리가 보는 제도는 역사적 진화 과정을 거쳐 만들어진 산물임을 밝히고자 했다. 대입제도의 형성과 변화에 영향을 미친 교육적, 사회적 현상을 조명하고, 반대로 신분 제도적 성격을 지닌 대입제도가 영향을 끼친 사회 변화도 살펴보고자 했다. 마지막으로 교육 제도로서 대입제도가 지향할 방향을 제언했다.

나는 출세(出世)한 사람이라면 어떤 방식으로든 세상에 빚을 갚아야 한다고 생각해왔다. 누군가 존경받는 지위에 올랐다면 자신의 노력이나 능력을 넘어 음으로 양으로 세상의 도움을 받은 것이 분명하기 때문이다. 나 또한 높은 지위는 아니지만 영예로운 공직 생활을 거쳐 명문대 교수가 되었으니, 주변에 도움이 되는 일을 하겠다고 생각하며 살고 있다. 코로나19가 기승을 부리던 2020년 말, 서남수 장관을 만났을 때도 마찬가지였다. 한 나라의 교육부 장관까지 지냈으니, 교육과 사회 발전에 도움이 되는 무언가를 하시면 좋겠다는 말씀을 슬쩍 드렸다. 장관까지 지내면서 겪었던 정책 경험과 교훈을 후배 공직자나 학자들을 위해 기록으로 남기면 좋겠다고 제안했다. 미국 펜실베이니아주립대에서 유학하던 시절, 정책 사례 연구(case study)를 많이 했다. 미국 학계에 축적된 다양한 사례를 보면서 우리도 그런 자료가 많았으면 좋겠다고 생각했었다. 이후 알게 되었지만, 서 장관은 2019년부터 책에 대한 구상을 하면서 많은 자료를 준비하고 있었고, 일부 글쓰기 작업도 하고 있었다.

본격적인 첫 집필 회의는 2021년 1월 11일이었다. 서 장관은 자신이 생각하는 책의 골격을 작성해왔다. 이후 1년 정도를 어림잡아 두 주에 한 번꼴로 만났다. 서 장관이 각 장 초안을 작성해주면, 내가 생각을 보태고 글로 다듬었다. 이를 서 장관이 다시 확인하고 수정하는 과정을 거쳤다. 나는 마치 '해리 포터' 다음 책이 나오기를 기다리는 마음으로 다음 장 초안을 기다렸다. 특히 각 장 마지막에 나오는 '옛날 옛적에, 대입제도 이야기'는 흥미진진했다. 장막 뒤에서 벌어진 일들이었고, 역사의 한 장면들이었다. 대학에서 여러 보직을 맡고 있고 수업과 논문 지도까지 벅찬 생활이었지만, 서 장관과의 집필 회의는 언제나 즐거웠다. 만날 때마다 두어 시간 토론했는데, 평소 궁금했던 정책 이슈나 학자로서의 마음가짐과 삶의 방향에 대한 조언을 덤으로 얻었다. 책에 대한 평가는 독자들이 하겠지만, 공저자로서 참여할 수 있는 영광을 주신 서 장관께 다시 감사의 말씀을 드린다.

낮에 일하고 돌아와서 밤에 글 쓰는 일이 반복되었다. 밤늦게 눈을 비비면서 작업할 때마다, 따뜻한 차 한 잔을 건네면서 책 내용에 대해 비평까지 해준 아내 최기호 박사에게 감사의 마음을 전한다. 슬며시 놓고 간 차 한 잔은 큰 위로가 되었다. 두 아들 재원이와 준원이는 언제나 내게 기쁨을 주는 원천이다. 곁에 있다는 사실만으로 행복하다. 한 달 전, 군에 입대한 둘째 준원이가 이 책을 보았으면 좋아했을 것이다. 책의 편집을 도와준 제자 황수정과 김정연에게도 고마운 마음이 있다. 마지막으로 촉박한 일정임에도 책이 출판될 수 있었던 것은 성균관대 출판부와 편집팀의 고된 작업 덕분임을 밝힌다.

사랑하는 가족과 미처 효도를 받지 못하고 돌아가신 아버지 그리고 늘 자식 걱정하는 어머니께 이 책을 바친다.

배상훈

차 례

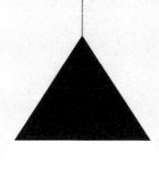

제
1
장

대입제도는
교육 제도인가? 신분 제도인가?

누구나 다 아는 '한국 교육의 비밀'

"한국에서는 선생님들이 나라를 일으킨 사람으로 대접받는다고 합니다. 우리 미국에서도 선생님들이 한국처럼 존경받는 시대를 만들어 가야 합니다." 2011년 3월 미국 오바마 대통령이 버지니아주 알링턴에 있는 어느 중학교를 방문했을 때 했던 말이다. 미국의 발전을 위해 교육이 얼마나 중요한지를 호소하고, 개혁에 동참해달라고 촉구하기 위해서였다. 참 아이러니한 일이다. 우리나라에서는 학교와 선생님에 대한 불신의 눈초리가 적지 않고, 교육의 질에 대해서도 불만을 표출하는 사람이 많기 때문이다. 그러나 잠시 우리의 역사적 발자취를 돌아보면, 오바마의 말이 틀리지 않았음을 알 수 있다.

세계 사람들에게 대한민국은 짧은 기간에 눈부신 경제 성장과 민주주의 발전을 동시에 이룩한 나라로 알려져 있다. 민족끼리 총부리를 겨누었던 6·25 전쟁의 상처를 뒤로하고, 폐허에서 나라를 다시 세웠다. 1997년에는 경제협력개발기구(Organization for Economic Cooperation sand Development) 원조개발위원회(Development Assistance committee)에 공식적으로 가입하면서, 원조를 받던 나라에서 원조를 하는 나라가 되었다. 세계적으로 유일한 사례다. 이토록 놀라운 발전을 이끈 것이 바로 '교육'이라는 점에 대해서는 누구도 부인하기 어렵다. 일제 식민지에서 해방된 후 나라를 재건하기 위해 내세웠던 '교육입국(敎育立國)'이라는 말이 이를 대변한다.

대한민국이 보여준 교육입국의 선순환 메커니즘은 명료하고 확실하다. 우선 역대 정부는 경제 성장과 사회 발전을 뒷받침하거나 선도하기 위해 순차적인 교육투자 전략을 썼다. 초등학교부터 중학교를 거쳐 고등학교로 이어지는 교육투자는 1960년대 이후 나라의 경제와 사회 발전에 필요한 인적자원을 체계적으로 공급하는 역할을 했다. 경제 발전의 성과는 국부(國富) 확대로 이어져 교육에 대한 투자를 늘렸고, 이는 다시 교육의 양적 팽창과 질적 발전을 뒷받침하는 선순환을 이루었다. 지난 십여 년 동안 한국개발연구원(Korea Development Institute)은 경제협력개발기구, 유네스코 등 국제기구들과 협력해서 한국의 발전 사례를 개발도상국과 나누는 '지식공유 프로그램(Knowledge Sharing Program)'을 시행했다. 이때 가장 인기를 끈 분야가 바로 '교육을 통한 국가발전'이었다고 전해진다.

　　그렇다면 대한민국의 놀라운 성장과 발전을 견인한 교육 발전의 원동력은 무엇인가. 정부 차원의 체계적인 투자가 일등 공신임은 분명하다. 그러나 그것으로만 설명하기 충분한가. 대답은 반드시 그렇지 않다는 것이다. 우리나라 국민 특히 학부모의 교육열을 무시할 수 없다. 이는 지난 수십

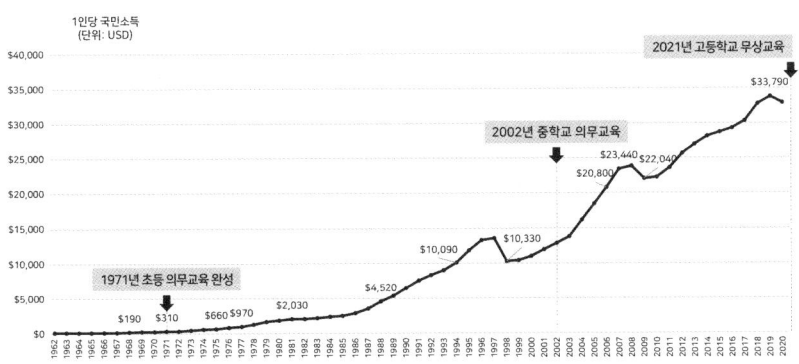

〈그림 1〉 한국의 경제 성장과 교육의 발전(배상훈, 2021)

년 동안 교육 발전이라는 수레를 움직인 다른 하나의 축이었다. 우리의 교육 시스템을 배우기 위해 방문하는 외국의 교육전문가들이 가장 경이로워하는 부분이 바로 자녀 교육을 위한 부모의 희생과 헌신이라는 점은 널리 알려진 사실이다. 심지어 교육부를 방문한 어느 선진국의 고위 관료가 사교육 열풍을 들은 후, 한국 관료에게 학부모의 호주머니에서 돈을 끌어낸 비법이 무엇인지 넌지시 물었다는 일화도 있다.

그렇다면 논의는 다시 학부모의 엄청난 교육열을 만들어낸 동력이 무엇인지로 옮겨진다. 이에 대한 답은 역사적, 문화적, 사회적 관점에서 다양하게 접근할 수 있다. 우선 학업을 숭상한 유교적 전통을 무시하지 못한다. 경제적으로 궁핍해도 자녀 교육은 부모의 의무라는 인식이 사회 규범으로 자리 잡게 했다. 하지만 가장 강력하고도 현실적인 해석은 교육을 통해 신분이나 지위를 높이고자 하는 욕구라 할 것이다. 비록 나는 못 먹고 못 입어도 내 자식에게는 가난을 물려주지 않겠다는 의지가 자녀 교육에 대한 헌신과 투자를 끌어낸 것이다.

장상(將相)의 씨가 따로 있나?

소설, 동화, TV 드라마, 영화 중 우리나라 사람들이 좋아했던 것의 하나는 암행어사(暗行御史) 이야기다. 찢어지게 가난했지만, 밤낮없이 공부한 청년이 과거시험(科擧試驗)에서 장원 급제를 하고, 마패를 든 암행어사가 되어 탐관오리들을 물리치는 이야기 말이다. 사람들은 "암행어사 출두요!"라는 외침에서 쾌감을 느꼈고, 암행어사가 어려운 형편을 딛고 출세한 사람이라는 점에서 감정을 더욱 이입했다. 여기서 과거시험은 누구라도 열심히 하면, 흙수저가 금수저로 변할 수 있는 관문이라 할 수 있다. 과거 급제하는 것은 가문의 영광이고, 금의환향(錦衣還鄕)의 상징으로 받아들여졌다. 한편, 과거제도가 있었다는 것은 우리나라에 흙수저와 금수저의 구분, 즉 사회적 신분 체계가 꽤 명확했음을 보여준다. 무엇보다 오랫동안 유지된 노비제도와 사농공상(士農工商) 신분 체계가 이를 말해준다.

사회적으로 신분 제도가 강고할수록, 역설적으로 서민들은 평등을 갈구하게 마련이다. 구전되어 온 노래나 소설을 보면, 양반 사회를 조롱하고 평등한 세상을 꿈꾸는 내용이 많은 것도 이런 이유일 것이다. 나아가 평등 사회에 대한 집단적 욕구는 기존 신분 체제를 뒤엎으려는 천민 또는 농민의 반란으로 나타난 사례가 적지 않다. 1198년 5월 고려 신종 1년, 개경 지역 노비였던 만적(萬積)이 다른 노예들과 일으켰던 신분 해방 운동이 대표적이다. 만적은 노예들을 모아놓고, "장상(將相)이 어찌 종자가 있겠는

가. 때가 오면 누구나 할 수 있는 것이다."라고 울분을 토했다. 이는 사람들에게 잠재한 평등 의식이 어떠했는지를 보여준다. 인간은 본래 태어나면서부터 신분에 귀천이 없고, 누구든지 사회적 신분과 지위 상승이 가능해야 한다는 것이다. 즉, 우리 역사에는 태어나면서 신분이 결정되는 사회 계층 체제와 함께 핏줄과는 무관하게 누구나 노력하면 상류층이 될 수 있어야 한다는 평등 욕구가 함께 흐르고 있었다.

하지만 강력했던 신분 질서는 조선(朝鮮) 왕조의 마지막이었던 대한제국(大韓帝國)이 일본의 식민지가 되고, 이에 부역한 인물들이 새로운 지배 계층으로 떠오르면서 균열이 생겼다. 이후, 8·15 광복, 6·25 전쟁과 분단, 4·19혁명, 5·16 군사 정변, 6·10 민주항쟁을 거치면서, 사회 계층이나 신분 질서가 바뀌면서, 핏줄이 중요한 전통적 신분 질서는 서서히 해체되었다. 여기에 급격한 경제 성장으로 부(富)와 명예를 거머쥔 상류층과 중산층이 생기고, 평등 사회를 지향하는 민주화가 진행되면서 억눌려왔던 신분 상승의 욕구가 분출하기 시작했다.

하지만 이러한 변화가 사회 계층이나 신분 체제의 완전한 해체를 의미하지는 않는다. 경제적 부와 정치 권력을 획득한 새로운 지배 계층(Ruling class)이 생겨났고, 사회 양극화는 심화하고 있다. 다만, 혈연이나 성별 같은 타고난 요인이 사회적 지위를 결정하는 '귀속(ascribed)적 사회'에서 개인의 노력과 성취가 중요한 '성취(achieved) 사회'로 전환하고 있음을 의미한다. 중요한 것은 개인의 능력을 보여주는 사회적 공인 체제가 무엇이고, 개인의 성취를 인정하는 수단이 무엇이냐이다. 이러한 의미에서 전통적인 신분이나 족보(族譜)를 대체하는 수단으로 강력히 떠오른 것이 바로 '학력(學歷)'과 '학벌(學閥)'이다. 언론이나 SNS를 통해 널리 퍼진 '개천에서 용 난 사례'에서 교육의 역할이 강조되면서, 교육은 새로운 신분 사회를 열어가는 사회 제도가 되었다.

...

학벌주의 :
신분의 사회적 배분 제도로 작동한 대입제도

 일제 식민지로부터 광복을 쟁취한 후, 꾸준히 진행된 경제 발전과 민주화는 대한민국 사회를 변화시키는 토대가 되었다. 오랫동안 유지된 불합리한 신분 체제가 해체되고, 사람들은 능력과 노력에 따라 얼마든지 상류층으로 나아갈 수 있다는 믿음을 갖기 시작했다. 여기에 불을 붙인 것이 가난을 딛고 명문대로 진학해서 금의환향(錦衣還鄕)한 신화적 사례들이다. 개천에서 용이 나는 사례들을 접하면서 많은 사람이 꿈을 갖기 시작했다. 당연히 꿈을 이룰 수 있는 수단이 무엇일까에 주목하게 되고, 명문대 진학이 경제적 부와 사회적 지위를 쟁취하는 관문처럼 인식되었다. 특정 대학 출신이 정치, 행정, 사법부, 언론기관 등의 고위층을 독식하는 권력 엘리트로 성장하면서 명문대 입학은 그 자체로 가치가 있는 '지위재(地位財)'가 되고 있다. 즉, 명문대 입학은 출세를 보장받거나 사회 엘리트 계층으로 편입하는 통과의례처럼 여겨지기 시작했다.

 교육 경쟁이 불붙은 것은 자연스러운 일이고, 마지막 대결의 장은 명문대 입시가 되었다. 여기에 면면히 내려온 가족주의가 결부되면서 교육은 사회를 유지하는 '공적 제도(Public business)'이면서 '가족 재생산을 위한 수단(Family business)'으로 인식되고 있다. 대표적인 것이 사교육이다. 공교육으로 자녀에게 차별적 교육 기회를 제공하기 어렵다고 생각할 때 대안으로 등장한 것이 사교육이다. 정책 당국의 노력에도 불구하고 사교육은 이제 사람들에게 하나의 교육 제도로 '당연시(taken for granted)'되는 단계에 이르렀다.

명문대 입학이 출세로 이어지는 수단으로 인식되고 대학 서열화가 공고해지면서, 대학 입학시험에서 '공정성(Fairness)'은 양보할 수 없는 가치가 되었다. 어떠한 형태라도 입시 부정은 국민적 공분을 낳고, 정권의 기반조차 흔드는 파괴력을 가진다. 따라서 매해 대입 시즌이 되면 정부의 행정력은 입시 부정 예방에 집중된다.

불합리하지만 질긴 생명력을 가진
커트라인과 배치표

교육이 계층 이동의 수단으로 정당화되고, 교육의 사회적 선발(Social selection) 기능이 강화되면서 생겨난 것이 커트라인과 배치표이다. 사실 교육기관으로서 대학에 대한 평가 준거는 얼마나 잘 가르치느냐가 되어야 한다. 그러나 우리나라에서 대학 순위는 배치표에서의 위치로 결정된다. 입시 시즌이 시작되면 시중에 나도는 배치표와 커트라인은 과거 입학생의 점수 흐름과 평판의 영향을 받는 것이다. 대학이 교육에 얼마나 투자하고, 얼마나 좋은 교육적 성취를 이루었는지는 반영하지 못한다. 그래서인지 많은 대학 관계자가 노력했음에도 불구하고 좀처럼 바뀌지 않는 배치표를 보면서 허탈해하곤 한다. 더구나 배치표는 입시라는 메커니즘을 통해서 대학 서열화를 고착화한다. 그 때문에 배치표를 폐지하자는 주장이 심심치 않게 나오고 있다.

대학의 교육에 대한 투자와 성과를 반영하지 못하고, 교육 혁신을 저해하는 배치표가 쉽게 사라지지 않는 이유는 무얼까. 그 이유는 아마 수험생 편의일 것이다. 조금이라도 서열이 높은, 즉 계층 이동에 유리한 대학에 가려는 수요가 있기 때문이다. 어떠한 명분도 교육적 논리도 수험생과 가족이 펼치는 인생 최대의 게임에서 표출되는 신분 상승 욕구를 이기지 못하는 것이다.

배치표와 커트라인이 많은 사람의 주장과 노력에도 불구하고 유지되는 것은 대학 입시가 교육 논리와 정책적 합리성에 의해서만 움직이지 않는 다는 것을 보여준다. 정부도 온 국민이 참여하는 거대한 신분 경쟁에서 모두가 수긍하는 기술적 공정성을 확보하는 것이 심판(Referee)으로서 해야 할 가장 중요한 책무라고 생각한다. 정치인들도 은연중 대학 입시의 본질은 사회적 지위라는 희소 자원의 배분이라 생각하고, 교육적으로 타당한 평가보다 욕먹지 않는 공정한 평가에 매달린다.

이렇게 볼 때, 대학 입학과 관련해서 우리가 펼치는 사회적 담론과 정책 논의는 학생의 흥미와 진로에 부합하는 고등교육의 제공보다 공정성에 문제가 없는 안전한 입시 관리로 귀결되곤 한다. 이미 한국 사회에 대학 졸업장의 종류가 취업은 물론 승진과 배치, 결혼과 주거에 이르기까지 결정적인 영향을 미치는 기준으로 작동하기 때문이다. 그러므로 오늘날 대입을 둘러싼 제반 사회 현상과 부조리를 제대로 이해하려면, 입시를 조선 시대의 과거시험 같은 신분 제도로 바라보는 관점이 필요할지도 모른다. 아쉽지만 우리는 지금 명문대 입학이 사회적 지위를 결정하는 시대에 살고 있기 때문이다.

종합하면, 대입제도는 희소한 사회적 자원과 지위를 배분하는 규칙으로 이해할 수 있다. 옛날처럼 혈연이나 성별 같은 타고난 특성이 아니라 노력에 따라 종착점이 달라질 수 있다는 믿음이 생기면서, 대학 입시는 온 국민이 뛰어드는 거대한 게임이 되었다. 부모는 자녀의 인생이 걸린 게임에서 다른 학생을 제치기 위해 다양한 수단을 활용하고, 심지어 비교육적인 처방도 불사한다. 문제는 공교육 기관인 학교도 교육과정 운영, 학사 관리, 학생 지도에서 이러한 게임의 희생양이 되고 있다는 점이다. 학생들은 학교 단계별로 배우고 경험해야 할 것에 전념하기보다 입시 레이스에서 친구를 조금이라도 앞서기 위해 노력한다. 이 과정에서 성장은커녕 정서적으로 피폐해지는 학생들을 보게 되고, 그 정점에 대학 입시가 있음을 부인하기 어렵다. 대입 시험에서 기술적 공정성에 대한 논의가 커지면, 대학은 대학이 표방하는 인재상에 부합하는 학생을 선발하지 못하고, 객관성에 볼모가 되어 점수로 당락을 결정해야만 하는 문제에 봉착한다.

오늘날 대입제도는 하나의 신분 제도처럼 여겨지고, 여러 집단의 가치와 이익이 뒤엉켜 풀기 어려운 실타래가 되어버렸다. 학생, 교사, 학부모, 교육전문가, 대학 모두가 불만을 가지는 제도가 되었다. 대입제도가 과연 교육의 영역으로 돌아가고, 모두가 만족할 수 있는 해법은 없는 것인가.

대입제도가 추구해야 할 다른 가치들 :
교육적 타당성과 대학의 자율성

대입제도는 중요한 사회 제도이다. 특히 이는 타고난 신분에 따라 신분이 정해지는 전통적 신분 질서를 해체하고, 개인의 능력과 성취에 따라 계층 이동을 할 수 있게 하는 장치로 출발했다. 또한 그런 이유로 개인의 노력을 정직하게 반영하는 공정한 대입제도를 만드는 것이 언제나 과제였다.

하지만 여기서 잊지 말아야 하는 것은 대입제도가 교육 제도이기도 하다는 점이다. 이는 고등학교 교육과 대학교육을 연계하는 접점에 있기 때문이다. 나아가 학생의 학습과 성장에 가장 직접적이고 실질적인 영향을 미치는 제도이기도 하다. 따라서 제도의 설계와 운영에서 공정성을 확보하는 것도 중요하지만, 무엇보다도 교육적 타당성을 갖추어야 한다. 교육 제도로서 추구하는 목적을 분명히 하고, 그 기능과 역할을 제대로 수행할 수 있도록 만들어야 한다.

한편, 대입제도는 대학이 학생을 선발하는 규칙이라는 점도 중요하다. 따라서 학생을 뽑는 대학의 자율성도 존중되어야 한다. 그런데도 지금까지 대입제도의 개혁과 관련된 정책 논의에서 대학의 입장은 크게 고려되지 않았다. 사회적 희소 자원을 배분한다는 점에서 정치적 고려가 중요했고, 고등학교 교육의 정상화와 관련이 있다는 점에서 교육적 타당성이 중요했다. 하지만 대입제도를 운용하는 다른 축인 대학의 관점과 입장을 충분히 고려하지 않는다면, 제도의 지속성을 담보하기 어렵다. 대학은 입학 제도를 시행하는 과정에서 정부 정책에 맞서 얼마든지 자신의 이익을 관철하는 힘을 가졌기 때문이다.

물론 대학의 자율성을 보장한다고 해서 대학 마음대로 할 수 있는 것은 아니다. 대입제도가 고등학교 교육에 미치는 영향과 학위(學位)의 사회적 가치가 큰 상황에서 대학은 책무성을 발휘해야 한다. 대학이 소아(小我)적 입시 경쟁에서 벗어나 사회의 공동선을 추구하는 대아(大兒)적 자세를 가져야 대입제도 개혁이 성공할 수 있을 것이다. 우리 교육의 미래는 대학의 손에 달려 있다고 해도 과언이 아니다.

작은 틈새도 허용하지 않는 대입제도

우리나라에서 대학 졸업장은 취업부터 결혼에 이르기까지 큰 영향을 미친다. 학위를 가졌다는 것이 특정 지식이나 기술을 가졌다는 것을 완전히 보증하지는 못할지라도, 학위가 없으면 어떤 사회 활동이든 불리한 위치에 놓이는 것은 엄연한 사실이다. 모든 사회 시스템이 대학이 수여하는 학위를 중심으로 움직이기 때문이다. 대졸과 고졸의 임금 격차는 여전히 크고, 적어도 당분간 급격히 줄어들 것 같지도 않다. 특히 명문대 졸업장은 앞으로 경제 활동과 사회생활에서 특별한 혜택을 부여하는 보증 수표처럼 이해되는 것이 사실이다.

이런 이유로 대입 시험은 매해 많은 사람이 참여해서 치열하게 경쟁하는 거대한 게임의 장이 되었고, 그 게임의 규칙을 어떻게 만드느냐는 초미의 관심이 아닐 수 없다. 학생으로서는 지난 12년 동안 닦아온 실력을 한번에 평가받는 것이고, 미래의 삶을 결정하는 첫 관문이다. 가족은 자녀가 명문대 졸업장을 거머쥐는 것이야말로 가문이 누려온 사회경제적 지위의 영속성을 보장받는 확실한 대안이라고 생각한다. 혹은 내 자식에게 가난을 대물림하지 않는 가장 효과적인 방법이 명문대에 보내는 것임을 모르는 학부모는 없을 것이다. 명문대 진학이 개천에서 용 나는 공식임을 수많은 '인간 극장'을 통해 보았기 때문이다.

학교는 물론 사교육 업체도 게임의 규칙에 대한 정보력이 그들의 비즈니스를 성공으로 이끄는 길임을 알고 있다. 입학처장들도 성적 높은 학생, 대학 발전에 도움이 될 학생, 대학 인재상에 부합하는 학생을 한 명이라도 더 뽑으려면, 입학 시장의 규칙에 정통하고 이를 지혜롭게 이용할 줄 알아야 한다.

대입제도는 모두가 신분 사다리를 올라가려고 애쓰는 거대한 욕망의 바다에서 조금이라도 예측 가능성을 부여하고 질서를 유지하기 위해 만든 장치이다. 따라서 이를 둘러싸고 다양한 이해가 충돌한다. 정부, 대학, 사교육 업체, 언론, 교원단체와 노조까지 참여하는 복잡한 게임이 벌어진다. 이 과정에서 조그마한 틈새라도 있으면 일부 참여자들은 여지없이 이를 간파하고 행동한다. 그 행동은 다른 참여자들의 대응으로 이어지고 연쇄적으로 확대되어 엄청난 '나비 효과'를 불러온다. 다음에 제시하는 2022학년도 대입제도의 설계와 변화 과정은 이러한 역동성을 엿볼 수 있는 좋은 사례이다.

학교생활기록부 성적의 절대평가와 상대평가

1998년 2월 25일 김대중 대통령은 취임사를 통해 "대학입학제도를 획기적으로 개혁하겠다"고 선언한다. 당시 대통령직인수위원회 업무 지원에 참여했던 한 교육부 실무자의 말에 의하면, 이 내용은 취임사를 검토하는 최종 단계에서 김대중 대통령이 직접 지시해 포함되었다고 한다.

3월 3일 교육부장관에 취임한 이해찬 장관은 곧바로 대입제도의 개선에 착수했다. 이해찬 장관은 조각 발표 직전에야 임명 통보를 받았다는 것으로 보아 장관 취임 전까지 대입제도 개선에 대해 김대중 대통령과 어떤 의견 교환도 없었고 개인적인 의지나 구상을 가진 적도 없었던 것으로 보인다. 따라서 김대중 대통령이 취임사에서 "대학입학제도를 획기적으로 개혁하겠다"고 선언한 것은 곧 임명할 교육부장관에게 미리 내린 '직무 명령'이었던 셈이다.

우선 교육부의 대입과 관련되는 여러 부서 실무자들로 '대입제도개선기획팀'이 구성되었다. 이어서 이들의 건의에 따라 대입 분야의 최고 전문가로 '2002학년도 대학입학제도개선위원회'를 구성했다. 이돈희 서울대 교수(당시 직책 기준, 이하 같음)를 위원장으로 모시고, 이현청 한국대학교육협의회 사무총장, 박도순 한국교육과정평가원 원장, 김신복 서울대 교수, 민경찬 연세대 입학처장, 김승옥 고려대 교수, 이태수 서울대 교수, 고형일 전남대 교수, 성태제 이화여대 교수, 김성식 서울시교육청 중등교육국장, 윤웅섭 윤중중 교장 등 학계와 교육계의 대입제도 전문가들을 대거 위촉했다.

대학입학제도개선위원회는 주로 토론 방식으로 운영되었다. 우리 대학입학제도가 안고 있는 문제점과 개선 방안 그리고 외국 사례에 대해 주제별로 자유롭게 토론해서 결론을 내렸다. 어떤 주제는 오전에 시작해서 저녁까지 격론이 벌어지기도 했는데. 매주 또는 격주마다 열린 토론회는 수개월 동안 계속되었다. 이런 방식으로 위원회에서 쟁점별로 어느 정도 내용이 정리되면 장관에게 수시로 보고되었고, 재논의나 추가 논의가 필요하다고 판단되면 다시 위원회에서 논의해서 쟁점을 하나 하나 정리해 나갔다. 나중에 교육부가 최종 확정해 발표한 '2002학년도 대학입학제도'에 포함된 수시모집 제도나 학교생활기록부 비교과 활동 기재 등 많은 내용은 이 위원회가 집중 토론을 거쳐 제안한 내용이었다.

이해찬 장관은 취임 이전에 교육 분야에 대한 경험이 거의 없었다. 그래서 중요하다고 판단하는 정책은 교육부 관련 부서 실무자와 실·국·과장 그리고 때로는 관련 분야 외부 전문가들도 함께 불러 모아 '교육정책토론회[1]'를 열어 의견을 듣고 정책을 결정하는 방법을 활용했다. 정책토론에 익숙하지 않았던 초기에는 참가자들이 발언을 망설이기도 했다. 이해찬 장관이 적극 독려함에 따라 참가자 모두 소속이나 직책에 상관없이 활발하게 토론에 참여하는 분위기가 조성되었다. '운동권' 시절부터 수많은 토론 경험을 갖고 있던 이해찬 장관은 쟁점을 정리하고 다음 논의로 진행하는 데 탁월했다. 토론회를 마칠 때쯤이면 기본 방향에 대해 일종의 컨센서스가 만들어지는 경우가 많았다.

'2002학년도 대학입학제도 개선방안'은 교육정책토론회의 39번째 토론 주제로 상정되었다. 교육부 상황실에서 열린 이 토론회는 1998. 9. 5. 토요일 오후 2시 30분부터 시작되어 오후 7시까지 계속되었다. 이해찬 장관과 조선제 차관. 관련 실장, 국장, 과장 그리고 대학입학제도개선위원회 위원이 모두 참석했다. 5시간이 넘게 계속된 이 정책 토론회에서도 많은 실질적 논의가 이루어졌다.

---

1) 이해찬 장관이 주재한 정책토론회는 1998. 3.부터 만 1년 동안만 총 58회가 개최되었고 그 후로도 10여 회 더 개최되었다(교육부, 1999).

이날의 토론과 여러 번의 추가적인 내부 검토를 거쳐 교육부는 2002학년도 대학입학제도 개선방안(안)을 확정하고, 10월 중순 이를 김대중 대통령에게 보고해 승인을 받는다. 새로운 대입제도의 주요 내용은 많은 획기적 내용을 담고 있었다.

① 학교생활기록부의 성적은 전체 성적보다 모집단위 특성과 관련된 일부 교과목 성적을 중점적으로 반영하도록 대학에 권장한다. ② 학교생활기록부의 비교과 활동 기재를 확대하고, 이를 입학 전형 자료로 활용하도록 권장한다. ③ 학교교육 정상화에 걸림돌이 될 수 있는 국·영·수 위주의 본고사는 법령으로 규제하기보다 국·공·사립대학 모두에 대해 정책적으로 억제한다. ④ 학교장 등의 추천입학제와 대학의 독자적 기준에 의한 특별 전형의 확대를 유도한다. ⑤ 수능 성적의 소수점 배점을 폐지하고, 총점을 기재하지 않으며, 영역별 표준점수제와 등급제를 도입한다. ⑥ 학생 모집을 수시모집과 정시모집으로 이원화하고, 3학년 2학기뿐만 아니라 정원의 10% 이내 범위에서는 1학기에도 수시로 학생을 모집할 수 있도록 허용한다. 이 외에도 2002학년도 대학입학제도 개선 방안에는 여러 가지 다른 내용들이 포함되어 있는데, 그 핵심은 대학의 입학 전형이 수능 성적 같은 시험 점수 중심 선발에서 벗어나도록 유도하고, 학생의 적성과 특기를 키워주는 다양한 교내외 교육 활동을 기록한 학교생활기록부를 대학이 자율적으로 다양하게 활용할 수 있는 입학 전형으로 전환하는 데 있었다.

이와 함께 교육부는 우리 교육의 질을 선진국 수준으로 높이기 위해서는 대입제도 개혁만으로는 충분하지 않다고 판단했다. 새로운 제도가 정착하려면, 입시 위주 교육에 찌든 학교의 문화까지 전면적으로 쇄신할 필요가 있다고 본 것이다. 이를 위해 아침 자율학습, 보충수업, 야간 자율학습을 폐지하고, 체육, 음악 등 다양한 특기 활동과 봉사 활동을 포함한 방과후 교육활동을 대폭 확대하는 '새 학교 문화 창조' 계획을 함께 수립했다. 이 계획도 여러 번 정책 토론회와 지역별 공청회를 거쳐 다양한 의견을 수렴해 확정했다.

교육부는 새로운 대입제도와 새로운 학교 문화 창조 계획을 통합해, 1998년 10월 19일 '2002학년도 대학입학제도와 새 학교 문화 창조' 계획이라는 이름으로 발표한다. 특히 '새 학교 문화 창조' 계획은 대부분의 다른 정책처럼 시·도 교육청에 공문서로 전달하는 방식이 아니라, 교육부가 직접 나서서 모든 교장·교감 선생님, 장학관·연구관·장학사·연구사 등 교육 전문직, 시·도 교육청 소속 행정직 공무원, 고등학교 1학년 담임 예정 교사들을 모아 특별 연수를 실시할 정도로 강력하게 추진되었다.

2002학년도 대학입학제도는 우리나라 대입제도 변천사에서 획기적이라고할 만하다. 과거에는 모든 지원자를 전형 요소별로 평가한 결과를 점수화해서 총점을 산출한 후에 지원자들을 일렬로 세운 다음에 모집 인원만큼 합격시키는 '한 줄 세우기'와 '커트라인(Cut-line)' 방식으로 학생을 선발했다. 어떤 형태이든 점수 위주 전형이었던 셈이다. 반면, 2002학년도 대학입학제도는 대학이 종전 방식대로 학생을 뽑을 수도 있지만, 학생의 특기와 적성을 고려한 '다단계 전형' 방식으로 학생을 선발하거나 대학이 만든 독자적 기준에 따른 특별 전형을 실시할 수 있도록 허용했다. 즉, 학생 선발에서 대학의 자율성을 보장하고, 선발 방법의 다양성을 크게 확대한 획기적인 개혁이었다. 그 전에는 매 학년도가 끝날 즈음 짧은 입시 기간에만 대입 전형을 해야 했던 탓에 효율적인 점수 위주 전형이 불가피했던 면도 있었다. 반면 새 제도는 비교적 긴 수시모집 기간을 허용함으로써 선진국처럼 충분한 시간과 노력을 투입해서 종합적으로 학생을 평가하고 선발할 수 있는 길을 열었다.

이제는 일반화된 봉사 활동도 2002학년도 대학입학제도의 영향을 크게 받았다고 할 수 있다. 도입할 당시 많은 논란이 있었다. 봉사 활동은 그 자체가 교육적으로 의미 있는 일이므로 그것에 대해 대학 입학 전형에서 혜택을 주는 것은 교육적으로 바람직하지 않다는 반대론부터, 부모가 대신 봉사 활동을 하고 그 증명서를 자녀 이름으로 발급받는 등 부정의 가능성이 크다는 우려까지 다양한 반대 의견이 제기되었다. 그러나 봉사 활동은 체험을 해보아야만 그 보람과 의미를 체득할 수 있다는 의견이 우세해 도입하기로 최종 결정되었다. 결과적으로 학교생활기록부에 봉사 활동을 기록하고 이를 대입 전형에 반영할 수 있도록 한 것이 우리 사회에서 봉사 활동이 획기적으로 활성화되는 계기를 만든 것이다. 대입제도의 막강한 영향력을 보여준 사례라고 할 수 있다.

그러나 여러 가지 긍정적 측면에도 불구하고 2002학년도 대입제도 역시 본격적으로 시행되면서 많은 논란이 일어나고 2003년에 출범한 노무현 정부에도 큰 부담을 안기게 된다. 예를 들면, 교육부는 '3불 정책' 즉, 대학 본고사, 고교 등급제, 기여 입학제의 금지만 제외하고는 대입과 관련한 대학의 자율성을 획기적으로 넓히고 정부의 간섭을 대폭 줄였다고 주장했지만, 대학의 입장은 사뭇 달랐다. 대학들은 교육부가 고수했던 '3불'이야말로 학생 선발권을 본질적으로 침해하는 것이라고 주장하며 '3불 해제'를 요구하기 시작했다. 이 논란은 당시 정치적, 사회적 상황과 맞물리면서 큰 이슈로 발전하게 되는데 이에 대해서는 뒤에서 따로 상세하게 논의한다.

그런데 외부에는 잘 알려지지 않았지만 2002학년도 대학입학제도의 기본 골격이 발표되고 관련 정책이 강력하게 추진되는 상황에서도 유독 한 문제에 대한 내부적 고민은 해결되지 않고 있었다. 흔히 내신성적이라고 불리는 학교생활기록부 성적을 절대평가로 할 것인가 아니면 상대평가로 할 것인가의 문제였다. 참고로 내신성적이라는 용어는 일제 강점기에 학생에 관한 중요한 정보를 비밀리에 상급학교 또는 외부기관에 전달하는 의미로 사용하던 용어라는 지적이 제기되어 '90년대 중반쯤부터 교육부는 내신성적이라는 용어 대신 학교생활기록부 성적이라는 용어를 사용해 오고 있다.

당시 정책 토론회와 대입제도 개선 연구에 참여했던 교육전문가와 교육 경력이 풍부한 교육전문직 대다수는 우리도 선진국처럼 학교 성적을 석차 같은 상대평가가 아니라 학업 성취도 평가와 같은 절대평가 체제로 전환해야 한다고 주장했다. '누가 더 잘하나?' 식의 상대평가는 교실에서 함께 공부하는 친구들과 치열하게 경쟁하도록 만들기 때문에 교육적으로 바람직하지 않고, 교육에서 평가는 학생의 성취 정도를 객관적으로 파악하고 그 성취 수준을 높일 수 있는 교육적 처방을 찾아낼 수 있는 방식으로 운영되어야 한다는 것이었다. 교육적으로 바람직하고 또 이론적으로 타당한 주장이었다. 절대평가 제도의 도입은 실제로 1995년에 발표된 '5·31 교육개혁[2)]'방안에 이미 포함되어 있던 내용이었다. 교육부도 이미 1996년에 일정한 준비 과정을 거쳐 2000학년도부터 절대평가제를 시행하겠다는 방침을 천명한 상태였다.

하지만 교육부에서 대입 업무를 담당했던 행정 실무자들은 절대평가는 현실적으로 시기상조이며, 당분간 상대평가 방식을 지속해야 한다는 주장을 굽히지 않았다. 절대평가의 취지는 이해하지만 현실적으로 '내신 부풀리기' 현상이 우려되고, 그렇게 되면 전형자료로서 학교생활기록부가 결국 유명무실해진다는 것이었다. 또한 학교생활기록부 성적을 입학전형에 반영해서 학생들이 학교 교육에 충실하도록 유도하는 정책은 1980년 7·30 교육개혁 이후 일관되게 유지해 온 방향인데, 자칫 그것마저 흔들릴 수 있다는 것이었다.

---

2) '5·31 교육개혁' 방안은 1995년 김영삼 정부의 교육개혁위원회에서 발표·추진되었으나 1998년에 출범한 김대중 정부도 교육 정책은 정권 교체에 관계없이 일관성 있게 추진되어야 한다는 정책 기조를 취함에 따라 계속 추진되었다. 1999. 3. 교육부가 펴낸 '교육발전 5개년 계획(시안)'은 일부 조정되거나 새롭게 포함된 내용들도 있지만 대체적으로는 '5·31 교육개혁' 방안을 정책적으로 구체화한 내용이라고 할 수 있으며 또 그 상당 부분은 노무현 대통령 정부 시절까지 정책 기조가 유지되었다.

이러한 반론에도 불구하고 당시 교육전문가들은, 다소 부작용이 있을 수 있 겠지만, '5·31 교육개혁'의 취지와 새 학교 문화 창조의 시대적 요구를 내세우 면서 절대평가에 대한 적극적인 옹호 입장을 거두지 않았다. 학교를 신뢰해야 교육 정책이 성공할 수 있다는 것이었다. 무분별하게 성적을 부풀리는 학교가 많지 않을 것이고, 설령 내신성적을 부풀리거나 부실하게 관리하는 학교가 나 온다면 교육청이 엄격하게 감독해서 바로잡으면 된다는 것이었다.

학교생활기록부 성적기재 방법은 쉽게 결론이 나지 않았다. 여러 번의 정책 토론회와 실무 회의를 했지만, 양측의 주장이 평행선을 달렸다. 어느 한쪽의 주 장도 포기되지 않다가, 각급 학교에 지침을 내리지 않으면 안 되는 학년 초에 임박해서야 절대평가와 상대평가를 병행하는 방식으로 타협하게 된다. 즉, 교 과목별로 수, 우, 미, 양, 가라는 평어를 기재하는 절대평가 방식을 유지하면서 상대평가 방식의 석차도 함께 표기해서 대학에 제공하고 이들 중에서 대학이 자율적으로 선택해 활용하도록 한다는 것이었다.

최우수 학생들이 지원하는 상위권 대학들은 학생 변별을 이유로 석차(상대 평가)를 사용할 수 있고, 다른 대학들은 교육적으로 바람직한 학업 성취도 성 적(절대평가)을 적용할 수 있다는 절충적 논리를 받아들인 것이다. 이러한 절충 은 절대평가의 장점을 유지하면서, 학교가 성적 부풀리기를 하지 않도록 유도 할 수 있다는 희망과 기대가 섞인 결정이었다. 또한 일부 고교가 비교육적인 성 적 부풀리기를 하면, 행정력을 동원해서 바로잡겠다는 정책 의지도 강했다. 무 엇보다 이 방식은 학생 선발에 있어서 대학의 자율을 최대한 존중한다는 '2002 학년도 대학입학제도'의 기본 취지에 부합하는 방식이었다. 그러나 논리적, 이 상적으로는 절대평가와 상대평가의 조화가 가능할지라도 현실 세계에서는 그 공존이 쉽지 않았다. 야심차게 추진했던 학교생활기록부 성적 반영 방법의 개 선은 시간이 지나면서 여러 가지 문제점을 드러낸다.

절대적인 학업 성취를 보여주는 성적과 상대적인 순위를 보여주는 석차 등급을 모두 기재한 학교생활기록부는 2000학년도 대학입시부터 대학들이 자율적으로 사용하기 시작했다. 첫해에는 예상했던 대로 대부분 대학이 종전처럼 석차 등급을 사용함으로써 별다른 문제가 발생하지 않았다. 그런데 2001학년도 대입 전형부터 변화가 생기기 시작했다.

과외 금지를 포함한 '7·30 교육개혁'이 발표된 1980년 이후 정부는 고등학교 교육 정상화 차원에서 학교생활기록부 성적의 활용을 강제하거나 적극적으로 권장하는 정책을 지속했다. 그러나 실제로는 많은 대학이 학교생활기록부 성적을 소극적으로 반영했다. 대학은 학교생활기록부가 제시하는 성적, 특히 석차 등급은 고등학교 사이에 실재하는 학력 차이를 제대로 반영하지 못한다고 생각했기 때문이었다. 이런 차에 정부가 절대평가의 성격을 지닌 학업성취도 성적과 상대평가로 매겨진 석차 등급 중에서 대학이 자율적으로 선택할 수 있도록 하자 일부 사립대학들이 전격적으로 학업성취도 성적을 사용하기로 결정한 것이다.

일부 유수 대학이 학업성취도 성적을 사용하기로 한 것은 나름대로 이유가 있었다. 상대평가인 석차 등급을 사용하게 되면 대입 전형에서 과학고, 외국어고 등 특목고나 지방 명문고 학생들이 불리하고 일반고 학생들이 유리했다. 반면 절대평가 방식인 학업성취도 평가 결과를 사용하면 특목고 학생 유치에 유리하다는 사실을 간파한 것이다. 일부 대학이 그런 방식으로 '입시 농사'에서 대성공을 거두었다는 소식이 대학가에 은밀하게 퍼졌고, 다른 대학들도 같은 방향으로 움직이기 시작했다. 이듬해 입시요강을 정하면서 더 많은 대학이 석차 등급 대신 학업성취도 평가를 전형자료로 선택한 것이다. 이 추세는 점점 확대되었다.

대학들의 학업성취도 평가 반영이 확대되자 고등학교들도 동요하기 시작했다.

원래 학업성취도 평가는 교육과정이 요구하는 성취 목표를 학생이 달성했는지를 묻는 문항을 출제하는 것이 원칙이고, 이를 통해 학생의 학업 성취 수준을 확인하는 것이다. 하지만 그것이 대입 전형의 핵심 요소가 되는 순간, 한 학생이라도 더 상위권 대학에 보내고 싶은 고등학교도 가만히 있지 않았다. 일부 학교가 쉬운 문제를 내는 방법으로 '성적 부풀리기'에 나섰다. 특히 많은 졸업생을 명문 대학에 진학시켜야 명문 고교로 인정받는 사회 풍토에서 일부 사립학교들은 다양하고 은밀한 방법을 동원해서 '내신 부풀리기'를 시도한 것이다. 이렇게 되자 공립학교들까지 점점 '내신 부풀리기' 유혹에서 벗어날 수 없게 되었다. 교육 당국이 아무리 애를 써도 '성적 부풀리기' 시도는 줄어들지 않고 행정력으로 이 문제를 바로잡을 수 없는 상황이 된 것이다.

이렇게 되자 대학은 다시 학교생활기록부의 성적을 신뢰하지 못하거나 변별력이 없다고 생각하게 되고 학교생활기록부 성적의 비중은 실질적으로 점점 낮아졌다. '수'를 받은 학생 비율이 너무 높았다. '성적 부풀리기'는 학생에게도 좋지 않은 영향을 미쳤다. 학교생활기록부 성적이 대학 입시에서 영향력이 줄어들고 조금만 공부해도 좋은 성적을 받을 수 있다고 생각하면서 상대적으로 학교 성적에 무관심해지거나 수업을 소홀히 여기는 학생들이 늘어났다.

학교생활기록부 성적 반영 비중이 줄어들자 대학수학능력시험 성적과 논술 성적의 상대적 비중이 커졌다. 이것은 사교육의 성행으로 이어졌다. 악순환의 고리에 빠지게 된 것이다. 언론에서는 학생들이 학교 수업 시간에는 엎드려 자고 밤에는 학원에서 치열하게 공부하는 세태를 개탄하며 보도했다. 교육의 중심축이 학교에서 사교육으로 옮겨갈 위기에 직면한 것이다.

특목고나 비평준화 지역의 명문고 입학을 위한 중학생 과외도 늘어나기 시작했다. 서울에서는 강북 지역 학교, 지방에서는 일반고로 진학하면 명문 대학 진학이 어렵다는 풍문도 돌았다. 강남 지역 학생은 학교생활기록부의 석차 등급에서는 불리하지만, 여러 주요 대학이 석차 대신 학업성취도를 평가 기준으로 사용하기 때문에 그 불리함이 사라졌다는 것이다. 강남 지역에는 '쪽집게 강사'가 강의하는 학원들이 많고 사교육 시장의 수준이 높아 최신 입시 정보를 쉽게 접할 수 있기 때문에 자녀의 대학 입시에 절대적으로 유리하다는 '카더라 방송'이 퍼져나갔다. 이런 입소문과 관련 보도가 반복되면서 교육은 강남의 아파트값이나 전세값 상승의 '주범'으로 지목되었다.

정부가 나설 수밖에 없는 상황이 되었다. 결국 2005년 노무현 정부는 학교생활기록부 성적을 '상대평가에 따른 9등급제'에 따라 표기해 제공한다는 대입제도 개선 방안을 발표한다. 훌륭한 교육적 목적과 동기를 바탕으로 도입되었던 절대평가 방식에 의한 학교생활기록부 성적 표기는 이렇게 큰 상처를 입고 후퇴했고, 그 결과 학교생활기록부 성적은 지금까지도 계속 상대평가 방식으로 제공하게 된 것이다.

강물은 흘러간다. 강은 늘 거기에 있지만, 오늘 흐르는 강물은 어제 흐르던 그 강물이 아니다. 겉으로 보기엔 학교, 대학, 정부 모두 언제나 동일한 실체로 보이지만 그곳에 있는 사람들은, 강물과 마찬가지로, 어제의 그 사람들이 아니다. 수험생이나 학부모도 같은 이름으로 불릴 뿐, 매년 앞선 사람이 떠나고 곧 다른 사람으로 채워진다.

1998년에 새 대입제도를 구상하기 위해 치열하게 논쟁했던 사람들은 지금 거기에 없다. 제도를 만들었던 사람들은 금방 떠나고, 새로운 사람들이 들어와 제도를 운영한다. 그 사이에 대통령이 바뀌었고, 교육부의 장·차관과 담당 실·국·과장도 이미 여러 번 바뀌었다. 새 제도에 맞춰 고심했던 대학 총장과 입학처장들도 거의 대부분 새로운 인물로 채워졌을 것이다. 새로운 대입제도를 도입하면서 점수 위주, 시험 위주 학교 풍토를 바꾸고 '새 학교 문화를 창조하자'고 다짐했던 수많은 선생님들도 이미 정년을 맞아 학교를 떠났다.

그렇게 사람은 떠나도 정책은 남는다. 강력한 정책 의지와 개혁을 힘차게 이끌던 열정 그리고 이를 위해 내세웠던 대의명분은 사라지고, 제도의 골격만 앙상한 뼈대로 남는 게 보통이다. 절대평가와 상대평가의 사례가 잘 보여주듯, 대입제도가 여러 해 운영되면서 그 제도를 도입하는 단계에서 큰 영향을 주었던 동기나 취지는 무색해지고 처음에는 전혀 예상하지 못한 방향으로 상황이 전개되기 일쑤다.

2002학년도 대학입학제도는 교육적 관점에서 상당히 진일보한 제도다. 이를 계기로 획일적인 점수 위주 입시에서 벗어나 학생의 다양한 특기와 적성까지 평가해 학생을 선발하는 전형이 가능해졌다. 비록 처음에 내세운 목표를 완전히 달성했다고 할 수는 없겠지만, 학생의 특기와 재능을 살릴 수 있는 새로운 학교 문화를 조성할 수 있는 단초가 마련되었음을 부인할 수 없다. 그러나 '악마는 디테일에 있다'는 말처럼 학교생활기록부 성적표기를 절대평가 방식으로 바꾼 의욕적인 시도는 한국 교육의 특수한 여건 속에서 결과적으로 아픈 상처를 남긴 셈이 되었다.

이 사례는 정부가 새로운 제도를 깊은 연구와 고심 끝에 도입해도 대학, 고교, 학부모와 학생은 정부가 예상하지 않은 방향으로 움직일 수 있으며, 과열된 대입 경쟁이라는 강력한 자기장 속에서는 예상 밖의 '나비 효과'가 나타날 수 있다는 사실을 잘 보여준다. 대학 입학은 수많은 참여자의 이해관계가 충돌하는 복잡하고 거대한 게임의 장이다. 한 부분의 변화가 다른 부분의 어떤 영향을 미칠지 예측하는 것이 결코 쉽지 않다. 어쨌든 정책 결정의 책임은 정부의 몫이다. 정책 참여자들이 게임의 룰 속에서 자신의 이익을 추구한 것을 비난하면서 정책 실패의 원인으로 지목하는 것은 타당하지 않다. 정책을 도입하게 된 취지와 목적이 끝까지 살아남도록 그 정책을 제대로 설계하고 운영하는 것은 정부의 책임이다.

2002학년도 대학입학제도에서 불거진 학교생활기록부 성적의 표기와 활용 방식, 즉 절대평가와 상대평가의 문제는 아직까지 진행형이다. 역대 정부가 절대평가를 도입하겠다고 선언하고도 실제 시행은 계속 늦추어 왔고, 현 정부가 2025학년도 이후 고교학점제 도입과 함께 절대평가 체제로 전환하겠다고 밝히고 있는 것도 이 문제의 어려움을 잘 알고 있기 때문일 것이다. 그렇지만 고교학점제 아래서는 절대평가제를 도입해도 문제가 없을 것이라는 주장을 뒷받침할 만한 설득력 있는 근거는 아직 희박하게만 보인다. 미래 사회에서는 협업이 필수적이고 경쟁보다 협력과 공존을 배워야 하는 학교에서 상대평가보다 절대평가가 분명히 교육적으로 바람직하지만, 제로섬 게임이 펼쳐지는 대학 입시 상황에서 그것이 어떻게 작동할 것인지에 대한 심사숙고가 더 필요할 것이다.

대입제도를 좋은 교육 제도로 만들려면?

　매해 겨울, 온 나라의 이목이 한 곳에 집중한다. 경제의 부침에 영향을 받지 않고, 정권이 바뀌어도 달라지지 않았다. 대학에 가기 위해 거쳐야 할 관문, 수능이 그것이다. 대학이 요구하는 전형자료에 따라 달라지겠지만, 입시 준비는 이미 초등학교 저학년 단계까지 내려갔다는 말도 들린다. 어려서부터 스펙을 만들고 성적을 관리해야 한다. 선행 학습을 하면 본선에서 유리하다는 믿음이 팽배한 탓에 어린 학생들은 뜻도 모르면서 함수를 접하고 문법을 외워야 한다. 어쩌면 글자를 읽기 시작할 때부터 학생들은 아니 온 가족이 교육을 통한 신분 상승의 레이스를 펼치기 시작한다. 학교생활기록부를 풍성하게 채워야 하고 수능에도 전력을 다한다. 이 게임의 결과가 학생은 물론 가문에 이르기까지 영향력이 너무 커서 온갖 전략과 방법이 동원된다. 대입제도는 어떻게 만들어도 다양한 부작용을 불러온다.

　복잡하게 얽힌 문제에 당면했을 때, 문제의 본질을 생각하는 것이 해결의 지름길이다. 다양한 이해가 얽혀 있고 각자의 이익을 추구하는 대입제도에서도 그렇다. 중요한 것은 대입제도가 정치, 경제, 사회, 문화적 차원에서 다양한 파급 효과를 불러오지만 본질에서 교육 제도라는 사실이다. 공교육에 미치는 영향 그리고 아이들의 성장에 미치는 영향이 너무 크다.

　대입제도는 근본적으로 대학에 입학하려는 학생을 선발하는 절차와 기준이다. 대학에 가려는 학생은 진학하려는 대학과 전공에 맞추어 공부할 내용과 방법을 선택해야 한다. 사실 학교도 학생의 대학 입시를 염두에 두고 교육과정을 운영한다. 이처럼 초·중등교육과 대학교육을 이어주는 린치핀(Linchpin)으로써 대입제도는 학생의 성장과 발전을 도와주면서 학교의 교육과정이 정상적으로 운영될 수 있도록 설계되어야 한다. 이렇게 볼 때 대입제도에서 가장 중시해야 할 가치는 교육적 타당성이다.

대입제도를 설계할 때 교육적 관점에만 얽매어야 한다는 것은 아니다. 오히려 그것이 가져올 수 있는 부작용을 최소화하고 현장에 뿌리내릴 수 있는 제도를 만들기 위해서는 다차원적이고 심층적인 접근이 필요하다. 우리 교육이 지향해야 할 방향에 대한 사회적 합의를 바탕으로 만들어야 하고, 그것이 가져올 계층 간의 갈등이나 정치적 파장을 검토해야 한다. 부동산과 사교육 시장에 미칠 영향도 세밀하게 살피고, 경제적 효과와 일자리에 미치는 영향도 분석해야 할 것이다. 대학의 학생 선발을 규제할 때는 그것의 법적 타당성과 한계를 염두에 두어야 한다. 특히, 교육을 통한 신분상승 욕구가 강한 우리 사회에서 학부모들이 어떻게 반응할지를 면밀히 검토해야 한다.

비유하자면, 우리는 대입제도를 볼 때 겉으로 드러난 빙산의 윗부분만 보는 경우가 많다. 대입제도를 정확히 이해하려면, 수면 아래 잠긴 밑 부분을 정확히 알아야 한다. 그래야 바람직한 교육 제도로써 대입제도를 만들 수 있다. 이 책은 대입제도라는 거대한 빙산의 위와 아랫부분, 보이는 부분과 쉽게 드러나지 않는 숨겨진 부분까지 두루 펼쳐내 보임으로써, 향후 대입제도를 설계하고 운영할 정부의 정책 수립자, 대입 정책의 수립에 직간접적으로 영향을 미치는 정치인과 보좌진, 대입 요강을 만들고 학생 선발에 직접 참여하는 대학의 관계자, 대입제도의 영향을 직접적으로 받게 되는 선생님과 학부모, 대입 전형을 분석해서 보도하고 비평하는 언론인, 대입제도를 연구하는 학자와 교육 전문가들에게 도움을 주고자 하는 마음에서 용기를 내어 저술했다. 무엇보다 이 책의 내용이 바람직한 대입제도와 정책의 수립에 기여함으로써 자라나는 우리 학생들에게 도움이 되었으면 하는 마음이 간절하다.

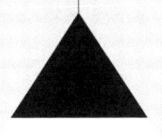

제
2
장

대입제도란
도대체 무엇인가?

대입제도는 왜 그렇게 자주 바뀔까?

정책은 정부가 사회 환경과 상호작용하면서 만들어 낸 산물이다. 즉, 정책은 환경의 영향을 받아 만들어지고 수정되며, 때로는 정책이 환경에 영향을 미치기도 한다. 미국의 정치학자 킹던(John Wells Kingdon)은 이를 설명하기 위해 '정책흐름모형(policy stream model)'을 제시했는데, 정책은 '문제의 흐름(problem stream)', '대안의 흐름(policy stream)', '정치의 흐름(politics stream)'이 각기 돌아다니다가 '정책의 창(policy window)'이라고 불리는 어떤 사건이나 계기를 만나 결합하면서 형성된다고 했다. 교육 분야에서 대표적인 것이 대입제도이다. 대입제도는 다양한 문제의식과 동기를 가진 이해관계자들에 둘러싸여 끊임없이 진화하고 발전한다. 역대 정부는 대입제도를 바꾸라는 정치적, 사회적 압력을 받아왔고, 대입제도는 이러한 요구에 대응하면서 변화를 거듭했다. 마치 환경의 변화를 맞아 생존을 위해 진화해 온 생명체와 같다.

대입제도에 관해 관심이 큰 집단은 역시 학부모들이다. 그동안의 입시 변천사를 보면 학부모가 가장 많이 요구한 것은 두 가지이다. 하나는 '입시 지옥'을 해소해 달라는 것이고, 다른 하나는 '제발 바꾸지 말라'는 것이다. 정부는 이러한 요구를 접할 때마다 곤혹스럽고 무력감까지 느낀다. 왜냐하면, '입시 지옥'은 대입제도의 문제 때문에 생기는 것이 아니라 학생들이 가고자 하는 대학의 입학정원이 제한되어 있어서 발생하는

'경쟁'적 상황이 원인이기 때문이다. 이러한 상황이 바뀌기도 어렵다. 대학 지원자가 입학 정원보다 적어져도 학생이 가고 싶은 대학, 특히 사회적 지위나 신분 상승에 영향을 미칠 수 있는 명문 대학의 입학 정원이 매우 적어서 여기에 입학하기 위한 경쟁이 획기적으로 줄어들 수 없기 때문이다. 정부는 조금이라도 비생산적, 비교육적 경쟁을 줄여보려는 의지를 가지고 대입제도의 개선을 시도한다. 하지만 어느 대학을 졸업했는지가 취업, 승진, 심지어 결혼까지 영향을 미치는 지금의 사회 풍토가 지속되는 한, 대입제도를 바꿔서 해결할 수 있는 영역은 매우 제한적이다. 한편에서는 제도를 바꿈으로써 상황을 개선할 수 있다고 믿는 집단이 있지만, 다른 한편에서는 변화를 좋아하지 않는 집단도 있기 때문이다. 특히 바뀐 제도에 빠르게 대응할 수 없는 집단은 변화에 부정적일 수밖에 없다. 여기에 정책적 딜레마가 있다.

대입제도는 교육 문제나 이와 관련된 사회 문제에 대해 사회적 불만과 이를 해결하라는 정치적 압력이 커질 때 개편된다. 예컨대, 사교육 부담을 줄이고 학교 교육을 정상화하라는 요구가 커지거나, 암기 위주 획일적 교육을 탈피해야 한다는 자성의 목소리를 바탕으로 대입제도의 개편이 이루어진다. 점수에 의존하는 '한 줄 세우기' 평가와 경쟁 기반의 선발 시스템을 극복하겠다는 목적으로도 대입제도는 바뀐다. 마찬가지로 정부는 수험생의 대학 선택권이나 대학의 선발권 확대, 평가의 공정성 확보 등 다양한 요구에 직면하게 되고, 이는 대입제도를 개편하는 정치적, 정책적 동력이 되곤 한다.

한편, 우리나라에서 대입제도에 관한 관심이 큰 것은 이를 손대지 않으면 어떠한 교육개혁도 실질적인 영향력을 발휘하기 어렵다는 인식이 있기 때문이다. 실제로 큰 틀에서 이루어진 대입제도 개편을 보면, 대체로 교육개혁의 역사와 궤를 함께한다. 교육개혁은 사회 발전 과정에서 당면하게 되는 정치, 경제, 사회적 변화를 교육 차원에서 수용하거나 뒷받침하려는 조치이다. 이렇게 볼 때 대입제도의 변화는 한국 사회가 발전하면서 겪게 되는 필연적인 과정이라 할 수 있다.

대입제도와 관련해서 작은 수준의 변경이나 미세한 조정도 많았다. 후자는 새로 도입한 제도를 시행하는 과정에서 불거지는 문제를 해결하거나 보완하는 과정에서 주로 발생한다. 한편, 대입제도는 다양한 교육적, 사회적 요구를 받아들이면서 여러 번의 개편을 겪어 지금은 매우 복잡하고 방대한 체제가 되었다. 따라서 '가지 많은 나무에 바람 잘 날 없다'라는 말이 있듯이, 지속적인 변경과 보완이 불가피한 면도 있다. 게다가 정부는 대입과 관련해서는 작은 문제도 큰 문제로 비화할 수 있으므로 무시할 수 없다. 학생과 학부모들도 마찬가지다. 아무리 작은 문제라도 신경을 곤두세울 수밖에 없다. 내 자녀에게 조금이라도 불리해질 것 같으면 나쁜 제도이고, 빨리 바꾸라고 요구한다. 이런 까닭에 대입제도는 너무 자주 바뀐다는 소리를 들을 수밖에 없는 운명을 가졌다.

대입제도는 정부가 법령에 따라 발표하는 '좁은 의미의 대학입학제도'와 대학이 학생을 선발하기 위해 제시하는 입시요강까지 포함된 '넓은 의미의 대입제도'로 나눌 수 있다. 정부 정책으로서 대입제도의 변화는 이러한 두 시스템 사이에서 나타나는 불협화음 또는 갈등을 줄이기 위한 노력의 하나로 나타나기도 한다. 이에 대해서는 뒤에서 자세히 설명한다.

우리나라 대입제도의 주요 변천 과정

앞서 설명한 바와 같이, 우리나라에서 대입제도의 변천은 사회 변화와 맞물려 있고, 교육 개혁의 역사와 궤를 같이한다. 다음은 역대 정부별로 대입제도가 어떻게 변화해왔는지를 요약한 것이다.

---

1. 대학별 본고사 중심 시기 (1945–1980, 이승만, 장면, 박정희 정부)

- 대학별 단독 시험제 : 1945–1953
  - 대학에 학생선발권을 일임(국·영·수 등 대부분 대학별 필기고사 실시).
  - 대학생에게 징집 연기 등 병역 혜택을 주기 시작하면서 부정 입학 발생
- 대학입학 국가 연합고사와 본고사 병행 : 1954
  - 연합고사를 거쳐 정원의 130%까지 대학별 고사 응시자격 부여
- 대학별 단독 시험제로 회귀 : 1955–1961
  - 대학별 필기고사(국·영·수·사·과) 또는 일부 무시험(내신성적) 전형
- 대학입학자격 국가고시 실시 : 1962–1963
  - 부정입학 방지 목적으로 도입
  - 대량 미달 사태 및 대학 자율성 저해에 대한 비판으로 등으로 폐지
- 대학별 단독 시험제로 다시 회귀 : 1964–1968
  - 학생 선발에 대한 대학의 자율성 신장 요구를 정부가 수용
- 대학입학예비고사, 본고사 병행 시기 : 1969–1980

- 부정 입학 및 정원 초과 모집 방지를 목적으로 대학입학 예비고사 도입
- (1969~1972) 예비고사를 본고사로 전환
- (1972~1980) 총점제 : 대학입학 예비고사+고교 내신(일부 대학)+본고사

2. 대학입학 학력고사 중심 시기 (1981-1993, 전두환, 노태우 정부)

- 대학입학 예비고사와 고교 내신제 병행 : 1981
  - 대학별 본고사 폐지
    ※ (1980. 7. 30. 전두환 정부) 과열 과외 해소 및 학교교육 정상화를 위한 7·30 교육
      개혁 방안 발표
  - 본고사 폐지, 과외 전면 금지, 대학 졸업 정원제 도입
- 대학입학 학력고사와 고교 내신제 병행 : 1982-1985
  - 예비고사를 학력고사로 명칭 변경 및 합격선 폐지
  - 총점제 : 대학입학 학력고사 (50%이상)+고교내신 (30%이상)+실기고사
    (예·체능)+면접 및 신체검사
  - 대학입학 학력고사 14~16개 과목
- 대학입학 학력고사, 고교 내신, 논술고사 병행 : 1986-1987
  - 고차원 시고능력을 평가하는 탈교과적, 범교과적 성격의 논술고사 신
    설 (10% 이내 반영)
  - 대학입학 학력고사 9과목 (필수 5, 선택 4)
- 대학입학 학력고사, 고교 내신, 면접 병행 : 1988-1993
  - 선지원 후시험 제도 도입
  - 대학입학 학력고사에 주관식 문제 30% 출제
  - 총점제 : 대학입학 학력고사+고교 내신 (30%이상)+실기고사(예·체능)+
    면접
    ※ (1991. 4. 2 노태우 정부) 1994학년도부터 시행할 새 대학입학제도 발표
    · 1985. 6. 교육개혁심의회 공청회 개최
    · 이후 6년 동안 교육정책자문회의, 중앙교육심의회, 대학교육심의회를 통해 토
      의 및 정책연구를 시행하고 검토 결과를 제도개선에 반영
    · 주요 대입제도 변경 사전 예고제 본격 시작

· 1993년 김영삼 정부에서 최초 시행

3. 대학수학능력시험·고교 내신·대학별 고사 3각 체제 시기

(1994-현재, 김영삼, 김대중, 노무현, 이명박, 박근혜, 문재인 정부)

- 대학수학능력시험, 고교 내신, 대학별 고사 병행 : 1994-2001
  - 대학수학능력시험 도입: 교과목별 학력고사를 범교과적, 영역별 시험으로 전환
  - 3단계 모집제도 도입 : 특차 모집 (수능 성적 전형), 전기 모집 (3개 대학 복수 지원), 후기 및 추가 모집 (각각 1개 대학만 지원)

  ※ (1995. 5. 31 김영삼 정부) 5·31 교육개혁안 발표
    · 대학별 고사에 논술 시험, 면접, 실기 고사 등 포함
    · 초기에는 본고사형 논술 시험 허용 → 통합교과형 논술 시험 유도 → 5·31 교육 개혁의 취지를 반영하여 1997학년도부터 본고사형 논술 시험 폐지
    · 1996학년도부터 학생종합생활기록부 제도 도입 (내신성적에 절대평가 도입, 총점 석차제 폐지, 기존 9가지 평가 요소 외에 수상 경력, 자격증, 봉사 활동, 종합 의견 등 4개 영역 신설)
    · 1997학년도부터 학교생활기록부로 명칭 변경

- 2002학년도 대학입학제도 시행 (1998. 10. 김대중 정부) : 2002-2007
  - 수능 시험 소수점 배점과 총점 기재 폐지
  - 영역별 표준점수제 및 등급제 도입
  - 학교생활기록부 비교과활동 기재 확대 및 활용 권장과 특별전형 확대 등
  - 특차 모집 폐지 및 연중 수시모집 제도 도입
  - 보충 수업 및 야간 자율학습 폐지

  ※ 2002학년도부터 5·31 교육개혁안에 따른 선택형 7차 교육과정 시행

- 2005학년도 7차 교육과정을 반영한 선택형 수능 시험 제도 도입
  - 수능 시험을 모든 영역 응시에서 일부 영역 선택 응시로 전환
  - 종합 등급 제도 폐지

- 2008학년도 대학입학제도 시행 (2004. 10. 노무현 정부) : 2008
  - 내신 : 원점수＋평균＋표준편차＋9등급 제공 (내신 부풀리기 방지)

- 대학수학능력시험 : 성적 9등급제 도입, 표준점수와 백분위 점수 미제공
- 입학사정관 전형 도입, 사회적 배려자 전형 활성화

• 2009학년도 대입 3단계 자율화 방안 : 2009-2013

(2008. 1. 이명박 정부 대통령직인수위원회)

- 대학수학능력시험 : 성적 9등급제 폐지, 표준점수와 백분위 점수 제공
- 입학사정관제 권장 : 학교생활기록부 및 다양한 학교 밖 경험을 종합 평가
  * 입학사정관 전형 대학: '08년 10교 → '10년 90교 → '12년 121교
- 교육부 대학입학전형 기본계획을 한국대학교육협의회 대학입학전형 으로 전환 (대입 자율화 조치)

• 2014학년도 고교 내신 성취평가제 실시 (2011. 12. 이명박 정부)

- 2009년 개정 교육과정과 학교생활기록부 성적 기재 방식 변경
- 과목별 석차등급(상대평가)을 폐지하고 5단계 학업성취도(절대평가)로 전환

• 2014학년도 수준별 대학수학능력시험 도입 (2012. 1. 이명박 정부 발표)

- 국어, 수학, 영어 영역을 각각 A형과 B형의 수준별 시험으로 개편
- 수능 영어 영역 시험을 NEAT(국가영어능력시험)로 대체 검토

• 2013. 8. 대입전형 간소화 방안 (2013. 8. 박근혜 정부): 2015-2021

- 전국 대학의 전형 방법(약 2,800여개)을 간소화
- 2015학년도부터 대학별 전형 방법을 수시 4개, 정시 2개로 제한
- 2회 수시모집을 1회로 축소
- 2017학년도부터 수능 시험 필수과목으로 국사 도입(절대평가 성적 부여)
- 수준별 수능 점진적 폐지 및 통합출제 전환 : 영어(2015학년도부터), 국어(2017학년도부터), 수학(문과형과 이과형으로 분리 출제)
- 수능 영어 영역 시험의 NEAT 대체 방안 백지화
- 입학사정관제를 학교생활기록부 종합전형으로 개편(2014학년도부터)
  · 공인 어학시험 성적, 교외 수상 등 학교 외부 실적은 평가에서 배제
  · 교과 성적 중심 '학교생활기록부 교과 전형' 신설

- 고등학교 성취평가제 (절대평가제) 시행연기
- 대입 전형 사전예고제 강화 (법제화 및 의무화)
  - 정부의 대입제도 정책은 3년 3개월 전 발표
  - 한국대학교육협의회의 '대학입학전형 기본사항'은 2년 6개월 전 발표
  - 대학별 대입 시행 계획은 1년 10개월 전 발표
  - 대학별 모집요강은 10개월 전 발표
- 문·이과 통합형 교육과정 : 2015년까지 개발해 2018학년도부터 시행
- 새로운 교육과정에 부합하는 수능 시험 제도 도입을 발표
  (2021학년도부터)
  - 2018학년도부터 2015 개정 교육과정(문·이과 통합형 교육과정) 시행
  - 2018년 신입생이 치를 2021학년도 수능 시험 개편

- 2021학년도 수능 시험 개편안 1년 연기 발표 (2017. 8. 문재인 정부)
- 대입제도 개편 공론화 및 국가교육회의 이송안 발표 (2018. 4. 문재인 정부)
  - 대학별 수능 전형 비율 등 선발 방법, 선발 시기
  - 수능 과목 구조, 수능 평가 방법 전환 (절대평가 도입)
  - 학생부종합전형 공정성 제고 방안
- 국가교육회의 대입제도 공론화 결과 발표 (2018. 8. 문재인 정부)
  - 수능 위주 전형 비율 : 통계적으로 유의미한 차이는 없으나 1위 정시 확대 방안, 2위 절대평가의 단계적 확대 지지 비율이 높음
  - 학생부 위주 전형 비율 : 확대와 축소 의견 비등
  - 수능 절대평가 과목 확대 의견 우세
  - 공정하고 투명한 입시제도와 학교교육 정상화에 기여하는 입시제도 요구
  - 2022학년도 대입 개편안으로 정시 확대 권고안 발표 (국가교육회의)
- 2022학년도 대입제도 개편 방안 발표 (2018. 8. 문재인 정부)
  - 수능 시험 성적 위주 정시 비율 30% 이상 확대 권고
  - 수능 시험 국어, 수학, 직업 탐구를 공통과 선택 구조로 개편
  - 수능 시험 절대평가 과목을 영어, 한국사에서 제2외국어, 한문까지 확대

- 수능 시험 EBS 연계율을 70%에서 50%로 축소
- 대입 전형 투명성 및 공정성 제고 방안
  · 학교생활기록부에 수상 경력 및 동아리 활동 개수 제한, 소논문 활동 제외, 부모 정보 삭제
  · 대학별 평가 기준 공개
  · 다수 입학사정관에 의한 평가 및 입학사정관 회피·제척 의무화
  · 입시 부정·비리 시 입학 취소에 관한 명시적 근거의 법령화 등
- 고교학점제 시행 연기 : 2022학년도에서 2025학년도로 연기
• 대입 정시비율 상향을 포함한 입시제도 개편안 마련 선언
(2019. 10. 문재인 대통령 2020 예산안 시정연설)
- 국정 전반에서 '공정'의 가치 강조
• 대입제도 공정성 강화 방안 발표 (2019. 11. 문재인 정부)
- 고교교육 정상화 기여대학 지원사업 참여 조건으로 정시모집 확대 유도
- 2022학년도부터 서울 소재 16개 대학이 정시 모집 40% 이상 확대
- 학생부 위주 전형과 수능 위주 전형으로 대입 간소화, 논술 전형과 특기자 전형 폐지 유도
- 학교생활기록부 비교과 영역은 정규 교육과정에 포함된 창의적 체험 활동 중심으로 단순화
- 자기소개서·교사추천서 폐지 추진
- 사회적 배려 대상자 전형 및 지역균형 선발 전형 등 사회통합전형 선발 의무화와 비중 확대
- 2025학년도 고교학점제 전면 도입 및 2028 수능 개편 준비

...

모든 교육 정책과 연결된 대학입학제도

대입제도는 대부분의 다른 교육 정책과 직접 또는 간접적으로 연결되어 있다. 겉보기에는 대입과 관계가 없는 것처럼 보이는 정책도 시행에 들어가면 여러 경로를 거쳐 영향을 미치는 경우가 많다. 시간이 지나면서 서서히 대입과 연계해야 한다는 주장이 나타나기도 한다. 예컨대, 정부가 전인교육 차원에서 봉사 활동 같은 학교 밖 활동을 강화하고자 할 때, 정책 옹호 집단은 이러한 정책의 실행력을 강화하려면 어떤 방식으로든 대입과 연계해야 한다고 주장한다. 정규 교육과정의 경직성을 극복하고 학생의 특기와 흥미를 살리는 학습을 강화하고자 도입한 방과후학교도 마찬가지이다. 방과후학교 참여를 늘리기 위해서 처음에는 인적, 재정적, 조직적 지원에 초점을 두다가 결국 대입과 연계해야 한다는 의견이 제시되곤 한다. 특목고와 자사고도 교육 자율화와 고등학교 유형 다양화 차원에서 도입되었지만, 결국 대입에서 얼마나 유리하느냐의 문제가 최고의 관심사가 된다. 정부가 어떤 목적으로 교육 정책을 수립하든 학생과 학부모들은 이를 대입에서의 유불리와 연계해서 받아들이고 대응하기 때문이다.

이렇게 볼 때 어떠한 교육 정책이든 시행에 앞서 대입제도와의 관계를 살펴보는 것이 필요하다. 마치 빙산과 같이 물 위에 떠 있는 모습만 보고 추진해서는 안 된다는 것이다. 많은 교육 정책이 겉으로 드러난 부분과 달리 수면 아래에서는 대입이라는 거대한 구조와 직접 또는 간접적으로 연결되어 있기 때문이다. 법학, 의학, 치의학, 약학 분야에서 전문대학원을 도입한 것은 해당 분야의 전문가로 성장하는 데 필요한 다양한 기초 지식과 폭넓은 학습 경험을 가진 학생의 전문대학원 진학을 유도하는 것이 목적이었다. 하지만 이 제도는 의도와는 다르게 해당 전문대학원으로 진학하기에 유리한 학과의 경쟁률을 높이는 방식으로 대입 시장을 교란했다는 지적을 받기도 했다. 문재인 정부가 추진하는 고교학점제도 학생의 흥미와 진로에 따라 학습권을 확대하겠다는 교육적 취지를 바탕으로 한 것이다. 그러나 현실적으로 고교학점제를 바라보는 학생들의 시각은 선택한 교과목의 수강이 대입에서 얼마나 유리하게 작동할 것인지로 귀결될 가능성이 크다. 이렇게 볼 때 대입제도를 제대로 이해하고 개혁하려면 교육 정책 전반의 연계 구조도 함께 살펴볼 필요가 있다.

대학입학제도의 개념 : 좁은 의미와 넓은 의미

　대입제도는 정책 주체에 따라, 이해 관계자에 따라, 관점에 따라, 여러 의미로 쓰인다. 일반적으로는 대학 입학 전형의 기준 및 절차, 학생의 입학 지원 방식, 대학의 합격자 사정 방법 등에 대해 정부가 정책으로 권위 있게 발표한 내용을 말한다. 하지만 좀 더 구체적인 내용으로 들어가면 상당히 복잡하다. 여기서는 이를 좁은 의미와 넓은 의미로 나누어 살펴본다.

　먼저 좁은 의미로는 대입과 관련해서 정부가 공식적으로 발표한 내용과 이를 뒷받침하는 법령(주로 고등교육법과 동법시행령) 및 그에 따라 발표한 지침이나 계획 등을 말한다. 정부의 발표가 제도의 배경 및 목표와 큰 틀의 방향 및 중점 사항을 주로 다루고 있다면, 구체적인 내용은 현재는 한국대학교육협의회가 매 입학년도 개시 2년 6개월 전에 발표하는 '대학입학전형 기본사항'에 주로 포함되어 있다. 이는 원래 정부가 대입과 관련된 내용을 언론에 발표하는 형식으로 이어지다가 1980년대부터 '대학입시 시행계획'이라는 공적 문서의 형태로 발표되었다. 이는 다시 1994학년도부터 '대학입학전형 기본계획'으로 바뀌었고, 1996년에 이러한 절차가 교육법 시행령에 포함되면서 대학입학제도 법정주의의 길을 걷기 시작했다. 2009년 이명박 정부는 대입 자율화 차원에서 한국대학교육협의회가 '대학입학전형 기본사항'의 이름으로 발표하도록 관련 법령을 개정했다. 물론 그 주요 내용은 교육부와 대학을 대표하는 한국대학교육협의회가 사전에 협의하고 조율하므로 정부의 정책 방향이 반영되어 있다.

좁은 의미의 대학입학제도에는 교육부가 훈령으로 발표하는 '학교생활기록 작성 및 관리지침'과 학교가 성적 등을 기록할 때 준수해야 하는 '학교생활기록부 기재요령'도 포함된다. 이와 함께 수능의 출제, 배점, 성적통지, 시험 일정 등에 대해 교육부장관이 매년 3월 말까지 발표하는 '대학수학능력시험 기본계획'도 좁은 의미의 대입제도에 포함된다.

넓은 의미의 대입제도는 위에서 설명한 좁은 의미의 제도에 개별 대학이 발표하는 대학별 '대학입학전형 시행계획'과 대학별 모집요강의 내용을 추가한 것이다. 정부가 발표하는 좁은 의미의 대입제도는 대학이 학생을 선발할 때 준수해야 할 여러 기준과 원칙을 담은 반면, 대학별 입학전형 시행계획과 모집요강은 대학별로 정한 세부적인 전형 기준과 방법 및 일정 등을 담고 있다. 이렇게 볼 때 대학과 전문가 집단의 관심은 주로 좁은 의미의 대학입학제도에 집중되는 반면, 학부모와 수험생들이 관심을 두는 것은 진학하기를 희망하는 몇몇 대학이 발표하는 구체적인 전형 기준과 방법이다.

한국대학교육협의회는 대학별 입학전형 시행계획을 취합해서 매 입학년도 개시 1년 10개월 전에 '대학입학전형 시행계획'이라는 이름으로 발표한다. 여기에는 각 대학의 전형 유형별 모집 인원, 대학별 모집 시기와 모집 인원 등이 망라되어 있다. 각 대학은 자체적으로도 세부 시행계획을 홈페이지에 상세하게 공개하고 학생 지원을 유도한다. 넓은 의미의 대학입학제도에 관한 내용이 모두 여기에 수록되어 있는 셈이다.

이를 종합하면, 좁은 의미의 대입제도란 새로운 대입제도와 관련된 정부 발표, 이를 바탕으로 고등교육법 및 동법시행령과 부령 등 관련 법령이 정한 내용, 교육부가 매년 발표하는 '대학수학능력시험 기본계획', 대학교육협의회가 발표하는 '대학입학전형 기본사항'을 말한다. 그리고 넓은 의미의 대입제도란 앞의 좁은 의미의 대입제도와 함께 각 대학의 '대학입학전형 시행계획'과 대학별 모집요강을 모두 포함한 것을 말한다.

이러한 세세한 내용에 대해 대학의 학생 선발 자율성을 지나치게 규제한다는 비판이 제기되기도 한다. 하지만 100개 대학이 100개의 다른 제도와 절차를 운영한다면, 수험생이 겪을 혼란과 비용이 크다는 점에서 큰 골격을 제시하는 것은 불가피하고 또 필요하다는 의견도 설득력이 있다.

정부가 발표하는 대입제도와 대학이 제시하는 입학 요강은 큰 틀에서 일치하지만, 부분적으로는 충돌할 가능성도 있다. 다시 말해 정부가 대입제도를 통해 구현하려는 교육적 가치와 적격자 선발과 같은 대학의 학생 선발 목적이 언제나 일치하는 것은 아니다. 대학이 결정한 입학 요강의 내용이 정부의 정책 방향에서 크게 벗어나면, 정부는 자신이 추구하는 방향으로 유도하거나 규제하기 위해 관련 법령을 개정하거나, 재정 지원 사업과 같은 간접적인 방법을 활용하기도 한다.

정부의 규제와 간섭이 심해지면 대학의 반발을 불러올 수도 있다. 대학은 당연히 자율적인 학생 선발을 원한다. 본질적 의미에서 대입 전형이란 대학이 학생을 선발하는 것을 의미하기 때문에 대학은 정부의 대입제도 정책을 '간섭'으로 인식하는 경향이 강하다. 반면, 정부는 대입 전형이 미치는 교육적 영향과 사회적 파급력이 너무 크기 때문에 공익적 관점에서 개입이 불가피하다고 본다. 대학입학제도의 변화 과정을 자세히 살펴보면, 거기에는 언제나 정부와 대학 간 관점의 충돌, 조율 및 타협이 작동하고 있음을 볼 수 있다. 좁은 의미의 대입제도와 넓은 의미의 대입제도 사이에는 이렇게 역동적인 요소가 숨어 있다.

현행 대학입학제도의 주요 내용

정부가 발표하는 대학입학제도 개선의 구체적인 내용들은 주로 변경되는 사항에 초점을 맞추고 있다. 변경되지 않은 사항들도 분명히 대학입학제도에 포함되지만 많은 내용들은 거의 주목을 받지 못하거나 당연한 것으로 간주되기도 한다. 이런 점에서 대학입학제도가 구체적으로 어떤 범위까지의 내용을 포함하고 있는지를 명확하게 규정하기는 쉽지 않다. 대입제도가 변천을 거듭하면서 주목을 받는 영역이 그때마다 달라진 것도 대입제도의 범위를 확정하는 데 어려움을 준다.

이런 점에서 대학교육협의회가 매년 발표하는 대학입학전형 기본사항은 대입제도의 구체적인 내용을 이해하는 데 매우 유용하다. 이 기본사항에는 일반전형과 특별전형의 원칙, 모집 단위와 모집 인원, 전형 요소로서 학교생활기록부, 수능, 대학별 고사의 성적 산출 및 활용 방법, 수시모집, 정시모집, 추가모집 일정과 지원 방법에 관한 내용이 모두 망라되어 있다. 각대학은 매년 이 '대학입학전형 기본사항'의 틀에 맞추어 대학입학전형 시행계획, 즉 대학별 모집요강을 만들기 때문에 그 모집요강을 이해하는 데에도 큰 도움이 된다.

교육부가 발표하던 대학입학전형 기본계획과 대학교육협의회가 매년 발표하는 대학입학전형 기본사항도 그때마다 그 체계와 내용이 다소 차이가 있었지만, 1998학년도의 대학입학전형 기본계획과 2010학년도의 대학입학전형 기본사항, 그리고 2023학년도의 대학입학전형 기본사항을 비교하면 별표와 같다. 이중에서 대학입학제도의 구체적 내용을 가장 포괄적으로 담고 있는 '2023학년도 대학입학전형 기본사항'을 기준으로 정리하면 현행 대학입학제도의 주요 내용은 다음과 같이 정리할 수 있다.

대학입학전형에 관한 총칙

- 대학입학제도 및 시행 계획의 변경에 관한 사전 예고제 시행
- 대입 전형 기본사항 준수 의무 및 미준수에 대한 제재
- 고등학교 교육과정 범위와 수준 내에서 출제 및 평가 원칙
- 기여입학제, 고교 등급제 및 본고사 금지
- 대입 전형의 간소화 추진 : 대학별 전형방법은 6개 이내로 제한
- 대입 전형의 공정성 확보 : 대학의 책임 및 부정입학자의 입학 취소
- 대입 전형 시행계획의 사전 공표 및 변경 절차 준수
- 대입 전형 관련 정보의 제공 및 공개 원칙 준수
- 대입 표준공통원서 사용 및 수험생 개인 정보 보호

일반전형과 특별전형의 구분 및 전형 원칙

- 적법성, 타당성, 신뢰성, 공정성, 공공성의 원칙에 따라 학생 선발
- 특별전형은 정원 내 특별전형과 정원 외 특별전형으로 구분

전형 요소 : 학교생활기록부, 대학수학능력시험, 대학별고사

- 학교생활기록부 자료는 교육행정정보시스템을 통해 온라인 제공
  - 학교생활기록부 이외의 서류 제출 최소화
- 대학수학능력시험 성적도 전산 자료로 제공
  - 최저학력기준으로 활용할 경우 등급으로만 설정

- 대학별 고사는 가급적 시행하지 않도록 권장
  - 논술고사를 시행할 경우 고등학교 교육과정 범위와 수준 내에서 출제

대학입학전형 일정과 모집 시기 구분 및 복수지원

- 모집 시기는 수시모집, 정시모집, 추가모집으로 구분하고 분할 모집 가능
- 수시모집에 최대 6회까지 복수지원 가능
  - 수시모집 합격자는 정시모집과 추가모집에 지원할 수 없음
- 정시모집에 가, 나, 다 군별로 복수지원 가능
- 모집시기별 미달/미등록으로 인한 결원은 다음 모집 시기로 이월하여 선발 가능
- 모집시기별 2개 이상 합격자는 1개 대학에만 등록 및 이중등록 금지

이에 관한 상세한 내용은 다음의 각 장에서 구체적으로 논의한다. 다만 이 장에서는 대학입학제도의 핵심이라고 할 수 있는 전형 요소, 즉 학교생활기록부, 대학수학능력시험, 대학별 고사 각각의 장점과 한계 그리고 1994학년도 대입전형부터 도입되었던 복수지원제에 대해서만 간략하게 논의한다.

〈표 1〉 교육부 대학입학전형 기본계획과 대교협 대학입학전형 기본사항 비교

2023학년도 대학입학전형 기본사항	2010년도 대학입학전형 기본사항	1998학년도 대학입학전형 기본계획

Ⅰ. 총칙
1. 대학입학전형기본사항
  수립 근거 및 준수
2. 대학입학전형시행계획
  수립 원칙
  가. 학교 교육 정상화와
    사교육비 절감
  나. 대학입학전형의
    간소화 추진
  다. 대학입학전형의
    공정성 확보
  라. 대학입학전형시행계획
    수립 및 변경
3. 대학입학전형정보 제공
4. 대학입학 표준공통원서
  사용 및 수험생 개인정보
  보호
	Ⅰ. 기본사항
	1. 대학입학전형
	  기본사항 수립의 근거
	2. 대학입학전형
	  기본사항의 시행
	3. 대학입학전형의 기본
	  방향과 원칙
	  • 대학의 자율화 추진
	  • 고교교육의 정상화
	    도모
	  • 개별 대학 대입전형의
	    급격한 변화 지양
	  • 사교육 부담 완화
	    기여(고등교육법
	    시행령 제31조)
	4. 대학별 대학입학전형
	  시행계획의 수립과
	  발표
		Ⅰ. '98 대학입학전형제도의 기본방향
		  • '97새대학입학전형제도의 기본틀
		    유지
		  • 학교생활기록부 활용 및 적정비율
		    반영 유도
		  • 대학수학능력시험제도의 지속적
		    보완 발전
		  • 논술·면접시험제도의 발전적 정착
		  • 대학진학정보 제공 및 수험생의
		    부담 경감
		
		Ⅱ. '98 대학입학전형제도의 기본틀
		  • 대학의 학생 선발 자율권 확대
		  • 전형유형은 종전과 같이
		    일반전형과 특별전형으로 구분
		    시행
		  • 대학별 다양한 전형제도의 개발·
		    활용 적극 권장
		  • 연중 수시 선발 제도 운영
		  • 수험생의 실질적인 복수지원 기회
		    보장

Ⅱ. 전형별 기본사항
1. 입학전형의 기본사항
  가. 전형원칙
  나. 모집단위 및 모집인원
  다. 사정모형
2. 특별전형의 기본사항
  가. 전형원칙
  나. 특별전형의 종류
  다. 모집단위 및 모집인원
3. 특별전형의 세부사항
  가. 특별전형의 분류
  나. 전형 내 특별전형
  다. 전형 외 특별전형
	Ⅴ. 일반전형의 시행
	1. 전형원칙
	2. 모집단위 및 모집인원
	3. 사정모집
	
	Ⅵ. 특별전형의 시행
	1. 전형원칙
	2. 모집단위 및 모집인원
	3. 정원 내 특별전형
	4. 정원 외 특별전형
		**Ⅲ. '98대학입학전형제도의 주요
		  내용**
		1. 전형자료
		  1-1. 학생생활기록부
		  1-2. 대학수학능력시험
		  1-3. 대학별 고사
		2. 전형유형 및 방법
		  2-1. 일반전형
		  2-2. 특별전형
		3. 모집·지원 및 등록
		  3-1. 모집시기
		  3-2. 모집대상
		  3-3. 모집구분
		  3-4. 신입생 모집요강 사전예고

대학 입학 전형의 세 가지 핵심 전형 요소

대학입학제도에서 가장 중요한 내용은 전형 요소에 관한 내용이다. 대학이 학생 선발을 위해 적용하는 세 가지 핵심 전형 요소는 수능, 학교생활기록부 그리고 대학별 고사이다. 대학별 고사[3]에는 논술, 면접, 실기 고사 등이 포함된다. 세 가지 전형 요소는 학생 선발을 위한 전형 요소로 도입된 이유가 다르고 각각 장단점을 모두 가지고 있다.

수능은 객관적인 점수를 바탕으로 입학을 결정한다는 점에서 공정성을 확보할 수 있는 전형으로 이해된다. 반면, 학교생활기록부 전형은 고등학교 단계에서 학생이 어디에 관심을 가지고 얼마나 노력했는지를 평가한다는 점에서 교육적 타당성이 크다고 할 수 있다. 마지막으로 대학별 고사는 대학의 자율성을 가장 반영하는 방법이다. 하지만 대학 입시에서 공정성은 학교생활기록부 전형과 대학별 고사에서도 요구되는 것이고, 교육적 타당성은 수능과 대학별 고사에서도 유지되어야 한다. 마찬가지로 수능과 학교생활기록부를 입학 전형 요소로 활용할 때에도 대학의 자율성은 존중되어야 한다. 그렇다고 해서 세 가지 요소를 모두 완벽히 적용하려 하면,

---

3) 이른바 본고사는 개념상 대학별 고사에 포함된다. 다만 연혁적으로 본고사는 대학입학예비고사가 있던 1970년대 이전에 그 예비고사를 통과한 수험생들을 대상으로 각 대학별로 실시했던 국어, 영어, 수학 등 주요 교과목 시험을 말한다.

수험생에게 끼치는 심리적 부담이 커질 수 있다.

대학수학능력시험

수능은 앞서 설명한 바와 같이 공정성 면에서 환영받는 전형 요소이다. 왜냐하면 모든 수험생이 한날한시 같은 조건과 환경에서 똑같은 시험을 치르고, 각자 얻은 점수에 따라 당락이 결정되기 때문이다. 수능은 모든 학생이 같은 시험을 치르고 채점도 쉬워서 가장 경제적인 전형 요소로도 인식된다. 즉, 수능은 학생 선발 도구로 활용하기 매우 편리하고, 점수를 기준으로 선발한다는 점에서 논란의 여지가 적은 전형이다.

하지만 학생 선발에서 수능 성적을 너무 많이 반영하게 되면 학교 교육이 시험 준비를 위한 교육으로 전락할 수 있다. 시험 준비에 특화된 사교육을 조장할 수 있다는 위험도 있다. 그 결과 교육에 대한 주도권이 학교에서 학교 밖 사교육 기관으로 옮겨질 수도 있다. 나아가 학생은 물론 대학까지도 시험 점수를 기준으로 서열화하는 부작용까지 커진다.

학교생활기록부

학교생활기록부는 고등학교 3년 동안 학생이 거둔 교과 성적과 비교과 활동을 상세하게 기록해 학생 선발에 활용하는 전형 요소이다. 따라서 학생들이 학교생활에 충실히 임하도록 유도하는 효과가 있고, 비교적 오랫동안 노력한 결과를 입학 전형에 반영할 수 있다는 것도 장점이다. 한 번의 시험을 통해 얻은 점수보다 교육적 타당성이 높은 전형 기준이라 할 수 있다.

상대평가를 적용한 학생의 석차를 전형 요소로 활용하면 고등학교를 등급짓는 서열화를 줄이고, 학교 간 입시 경쟁을 완화할 수 있다. 또한 지방이나 낙후 지역의 학생들이 상대적으로 불리하지 않은 전형이다. 하지만 문제는 같은 학교에 다니는 친구들끼리 서로 경쟁을 시키는 비교육적 요소가 있다는 점이다. 반면, 절대평가를 실시해서 성적을 제공하면, 학교 간 경쟁에서 이기기 위한 '성적 부풀리기' 현상이 일어나기 쉽다. 결국 대학은 고등학교 성적을 불신하게 되고, 전형 요소로서 비중을 줄이게 되어 실제 합격 여부에 미치는 영향력이 줄어들 수 있다. 또한 후한 점수 탓에 학생들이 학교 수업에 신경을 덜 쓸 수도 있다. 이렇게 되면 수능이나 비교과 활동에서 강점을 보이는 특목고나 비평준화 지역에 있는 입시 명문 고교로 진학하기 위한 중학생들의 입시 경쟁이 커지는 부작용이 생길 수 있다.

대학별 고사

대학별 고사는 대학이 낸 시험을 통해 학생을 선발하는 제도이다. 시험 내용에 대학의 건학 이념, 교육 철학 및 비전을 반영할 수 있다. 따라서 대학별 교사는 학생 선발에서 대학의 자율성을 가장 잘 보장하는 전형 요소라 할 수 있다. 한편, 방법론적으로도 논술 시험, 면접 고사, 예체능 분야 실기 평가는 고교별로 시험을 치르기 어렵고 전국적으로 객관적인 우위를 가려내기 어렵다는 점에서 대학별 고사가 불가피하다.

하지만 대학별 고사는 대학에 시험 관리를 맡겨야 하고, 질적 평가를 수반한다는 점에서 공정성 시비에 휘말릴 수 있다. 또한 대학이 문제를 출제함에 따라 어떤 경우에는 학교 수업을 통해 준비하기 어려울 수도 있다. 대학이 고등학교 교육과정을 벗어나는 내용을 시험에 내면, 학생들은 이를 대비하기 위해 어쩔 수 없이 사교육을 활용해야만 한다. 이렇게 되면 학교와 교사의 사기는 떨어지고, 공교육의 활력이 낮아지면서 신뢰도 떨어지는 문제를 유발하게 된다.

전형 일정과 복수지원제

복수지원제가 본격적으로 도입된 1994학년도 이전에는 대입 전형이 주로 연말과 연초 짧은 기간에 이루어졌다. 이른바 입시철을 맞아 전기, 후기 그리고 정원 미달에 따른 추가모집이 순서대로 시행되었다. 따라서 약간의 추가모집을 제외하면 학생들이 대학을 선택하고 지원할 기회는 사실상 두 번 정도였다.

하지만 1994학년도부터 특차 모집이 추가되어, 특차 이후 전기, 후기, 추가모집이 순서대로 시행되었다. 하지만 지원 기회는 대폭 늘어나서 수능 우수자를 대상으로 하는 특차 모집 1회, 전기 3회, 후기 1회 등 총 5회로 늘어났다. 학생으로서는 여러 번에 걸쳐 대학을 지원할 수 있어서 심리적 불안감을 상당히 해소할 수 있게 되었다. 2002학년도부터는 1학기 수시까지 추가되었고, 2학기 수시, 정시 3회 등 복수 지원 기회가 더욱 확대되었다. 현재는 1학기 수시 모집이 폐지되고, 2학기 수시 모집에서 최대 6개 대학까지 지원할 수 있다. 정시 모집에서는 3개 대학까지 복수로 지원할 수 있다.

이러한 복수지원제는 학생의 선택권을 확대했다는 점에서 긍정적으로 평가할 수 있다. 다만, 1997년 IMF 금융위기를 시점으로 여러 번의 경제 위기를 맞으면서 일자리가 많은 수도권으로 인구가 집중되는 현상이 가중되었는데, 이러한 사회 현상이 복수지원제와 결부되면서 뜻하지 않게 지방 대학의 쇠퇴를 초래했다는 주장이 제기되고 있다. 복수지원제가 시행되기 전에는 지방 고교의 최우수 학생들이 수도권 전기 대학을 지망했다가 합격하지 못하면 수도권 후기 대학에 진학할 수밖에 없으므로 수도권 대학에 합격하기 어렵다고 생각하면 거주지 인근 국립대를 지망하는 경우가 적지 않았다. 하지만 복수지원제가 시행되면서 사는 곳에 있는 국립대와 수도권 대학을 복수로 지원하고, 모두 합격하면 문화의 향유와 취업 등에서 유리한 수도권 대학을 선택하는 현상이 생겨났다. 이러한 흐름이 반복되면서 지방 대학의 위상이 약화되고, 우수 학생의 이탈로 대학의 사기는 물론 경쟁력까지 약화되었다는 주장이 제기되고 있다. 하지만 그렇다고 하더라도 학생의 선택권 확대와 심리적 불안감 해소라는 효과를 생각하면 복수지원제 폐지는 현재로서는 검토하기 어려운 상황이다.

후기 대입 일정의 전면 연기와 교육부장관 사임을 불러온 대학입학학력고사 시험 문제 유출 사건

1992년 1월 21일 아침이었다. 후기 대학입학학력고사를 하루 앞두고 문제지가 유출되는 사고가 일어났다. 경기도 부천시에 있는 서울신학대학교에 보관 중이던 시험 문제 상자의 봉인이 뜯기고 파손된 것을 대학 경비원이 발견하고 경찰에 신고한 것이다. 경찰이 조사에 나섰고, 각 시험 시간별로 1부씩 총 4개의 시험 문제가 사라진 것을 발견했다.

당시 대학입학학력고사는 '선 지원 후 시험' 방식이었다. 즉, 수험생은 대학을 먼저 지원한 후 해당 대학에서 시험을 치르고 결과에 따라 합격 여부가 결정되었다. 문제는 전국의 모든 수험생이 같은 시험 문제를 푼다는 것이었다. 부천시에서 분실된 시험지가 다른 대학에서 시험을 보는 수험생의 손에 넘어갈 수도 있는 것이다.

심각한 문제가 아닐 수 없었다. 경찰 수사와 별개로 교육부는 서울신학대학교에 감사반을 파견해서 진상 조사에 들어갔다. 또한 전국의 대학에 보관 중이던 모든 문제지를 회수해서 파기하기로 했다. 모든 대학의 시험일은 한 달 정도 뒤인 2월 10일로 늦춰졌다. 바깥세상과 격리되었던 출제위원들은 시험이 시행되는 날 집으로 돌아갈 예정이었지만, 다시 붙잡혀 시험 문제를 다시 만드는 작업에 들어갔다. 당일 계획되었던 수험생 예비 소집도 취소되었다. 모든 수험생은 설 연휴를 포기하고 꼼짝없이 고통스러운 시험 준비에 다시 돌입할 수밖에 없었다. 후기 대학과 전문대학의 모든 관계자도 시험 일정 연기에 따라 그 준비에 바빴다. 새 시험일인 2월 10일까지는 아주 짧은 기간밖에 남아 있지 않아 예정되었던 편입학 시험을 취소하는 대학도 여럿 있었다.

학생 정원이 2백여 명에 불과한 작은 대학에서 일어난 시험 문제지 유출 사건이 전국 후기 대학과 전문대학 입시의 판을 뒤흔들어 버린 것이다. 수험생부터, 학부모, 고교, 대학, 출제 기관인 중앙교육평가원 구성원까지 많은 사람과 기관이 겪어야 했던 혼란과 불편은 말로 표현하기 어려웠다. 사상 초유의 시험지 분실 사건에 사회적 이목이 쏠리고, 언론사의 취재 경쟁도 치열했다.

경찰이 수사하는 과정에서 문제지 분실을 신고한 경비원 A씨가 그 대학에 지원한 친구 딸을 도와주기 위해 벌인 범행이라고 자백했다는 언론 보도가 나왔다. 숙직실에서 잠을 자다가 새벽녘에 문제지 보관 상자가 있던 전산실에 들어가 문제지를 빼냈다는 것이다. 그는 자신이 생각해도 너무 큰 일을 저질렀다고 생각했는지, 훔친 문제지를 주머니에 넣고 근무하다가 모두 태워버렸다고 진술했다. 그러나 A씨의 진술에 여러 의문이 제기되고 수사 과정에서 A씨의 말은 계속 바뀌었다. 그러던 중 함께 용의 선상에 올라 있던 이 대학 경비과장 B씨가 목을 매 숨지는 사건이 발생했다. 이런 상황에서 A씨는 B씨가 시켜서 저지른 범행이었다고 진술을 바꿨다. B씨의 유서나 사건의 실체를 밝혀줄 어떠한 다른 단서도 발견되지 않았다. 결국 이 사건은 미궁에 빠졌고 지금까지도 해결되지 않은 사건으로 남아 있다.

법적·행정적 측면에서 보면, 문제지 분실의 책임은 전적으로 서울신학대학교에 있었다. 시험지를 운반하는 경찰과 교육부 감독관이 대학에 문제지를 건네준 다음부터는 대학에 관리 책임이 있기 때문이다. 이에 따라 이 대학의 학장과 일부 보직교수가 물러났다. 하지만 전국을 떠들썩하게 만든 이 사건의 책임을 작은 대학에만 물을 수 없다는 것이 사회적 여론이었다. 엄정한 대학 입시 관리에 대한 사회적 신뢰가 무너졌고, 누군가 여기에 책임져야 한다는 것이었다.

이러한 여론의 흐름을 감지한 윤형섭 교육부장관은 사건이 일어난 다음날

주위의 만류를 뿌리치고 노태우 대통령에게 사의를 표명했다. 엄청난 사회적 파장을 생각할 때 주무 장관으로서 도의적, 정치적 책임을 지는 것이 마땅하다는 것이었다. 노 대통령은 장관의 사의를 수용[4]하고 조완규 서울대 총장을 후임 교육부장관에 임명했다.

교육부는 이 사건을 계기로 시험 출제 및 보관과 관련해서 다각적인 대책을 마련했다. 중앙교육평가원을 국립교육평가원으로 개편하고, 문제지 이동 및 보관 등 시험 관리 체제를 대폭 개선했다. 만약의 상황에 대비해서 대학입학학력고사 출제진은 문제를 내면서 같은 난도를 가진 예비 문제를 추가로 출제하게 했다. 즉, 출제할 때부터 두 세트의 문제지를 만들기로 한 것이다.

그러나 대학입학학력고사는 1993학년도 대입에서도 다시 큰 파동을 겪는다. 시험 관리 책임을 맡았던 국립교육평가원의 장학사가 거액을 받기로 하고 어느 학부모에게 정답을 유출한 것이다. 이 사실은 여러 단계를 거쳐 세상에 드러났다.

한 대학이 의예과에 지원했던 대학입학학력고사 고득점자가 고등학교 내신 성적은 최하위권인 사실을 확인하고 불합격 처리를 했다. 이 대학에 대해 감사를 벌이던 교육부 감사팀이 이를 수상히 여기고 경찰에 수사를 의뢰했고, 수사를 통해 정답 유출의 전모가 드러났다. 결국 범행을 저지른 장학사는 파면되고, 징역형을 선고받았다. 시험 관리에 부실했다는 책임을 물어 1993학년도 시험 출제 당시 국립교육평가원장으로 봉직했던 한국학술진흥재단 이사장이 해임

---

4) 당시에는 윤형섭 장관이 사태의 책임을 지기 위해 사의를 표명했다고 보도되었으나 최근 한 교육전문지 연재를 통해 밝힌 바에 따르면, 윤 장관은 당시 여당인 민주자유당 김영삼 대표가 노태우 대통령에게 강력히 요구해 경질된 것이었다. 윤 장관은 그 몇 달 전 김영삼 대표의 부탁을 거절한 데 따른 보복으로 보았다(윤형섭, 2021).

되고, 출제 관리를 맡았던 관계자 50여 명도 징계를 받았다. 1982학년도부터 1993학년도까지 대학 입학의 핵심적인 전형 요소로 활용되었던 대학입학학력고사는 이렇게 씁쓸한 뒷맛을 남기고 역사 속으로 사라졌다. 이 사건과는 관계없이 예정되었던 대로 1994학년도부터는 대학입학학력고사 대신 대학수학능력시험이 도입되었다.

위 사건들은 대학 입학을 둘러싼 욕망이 얼마나 무분별하게 침투할 수 있고, 그런 가운데서도 시험의 공정성에 대한 사회적 잣대가 얼마나 엄격한지를 적나라하게 드러냈다. 우리나라에서 대학 입학은 온 국민의 시선이 집중되는 국가적 이벤트고 따라서 조그만 허점도 용납되지 않는다는 교훈을 남겼다.

대학입학제도를 지탱하는 세 가지 원칙

대입제도를 지탱하는 세 원칙은 공정성, 교육적 타당성, 대학의 자율성이다. 이러한 세 원칙은 서로 보완적으로 작동하는 것이 바람직하지만, 어떤 경우에는 충돌할 수도 있다. 지금까지 대입제도의 변화를 보면 이 세 원칙 사이의 균형에 큰 충격이 주어졌을 때 제도 개편의 압력이 커졌음을 알 수 있다.

대입 전형에서 공정성은 사회 정서의 문제이다. 명문대 입학은 곧 출세를 의미하는 한국 사회에서 입학 기회는 누구에게나 보장되어야 하고, 학생 선발을 위한 결정은 최대한 공정해야 한다는 것이 사회적 합의이다. 사회 정서에 비추어 이러한 공정성을 해치는 사건이 발생하고 사회적 주목을 받으면, 언제나 학부모와 국민의 거센 반발 속에 대입제도는 수술대에 올랐다. 실제로 언론이 대대적으로 보도한 입시 부정 사건은 자주 대입제도 개편의 계기가 되었고, 개편안의 핵심은 입시 부정 방지 또는 대입 공정성 확보였다.

최근에는 단순히 입시 부정을 예방하는 수준의 공정성 확보에서 한 걸음 더 나아가 대입제도가 특정 사회 계층이나 집단에 유리 또는 불리한지를 공정성의 잣대로 바라보는 시각이 증가하고 있다. 혈연에 의한 신분 제도가 붕괴하고, 대학 입학이 사실상 사회적 지위와 계층을 결정하는 사회 신분 제도적 기능을 수행하는 상황에서 "대입제도는 절대로 공정해야 한다"는 국민적 요구는 계속될 것이다. 대입제도의 공정성은 그 생명과 같다. 공정하지 않다고 느껴지는 대입제도는 지속되기 어렵다.

'평가하는 대로 가르친다(Teaching to the test)'라는 말이 있다. 즉, 평가는 교육의 내용과 과정에 결정적인 영향을 미친다. 대입제도가 대표적인 사례이다. 대입제도는 실질적으로 고등학교 교육과정을 결정한다. 따라서 대입제도는 교육적으로 타당성을 확보할 수 있어야 한다. 지적으로 발전하고, 정서적으로 성숙하며, 신체적으로 건강한 학생을 키우는 것이 교육의 목적이고 인재의 표상이라면, 대입제도는 학생의 이러한 성장과 발전에 초점을 두어야 한다. 대입제도가 어떤 이유든지 학교 교육을 파행으로 이끌게 되면 대입제도 개편은 불가피하다. 지금까지 이루어졌던 대입제도의 개편 사유로 '학교 교육의 정상화'가 자주 등장했던 것도 이를 보여준다.

대입제도가 추구해야 할 원칙과 가치 중에서 가장 중요한 것은 바로 이 교육적 타당성이다. 공정성과 대학의 자율성을 아주 중대하게 침해하지 않는 범위 내에서는 대입제도의 교육적 타당성이 가장 중시되어야 한다. 이 점에서 특히 대입제도 개편이 어떤 교육 외적 목적을 추구하기 위한 수단이 되어서는 안 될 일이다.

대입제도는 대학이 학생을 선발하는 과정에 대한 제도이다. 따라서 학생을 선발하고 교육하는 주체로서 대학의 교육 철학과 가치가 반영될 수 있어야 한다. 학문의 자유와 대학의 자율성은 긴밀하게 서로 연결된 우리의 헌법 가치라는 점에서 학생 선발에 대한 대학의 자율성 존중은 선언적 의미 이상의 실질적인 원칙이 되어야 한다.

이 점에서 대입제도를 개편할 때 대학의 자율성에 대한 더 많은 고민이 필요하다. 대입제도는 대학이 학생을 선발하는 주체라는 사실과 그 지위를 인정하는 데서 출발해야 한다. 따라서 대학의 자율성에 대한 규제는 필요한 최소한에 그쳐야 하고, 규제보다는 가급적 정책적 지원과 인센티브를 통해 대학이 정부의 정책 방향에 자발적으로 호응하도록 유도하는 것이 바람직하다.

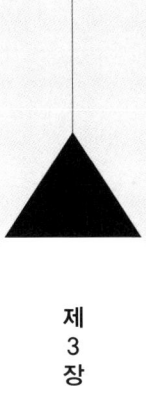

교육과정이 바뀌면
대입제도도 바뀐다고?

학교 교육과정? 그게 뭔가요?

우리나라는 학교 교육과정에 관한 기본적인 사항을 교육부장관이 정하는 국가교육과정 체제를 택하고 있다. 여기에는 교육에 관한 국가 차원의 비전과 미래 학교 교육의 방향에 대한 청사진이 담겨 있다. 좀 더 구체적으로는 학년별로 무엇을 가르칠지를 규정하는 교육의 종합 설계도라 할 수 있다. 이러한 교육과정은 평가와도 밀접하게 연계되어 있다. 학생이 배워야 할 내용을 제대로 이해하고 숙달했는지 확인하는 것이 평가이기 때문이다. 특히 고등학교 교육과정과 대입 시험은 떼려야 뗄 수 없는 관계이다. 만약, 수능 시험의 문제가 교육과정 밖에서 나오면, 학생은 학교 밖 사교육을 통해 시험 준비를 해야 하는 상황이 발생한다. 그런데 대입 시험은 많은 지원자 중에서 일부 응시생만을 가려서 뽑는 '선발 기능'도 있다. 그래서 문항의 변별력이 중요해지고, 난도(難度)를 통해서 이를 해결한다. 이때에도 교육과정이 중요하다. 비록 변별력을 추구한다고 하더라도, 교육부와 출제진이 천명해온 원칙은 '학교 교육과정을 충실히 이행한 학생이라면 문제를 푸는 데 지장이 없도록 하는 것'이기 때문이다.

교육과정은 '공식적 교육과정'과 '실제적 교육과정'으로 구분할 수 있다. 공식적 교육과정은 교육부장관이 초·중등교육법 제23조에 따라 고시하는 것으로 학교급별 교육의 목표와 내용을 담은 정부의 공식 문서이다. 반면, 실제적 교육과정은 선생님이 학교에서 실제로 가르치는 내용을 말한다. 이는 학교의 교육 여건, 교사의 전공과 관심, 학생의 흥미와 수준, 학부모의 요구와 압력 등 여러 요인의 영향을 받는다. 하지만 가장 큰 영향을 미치는 것은 역시 상급 학교 입학시험이다. 특히 고등학생의 경우 대입만큼 중요한 것이 없고, 학교와 교사는 대입 시험에 나오는 것을 무시하고 가르칠 수 없다. 교육학에서 이를 잘 표현한 것이 '시험에 나오는 대로 가르친다(Teaching to the test)'라는 말이다. 게다가 학교와 교사의 성과를 대입에서 거둔 실적으로 판단하는 풍토가 바뀌지 않는 한, 학교의 시험 중심 교육 풍토는 쉽게 사라지지 않을 전망이다.

정부가 고시하는 공식적 교육과정은 다른 경로를 통해 학교 교육, 즉 실제적 교육과정에 영향을 끼친다. 무엇보다 대입제도를 구성하는 핵심 요소인 학교생활기록부에 기재할 내용과 기재 방법을 결정하기 때문이다. 또한 공식적 교육과정이 개정되어 교과목이 바뀌면, 수능 시험의 교과목 체계를 개편해야 한다. 수능 시험이 학교의 실제적 교육과정에 미치는 영향은 앞서 설명한 바와 같다.

교육과정이 학교 교육에 미치는 영향이 크기 때문에 역대 정부는 크고 작은 개정을 시도해왔다. 실제로 정부가 내놓았던 대부분의 교육개혁 방안에는 교육과정 개편 계획이 포함되어 있다. 학자 집단이 교육과정 개정을 요구하는 때도 있다. 자신의 학문 분야가 교육과정에 포함되면, 학문 세계에서 위상이 높아지는 것은 물론 수능 시험에도 포함됨으로써 학생의 관심을 더 얻을 수 있다고 생각하기 때문이다. 인공지능처럼 특정 분야의 인재 육성이 필요하다는 사회적 분위기가 형성될 때도 교육과정 개정에 관한 논의가 촉발된다. 교육과정 개정 단계에서 이러한 다양한 요구들이 거세지면, 교육과정 개정의 장(場)은 학생의 성장과 발달을 위한 교육적 논의보다 이해관계 집단이 '교육 권력'을 쟁취하기 위해 싸우는 전쟁터로 변할 수도 있다. 하지만 '교육과정의 범람 현상'이란 말도 있듯이, 정부가 모든 요구를 받아들이기 어렵다. 학생의 공부 시간과 배워야 할 분량은 한정되어 있는데, 이를 무한정 늘릴 수 없기 때문이다.

요약하면, 정부가 제시하는 공식적 교육과정, 학교가 운영하는 실제적 교육과정 그리고 대입제도는 서로 긴밀히 영향을 주고받는 관계라 할 수 있다. 따라서 대입제도의 변천 과정을 제대로 이해하려면, 국가 교육과정이 무엇이고 역사적으로 어떻게 바뀌어 왔으며, 그것이 교육 현장에 미친 영향은 무엇인지를 살펴볼 필요가 있다.

공식적 교육과정의 변천과 대학수학능력시험

국가 교육과정 개정의 의미와 영향

국가 교육과정의 기원은 1954년 문교부령으로 공포된 '교육과정 시간 배당 기준령'이다. 제1차 교육과정인 셈이다. 이후 국가 교육과정은 제7차 교육과정까지 5~10년마다 전면 개정되는 체제를 유지했다. '전면 개정'이란 교육과정의 전반적인 틀을 바꾸는 것이고, 정부는 이를 통해 교육개혁의 방향을 설정해 왔다. 교육과정의 전체 틀을 총론이라 부르고 각 교과별 교육과정을 각론이라고 한다. 통상 교육과정을 개정한 후 교과서를 개발하거나 검정 또는 인정과정을 거치는 데 보통 몇 년이 걸리기 때문에 실제로 학교 현장에서 새 교육과정이 적용되기까지는 그만큼의 시차가 생긴다.

〈표 2〉 교육과정별 고시 연도 및 적용 학년도

명칭	총론 개정 고시 연도	개정 고시 정부	고교 교육과정 적용 학년도	고교 교육과정 적용 정부
1차 교육과정	1954	이승만 정부	1956 ~	이승만 정부
2차 교육과정	1963	박정희 정부	1969 ~	박정희 정부
3차 교육과정	1973	박정희 정부	1977 ~	박정희 정부
4차 교육과정	1982	전두환 정부	1982 ~	전두환 정부
5차 교육과정	1987	전두환 정부	1990 ~	노태우 정부
6차 교육과정	1992	노태우 정부	1996 ~	김영삼 정부
7차 교육과정	1997	김영삼 정부	2002 ~	김대중 정부

| 2009 개정 교육과정 | 2009 | 이명박 정부 | 2011 ~ | 이명박 정부 |
| 2015 개정 교육과정 | 2015 | 박근혜 정부 | 2018 ~ | 문재인 정부 |

제7차 교육과정 이후부터는 사회 변화나 정책적 필요에 따라 교육과정을 탄력적으로 바꾸는 '수시 개정' 체제가 도입되었다. 교육과정의 명칭도 그것이 개정된 연도를 앞세워 'ㅇㅇ년 개정 교육과정'으로 부른다. 여러 번의 크고 작은 교육과정 개정이 있었지만, 대입제도에 큰 영향을 끼친 것은 '2009년 개정 교육과정'과 '2015년 개정 교육과정'이다. 2021년 11월 24일 교육부는 '2022년 개정 교육과정' 총론 주요 사항을 발표했고, 여기에는 2025년부터 '고교학점제'를 전면 도입하는 내용이 포함되어 있다. 고교학점제는 학생이 배울 내용을 스스로 선택하게 하겠다는 취지인데, 향후 대입제도에도 큰 변화가 예상된다.

대입제도의 기본 원칙인 교육적 타당성과 공정성 관점에서 볼 때, 고등학교 교육과정이 바뀌면 수능 시험은 이를 반영해야 한다. 학교에서 배운 것을 평가할 때 교육적 타당성을 인정받고, 모든 학교에 적용되는 교육과정에서 시험 문제가 나와야 시험의 공정성을 유지할 수 있기 때문이다. 특히 교육과정의 내용이 수능 시험에 반영되지 않으면, 학교는 국가가 제시한 공식적 교육과정보다 수능 시험에 나오는 것을 가르치게 된다. 학생은 학교 수업을 통해 시험 준비를 하고 싶어 하고, 학교 평판도 대입 실적에 좌우되기 때문이다.

교육과정 개정은 학교 현장에 적용될 때까지 10년 이상 걸리는 긴 여정이다. 정책 연구와 의견수렴을 거쳐 교육과정 총론이 고시되면, 다음으로 교과별 각론 개발이 시작되고 이는 통상 1~2년이 걸린다. 각론 개발이 끝나면, 다시 1~2년 정도 걸리는 교과서 개발이 진행된다. 검·인정 교과서는 검·인정을 받을 때까지 또다시 1년 정도 걸리고, 교과서를 인쇄해서 배포하는 데 수개월 이상 걸린다. 교육과정 개정과 현장 적용의 시차를 줄이기 위해 교육과정 총론과 각론을 동시에 고시한다고 하더라도, 교육과정 개발에 1~2년, 새 교과서 개발과 인쇄에 최소 2년, 새 교과서로 배운 학생들이 대학에 입학할 때까지 3년이라는 긴 시간이 필요하다. 즉, 교육과정 개정 후, 최소한 6년이 지나야 비로소 대입 전형에 반영된다.

이렇게 볼 때 교육과정 개정에 따른 대입제도 개편은 통상 한 정부의 임기 내에서 마무리되기 어렵다. 따라서 개정된 교육과정이 교육 현장과 대입제도에 적용되길 바란다면, 장기적인 안목을 가지고 치밀하게 준비해야 한다. 이하에서는 주요 교육과정 개정 경과와 대입제도에 미친 영향을 살펴본다.

제5차 교육과정과 대학수학능력시험 개발

대입제도의 핵심인 수능 시험은 1994학년도부터 도입되었다. 이는 제5차 교육과정이 적용되던 시기이다. 원래 수능 시험 개발에 참여했던 전문가들은 이를 고등학교에서 배우는 교육과정과 관련이 없는 '적성 시험(aptitude test)'의 형태로 만들고자 했다. 하지만 곧 현장 교원의 보이지 않는 반발에 부딪혔다. 수능 시험이 학생에게 미치는 영향을 고려하면 학교의 교육과정이 무력화될 수 있다는 이유에서였다. 결국 정부는 고심 끝에 수능 시험을 '대학 교육에 필요한 수학 능력을 평가하기 위해, 고등학교 교육과정의 내용과 수준을 고려한 통합교과적, 탈교과적 소재를 바탕으로 고차적 사고력 등을 평가하는 발전된 학력고사'로 규정하고 추진했다. 개발 당시 수능 시험은 언어 영역, 수리탐구 영역, 외국어 영역의 세 영역으로 구성되었다. 언어 영역과 외국어 영역은 교육과정의 공통 범위에서 출제되었고, 수리탐구 영역도 대부분 공통 범위에서 출제하고 일부 문항만 인문사회 계열, 자연 계열, 예체능 계열의 심화 교육과정을 고려해 출제했다.

이렇게 해서 적성 시험을 목표로 했던 수능 시험은 고등학교 교육과정의 틀에서 크게 벗어나지 않게 되었고, 제5차 교육과정도 학교 현장에서 큰 무리 없이 적용되었다. 교육과정과 수능 시험이 학교 현장의 요구를 매개로 암묵적인 타협을 본 것이다. 이는 개혁보다 안정을 선호하는 교육의 속성이 반영된 결과이기도 하다.

제6차 교육과정과 대학수학능력시험 도입

제6차 교육과정은 1995학년도부터 도입되었지만, 고등학교 교육과정은 1996년부터 적용되었다. 이 시기에 국민학교가 초등학교로 명칭이 바뀌었고, 교과서에서 국민교육헌장이 삭제되었다. 영어가 초등학교 교육과정에 포함되었고, 컴퓨터 교육은 초등학교와 중학교 교육과정에서 다루어지기 시작했다.

그러나 제6차 교육과정의 개정 취지는 다양화였지만, 실질적인 다양화로 연결되지는 못했다. 특히 고등학교의 교과 편제가 큰 틀의 변화 없이 선택 과목만 추가되었는데, 여기에서 선택은 학생 차원의 교과목 선택권 보장보다 학교 차원의 교과목 선택을 의미했다. 결국 제2외국어 같은 일부 교과목이 학교에 따라 달리 운영되기는 했지만, 대부분 학생들을 문과와 이과로 나누고 같은 시간에 같은 내용을 가르치는 획일적 교육과정의 틀을 탈피하지는 못했다. 따라서 수능 시험 체제에도 큰 변화가 없었다. 단지 수리·탐구II 영역에서 선택 과목에 따른 표준점수제를 도입하는 정도의 변화만 있었다.

제7차 교육과정과 선택형 대학수학능력시험 체제

1993년 2월 대통령에 취임한 김영삼은 집권 초기부터 세계화와 민주화

열망에 부응하기 위해 다양한 정책을 펼쳤다. 경제협력개발기구(OECD)에 가입하고, 서방 세계와 활발한 외교 활동을 펼쳤고, 우리 사회에 깊숙이 자리 잡은 반민주적 사회질서와 중앙집권적 행정문화를 개혁하기 위해 큰 노력을 했다. 교육 분야도 예외는 아니었다. 교육 대통령을 자임했던 김영삼 대통령은 과거의 공급자 중심 패러다임을 수요자 중심으로 바꾸는 과감한 교육개혁을 주문했다. 민주화의 물결을 타고 중앙집권적인 교육행정 체제의 혁신도 탄력을 받았다. 대통령의 강력한 요청에 부응해서 교육개혁 방안을 만들고 추진한 주역은 세 사람을 꼽을 수 있다. 이명현 교육개혁위원회 상임위원은 주도적으로 교육개혁안을 성안했고, 박세일 정책기획수석비서관은 그것을 뒷받침할 대통령과 행정 각부의 지원을 이끌어냈다. 안병영 교육부장관은 균형감을 바탕으로 교육개혁안을 교육 현장에 효과적으로 실행했다. 그 결과물이 바로 역사적인 '5·31 교육개혁 방안'이다.

1995년 발표된 5·31 교육개혁 방안은 수요자 중심의 분권적인 교육 체제를 표방했다. 교육과정에서 이러한 정신을 반영한 것이 학생 중심 선택형 교육과정을 지향했던 제7차 교육과정이다. 초등학교 1학년부터 고등학교 1학년까지 국민 공통 교육과정을 이수하도록 했고, 고등학교 2학년부터는 자신의 흥미와 적성에 따라서 과목을 선택하는 선택 교육과정이 편성되었다. 특성화 고등학교의 교육과정에서도 선택이라는 개념이 강조되면서, 실업계 고교를 졸업하면 취업한다는 '종결 교육'의 관점에서 벗어나 졸업 후 취업이나 진학 중 선택할 수 있게 했다. 이러한 취지에서 대입제도에서도 특성화고 졸업자 특례 입학 제도가 만들어졌다. 이에 맞추어 수능 시험에서도 탐구 영역의 하나로 직업 탐구 영역이 추가되었다.

제7차 교육과정의 기본방향은 1995년에 발표되었지만, 2년 동안의 의견 수렴과 수정 및 보완을 거쳐 1997년에 최종적으로 고시되었다. 제7차 교육과정을 바탕으로 편찬된 교과서는 2002학년도 신입생부터 사용하기 시작했고, 이 교과서로 공부한 학생들이 대학에 진학하는 2005학년도부터 대입제도가 바뀌었다. 2005학년도 수능 시험은 선택형 교육과정을 지향했던 제7차 교육과정의 취지를 반영해서, 학생의 선택을 최대한 보장하고자 노력했다. 언어 영역과 외국어 영역은 모든 학생이 함께 치르는 공통 과목이었지만, 수리 영역은 가형과 나형으로 나눠서 학생이 선택할 수 있게 했다. 탐구 영역은 사회 탐구, 과학 탐구, 직업 탐구로 나뉘었고, 학생은 하나의 영역을 선택한 다음, 해당 영역에서 다시 과목을 선택할 수 있게 했다. 예컨대, 직업 탐구에서는 최대 3개 교과목까지 선택할 수 있었고, 사회 탐구와 과학 탐구 영역은 최대 4개 교과목까지 선택할 수 있게 했다. 2004학년도에 도입되었던 제2외국어 영역은 제2외국어와 한문 영역으로 확대되었고, 학생은 총 8개 교과목 중에서 하나를 선택할 수 있었다.

2009년 개정 교육과정과 수준별 대학수학능력시험 체제

2008년 취임한 이명박 대통령은 교육의 자율화와 다양화를 공약으로 내걸었다. 교육과정도 수시 개정 체제를 도입해서 5~10년 주기로 전면 개정했던 것을 언제든 바꿀 수 있게 했다. 그 결과 이명박 정부에서 교육과정은 거의 매년 바뀌었고, 특히 2009년 개정 교육과정은 교육 자율화 정책의 취지를 가장 많이 반영한 교육과정이었다. 우선 고등학교의 학기당 이수 과목 수를 대폭 줄였다. 교과의 '집중 이수제'를 도입해서 예·체능 교과목의 경우는 특정 학기에 한꺼번에 몰아서 들을 수 있게 했다. 또한 학교는 각 교과목의 수업 시수를 20% 범위에서 증감할 수 있었다. 특히 새 교육과정은 학생의 학업성취 수준에 따라 교과목의 수준을 달리 편성·운영할 수 있도록 하는 '수준별 교육과정'을 도입했고, 평가 방식도 학업성취 수준을 보는 절대평가 방식을 도입했다.

2009년 개정 교육과정에 따라 개발된 교과서는 2011학년도부터 사용되었다. 새 교과서로 배운 학생들이 치렀던 2014학년도 대입 전형부터는 2009년 개정 교육과정이 지향한 '수준별 교육과정'의 취지를 반영한 것이었다. 수능 시험에서도 국어, 수학, 영어 영역의 시험을 수준에 따라 A형과 B형으로 나누고, 학생은 하나를 선택할 수 있었다. 탐구 영역에서도 사회 영역, 과학 영역, 직업 탐구 영역 중에서 하나를 선택하고, 각 영역에 포함된 5~10개의 교과목 중 두 개 과목을 선택해서 볼 수 있게 했다. 학생은 외국어와 한문 영역에서도 총 9개 교과목 중에서 하나를 선택할 수 있었다.

2015년 개정 교육과정과 문·이과 통합형 대학수학능력시험의 시도

2013년에 출범한 박근혜 정부는 2009년 개정 교육과정과 그에 따른 2014학년도 수준별 수능이 거시적인 교육정책 차원에서 문제가 많다고 생각했다. 교육 현장에서 특목고나 자사고 진학을 위한 입시 경쟁이 과열되고, 문과 학생들은 과학 교과목을 외면하고 이과 학생들은 사회 교과목을 소홀히 하는 '지적 편식' 현상도 문제가 크다고 판단했다. 당시 교육계에는 제4차 산업혁명 시대를 맞아, 문과와 이과 구분 없이 폭넓은 기초 소양을 바탕으로 창의적·융합적 사고능력을 갖춘 미래형 인재를 키워야 한다는 공감대가 광범하게 형성되고 있었다. 이에 따라 정부는 교육과정 개정에 착수하였고, '문·이과 통합형 교육과정'을 지향한 '2015년 개정 교육과정'이 고시되었다. 새 교육과정의 특징은 모든 학생이 기초적인 수학, 공통사회, 공통과학 교과목을 이수하도록 한 것이다.

고등학교에서 이 교육과정은 2018학년도부터 적용되었다. 처음 문·이과 통합형 교육과정을 구상했을 때는 새 교육과정으로 공부한 학생들이 대학에 진학하는 2021학년도 대입부터 수능 시험 체제도 그에 맞추어 개편할 계획이었다. 하지만 당초 계획했던 '2021학년도 문·이과 통합형 수능 시험'이 무산되고, 1년 연기 끝에 발표된 2022학년도 수능 시험도 문·이과 통합형 교육을 지향한 개정 교육과정의 취지에서 크게 벗어났다. 그 과정은 다음에 소개할 대입제도 이야기에서 자세히 설명한다.

2022년 개정 교육과정과 고교학점제

문재인 정부는 '2022년 개정 교육과정 총론 주요 사항'을 발표하면서, 학생들이 자신의 꿈과 진로에 따라 원하는 과목을 선택해서 학습할 수 있도록 하는 '고교학점제'를 2025년부터 전면 도입하겠다고 밝혔다. 대학 입학에 유리한 교과목을 위주로 공부하고, 점수에 맞추어 대학과 학과를 선택하는 문제를 해결하겠다는 것이 취지이다. 이러한 계획에 대해서 일부 전문가들은 진로와 학습을 연계하는 교육 활동이라는 점에서 진일보한 조치라고 평가했다. 나아가 학생이 배울 과목을 스스로 선택하고 자기 주도적으로 학습할 수 있는 체제를 갖춘다는 면에서도 바람직하게 받아들여졌다.

반면, 통섭형 융합 인재를 키우는 것이 시대적 요청인데, 이처럼 과목을 나누어 배우게 하는 것이 적절한 것인지에 대한 반론도 있다. 무엇보다 학생별로 복잡해진 과목 선택이나 이수 결과를 대학 입시에 반영하는 방법이 쉽지 않을 것이라는 우려가 있다. 이러한 문제점에도 불구하고 교육부가 문재인 대통령의 제1호 공약을 임기 내 완수하겠다는 것을 목표로 해서 급하게 추진한다는 비판도 있다.

2022년 3월 9일 대통령 선거가 이루어지고, 차기 대통령은 5월 10일 취임하게 된다. 따라서 본격적인 2022년 교육과정 개정은 다음 정부가 맡게 될 가능성이 크다. 이렇게 볼 때, 고교학점제 시행이 포함된 2022년 개정 교육과정의 운명은 다음 정부가 문재인 정부의 정책을 계승할 것인지에 달려 있다. 한편, 2022년 개정 교육과정이 학교 현장에서 실질적으로 뿌리내리려면, 수능 시험을 포함한 2028학년도 대학입학제도에 이 교육과정의 정신이 담겨야 한다. 이 또한 차기 정부의 몫으로 남는다. 이와 관련해서 과거 교육과정 개정의 경험은 우리에게 여러 가지 교훈을 준다. 이에 대해서는 본 장의 마지막에서 다시 다룬다.

학교생활기록부와 대학입학제도

학교의 역할은 교육과정에 따라 학생을 가르치는 것이다. 교육과정이 제시한 내용을 학생이 제대로 학습했는지 평가해서 체계적으로 기록하고, 다음 단계 교육으로 나아갈 수 있게 하는 것도 학교의 책임이다. 이때 학생의 학업성취 수준을 보여주는 것이 이른바 '내신성적'이다. 이는 학생의 교과별 성취 수준을 말하며, 점수, 석차, 등급 등 여러 방식으로 표현된다. 평가 방법은 실제 역량을 살펴보는 '수행 평가'부터 지식과 이해 정도를 중심으로 평가하는 '지필 평가'까지 다양하다. 초·중등교육법 제25조에 따르면, 학교의 장은 학생의 학업성취도와 인성 등을 종합적으로 관찰·평가하여 학생지도 및 상급학교의 학생 선발에 활용할 수 있도록 하고 있다. 동 법령에 따라, 학교의 장은 학교생활기록부라는 공적 문서의 '교과학습 발달상황'에 학생의 학업성취도를 기록하고, 이를 학생 선발에 활용할 수 있도록 대학에 제공한다.

공공기관인 학교가 엄격한 평가 과정을 거쳐 산출한 성적에 대해서는 비교적 신뢰가 높은 편이다. 그런 이유로 많은 나라에서 학생의 성적을 중요한 전형자료로 활용한다. 우리나라도 예외는 아니다. 정부가 고시하는 공식적 교육과정은 교육의 목표와 내용뿐만 아니라 평가와 관련된 중요한 사항도 규정하는데, 이는 대입제도를 구성하는 핵심 요소가 된다. 따라서 학생의 학업성취도를 학교생활기록부에 어떻게 기재할 것인지는 대입제도

면에서 매우 중요하다.

　학교에서 학생의 학업성취도를 평가하는 방법은 절대평가와 상대평가로 나뉜다. 절대평가란 교육과정이 정한 목표나 수준(standards)을 기준으로 학생이 이에 얼마나 도달했는지를 보여주는 방식이다. 이 방식은 학생이 배운 내용을 성취해야 할 기준(standards)에 비추어 어느 정도 이해 또는 숙달하고 있는지를 알려준다. 학교와 학생은 이러한 성적 정보를 활용해서 어떤 부분이 우수하고 무엇을 보충해야 할지를 판단한다. 반면, 상대평가는 학업성취 수준을 전체 집단에서 해당 학생이 어느 위치에 있는지를 알려주는 방식이다. 절대적 성취라기보다 상대적 수준을 의미한다. 이는 학업 우수 학생에게 표창을 수여하거나 장학금 지급 대상 선발, 입학과 관련된 학생 선발을 할 때 활용할 수 있는 방법이다. 단기적으로 학업 동기를 유발하고, 학생 선발의 경제성을 확보할 수 있다는 점에서 유용하다. 다만, 일부 학자들은 상대평가 체제에서 학생 간 성적 경쟁이 치열해질 수 있고, 이 과정에서 나타나는 교육적, 정서적 부작용을 우려하기도 한다. 또한 미래사회에서는 연대와 협력, 공감과 공존의 가치가 중요해지는데, 동료와의 경쟁을 유발하는 상대평가가 적절한 것인지에 대해서 의문을 제기하기도 한다.

〈표 3〉 절대평가와 상대평가 비교

	절대평가	상대평가
점수 방식	학교 교육과정이 정한 목표와 수준에 비추어, 학생이 얼마나 성취했는지를 평가해서 제시	각 학생이 거둔 성적을 전체 집단에서 차지하는 상대적인 순위를 바탕으로 제시
시험 문항	교육과정이 정한 성취 수준을 달성했는지를 평가하는 문항을 중심으로 출제	학생의 상대적 위치를 변별하기 위해 일정 수준의 고난도 문제를 출제

학교생활에 미치는 영향	상대적 경쟁보다 실질적 학습을 위한 노력을 유도	상대적으로 높은 순위를 받기 위해 학생 간 경쟁이 불가피
대학입학 관련	선발 평가에 적용 시 학생의 변별이 어렵고, 학교의 특성에 따라 학생이 거둔 성적을 달리 평가하는 고교 등급제 우려	학생 간 순위를 제공함으로써 학생 선발에서 활용하기 좋은 정보로 쓰임

우리의 관심은 대입제도와 관련해서 어떠한 평가 방식을 도입하는 것이 적절한지이다. 여기서 어떤 방법이 '적절한지'에 대한 정책적 판단을 내리기 위해서는 평가의 교육적 타당성, 경제적 효율성, 실천 가능성, 교육 현장의 수용성 등을 종합적으로 살펴보아야 한다.

우선, 절대평가 방식이다. 이는 교육 당국이 공식적으로 제시한 학업성취 수준에 도달했는지를 평가한다는 점에서 교육적으로 타당하고, 학교 현장의 수용성도 높다. 반면, 대입을 둘러싼 경쟁이 치열해질수록 본래 목적과 달리 왜곡될 가능성이 있다. 예컨대, 학교가 한 명이라도 명문대에 더 합격시키는 것을 목표로 삼을 경우, 학교는 시험의 '난도(難度)'를 조절해서 '성적 부풀리기'를 하려는 유혹에 빠질 수 있다. 이런 상황이 벌어지면, 대학은 내신성적이 제대로 평가된 것인지에 대해 의문을 품게 된다. 나아가 대입 전형에서 내신성적의 반영 정도를 줄일 수 있다. 또한 학교가 교과 성적 부풀리기를 하면, 학생들은 높은 성적을 비교적 쉽게 얻을 수 있다고 생각하기 때문에 학교 수업을 소홀히 할 가능성도 있다.

절대평가 방식은 학교별로도 다른 결과를 가져온다. 우선 상대적으로 성적이 우수한 학생들이 모여 있는 영재고, 특수목적고, 자사고, 비평준화 지역 명문고에 재학하는 학생들이 유리할 수 있다. 상대평가 체제라면 일부 학생들은 반드시 낮은 등급을 받아야 하지만, 절대평가 체제에서는 성취 수준만 넘어서면 누구든지 상위 등급을 받을 수 있기 때문이다. 반대로 '누가 더 잘했나'를 보여주는 상대평가 방식에 따라 석차나 석차 백분율을 제공하면, 일반고, 특히 농·산·어촌 낙후 지역 학생들이 유리할 수 있다. 또한 상대평가는 조금이라도 성적이 우수한 학생을 가려내야 하는 학생 선발 목적에서는 유용한 방법이고, 지역이나 학교의 교육 여건에 따라 발생할 수 있는 불평등 현상을 다소 완화할 수 있다는 장점도 있다.

현재는 학교생활기록부에 석차 등급이나 석차 백분율을 쓰는 상대평가 방식이 적용되고 있다. 하지만 '고교학점제'가 전면 도입되면 공통 교과를 제외한 모든 선택 교과를 절대평가 방식으로 평가한다는 교육부 계획이 예고된 상태다. 다만 이러한 평가 체제의 전환이 가져올 변화와 부작용에 대해서는 충분한 논의와 대비가 반드시 필요하다.

대학입학제도와 고등학교의 실제적 교육과정

대학수학능력시험 출제 범위와 실제적 교육과정

초·중등교육법 제23조에 따르면, 교육부장관은 학교가 운영하는 교육과정의 기준과 내용에 관한 기본적인 사항을 정하고, 교육감은 교육부장관이 정한 교육과정의 범위에서 지역의 실정에 맞는 기준과 내용을 정할 수 있다. 이러한 법령의 규정에 따라 교육부장관은 학교급별 교육과정의 편성 및 운영 기준을 정해서 고시하는데 이것이 바로 '공식적 교육과정'이다.

그러나 앞서 설명한 대로 학교에서 실제로 운영되는 교육과정은 교육부장관과 교육감이 법률에 따라 고시하는 교육과정과 반드시 일치하지 않을 수 있다. 오히려 학교와 교사는 대학 입학에 유리한 내용을 가르치라는 무언의 압력을 받는다. 또한 수능 출제 범위에 포함되지 않는 교과목은 학생들의 관심에서 벗어날 수 있다. 심지어 학교가 공식적으로 제시하는 수업 시간표와 실제로 운영되는 수업 시간표가 다를 가능성도 있다.

정부가 고시하는 '공식적 교육과정'과 학교의 '실제적 교육과정'이 달라질 수 있음을 보여주는 사례를 살펴보자. 1997년 제7차 교육과정이 고시되면서, 문과(文科)와 이과(理科)로 반을 편성해서 각기 다른 교과목을 가르치는 수업 체제는 적어도 문서상으로는 사라졌다. 더구나 2015년 개정 교육과정에서는 공식적으로 문과와 이과를 통합한 교육과정을 지향한다고 명시하고 있다. 하지만 지금도 대다수 고등학교는 여전히 문과와 이과를 구분해서 학급을 편성하고, 교육과정과 교과목도 사실상 문과와 이과 체제로 나누어 운영하고 있다. 그 이유는 문과와 이과로 대별되는 교과목 체제를 수능의 과목 체제가 따르고 있고, 각 대학이 입학 전형에서 학과별로 요구하는 교과목 성적이 종전의 문과와 이과 체제를 염두에 두고 있기 때문이다. 예컨대, 공과대학과 자연대학의 어느 학과로 진학하려는 학생들은 여전히 과거의 이과(理科) 체제에서 배우는 교과목을 수능에서 선택할 수밖에 없다. 왜냐하면 해당 대학이 그 교과목의 성적을 요구하기 때문이다.

또 다른 사례는 외국어 과목이다. 1994학년도에 도입한 수능은 학생의 수험 부담을 완화하는 차원에서 제2외국어 교과목을 시험 과목에서 제외했다. 하지만 이를 시험에서 제외한 대가는 컸다. 우선 제2외국어 수업이 파행된 학교가 적지 않았다. 대학의 제2외국어 관련 학과의 학생 모집에도 영향을 미쳤다. 이에 따라 교육부는 2001학년도 수능부터 제2외국어를 선택 영역의 하나로 추가했다. 이러한 일련의 상황은 학교의 실제적 교육과정이 수능 시험의 교과목 체제와 밀접하게 연계되어 있음을 보여준다.

학교생활기록부 성적 반영 방식과 실제적 교육과정

1980년 신군부 세력이 주도하는 국가보위비상대책위원회는 이른바 '7·30 교육개혁' 조치를 단행했다. '학교 교육 정상화 및 과열과외 해소 대책'의 이름으로 과외금지 조치를 내리는 동시에 대입제도를 획기적으로 개편했다. 사교육 유발의 원인으로 지목된 대학별 고사, 즉 본고사를 폐지하고, 졸업정원제를 도입했다. 또한 학생들이 학교 수업에 열심히 참여하도록 유도하기 위해 대학들이 학생 선발과정에서 내신성적, 즉 학교생활기록부에 기재된 성적을 40% 이상 반영하도록 강력한 '행정지도'를 펼쳤다.

그 취지는 지역 간, 학교 간 학력 격차를 인정하지 않는 상대평가 방식의 학교생활기록부 성적을 대입 전형에 확대 적용함으로써 고교 평준화의 토대를 강화하고, 중학생들의 명문고 입학을 위한 입시 경쟁을 줄이겠다는 것이었다.

하지만 대학의 반응은 달랐다. 출신 지역과 학교에 따른 학력 격차가 존재한다고 믿는 상황에서 상대평가 방식으로 기재된 내신성적을 40% 이상 반영하면 자칫 우수 학생을 확보하는 데 불리할 수 있다고 생각한 것이었다. 그러나 정부의 강력한 요청과 행정지도를 무시할 수 없었던 대학들은 '묘수'를 찾아냈다. 비록 내신성적을 40% 이상 반영하지만, 모든 학생에게 기본점수를 높게 부여하고, 부여하는 점수의 등급 간 차이는 줄임으로써 내신성적의 실질적인 영향력을 줄인 것이다. 대학들의 이러한 대응은 조금이라도 성적이 높은 학생을 모집하고자 하는 욕심에서 비롯된 것이다. 하지만 이는 학교 교육을 무기력하게 만들고 심지어 학생을 기만하는 처사라는 비판을 받았다.

이후에도 공교육을 지키려는 교육부와 우수 학생을 뽑고자 하는 대학들의 줄다리기는 계속되었다. 정부로서는 학교 교육의 정상화가 중요하지만 학생 선발에 대한 대학의 자율성도 완전히 무시할 수는 없는 노릇이다. 이처럼 양쪽 생각이 다른 가운데 교육부와 대학들은 대입 전형에서 학교생활기록부 성적을 중시한다는 원칙을 확인하는 수준에서 타협하는 상황이 반복되고 있다.

고등학교 내신성적의 평가 및 기재 방식을 둘러싼 정부와 대학의 긴장은 김대중 정부에서도 있었다. 정부는 절대평가의 교육적 가치를 중시해서, 절대평가 방식으로 평가하는 학업성취도와 상대평가 방식으로 기술하는 석차 백분율을 대학에 함께 제공하고 대학이 자율적으로 선택해 활용할 수 있게 했다. 하지만 기대와 달리 일부 유수 대학들은 석차 백분율 대신 절대평가를 적용한 학업성취도를 활용했다. 아마도 이는 상대평가 체제에서 특목고 학생들이 불리하다는 생각이 반영된 결과일 것이다. 상황이 이렇게 흐르자 일부 고등학교는 대학이 중시하는 학업성취도 성적을 부풀리는 방식으로 대응했다. 학생들도 빠르게 반응했다. 대입 전형에서 내신성적의 영향이 낮아질 것으로 예상하고 상대적으로 큰 영향력을 발휘할 수능 시험이나 논술고사 등 대학별 고사를 준비하기 위해 사교육에 매달리는 현상이 발생했다. 이러한 사실을 보고받은 노무현 대통령은 '실질 반영률은 사실상 대학이 학생들을 속이는 것과 다르지 않다'라고 말하면서 안타까워했다. 하지만 대학과 맞서 싸울 수도 없기에 정부는 학교생활기록부 성적을 9등급의 상대평가 체제로 바꾸는 결정을 내리게 되었다.

이처럼 정부가 내신성적 표기 방법을 어떻게 결정하느냐에 따라 대학의 대응과 고등학교의 실제적 교육과정 운영이 달라진다. 앞으로는 새로운 대입제도를 만드는 경우 정부는 이러한 영향을 면밀하게 검토하고 부작용을 줄이는 방향으로 정책을 수립해야 할 것이다.

입학사정관제와 실제적 교육과정

학생은 자신의 흥미, 적성 및 진로에 따라 학교 안팎에서 다양한 활동을 한다. 이는 지적인 이해와 학습을 주로 하는 정규 수업을 보완한다는 면에서 교육적으로도 의미가 있다. 김대중 정부가 발표한 '2002학년도 대학입학제도'는 이러한 점을 대학 입시에 반영하고자 했던 시도였다. 학생들이 정규 수업은 물론 학교 밖에서도 다양하고 풍부한 특기적성 활동을 경험하도록 장려하고, 그 과정과 결과를 학교생활기록부에 기록해서 대입 전형에 반영하자는 것이었다. 노무현 정부에서 안병영 교육부장관은 이를 좀 더 체계화해서 '2008학년도 대학입학제도'의 내용으로 '입학사정관 전형'을 도입했다. 이 제도는 입학사정관들이 학생의 학교 안팎 교육 활동을 깊이 살펴보고, 학생이 펼친 노력과 성취가 진학하려는 학과의 특성에 부합하는지를 평가하는 것이다. 이는 학교생활기록부에 기재된 질적 자료를 정성적으로 평가한다는 점에서 파격적인 조치로 받아들여졌다. 교과 점수를 종합해서 산출한 총점과 평균 점수를 활용해서 합격 여부를 결정하는 양적 평가 패러다임에 대한 도전이었다. 교육 전문가들은 이러한 입학사정관 제도가 교과 수업에 참여해서 얻은 '점수'만으로 학생의 노력, 성취, 잠재력을 평가했던 과거의 규격화된 평가제도보다 진일보한 것이라고 평가했다. 이 제도를 도입했던 안병영 장관도 대학이 입학사정관제를 진행하면서 정성 평가에 대한 사회적 신뢰를 쌓아간다면, 시험을 통해 기계적으로 산출한 점수로 한 줄 세우는 평가의 한계를 극복할 수 있다는 믿음을 가졌다. 나아가 이런 방식의 평가는 학교의 교육과정에도 영향을 미쳐서 학생들이 좀 더 교육적으로 풍부하고 다양한 교육 활동을 하고, 진로와 연계된 학습을 할 수 있을 것이라는 기대를 품었다. 하버드대의 토드 로즈 교수[5]가 제안한 바와 같이, 앞으로의 교육은 학생의 개개인성(individuality)을 존중하고 이에 따라 교수-학습을 진행하는 방향으로 나아가야 하고, 입학사정관 제도는 이러한 미래의 맞춤형 교육 방향과도 부합하는 대입 전형이라 할 수 있겠다.

입학사정관 제도가 부쩍 확대된 시기는 이명박 정부에서였다. 2008

---

5) 최근 하버드대학의 토드 로즈(Todd Rose) 교수는 그의 저서 『평균의 종말(The end of average)』을 통해 개인이 가진 지적, 신체적, 심리적 특성과 잠재력은 너무나도 다양한데, 이러한 다양성을 무시하고 개인을 하나의 점수로 획일화해서 표현하고 평가한다는 것이 얼마나 우스운 일인지를 설명했다. 또한 그는 자신의 능력을 펼칠 가능성과 정도는 개인이 처한 환경과 맥락에 따라 매우 다르게 나타날 수 있다고 주장했는데, 오늘날 이루어지는 탈맥락적, 기계적 점수에 의한 평가의 한계를 잘 지적하고 있다. 또한 그의 주장은 무엇이 보다 교육적으로 타당한 평가인지에 대해서 생각하게 한다.

년 취임한 이명박 대통령은 당시 카이스트(KAIST)의 부총장이었던 장순홍 교수로부터 입학사정관 제도의 교육적 성과를 듣고, 이야말로 대입제도 개편의 핵심이라고 생각했다. 이 대통령은 대입제도를 바꿈으로써 초·중등교육에 변화를 일으키고 싶었는데 카이스트의 혁신 사례로부터 실마리를 찾았다고 생각한 것이다. 이 대통령은 입학사정관제를 통해 학생들이 시험에 시달리지 않고 대학에 들어가는 방안을 만들라고 교육과학기술부에 지시했다. 안병만 교육과학기술부장관은 우선 파급력이 있는 서울의 주요 사립대학부터 이 제도를 도입할 수 있도록 재정을 지원하는 등 다양한 노력을 기울였다. 그 결과 2008학년도에는 10개 대학에서 254명을 뽑았던 입학사정관 전형이 이듬해인 2009학년도에는 40개 대학에서 4,476명을 선발하는 것으로 확대되었다. 2010학년도에는 97개 대학에서 2만 4,622명의 학생이 이 제도를 통해 대학에 진학했다. 3년 차인 2011학년도에는 118개 대학에서 3만 628명이 입학사정관제를 통해 대학에 진학했다. 불과 4년 사이에 대학 수로는 11배, 학생 수로는 120배가 성장한 셈이다. 심지어 이명박 대통령은 국정 설명을 위한 라디오 연설에서 "제 임기 말쯤 가면, 아마 상당한 대학들이 거의 100%에 가까운 입학 사정을 그렇게(입학사정관제로) 하지 않겠느냐 기대하고 있다"라고 말해서 논란이 일기도 했다. 당시 교육과학기술부는 대통령이 입학사정관 전형에 대해 강력한 의지를 표명한 것이라고 해명했지만, 대학사회와 교육계에서는 큰 혼란이 일었다.

새로운 대입제도를 도입하려면, 대학이나 고등학교가 충분히 준비할 여유를 두어야 한다. 또한 입학사정관 전형 같은 정성 평가는 사회적 신뢰가 절대적으로 필요하다. 그렇지 않은 상황에서 새로운 제도가 확대되면, 공정성 문제에 대해 매우 민감하게 생각하는 국민의 호응을 끌어내기 어렵다. 게다가 언론이 제도적 문제를 지적하기 시작하면 새 제도가 현장에서 자리 잡기도 전에 흔들릴 수 있다.

입학사정관 제도의 공정성에 대한 의문 또는 사회적 불만은 이를 대폭 확대했던 이명박 정부 때부터 이미 표출되고 있었다. 정부가 바뀌자 입학사정관제의 문제점을 지적하는 목소리는 더욱 거세져서 폐지론까지 등장했다. 이러한 문제를 심각하게 여긴 박근혜 정부는 입학사정관제를 '학생부 종합 전형'이라는 이름으로 바꾸고 여러 가지 보완 방안을 마련했다. 우선, 학생이 추가로 제출하는 자료는 자기소개서, 추천서 등 학교생활기록부에 기재한 내용을 확인하거나 보완하는 자료로 한정하고, 학교 밖에서 받은 수상 실적의 제출은 금지했다. 이는 선발 과정에서 부모나 다른 사람의 후광 또는 도움의 효과를 최소화하겠다는 의미였다.

문재인 정부는 한 발 더 나갔다. 2019년 11월 28일 발표한 대입제도 공정성 강화 방안에 따르면, 2024학년도 대입부터는 교육과정상의 비교과 활동 중 자율활동, 교내 정규 동아리 활동, 봉사 활동, 진로탐색활동을 제외한 다른 활동 내용의 기재가 금지되고 자기소개서도 폐지된다. 여기에는 수상경력, 개인봉사활동 실적, 자율동아리, 독서활동 등이 포함된다. 부모의 사회경제적 지위가 영향을 미칠 수 있는 소논문, 진로 희망 분야와 교사추천서는 2022학년도 대입부터 폐지하기로 했다. 무엇보다 학교생활기록부 종합 전형과 논술 전형에 쏠림이 있다고 판단되는 서울 소재 16개 대학에 대해 수능 위주 전형으로 40% 이상 선발하도록 권고했다. 나아가 논술 위주 전형과 특기자 전형을 단계적으로 폐지해 대입 전형을 학생부 위주 전형과 수능 위주 전형으로 단순화하겠다는 방침을 발표했다. 교육부의 이러한 조치는 세상을 떠들썩하게 했던 모 여고 교무부장의 시험지 유출 사건과 조국 전 법무부 장관 자녀 관련 입시 부정 등으로 폭발된 국민적 불만을 해소하기 위한 것으로 풀이된다. 하지만 이러한 조치에 대해서는 학생이 학교 안팎에 다양하게 펼치는 교육 활동을 권장하고, 이를 학생의 진로 관점에서 정성적으로 평가하는 방향으로 발전해 오던 대입제도를 다시 정규 교과 활동 중심으로 되돌린 것이라는 평가가 있다. 비록 형식적, 기술적 차원의 공정성을 확보하고 국민의 불만을 잠재울 수는 있지만, 5·31 교육개혁 이후 교육적 타당성을 높이기 위해 추진해온 입시개혁의 후퇴를 의미한다. 이 사례는 공정한 입시라는 사회적 담론과 압력 앞에서 정성 평가와 활동 중심 평가라는 교육적 시도가 얼마든지 무력해질 수 있음을 보여준 것이기도 하다.

국가 교육과정의 개정 절차와 쟁점

교육과정 전쟁 제1차 대전 : 교육과정 개정과 교과목 전쟁

교육과정 개정이 시작되면, 교과목과 관련된 교육계와 학계는 서로 많은 영역을 차지하기 위해 치열한 경쟁을 펼친다. 모든 학교가 따라야 하는 교육과정에 자신이 속한 학문 영역이 들어간다는 것은 많은 것을 의미한다. 무엇보다 학생이 관심을 두는 교과목이 되고 국민의 관심과 정책적 지원도 얻을 수 있다. 수업 시간표에서도 중요한 자리를 차지한다. 사범대학 해당 학과 졸업생들이 교사로 나설 수 있는 자리도 더 확보하게 된다. 만약 역사문제에 대한 해석의 차이로 첨예한 다툼이 있는 내용을 다루게 되면, 교육과정의 개정은 훨씬 고통스러운 과정을 거친다. 설령 특정 관점이나 해석이 교육과정에 반영된다고 하더라도 이를 반대하는 집단에 의한 후폭풍이 만만치 않기 때문이다.

한편, 사회적 요청이나 기술의 변화에 따라 새로운 교과목을 편성하라는 요구가 거세져도 교육과정 개정을 둘러싼 싸움은 복잡해진다. 예컨대, 한자(漢字) 교육을 강화해야 한다는 주장과 한글 전용이 필요하다는 주장은 교육과정을 개정할 때마다 충돌하는 쟁점이다. 학생 시절부터 경제 교육을 강화해야 한다는 경제계 요구도 교육과정 개정 때마다 단골로 등장한다. 사회적 반향을 일으키는 안전사고가 발생하면, 안전 교육을 강화하라는 요구가 거세진다. 최근에는 어려서부터 소프트웨어 교육, 코딩 교육,

인공지능 교육을 받게 해야 한다는 주장이 과학기술계와 산업계를 중심으로 강하게 제기되었고, 이는 2021년 11월 교육부가 발표한 2022학년 개정 교육과정 총론 주요 사항에 반영되었다. 이처럼 어떤 교육 내용을 교육과정에 추가해야 한다는 주장은 교육계 밖에서 먼저 제기되는 경우가 많다. 여기에 정치권이 가세해서 국회 대정부 질문 등을 통해 특정 교과의 신설이나 강화를 주문하고, 언론 기고나 사설 등을 통해 치열한 여론전이 펼쳐지면서 '교육과정 전쟁'은 이제 '국제전'으로 번지게 된다. 문제는 학생이 배울 수 있는 내용과 시간이 매우 제한적이라는 것이다. 즉, 새로운 교과나 내용을 추가하려면, 다른 무언가를 빼내야 한다. 그렇지 않으면, 교육과정이 수용할 수 있는 양적 범위를 초과하는 교육과정의 범람(氾濫) 현상이 생긴다.

기존 교육과정에서 특정 교과목이나 특정 영역을 제외하거나 그것의 비중을 낮추려고 할 때도 전투가 벌어진다. 우선, 교사와 관련된 문제이다. 일단 교사들은 학생과의 관계나 교과목 위상에서 자신이 가르치는 수업의 비중이 줄어들거나, 폐지된다는 것을 받아들이기 어렵다. 장차 신분의 불안으로도 이어질 수 있다고 생각한다. 이런 이유로 교원노조나 교원단체에 공동 대응을 요구하고, 좀 더 큰 싸움으로 확대되기도 한다.

교육과정 개정에 따르는 교과목 전쟁에는 교육대학과 사범대학 교수들도 참여한다. 자신이 가르치는 교과목의 비중이 줄면, 졸업생의 취업이 그만큼 어려워지기 때문이다. 학과의 위상이 낮아지고 존폐의 문제로도 번질 수 있다고 생각해서 촉각을 곤두세운다. 문제를 복잡하게 하는 것은 교육대학과 사범대학 교수의 이중적 역할과 관련이 있다. 이들은 한편으로는 각 대학에서 해당 교과 교원을 양성하는 역할을 하고, 다른 한편으로는 교육과정 개정에 대해 자문을 하는 교과교육 전문가로 활동한다. 즉, 교육과정 개정에 참여하지만, 동시에 교육과정 개정의 영향을 받는 이해

당사자가 된다. 이러한 이중적 지위는 교육과정 개정, 특히 교과목 편성과 관련해서 객관적인 의사 결정을 어렵게 만든다. 원칙적으로 교육과정의 큰 방향과 각 교과목의 총론이 결정되면, 교과목별 각론이 정해지고 가르칠 범위와 내용이 확정된다. 이를 다시 교사 자격이나 양성 제도와 연계하는 것이 논리적 순서일 것이다. 그러나 실제로는 교육대학과 사범대학 교수들이 교육과정 개정에 깊숙이 참여하기 때문에 현재의 교사 자격이나 양성 제도가 미래를 위한 교육과정 개정에 제약 조건이 될 수 있다.

자신과 관련된 교과목이 교육과정에 유지 또는 더 큰 비중으로 반영되도록 노력하는 것을 '교과 이기주의'라고 말한다. 그러나 이는 지나친 표현일 수도 있다. 국어 전문가가 학교 교육에서 국어의 중요성을 강조하고, 수학 전문가가 수학 교육의 확대를 주장하는 것은 자연스러운 일이기 때문이다. 다른 교과도 마찬가지이다. 그런데도 교과 이기주의라는 말이 등장한 것은 교육과정을 개정할 때 교과목 간 합의를 끌어내기가 어렵다는 사실을 우회적으로 표현한 것으로 봐야 한다. 실제로 한정된 수업 시수를 여러 교과목 간에 배분하는 것은 일종의 '제로−섬 게임(Zero-sum Game)'이다. 새 교과목을 신설하거나 수업 시수를 늘리기 위해서는 다른 교과목이 양보하거나 새 배분 원칙에 대한 교과목 간의 합의가 원만하게 이루어져야 하는데 그렇게 될 가능성은 거의 없다.

개별 교과에 포함될 교육 내용과 범위가 결정된다고 하더라도 각 교과에서는 여전히 갈등이 여지가 남아 있다. 왜냐하면 각 교과에는 또다시 세부 전공이라는 것이 있기 때문이다. 예컨대 고등학교 수학을 보면, 문자와 식, 기하, 수와 연산, 함수, 확률과 통계, 미분과 적분, 벡터, 행렬 등 여러 세부 분야가 있다. 이때 어떤 내용을 포함할 것인가를 두고 수학 전문가 집단 내부에서 다시 갈등과 대립이 생길 수도 있다. 다만 이 단계에서 갈등은 외부에 표출되지 않고 내부적으로 치열하게 전개된다.

이런 이유로 교육과정을 개정할 때는 서로 상충하는 교과목 간의 이해를 조정하고 합의를 이루는 것이 중요하다. 이 과정에서 교육과정 개정을 주도하는 교육 당국과 전문가들은 확고한 교육 철학과 리더십을 가져야 한다. 그것이 충분하지 않은 상태에서 교육과정 개정을 추진하면, 모든 단계마다 장애에 부딪히고 결국 뜻하지 않은 방향으로 흘러갈 수도 있다.

교육과정이 개정되면 교과서를 개발하는데, 교과서의 종류를 결정하는 것도 간단한 일이 아니다. 국정, 검정, 인정 중에서 어떤 형태로 할지를 결정해야 하는데, 학계의 요구와 정치권의 압력이 매우 강하게 작용하기 때문이다. 이상의 내용을 종합할 때, 교육과정 개정이 곧 '전쟁'이라는 말은 결코 과장된 말이 아니다.

교육과정 전쟁 제2차 대전 : 대학입학제도 개편과 학교의 대응

대입제도가 개편되면 고등학교에서 실행되는 실제적 교육과정도 변하게 마련이다. 따라서 수능 시험의 영역 체계와 영역별 출제 범위는 초미의 관심사가 된다. 특히 출제 범위를 둘러싸고 공식적 교육과정 개정 과정에서 벌어졌던 갈등이 다시 반복되곤 한다. 출제 범위에 포함되는 교과목과 세부 내용이 고등학교에서 실제로 운영되는 교육과정의 모습을 좌우하기 때문이다.

수능 시험의 교과목 체계, 성적표기 방식, 학교생활기록부 기재 내용에 따라 교과목과 관련된 이해관계 집단은 울고 웃는다. 예컨대 수능 시험에서 자신의 영역이 빠지면 학생의 관심과 선택이 줄고, 수업 개설이 어려울 수 있다. 이는 곧 교사와 교과목의 권위나 실질적인 권력의 상실로 이어질 수도 있다. 영어처럼 과목의 성적 산출 방식이 절대평가로 바뀌면, 수업이 개설되어도 학생의 관심은 떨어질 수 있다. 이런 이유로 대입제도 개편은 교육과정의 제2차 대전이 시작됨을 의미한다. 때로는 교육과정 개정과 대입제도를 개편하는 교육적 취지는 사라지고, 각자 나름대로 명분을 앞세운 치열한 전쟁이 다시 벌어진다.

대입제도가 개편된 후, 학교의 실질적 교육과정에 변화가 생기려면 오랜 시간이 걸린다. 학교와 학생들은 각자 자신에게 유리한 대입 전략을 수립하고, 이에 따라 수업이 개설되고 가르치는 방식도 변하기 때문이다. 대입제도를 개편하면서 학교 현장의 교육에 미치는 영향을 사전에 예측하고, 여기에 효과적으로 대응한다는 것은 말처럼 쉽지 않다. 더욱이 교과목 간 전쟁이 벌어졌을 때, 여기에 효과적으로 대처하지 못하면 어렵사리 통과한 공식적 교육과정의 개정 취지가 훼손될 수도 있다. 2015년 개정된 문·이과 통합형 교육과정과 대입제도의 개편 사례가 이러한 복잡한 이면을 잘 보여준다.

문·이과 통합형 교육과정의 탄생과 궤도 이탈

박근혜 정부 첫 교육부장관에 임명된 서남수는 취임하면서부터 마음이 무거웠다. 당장 눈앞에 닥친 대입제도 개편 문제를 어떻게 해결할 것인지, 뾰족한 답을 찾기가 어려웠다. 사실 서 전 장관은 평생을 교육부에서 일한 직업공무원 출신이고, 대입 정책만큼은 충분한 경험을 갖고 있다고 자부하고 있었지만 참으로 쉽지 않은 상황이었다.

서 장관이 취임했던 2013년에는 대학 입시에서 큰 변화가 예정되어 있었다. 수준별 수능이 처음 치러지고, 학교생활기록부 성적 기재 방식이 절대평가 방식의 성취평가제로 전환된다고 예고된 상태였다. 수준별 수능은 이미 진행 중이었고, 성취평가제도 이명박 정부가 고시한 2009년 개정 교육과정에 따라 예고한 후속 조치라서 변경이 쉽지 않은 문제였다. 하지만 서남수 장관은 심각하게 고민하지 않을 수 없었다. 비록 외부적으로 널리 알려지지는 않았지만, 수준별 수능과 성취평가제는 우리 교육 제도의 근간인 고교평준화 제도와 충돌할 소지가 컸기 때문이다.

두 정책은 모두 이명박 정부의 핵심 교육 정책이었다. 두 제도가 표방하는 목표와 취지는 이명박 정부에서 청와대 교육과학문화수석비서관과 교육과학기술부 차관 및 장관을 역임했던 이주호 장관이 2006년에 발간한 『평준화를 넘어 다양화로』라는 저서에 잘 나타나 있다. 이 책에 따르면 이주호 장관은 한국 교육이 안고 있는 심각한 문제들의 근원이 모두 평준화 정책에 있다고 보았다. 다만 여론의 지지가 비교적 높은 고교평준화 정책을 정면으로 건드리지 않고 실질적으로 평준화 체제의 해체를 가져올 수 있는 여러 간접적인 정책들을 도입했다. 성취도 평가에 의한 학교생활기록부 성적 기재, 수준별 대학수학능력시험 도입, 자사고의 대대적 확대 등이 그것이다.

이명박 정부가 추진한 교육 정책은 다분히 신자유주의적 성향이 강했다. 김영삼 정부에서 시작한 '5·31 교육개혁'의 연장선에 있다는 주장도 있었지만 다양한 가치들의 균형과 조화를 지향한 중도적 '5·31 교육개혁'의 범위를 뛰어넘어 이념적으로 치우친 교육 정책이 적지 않았다. 예를 들면 '5·31 교육개혁'은 고교평준화 정책을 유지하면서 그 한계와 부작용을 보완하는 방향을 지향한 데 반해, 이명박 정부의 교육개혁은 평준화 체제 자체의 해체를 궁극적인 목표로 삼았다.

박근혜 정부는 이명박 정부와 같은 보수 정권에 속했지만 교육 정책에 있어서는 중도적 정책 기조를 추구했다. 전교조가 주장하는 과도한 평등주의를 배격하면서도 이명박 정부의 신자유주의적 교육 정책과도 일정한 거리를 두었다. 당시 교육 현장에서는 이명박 정부의 교육 개혁에 대한 반감이 넓게 퍼져 폭발 직전이라는 보고가 잇달았고 같은 논조의 언론 보도도 많았다.

고민하던 서남수 장관은 '대입제도 발전방안 연구위원회(위원장 강태중 중앙대 교수)'를 구성하고, 교육 전문가와 외부 인사가 참여하는 정책 토론회를 여러 차례 열었다. 참석자들은 이명박 정부의 정책을 지속하면 내신에서 불리했던 특목고, 자사고 학생들이 득을 보게 되고, 이들 학교로 진학하기 위한 입시 경쟁이 중학교 때부터 거세질 것이라고 전망했다. 반면, 일반고는 학생들이 외면하는 이류 학교로 전락할 수 있다는 우려가 대부분이었다. 이명박 정부의 고등학교 다양화 정책이 수평적 다양화가 아니라 수직적 다양화, 즉 서열화를 지향했다는 평가도 있었다.

당장 2014년도 대입 전형부터 이명박 정부의 예상과 다르게 흘러가고 있었다. 원래 수준별 수능의 도입 취지는 자신의 적성과 수준에 따라 교과목을 이수하고, 이에 맞는 시험을 치는 것이었다. 즉, 학생은 자신이 이수한 교과목 수준에 따라 난도(難度)가 낮은 A형을 택하거나 난도가 높은 B형의 시험을 택해서 치를 수 있게 한 것이었다. 하지만 실제로 학생은 자신이 진학하려는 대학이 수능의 유형이나 성적 산출 방법을 어떻게 정했냐에 따라 움직였다. 즉, 자신의 흥미와 수준에 따라 과목을 선택하기보다 대입 경쟁에서 어떤 과목을 선택하는 것이 유리한지를 저울질해서 A형과 B형을 선택하려는 경향을 보인 것이다.

탐구 영역의 과목 선택도 문제가 있었다. 당시 제도는 수험생이 사회 탐구, 과학 탐구, 직업 탐구의 3개 영역 중에서 하나를 선택하고, 각 영역에 포함된 8~10개 과목 중에서 두 개 과목을 선택하는 방식이었다. 그 결과 문과 학생들은 과학 과목을 전혀 공부하지 않아도 되고, 이과 학생들은 사회 과목을 공부하지 않아도 되는 상황이 벌어졌다. 서 장관은 제4차 산업혁명 시대를 맞아 융합과 통섭의 인재가 요청되는 상황에서, 학생을 고등학교 단계부터 문과와 이과로 나누어 지적 편식을 하게 하는 대입제도를 그대로 방치해도 좋을지에 대해서도 깊이 고민하지 않을 수 없었다.

지난 정부의 정책이라고 쉽게 뒤집을 수 있는 문제도 아니었다. 교육부 직업 공무원으로 평생을 살아온 서남수 장관은 교육 정책의 일관성, 특히 대입제도의 안정적 추진이 얼마나 중요한지를 잘 알고 있었다. 몇 년 전에 정부가 발표해서 그것에 따라 대학 입학을 준비해온 학생과 학부모로서는 대입제도의 급격한 전환은 받아들이기 어려운 일이었다. 그때마다 불가피한 측면이 있기는 했지만, '조령모개식 대입제도' 개편이라는 지적은 늘 고통스러운 비판이었다.

하지만 교육 정책을 책임지는 장관으로서 결단은 불가피했다. 서 장관이 취임한 지 6개월 정도가 지난 2013년 9월 교육부는 '대입제도 발전방안 연구위원회'와 공동으로 대입제도 개선안을 발표했다. '학생·학부모 부담 완화와 학교 교육 정상화를 위한 대입 전형 간소화 및 대입제도 발전 방안(시안)'이라는 긴 제목의 발표문이었다. 여기에는 매우 포괄적인 대학입시제도 개혁안이 포함되어 있었다. 주요 내용은 ① 수시 모집에서 수능성적 반영 축소 ② 대입 전형을 학생부 위주, 논술 위주, 실기 위주, 수능 위주 등으로 유형화·단순화 ③ 대입제도 변경 시, 사전예고제 강화 ④ 사회 통합에 기여하는 대입 전형 확대 유도 ⑤ 성취평가제 시행 유예를 포함한 학교생활기록부 성적반영 방법 개선 ⑥ 수준별 수능의 단계적 폐지 ⑦ 수능 시험에 한국사 포함 및 필수화 ⑧ 수능-EBS 연계 유지 ⑨ 국가영어능력평가시험(NEAT)과 수능연계 철회 ⑩ 공교육 정상화 기여대학 지원사업 도입 ⑪ 2017학년도 이후 수능 시험 체제 개선이 그것이었다. 이 중 ①~⑩ 과제는 이미 기존 대입제도에 대한 비판적인 여론을 적극적으로 반영한 정책이었기 때문에 여론 수렴 과정에서 별다른 논란이 제기되지 않았다. 10월 들어 거의 시안 내용대로 최종 확정·발표되었다.

문제는 ⑪번 과제인 2017학년도 이후 수능 '시험 체제 개선 방안이었다. 당시 중학교에 재학 중인 학생들이 치르게 될 2017학년도 이후 수능 시험과 관련해서 교육부가 발표한 시안에는 세 가지 방안이 있었다. 종전처럼 문과와 이과로 나누어 치르는 방안(1안), 문과와 이과를 완전히 융합해 공통으로 치르는 방안(3안), 1안과 3안을 절충해서 일부는 공통으로, 일부는 선택으로 치르는 방안(2안)이 그것이었다. 여론 수렴 결과 2안에 대한 지지가 약간 많았지만, 세 방안 사이에서 여론의 차이는 크지 않았다. 그런데 주목할 점은 우리도 이제는 문과와 이과를 구분하는 방식에서 벗어날 때가 되었다는 의견이 교육계 안팎에서 제기되었고, 이를 지지하는 여론이 폭넓게 조성된 것이다. 하지만 교육과정은 그대로 나눈 채 수능 체제만 바꿀 수는 없었다. 결국 당분간은 종전처럼 문과와 이과를 구분하는 방식으로 수능 시험 체제를 운영하되, 문과와 이과를 통합하는 방향으로 교육과정을 먼저 개정하고, 그에 맞추어 문·이과를 통합하는 형태의 수능 시험 체제를 마련하기로 했다.

〈표 4〉 2017학년도 대학수학능력시험 체제(안)

구 분	현 행 (2014학년도)	제1안 : 문·이과 구분안 (현행 유지안)	제2안 : 문·이과 일부 융합안	제3안 : 문·이과 완전 융합안
국어	A : 화법과 작문 I, 독서와 문법 I, 문학 I	공통	공통	공통
	B : 화법과 작문 II, 독서와 문법 II, 문학 II	(화법과 작문, 문학, 독서와 문법)	(화법과 작문, 문학, 독서와 문법)	(화법과 작문, 문학, 독서와 문법)
수학	A : 수학 I, 미적분 과 통계 기본	나 : 수학 II, 미적분 I, 확률과 통계	공통 (수학 II, 미적분 I) + 선택 1과목 (미적분 II, 확률과 통계, 기하와 벡터)	공통 (수학 II, 미적분 I, 확률 과 통계)
	B : 수학 I, 수학 II, 적분과 통계, 기하와 벡터	가 : 미적분 II, 확률과 통계, 기하와 벡터		
영어	A : 영어, 영어 I	공통	공통	공통
	B : 영어 II, 영어 독해와 작문, 심화 영어회화	(실용영어 II, 영어 I, 영어 II)	(실용영어 II, 영어 I, 영어 II)	(실용영어 II, 영어 I, 영어 II)
한국사	–	필수		

사회
탐구
	선택한 영역에서
	택2
	• 사탐 : 10과목
	  중 택2
	• 과탐 : 8과목
	  중 택2
	• 직탐 : 10과목
	  중 택2
		선택한 영역에서
		택2
		• 사탐 : 9과목
		  중 택2
		• 과탐 : 8과목
		  중 택2
		• 직탐 : 10과목
		  중 택2
			사탐 택2 + 과탐 택1
			또는
			과탐 택2 + 사탐 택1
			또는
			직탐 택2 + 기타 택1
				'(공통)사회' 과목
				+
				'(융합)과학' 과목

과학 탐구				
직업 탐구				10과목중 택2
제2 외국어/ 한문	9과목 중 택1	현행 유지		

사실 서 장관은 처음에는 교육과정 개정에 소극적이었다. 이명박 정부에서

는 거의 매년 교육과정을 바꿔서 교육 현장의 피로감이 컸기 때문이다. 또한 교육과정을 개정하기 위해서는 수많은 이해관계가 치열하게 충돌하는 '교육과정 전쟁'을 거쳐야 한다는 현실적 어려움도 잘 알고 있었다. 그러나 종전처럼 문과와 이과로 구분해서 학생들을 가르치는 방식으로는 시대가 요청하는 융합형 인재를 길러낼 수 없다는 지적은 타당한 것이었다. 한국과 일본에만 있는 시대에 뒤떨어진 제도를 유지하는 것보다는, 어려움이 있더라도 미래지향적으로 교육과정을 개정하고, 그에 합당하게 대입제도를 개편해야 한다는 결론을 내렸다.

이렇게 해서 나온 것이 문·이과 통합형 교육과정 개편 계획이었다. 여기에는 교육과정 개정부터 대입제도 개편까지의 로드맵이 포함되었다. 2015년까지 교육과정 개발 및 확정, 2016년 교과서 개발, 2017년 교과서 검정, 2018년부터 학교 현장에 적용한다는 계획이었다. 또한 새 교육과정의 적용을 받은 학생들이 대학에 진학하는 2021학년도 대입부터 문·이과 통합형 수능 시험 체제를 도입할 계획이었다. 특히 새 교육과정과 수능 시험의 골격을 2014년 9~10월경에 함께 발표하겠다는 방침을 공식화했다. 교육과정과 수능 시험 골격이 동시에 결정되지 않으면 공식적 교육과정과 실제적 교육과정이 엇박자를 낼 가능성이 있기 때문이었다. 이러한 정책 로드맵은 오랫동안 대입 정책을 다루었던 서 장관의 정책 경험을 토대로 만들어진 것이었다.

2014년 4월 16일, 비극적인 세월호 참사가 발생했다. 경기도 안산시 단원고 학생이 대다수인 304명이 희생되었다. 사회적 파장은 엄청났고, 서 장관도 자리에서 물러났다. 장관의 갑작스러운 퇴진으로 이미 발표한 문·이과 통합 교육과정 개발과 대입제도 개편을 위한 로드맵 추진에 큰 변화가 생겼다.

세월호 사고가 나기 전까지 서 장관은 여러 차례 정책 토론회를 주재하면서 쟁점을 정리해 나갔다. 일반 대중을 대상으로 하는 공청회에도 직접 참석했다. 직접 교육과정의 개정 방향에 관해 설명하고, 공청회가 끝날 때까지 몇 시간 동안 자리를 지키며 교사, 교수, 학부모, 언론인 등 참석자들의 토론을 지켜봤다. '교육과정 전쟁'을 돌파하려면 현장의 목소리를 듣고, 교육과정 전문가의 의견과 여론을 세심하게 파악할 필요가 있었다. 특히 교육과정 개정과 대입제도 개편은 깊이 연결되어 있기 때문에 새로운 수능 시험 체제를 만들기 위해서는 교육과정 개정 단계부터 그 취지가 반영되어야 했다. 하지만 이 모든 것을 담은 문·이과 통합형 교육과정 주요 사항 발표를 몇 개월 앞두고 서 장관은 퇴진했고, 대입제도 개편도 뜻하지 않은 방향으로 흘러갔다.

뒤이어 취임한 황우여 장관은 문·이과 통합형 교육과정에 대해 그리 공감하지 않는 편이었다. 전후 사정을 잘 아는 사람들이 전하는 내용에 따르면, 황 장관은 당시 시행 중이던 2009년 개정 교육과정에 큰 문제가 있다고 보지 않았고, 추진되고 있던 문·이과 통합형 교육과정의 개정 방향에도 그다지 공감하지 않았다. 그러나 문·이과 통합형 교육과정은 이미 정부 방침으로 공표되었고, 많은 교육과정 전문가들이 참여한 가운데 개정 기초 작업이 상당히 진척되었기 때문에 이를 없던 일로 되돌릴 수도 없는 상황이었다. 결국 문·이과 통합형 교육과정 개정은 외형적으로는 계획대로 추진하되, 그 내용은 상당 부분 다른 방향으로 바꾸어 추진되었다. 정부 방침으로 공표되었거나 불가피한 부분은 그대로 추진하고, 나머지는 될 수 있으면 바꾸지 않기로 한 것이다. 결국 문·이과 통합을 위해 추진하려고 했던 당초 계획의 많은 부분이 없던 일이 되거나 축소되는 운명을 맞았다.

2014년 9월, 교육부는 계획대로 문·이과 통합형 교육과정의 총론 주요 사항을 발표했다. 중학교 자유학기제를 교육과정에 반영하고, 고등학교에서는 문·이과 구분 없이 모든 학생이 배우는 '통합사회'와 '통합과학' 교과목을 신설하는 내용 등이 포함되었다. 하지만 새 교육과정에 따라 개편될 수능 시험 체제에 대한 내용은 발표에서 빠지고 새 교육과정이 적용되기 직전인 2017년에 발표하는 것으로 미루어졌다. 대입제도와 관련된 내용이 빠진 새 교육과정 개정안의 발표는 큰 주목을 받지 않았다. 더구나 사회적 관심은 문·이과 통합이라는 개편 취지보다 '한국사'를 국정 교과서로 할 것인지 여부에 집중되었다. 국정화에 대한 청와대의 강한 의지와 야당의 격렬한 반대 사이에서 고심하던 황 장관은 약 1년 뒤인 2015년 9월 문·이과 통합형 교육과정이라는 명칭 대신 2015년 개정 교육과정이라는 이름으로 총론과 각론을 발표하고, 한 달여 뒤 한국사 교과서의 국정화 방침도 발표했다. 얼마 지나지 않아 황우여 장관은 이준식 장관으로 교체되었다.

이후에도 한국사 교과서 국정화를 둘러싼 공방은 계속되었다. 마침내 이준식 장관 체제에서 국정 국사 교과서가 출간되었다. 하지만 대통령 탄핵 정국을 맞으면서 교과서의 현장 배포 및 활용을 둘러싼 논란이 계속되다가, 2017년 5월 문재인 정부 출범과 함께 모든 것이 백지화되었다. 이러한 소용돌이 속에서 2015년 개정 교육과정에 따른 수능 시험 체제의 개편 작업은 문재인 정부의 과제로 넘어갔다.

2017년 7월 5일 문재인 정부 첫 교육부장관으로 김상곤 장관이 취임했고, 한 달이 좀 지난 8월 10일 교육부는 '2021학년도 대학수학능력시험 개편 시안'을 발표한다. 당시 발표된 시안은 2015년 개정 교육과정의 취지를 어느 정도 반영한 것이었다. 하지만 2014년 서남수 장관이 문·이과 공통 교육과정과 연계해서 구상했던 수능 시험 개편 방향과는 차이가 있었다. 수학 출제 범위가 '문·이과 공통'이 아니라 '가'형과 '나'형으로 나뉘고, 탐구 영역에서도 선택 과목을 남겼다. 이러한 수능 체제가 확정되면, 실질적으로 문과와 이과의 통합은 불가능하게 된다. 수능 과목 체제는 고등학교에서 운영되는 실질적 교육과정에 큰 영향을 발휘하는데, 여전히 문과와 이과 체제로 남을 가능성이 컸다.

〈표 5〉2021학년도 대학수학능력시험 개편 시안 주요 내용

	2018 수능(현행)			〈제1안〉 일부과목 절대평가		〈제2안〉 전과목 절대평가
1	국어		1	국어		국어
2	수학 가/나형 중 택 1		2	수학 가/나형 중 택 1		수학 가/나형 중 택 1
3	영어		3	영어		영어
4	한국사		4	한국사		한국사
5	–		5	통합사회 · 통합과학		통합사회 · 통합과학
6	탐구 (택 1)	사회탐구 9과목 중 최대 택 2	6	탐구 (택 1)	사회탐구 9과목 중 택 1	탐구 (택 1)	사회탐구 9과목 중 택 1
		과학탐구 8과목 중 최대 택 2			과학탐구 4과목 중 택 1		과학탐구 4과목 중 택 1
		직업탐구 10과목 중 최대 택 2			직업탐구 단일과목		직업탐구 단일과목
7	제2외국어/한문 9과목 중 택 1		7	제2외국어/한문 9과목 중 택 1		제2외국어/한문 9과목 중 택 1

이때 교육부가 발표한 수능 시험 개편 시안에는 두 개의 방안이 있었다. 그런데, 두 방안의 차이는 시험 과목의 체제가 아니라 성적 표기와 관련된 것이었다. 첫째 안은 9등급 절대평가를 영어와 한국사 외에 통합사회·통합과학과 제2외국어/한문 영역까지 확대하는 것이었다. 다시 말해, 국어, 수학, 탐구 영역만 기존의 상대평가 체제를 유지하는 것이었다. 두 번째 방안은 이참에 모든 과목을 절대평가로 전환하는 것이었다. 교육부는 의견수렴 결과를 종합해 8월 31일 2021학년도 수능개편 확정안을 발표하겠다고 밝혔다.

당시 개편 논의에 참여했던 인사들의 말을 종합하면, 김상곤 장관은 절대평가의 전면 확대를 희망했던 것으로 보인다. 하지만 수능 시험의 모든 과목이 절대평가로 바뀌면 시험의 변별력이 낮아지고, 학교생활기록부나 논술고사 등 대학별 고사의 영향력이 커지는 것이 불가피하다. 이어서 대입제도의 공정성에

대한 논란이 불거지고 사교육 확대에 대한 우려가 커지는 것은 예상된 순서다. 추측건대 김상곤 장관은 이러한 현실적인 문제 때문에 절대평가 적용 범위를 달리하는 두 가지 방안을 제시하고, 여론을 들어 결정하려고 했을 것이다.

하지만 교육부는 2017년 8월 31일 수능 시험 개편안의 발표를 1년 연기하겠다고 발표했다. 당시 김 장관은 수능 개편 방안에 관한 이해와 입장의 차이가 첨예하고, 짧은 기간 동안 국민적 공감과 합의를 끌어내는 데에는 한계가 있었다고 밝히면서 좀 더 충분한 소통과 공론화 과정을 통해 합리적 대안을 모색하겠다고 말했다.

2018년 4월 11일 수능 시험 개편은 새로운 전환기를 맞았다. 교육부가 국가교육회의에 수능 시험 과목구조 개편과 관련된 세 가지 방안을 제시하면서 이에 대한 대국민 공론화를 요청했기 때문이다. 여기에는 수능 시험 성적 표기를 절대평가로 전환할 것인지와 수능 점수 위주 대입 전형의 비율을 어느 정도로 할 것인지가 포함되었고, 국민의 관심은 여기에 쏠렸다.

〈표 6〉 국가교육회의로 이송한 2022학년도 이후 수능 과목 구조(안)

2019~2021 수능	1안	2안	3안
국어	국어	국어	국어
수학(가/나)	수학(가/나)	수학	수학(가/나)
영어	영어	영어	영어
한국사	한국사	한국사	한국사
-	통합사회 · 통합과학	-	-
탐구(택2) 사회 : 9과목 과학 : 8과목 직업 : 10과목	탐구(택1) 사회 : 9과목 과학 : 4과목 직업 : 1과목	사회(택1) + 과학(택1) 사회 : 10과목(통사 포함) 과학 : 5과목(통과 포함) -	탐구(택2) 사회 : 9과목 과학 : 8과목 직업 : 10과목
제2외국어/한문	제2외국어/한문	제2외국어/한문	제2외국어/한문

당시 국가교육회의로 이송된 세 방안을 살펴보자. 1안은 교육부가 2017년 8월에 발표했던 '2021학년도 대학수학능력시험 개편 시안'과 거의 같은 것이다. 2안은 '문·이과 통합형 교육과정'의 원칙 정도만 반영한 안이었다. 마지막으로 3안은 그때 시행되던 수능 체제와 유사한 것으로 문·이과 통합이라는 원칙을 사실상 포기하는 것이었다.

2018년 봄부터 여름까지 국가교육회의 공론화위원회는 시민 참여단을 모아 대입제도에 대한 공론화를 진행했다. 하지만 공론화 과정에서 주된 관심은 정시 모집 비율과 수능에서 절대평가 확대 여부였다. 정작 수능 시험의 과목 체제 개편에 관해서는 활발한 논의가 이루어지지 않았다.

그러던 중 2018년 7월 24일, 대입과 관련해서 사회적으로 주목을 받는 사건이 발생했다. 강남 서초교육지원청 홈페이지에 모 여고 교무부장이 쌍둥이 딸에게 시험 문제를 유출하고 내신성적을 조작했다는 민원이 제기된 것이다. 여론이 들끓자 서울시교육청은 감사에 착수했다. 마침내 2018년 8월 29일 서울시교육청은 시험 관리가 부실했다는 감사 결과를 발표하면서, 학교 측에 교장, 교감, 교무부장에 대한 중징계를 요구했다. 이와 함께 교육청은 시험지 유출 여부를 확인하기 위해 경찰에 수사를 의뢰했고, 모든 학교의 시험 관리 실태에 대한 점검에 착수했다. 이 사건은 대입제도 개편과 맞물리면서 사회적 논란을 촉발했다. 특히 학교생활기록부의 신뢰성에 대해 많은 의문이 제기되었다.

8월 17일, 교육부는 국가교육회의의 공론화 결과를 받아 '2022학년도 대학입학제도 개편 방안 및 고등학교 교육 혁신 방향'을 발표했다. 정시 모집의 수능 위주 전형 비율을 30% 이상으로 확대하고, 수능 시험에서 상대평가를 유지하는 것이었다. 또한 사회적 논란이 컸던 학교생활기록부 종합 전형의 공정성을 높이고, 2025학년도부터 고교학점제를 전면 시행한다는 계획이 포함되었다. 그런데 공론화 과정에서 별다른 주목을 받지 않았지만, 이날 발표된 2022

학년도 수능 시험의 과목 구조와 출제 범위는 중요한 내용을 담고 있었다. 교육부가 국가교육회의에 이송했던 3개 방안 중에서 문·이과 통합의 취지를 무색하게 하는 3안을 토대로 출제 영역에 공통과 선택 체제를 도입해서 수능의 변별력을 대폭 높이는 방안이 채택된 것이다.

〈표 7〉 수능 과목구조 및 출제 범위 비교표

과목(영역)	2021 수능	2022 수능
국어	독서, 문학, 화법과작문, 언어와매체 중 언어	공통 : 독서, 문학 선택 : 화법과작문, 언어와매체 중 택1
수학	가형(이과) : 수학Ⅰ, 확률과통계, 미적분 나형(문과) : 수학Ⅰ, 수학Ⅱ, 확률과통계	공통 : 수학Ⅰ, 수학Ⅱ 선택 : 확률과통계, 미적분, 기하 중 택1
영어	영어Ⅰ, 영어Ⅱ	영어Ⅰ, 영어Ⅱ
한국사	한국사	한국사
탐구	일반계 : 사회/과학 계열 중 택2 *사회 : 9과목 *과학 : 8과목(과학Ⅰ·Ⅱ)	일반계 : 사회·과학 계열구분 없이 택2 *사회 : 9과목 *과학 : 8과목(과학Ⅰ·Ⅱ)
	직업계 : 직업계열 중 택2 *직업 : 10과목 (농·공·상업·수산·가사 5개 계열별 2과목씩)	직업계 : 전문공통(성공적인직업생활) + 선택(5개 계열 중 택1) *직업 : 6과목
제2외국어/한문	9과목 중 택1	9과목 중 택1

교육부가 최종 발표한 2022학년도 수능 시험 체제는 2013년 문·이과 통합형 교육과정에 대한 논의가 시작되면서 검토되었던 수능 체제와는 거리가 아주 먼 내용이었다. 최종 방안은 문·이과 통합이라는 정책 취지가 무색해졌고, 교육적으로 여러 문제를 안고 있었다. 어떤 면에서는 문·이과 분리를 전제로 하는 2017학년도 수능 시험보다 더 후퇴했다고도 할 수 있다.

왜 이렇게 되었을까? 우선 새 대입제도를 결정하는 과정에서 교육부가 교육적 논리에 따라 일관성 있게 대처하지 못했고, 청와대를 비롯한 정치권의 입김이 강하게 작동했기 때문이었다. 당시 의사결정에 참여했던 사람들의 말을 종합하면, 대통령비서실은 수능 시험의 변별력을 높이고, 수능 위주 전형이 가능한 시험 과목 체제를 강력하게 요구했다고 한다. 그 결과 2022학년도 수능 시험은 문·이과 통합을 지향하는 2015년 개정 교육과정의 기본 취지를 버리고, 수능 시험의 변별력 유지 또는 강화에 초점을 두는 방향으로 바뀌었다.

문재인 정부가 대통령 공약 사항이고 또 교육계 진보 진영과 김상곤 장관이 희망했던 수능 시험의 절대평가 전환을 반대하면서 오히려 시험의 변별력 강화에 집착한 이유를 정확하게 알기는 어렵다. 다만, 수능 시험 성적을 절대평가 방식으로 표기하자는 김상곤 장관의 정책은 일반 여론의 반대에 직면할 가능성이 크다고 보았던 것으로 추정할 수 있다. 아마도 여러 가지 '정무적 판단'이 개입했을 가능성이 있다. 당시 이낙연 국무총리는 "절대평가를 급히 확대하면 학생, 학부모와 대학이 수용하고 승복하기 어렵다"라고 밝히며 신중론을 공개적으로 제기했는데, 일부 언론은 총리의 이러한 공개 발언을 청와대와의 사전 교감에 따른 것으로 추측하기도 했다.

2018년 8월 청와대는 김상곤 장관의 교체를 발표했다. 새 대입제도가 발표되고 나서 며칠 지나지 않은 시점이었다. 당시 김상곤 장관은 야당으로부터는 무리한 정책을 강행했다는 비난을 받았고, 일부 진보적 시민단체로부터는 대통령의 교육 공약을 파기했다는 이유로 퇴진하라는 요구를 받던 중이었다. 어쨌든 당시 언론 보도와 정책 결정 과정에 참여했던 여러 사람의 말을 종합하면, 수능 시험의 변별력을 최대한 높여서 수능 위주 전형이 가능하도록 해야 한다는 청와대의 요구가 2022학년도 수능 시험의 체제와 출제 범위를 결정하는 데 큰 영향을 미친 것으로 보인다. 더구나 더 자세히 들여다보면 대입제도를 개편하는 과정에서 흔히 나타나는 '교육과정 2차 대전' 즉 교과 이기주의가 강력하게 작동한 흔적이 있다.

사실 문·이과 통합형 수능 시험 체제에서는 종전 시험과 비교할 때 수학과 탐구 영역의 변화가 불가피하다. 수학은 수능 시험이 처음 도입될 때부터 문과형과 이과형으로 나뉘어 있었다. 이번 2022학년도 개편안에서는 공통부분 외에 문과형은 '확률과 통계'를 포함하고 이과형은 '미적분' 및 '기하와 벡터'를 포함하고 있었다. 하지만 문·이과 통합형 수능 시험이 처음 제안될 당시의 원안은 수학 영역의 출제 범위를 축소하는 것이었다. 즉, 출제 범위를 수학Ⅱ, 미적분Ⅰ, 확률과 통계로 하면서, 미적분Ⅱ, 기하와 벡터 부분은 범위에서 제외하려고 했었다. 이러한 초안은 문과 학생들이 공부하던 범위를 중심으로 하면서 이과 학생들이 공부하던 영역의 작은 일부를 포함하는 것이었다. 당시 문·이과 통합을 지지하는 사람들은 수능 시험이 고등학교 교육과정의 모든 교과목을 망라할 수 없다고 보았다. 이과 학생들이 주로 이수하던 미적분Ⅱ, 기하와 벡터 교과목은 진로 선택 교과목으로 편성해서 학생이 선택해서 학습할 수 있게 하고, 그것이 부족하면 대학에서 더 배우면 된다고 생각했다.

이러한 방향에 대해 수학계는 강하게 반발했다. 수능 시험 출제 범위에서 빠지면, 학생들이 공부를 소홀히 할 것이고, 공식적 교육과정이 제시하는 정도만으로는 수학적 지식의 함양이 불충분하다고 주장했다. 여기에 많은 이공계 교수들도 동조했다. 그들은 미적분Ⅱ, 기하와 벡터를 수능 시험 출제 범위에 포함해서 학생들이 입학 전에 충분한 수학 능력을 갖추도록 해야 한다고 주장했다.

여기에 수능 시험 변별력에 대한 요구가 강하게 제기되면서, 교육부는 수학 영역의 출제 범위를 원래 계획했던 문·이과 공통부분으로 한정할 수 없었다. 출제 범위를 공통 영역으로 한정해버리면, 학생들은 시험 준비를 위해 3학년 때에도 1, 2학년 때 배운 내용을 반복하게 되고, 진로 선택 교과목을 공부하는

3학년 수업은 소홀할 가능성이 있다는 수학계의 반발을 이겨내지 못한 것이다. 그 결과 수학의 출제 범위는 수학Ⅰ, 수학Ⅱ를 공통으로 하고, 확률과 통계, 미적분, 기하 중에서 하나를 선택하는 것으로 확정되었다. 이 과정에서 진로 선택 교과목으로 계획했던 기하를, 수능 시험 출제 범위는 공통 과목과 일반 선택 과목 중에서 정한다는 원칙을 깨면서까지, 선택 과목에 포함했다. 교육부는 과학 탐구 영역에서도 진로 선택 과목인 과학Ⅱ, 즉 물리Ⅱ, 화학Ⅱ, 생물Ⅱ, 지구과학Ⅱ를 모두 선택 범위에 넣었다. 높은 수준의 과학Ⅱ를 수능 시험에서 제외하면, 고등학교의 과학교육이 부실해진다는 과학계의 반발에 물러선 것이다.

문·이과 통합형 수능 시험의 목표가 수학과 과학 영역에서 무너지자 국어 영역마저도 바뀌게 된다. 언어 영역은 수능 시험이 도입될 때부터 통합 교과적, 탈교과서적 출제를 지향했었다. 하지만 2022학년도부터는 수학 영역처럼 '공통＋선택' 구조로 바뀌었고, 독서와 문학을 공통으로 하고 화법과 작문, 언어와 매체 중에서 하나를 선택하도록 했다. 결국 수능 시험은 발전된 학력고사가 아닌 철두철미한 학력고사의 형태로 바뀐 셈이다.

문·이과 통합형 수능 시험의 구상이 무색해진 것은 여기에 그치지 않았다. 언어와 수학 영역에서는 '공통과 선택'이라는 기본 구조를 내세우면서, 탐구 영역에서 공통사회와 공통과학을 출제 범위에서 제외한 것이다. 문·이과 통합 교육과정의 기치를 내걸고 출발했던 2015년 개정 교육과정이 핵심 교과목으로 포함했던 공통사회와 공통과학이 시험 과목에서 사라진 것이다. 학생의 학습 부담이 늘어난다는 이유였다. 물론 공통사회와 공통과학 교과목이 필수로 포함되면, 학습 부담이 늘어날 수도 있다. 하지만 이를 선택으로 편성하면 부담이 늘어나지 않을 수도 있었다. 공통사회와 공통과학이 아닌 다른 교과목을 시험 과목으로 선택할 수 있기 때문이다. 그러나 뚜렷한 이유 없이 공통사회와 공통과학은 제외되는 운명을 맞았다.

그 이유는 무엇일까? 아마도 공통사회와 공통과학을 포함해야 한다고 주장할 이해 당사자, 특히 교육과정 전문가가 없다는 것이 중요한 배경일 수 있다. 수학, 과학, 사회, 국어 등 각 교과에는 세부 분야가 있고, 분야별 전문가들이 있다. 국어에는 독서, 문학, 화법, 작문, 언어, 매체 등이 있고, 수학에는 방정식, 집합, 함수, 순열과 조합, 확률, 통계, 수열, 미분, 적분, 기하, 벡터, 공간도형과 공간좌표, 행렬이 있는 식이다. 마찬가지로 과학에는 물리, 화학, 생물, 지구과학이 있고, 사회에는 한국사, 동아시아사, 세계사, 윤리, 사상, 한국 지리, 세계 지리, 정치, 법, 경제, 사회·문화가 있다. 일반적으로 교육과정을 개정하고 대입제도를 개편하는 과정에는 각 분야 교육과정 전문가들이 참여한다. 또한, 전문가들은 대개 한 개 또는 몇 개의 세부 전공이 있다. 이들이 자신의 전공 영역이 중요하다고 주장하는 것은 당연한 이치다. 나아가 자신의 분야가 교육과정과 수능 시험에 어떤 비중으로 포함되느냐에 사활을 거는 것도 자연스러운 일이다. 그래서 '교과 이기주의'라거나, '교육과정 전쟁'이라는 말이 생겨난 것이다.

하지만 공통사회와 공통과학은 아직 교육과정 전문가가 충분할 정도로 있지는 않다. 과학 분야에서도 융합과 통섭적 사고를 강조하고 있지만, 전통적인 물리학, 화학, 생물학, 기상학, 지질학 등 분야별 전공 구조는 견고하다. 무엇보다 과학 교육 분야에서 통합과학 분야는 이론적 성과도 미약하고 교육 전문가를 찾기도 어렵다. 또한 과학 교육 전문가들은 자신의 전공을 물리교육, 화학교육, 생물교육, 지구과학교육 등 세부 전공에서 찾으려는 경향이 강하다. 반면, 과학교육 전체를 아우르는 이론은 충분히 발달하지 못한 상황이다. 통합사회도 마찬가지이다.

학생을 통합과 융합적 사고를 하는 인재로 키워야 하는 교육적 필요성은 여전히 유효하다. 아니 더욱 커질 것이다. 그런데 교육과정으로 들어가면, 이를 뒷받침할 교육과정 전문가, 즉 이해 당사자가 거의 없는 상황이다. 이러한 상황에서 고등학교의 실제적 교육과정을 좌우할 2022학년도 수능 시험 체제를 결정하면서 교육부는 정치적 입김과 교과 이기주의에 좌초되었고, 명분이나 근거도 없이 통합사회와 통합과학도 출제범위에서 제외되었다.

결국 문·이과 통합형 수능 시험을 도입하기 위해 2013년부터 추진되었던 문·이과 통합형 교육과정은 '교육과정 전쟁'을 거치면서 용두사미가 된 셈이다. 2015년 개정 교육과정에 따라 만들어진 2022학년도 수능 시험 체제에서도 이전과 마찬가지로 인문·사회계를 지망하는 학생은 과학 교과목을 외면하고, 이공계를 지망하는 학생은 사회 교과목을 멀리하는 현상은 변하지 않았다. 오히려 더 심각한 문제점을 만들어냈다.

새 문제점은 2022학년도 대입 전형에서 적나라하게 드러났다. 2022년 2월 9일자 신문들에는 일부 사교육기관의 분석을 토대로 "서울대 인문계열 지원 27%가 이과생 … '문과 침공' 현실화"(중앙일보), "서울대 정시 인문계열 지원 4명 중 1명은 이과생, 연대 49%, 고대 42% … 교차지원 급증"(동아일보), "'연고대 인문 지원자 절반이 이과', 통합 수능 '이과 프리미엄' 현실로"(한국일보), "통합 수능 첫해 '이과의 문과 침공'"(매일경제) 등의 제목을 단 기사를 실었다. 교육 현장에서는 문과와 이과가 여전히 나누어져 있고, 따라서 2015 개정 교육과정을 문·이과 통합 교육과정이라고 부를 수 없다는 사실이 명백하게 확인된 것이다. 또한 문과와 이과 학생에게 불리하거나 유리한 것으로 나타난 2022학년도 대학수학능력시험을 문·이과 통합형 수능 시험으로 부를 수 없다는 사실도 보여주었다. 2013년에 문·이과 통합형 교육과정과 문·이과 통합형 수능 시험을 개발하겠다고 발표했던 서남수 장관으로서는 아이들에게 참으로 면목없는 일이 아닐 수 없다.

"미안하다. 정말로 미안하다."

고교학점제 그리고 다가오는 '교육과정 전쟁'

   학교에서 배운 내용을 평가한다는 것은 공정성 차원에서 지켜져야 할 기본 원칙이다. 그러므로 교육과정 개정은 언제나 대입제도 개편을 수반한다. 반대로 대입제도가 바뀌면, 학교에서 운영되는 실질적 교육과정도 변화하게 마련이다. 시험에 맞춰서 가르치는 것(Teaching to the test)은 학교가 거부하기 어려운 현실적 요구이기 때문이다.

   교육과정 개정부터 대입제도 개편과 그것에 대응하려는 학교 또는 학생의 교과목 선택이 이루어지기까지는 적어도 10년 이상이 걸리는 긴 여정이다. 따라서 교육과정 개정을 시작해서 대입제도 개편까지 마무리하는 것을 5년 단임의 어느 한 정부에서 추진하는 것은 불가능하다. 교육과정이 개정되어도, 정부가 바뀌면 대입과 관련된 제도의 변화가 뒤따르지 못하는 경우가 생길 수 있다. 심지어 정부의 교육 철학과 비전이 바뀌면, 교육과정의 개정 취지와는 다른 방향으로 대입제도가 개편될 수도 있다. 설령 대입제도를 새로운 교육과정에 맞추어 개편한다고 하더라도 대학들이 이를 무력화하는 방식으로 입학 전형을 만들 수도 있다. 이렇게 볼 때 교육과정 개정과 대입제도 개편은 명확한 정책 비전과 목표, 이해관계 집단의 공감과 사회적 합의를 바탕으로 긴 안목에서 추진해야 성공할 수 있다.

   이명박 정부가 추진했던 수준별 교육과정, 즉 '2009년 개정 교육과정'은 박근혜 정부로 바뀌면서 대입제도 개편으로 연결되지 않았다. 또한, 박근혜 정부가 목표로 했던 문·이과 통합형 교육과정, 즉 '2015년 개정 교육과정'도 문재인 정부로 넘어가면서 동력을 상실했고 대입제도 변화로 뒷받침되지 못했다. 따라서 학교에서의 실질적 교육과정에도 큰 영향을 미치지 못하고, 문·이과를 통합하려던 교육과정 개정의 원래 취지도 달성하지 못했다.

성공적인 사례도 있다. 김영삼 정부의 '5·31 교육개혁안'을 반영한 선택 중심 교육과정, 즉 '제7차 교육과정'은 김대중 정부의 '2002학년도 대입제도'에 비교적 충실하게 반영되었다. 노무현 정부가 2005학년도부터 도입한 선택형 수능 시험까지 연결됨으로써 처음에 김영삼 정부가 의도했던 교육과정 개혁의 목표를 상당 부분 달성했다.

문재인 정부는 학생들이 자신의 진로와 적성에 따라 다양한 과목을 선택해서 이수할 수 있도록 하는 고교학점제를 '2022년 개정 교육과정'에 반영해 2025년부터 학교 현장에 적용하겠다고 예고하고 이를 적극 추진하고 있다. 획기적으로 바뀌는 공식적 교육과정이 실효성을 확보하려면 이를 대입제도에 반영하는 것이 중요한 과제가 될 것이다. 이제부터 공식적 교육과정을 개정하기 위한 교육과정 '제1차 대전'의 초시계가 돌아갈 것이다. 나아가 학교생활기록부의 평가 방법과 수능 시험 출제 범위를 중심으로 교과목의 이해관계가 충돌하는 교육과정 '제2차 대전'도 불가피하다. 이러한 일련의 과정에서 일관된 교육 철학이 효과적으로 작동해야만 새로운 교육과정이 제대로 정착할 수 있다. 많은 기대를 받고 있지만 뒤에서 논의하는 것처럼 우려되는 점도 적지 않다. 무엇보다 새 교육과정의 공식적인 고시와 그에 따른 대입제도 개편이 모두 다음 정부에서 촉박하게 추진되어야 한다는 사실이 우려스럽다. 다양한 이해관계 집단이 정치적 변화에 편승할 수도 있다.

지금까지의 교육과정 개정 역사가 말하는 것은 교육과정을 개혁하려면 긴 안목으로, 체계적으로, 뚝심있게 추진해야 한다는 것이다. 이를 위해서는 생태계적 관점에서 개혁을 추진할 필요가 있다. 교육과정 개혁과 대입제도 개편은 교과서의 개발과 보급, 필요한 교육 시설과 설비의 확충, 교원의 양성과 배치, 학생과 교사에 대한 정보 제공, 과목별 평가 방식과 학교생활기록부 기재요령 확정, 대입 전형 방법 개발과 적용, 사교육에 대한 대응까지 많은 정책을 체계적으로 관리할 때 비로소 성과를 거둘 수 있다. 학교와 대학은 물론 학생, 학부모, 교사, 사교육 관계자를 비롯한 일반 국민은 정부 못지않게 교육과정과 대입제도에 대한 나름대로의 이해를 바탕으로 전략적 선택을 한다. 정부가 적절하게 대응하지 못한다고 판단하면 정책을 외면하고 변화에서 등을 돌릴 수 있다. 고교학점제형 교육과정 개정도 이전의 교육과정 개정처럼 적지 않은 어려움을 만나게 될 것이다. 이 책에서 다루고 있는 과거 사례와 교훈이 향후 문제 해결에 도움이 되길 바란다.

제
4
장

수능 시험 듣기평가 시간에는
어떻게 비행기를 뜨지도 내리지도
못하게 하나?

···
대학수학능력시험이란 무엇인가?

　매년 11월 셋째 주. 자녀를 둔 모든 부모님들이 온종일 마음을 졸이는 날이 있다. 그날 아침만큼은 온 세상이 멈춘다. 오직 한 집단을 위해서 그렇다. 바로 결전의 날, 수능을 보는 학생들이다. 물론 조연도 있다. 어김없이 추운 날씨임에도 교문을 붙잡고 기도하는 부모님들, 아이들을 시험장에 보내놓고 속이 타는 고3 선생님들, 혹시라도 교통 체증이 생길까 봐 분주히 움직이는 경찰관들, 취재 열기가 뜨거운 기자들, 이 시험을 관장하면서 무사히 끝나기를 바라는 교육부와 한국교육과정평가원이다.

　학생에게 이 시험은 인생이 걸린 문제다. 짧게는 3년 동안의 고등학교 생활, 길게는 12년 학교생활을 어떻게 마무리하느냐이다. 성적이 좋으면 바라던 대학이나 학과로 진학할 수 있지만 그렇지 못하면 한 해 더 고생하는 길을 택하기도 한다.

　그동안 수능은 여러 이름을 가지면서 변화해왔다. 때로는 정부의 국정철학이나 이념적 성향 때문에, 때로는 학생과 학부모의 요구나 대학의 요청에 따라 변화하는 부침을 겪었다. 대학입학과 관련해서 국가가 주관하는 시험의 시초는 '대학입학국가연합시험'(1954년)이다. 이어서 '대학입학자격국가고시'(1962-1963년), '대학입학예비고사'(1969-1980년), '대학입학학력고사'(1981-1993년)를 거쳐서 오늘날 학생들이 보는 '대학수학능력시험'(1994-현재)이 되었다.

1994학년도부터 도입된 수능은 전신인 대학입학학력고사와 비교하면 여러 면에서 다른 특징을 가지고 있다. 우선 학력고사는 학교에서 배우는 내용, 즉 교과서 범위 내에서 출제하는 것이 원칙이었다. 학교 수업을 충실히 받은 학생이라면 풀 수 있는 문제를 출제함으로써 학생의 수험 부담을 줄이고 사교육을 최대한 억제한다는 취지에서였다. 반면, 수능은 교과서 내용에 얽매이지 않고 고차원 사고 능력 또는 대학에서의 수학능력을 측정하는 것이 목적이다. 미국의 SAT와 같은 적성시험(Aptitude Test)을 표방한다. 하지만 학교의 반응은 달랐다. 교육 전문가와 선생님들은 아무리 좋은 시험이라도 학교 수업을 통해 대비할 수 없다면, 학생들을 사교육 시장으로 내몰 뿐이라고 지적했다. 정부도 이러한 지적을 받아들여 적성시험과 학력고사를 절충하는 방식으로 결론을 내렸다. 수능을 '대학 교육에 필요한 수학능력을 평가하기 위해 고등학교 교육과정의 내용과 수준에 맞추어 통합교과적, 탈교과서적 소재를 바탕으로 하여 고차적인 사고력 등을 평가하는 발전된 학력고사'라고 규정한 것이다.

도입 초기만 해도 수능은 학생의 사고력을 평가하는 통합교과적 문제를 내면서 긍정적인 평가를 받았다. 예컨대, 지리와 역사 문제를 혼합해서 출제했던 1995학년도 수리·탐구 영역(Ⅱ) 25~26번 문항은 대표적인 사례이다. 이러한 문제에 대해서 교육계는 미래 세대에게 필요한 고차원 사고력을 평가할 수 있는 문제라고 하면서 크게 호응했다.

하지만 수능의 범교과적 성격은 시간이 흐르면서 점차 무뎌졌다. 다시 교과목에 나온 지식을 묻는 학력고사로 변했다는 지적이 많다. 시험 영역의 명칭도 바뀌었다. 2014학년도부터는 언어, 수리, 탐구 영역이었던 것이 과목명을 따라서 국어, 수학, 영어 영역으로 바뀌었다. 그 이면에는 대입시험이 가진 딜레마가 있다. 시험 문제가 교육과정에 가까워질수록 학교 수업은 문제 풀이와 암기식으로 바뀔 가능성이 크고, 반대로 시험 문제가

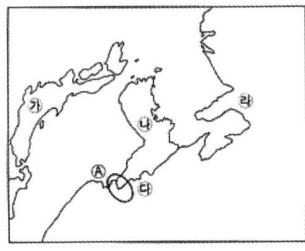

〈그림 2〉 1995학년도 대학수학능력시험 수리·탐구 영역(Ⅱ) 25~26 문항 예시
출처: 한국교육과정평가원

학교에서 가르치는 내용에서 벗어나면 사교육 의존도가 커진다는 것이다.

정부가 관장하는 표준화 시험으로서 수능의 강점은 객관적이고 공정한 평가로 인식된다는 것이다. 모든 학생이 한날한시에 같은 조건에서 치르는 시험이기 때문이다. 게다가 명확한 점수를 제공하므로 학생을 한 줄로 세우기가 쉽고, 공정성 논란도 쉽게 피해갈 수 있다. 하지만 문제가 없는 것은 아니다. 수능을 지탱하는 숫자로 된 점수 체제는 필연적으로 '서열화' 문제를 일으킨다. 학생, 고등학교, 대학까지 점수에 따라 한 줄로 세우는 부작용이 생긴다는 말이다. 학교 수업이 수능 시험을 준비하는 시간으로 바뀔 수도 있다. 한 번의 오지선다형 문제로 학업 성취 수준을 평가하고, 학생들은 이를 바탕으로 학과를 선택하고 진로를 결정한다는 것도 문제로 지적된다. 사교육도 우려된다. 수능과 같은 표준화 시험을 대비하는 것은 전인 교육을 목표로 하는 학교보다 시험 준비와 성적 올리기 전략을 꿰뚫고 있는 사교육 기관이 유리하기 때문이다. 대입 전형에서 수능 시험의 영향력이 커질수록 이러한 문제점들은 더욱 심각해진다.

오늘날 수능이라는 이름을 가진 대입 시험은 30여 년 동안 유지되고 있지만, 세부 내용은 몇 차례 중요한 변화를 거쳤다. 대부분은 앞 장에서 설명한 것처럼 정부가 고시한 공식적 교육과정의 개정과 맞물려 있다.

국가교육과정의 변천과 대학수학능력시험의 변화

수능은 교육과정과 운명 공동체다. 교육과정이 크게 바뀌면, 어떤 방식으로든 시험에 영향을 미친다. 실제로 1994학년도에 시작한 수능은 교육과정의 변화와 역사를 같이 했다. 여기서는 수능이 어떤 이유로 무엇이 변화해왔는지를 살펴본다.

1994~2001학년도 대학수학능력시험

1994학년도에 시작한 수능은 당시 시행 중이던 제5차 교육과정을 토대로 만들어졌다. 원래는 학교 교육과정과 관계가 적은 적성시험을 개발하는 것이 목표였다. 하지만 학교의 실제적 교육과정 운영에 미치는 영향과 수험생의 부담 등을 고려해서 '발전된 학력고사'라는 절충점을 택하게 된 것이다.

단순한 학력고사를 탈피하고자 했던 수능은 학교 교과목과 달리 4개 영역의 시험으로 구성되었다. 총 200점 만점으로 언어 영역 60점, 수리·탐구I 및 수리·탐구II 영역 100점, 외국어(영어) 영역 40점 체제였다. 학생의 대학 수학능력을 평가하는 것이 목표였기 때문에 언어 영역과 외국어 영역은 계열과 무관하게 고등학교 교육과정의 공통 범위에서 출제되었다. 다만, 수리·탐구 영역은 현실을 반영해서 대부분 공통 범위에서 출제하지만, 일부 문항은 인문·사회 계열, 자연 계열, 예·체능 계열로 구분해서 계열별 심화 교육과정의 내용을 반영하고자 했다. 시험 내용을 기준으로 보면, 수리·탐구Ⅰ 영역은 사실상 '수리' 영역이고, 수리·탐구Ⅱ 영역은 사회 탐구와 과학 탐구 영역으로 구성되었다. 하지만 통합교과적 시험이라는 점을 강조하기 위해 수리·탐구 영역이라는 명칭을 고수했다.

1997학년도 시험부터는 문항 수와 시험 시간이 조정되고, 배점도 400점으로 늘어났다. 특히 수리·탐구 영역에 20% 내외의 주관식 문항이 포함되었다. 제6차 교육과정으로 공부한 학생들이 시험을 치른 1999학년도 시험부터는 수리·탐구Ⅱ 영역에 선택과목이 포함되었다. 계열별로 선택과목이 달라짐에 따라 집단 간 점수를 바로잡을 필요가 생겼고, 이를 해결하기 위해 '표준점수' 제도가 도입되었다. 2001학년도 시험에서는 선택 영역으로 제2외국어 영역이 추가되었다. 이를 정리하면 아래 표와 같다.

⟨표 8⟩ 1994-2002학년도 대학수학능력시험의 영역별 문항 수 및 배점

학년도	교시	영 역	문항수	배점	시험시간	비고
1994	1	언 어	60	60	90	- 수리·탐구 영역은 계열별 심화 교육과정을 반영
	2	수리·탐구Ⅰ	20	40	70	
	3	수리·탐구Ⅱ	60	60	100	- 수리·탐구Ⅰ 영역은 '95학년 도부터 30문항으로 전환되
	4	외 국 어	50	40	80	어 총 200문항
	계		190문항	200점	340분	
1997	1	언 어	65	120	100	- 총 400점 체제로 전환
	2	수리·탐구Ⅰ	30	80	100	- 객관식 5지 선다형 출제
	3	수리·탐구Ⅱ	80	120	110	- 수리·탐구Ⅰ 영역에 주관식
	4	외 국 어	55	80	80	20%가량 포함
	계		230문항	400점	390분	
1999	1	언 어	65	120	100	- 수리·탐구Ⅱ 영역에 계열별
	2	수리·탐구Ⅰ	30	80	100	선택과목 추가
	3	수리·탐구Ⅱ	80	120	120	- 표준점수 제도 도입
	4	외 국 어	55	80	80	
	계		230문항	400점	390분	

2001	1	언 어	60	120	90	- 제2외국어 영역을 선택과목 으로 추가 (독일어, 프랑스어, 에스파냐 어, 중국어, 일본어, 러시아 어 중 택1)
	2	수리·탐구 I	30	80	100	
	3	수리·탐구 II	80	120	120	
	4	외 국 어	50	80	70	
	계		220문항	400점	380분	
	5	제2외국어	30문항	40점	40분	
2002	1	언 어	60	120	90	- 과목명 변경 . 수리·탐구 I → 수리 . 수리·탐구 II → 사회탐구, 과 학탐구 - 성적 표기 방법 개선: . 총점과 소수점 배점 폐지 . 영역별 표준점수제와 9등급 제 도입
	2	수 리	30	80	100	
	3	사회.과학탐구	80	120	120	
	4	외 국 어	50	80	70	
	계		220문항	400점	380분	
	5	제2외국어	30문항	40점	40분	

2002학년도 대학수학능력시험

2002학년도 수능 시험부터 큰 틀의 변화가 생겼다. 김대중 정부가 내놓은 '2002학년도 대학입학제도와 새 학교 문화 창조' 방안의 영향이었다. 이해찬 교육부장관이 발표했던 이 방안은 대입제도의 역사에서 주목할 만한 변화를 담고 있었다. 당시 교육부는 시험 성적에 따라 학생들을 한 줄로 세우고, '합격선(cut-line)'이라는 것을 활용해서 학생을 뽑는 제도가 교육적으로 타당하지 않다는 결론에 도달했다. 그 결과로 만들어낸 것이 바로 수시모집 제도이다. 구체적으로 '다단계 전형'이나 '특별전형'을 도입하기로 했고, 2002학년도 수능 시험은 이를 뒷받침하기 위해 여러 면에서 변화가 있었다.

가장 큰 변화는 성적 표기 방법이었다. 우선 수능 성적표에서 총점과 소수점 배점 표기를 없앴다. 시험 성적에 따른 변별력을 낮추고, 아주 작은 점수 차이로 합격과 불합격을 결정하는 교육적으로 불합리한 제도를 개선하기 위한 것이었다. 또한 영역별 표준점수제와 9등급제를 도입하고, 대학이 다양한 방식으로 이를 활용할 수 있게 했다. 그중 하나가 등급으로 표기된 수능 성적을 대학 지원을 위한 자격 조건으로 활용하는 것이었다.

시험과목 체제에도 변화가 있었다. 적성시험 이미지를 풍기기 위해 사용해왔던 '수리·탐구Ⅰ'과 '수리·탐구Ⅱ' 영역을 '수리 영역', '사회 탐구 영역', '과학 탐구 영역'으로 바꾸었다. 하지만 이는 문제의 내용에 맞게 시험과목의 명칭을 바꾼 것이었을 뿐이지 시험과목 체제가 크게 변한 것은 아니었다.

〈표 9〉 수능 응시 대비 등급별 비율

등급	1	2	3	4	5	6	7	8	9
비율	4%	7%	12%	17%	20%	17%	12%	7%	4%
누적비율	4%	11%	23%	40%	60%	77%	89%	96%	100%

2005학년도 대학수학능력시험

2005학년도 수능은 '선택형 교육과정'을 표방했던 '제7차 교육과정'의 취지를 반영한 것이다. 선택형 시험답게 '탐구 영역'에 '직업 탐구'가 신설되었고, '제2외국어 영역'에 '아랍어Ⅰ'과 '한문Ⅰ'이 추가되었다. 수리 영역을 '인문·사회 계열', '자연·이공 계열', '예·체능 계열'로 나누던 것을 '가'형과 '나'형으로 나누고, 이 중 하나를 선택해서 치르도록 했다. 또한 주관식 문제 비중을 20%에서 30%로 확대했다. 사회 탐구와 과학 탐구 영역에서는 최대 4개 과목을 선택하고, 직업 탐구 영역은 최대 3개 과목을 선택해서 치를 수 있게 했다.

가장 큰 변화는 점수 표기 방법이었다. 기존 방식은 성적표에 영역별 원점수, 백분위 점수, 표준점수, 등급, 5개 시험 영역의 종합 등급을 보여주는 것이었다. 하지만 2005학년도 시험부터는 표준점수, 백분위 점수, 등급만 보여주고, 종합 등급은 제공하지 않기로 했다. 일부 영역을 선택해서 보는 '선택형 수능 시험'의 취지에 맞게 종합 등급이라는 개념을 없앤 것이다.

〈표 10〉 2005학년도 대학수학능력시험의 영역별 문항 수 및 배점

교시	영 역	문항수	표준점수 (범위)	시험시간 (분)	비 고
1	언 어	60	0~200	90	듣기 문항 : 6문항
2	수 리	30	0~200	100	'가'형, '나'형 중 택1 주관식 30% 정도 출제
3	외국어(영어)	50	0~200	70	듣기, 말하기 17문항
4	사회 탐구/ 과학 탐구/ 직업 탐구	50	과목당 0~100	과목당 30	최대 4과목(직탐은 3과목) 선택
5	제2외국어/한문	30	0~100	40	독일어 I, 프랑스어 I, 에스파니아어 I, 중국어 I, 일본어 I, 러시아어 I, 아랍어 I, 한문 I 중 택1

2008학년도 대학수학능력시험

2008학년도 수능에서 나타난 변화는 성적 표기를 '점수제'에서 '등급제'로 전환한 것이다. 이는 학생들이 아주 작은 점수라도 더 따기 위해 노력하고, 대학은 점수 위주로 학생을 선발하던 시험 풍토를 바꾸어 보겠다는 노무현 정부의 의지가 반영된 것이다.

등급과 관련해서, 노무현 대통령과 청와대 참모진은 과감하게 5등급제나 7등급제를 도입하고 싶어 했던 것으로 알려졌다. 하지만 대입 실무를 책임진 안병영 장관은 현장의 반응과 부작용을 생각하지 않을 수 없었다. 이대로 5등급 또는 7등급제가 되면, 수능 시험의 변별력이 낮아질 게 뻔하

고, 불만을 품은 대학들이 변별력을 확보한다는 명분으로 다른 전형을 도입할 수 있다고 생각했다. 안병영 장관은 적어도 9등급 정도는 되어야 변별력에 관한 큰 부담 없이 새로운 대입제도를 안착시킬 수 있다고 생각했고, 우여곡절 끝에 9등급제를 도입하는 것으로 결정되었다.

그러나 9등급제를 적용한 수능은 단 한 해만 적용되고 생명을 다했다. 2008년 출범한 이명박 정부의 '대통령직인수위원회'가 '등급제' 폐지를 발표했기 때문이다. 결국, 성적 표기 방법은 2005학년도 수능 시험 체제로 환원되었고, 이후 2013학년도까지 계속되었다. 이명박 정부에서도 수능 시험은 약간의 변화가 있었다. 2009학년도부터 언어 영역 문항 수가 60문항에서 50문항으로 줄었고, 시험 시간도 90분에서 80분으로 단축되었다.

2014학년도 대학수학능력시험

2014학년도 수능은 박근혜 정부에서 실시되었지만, 발단은 이명박 정부가 고시했던 '2009 개정 교육과정'이다. '2009 개정 교육과정'은 '수준별 교육과정'을 표방했고, 이러한 취지가 2014학년도 수능 시험에 반영된 것이다. 주요 과목인 국어, 수학, 영어 영역에서 문항의 난도에 따라서 'A형'과 'B형' 시험을 두었다. 학생들은 두 가지 중에서 하나를 선택해서 치를 수 있었는데, 난도가 높은 'B형' 시험을 두 과목 이상 선택할 수 없게 했다. 왜냐하면 일부 대학이 우수 학생을 뽑겠다는 욕심으로 학생들에게 'B형' 시험만을 치르도록 요구할 수 있고, 학생의 부담이 너무 커진다고 생각했기 때문이었다.

사회와 과학 탐구 영역은 원래 최대 4과목을 선택하도록 했었는데, 2014학년도 시험부터는 최대 2과목을 선택하도록 했다. 이 또한 수험생의 학습 부담을 줄이기 위한 것이었다. 이후 문과 지망생들은 주로 사회 교과목 중에서 2과목을 선택하고, 이과 지망생들은 과학 교과목 중에서 2과목을 선택하는 경향이 고착되었다. 말하자면 문과 학생들은 과학 과목을 공부하지 않고 이과 학생은 사회 과목을 공부하지 않아도 수능 시험을 대비할 수 있게 된 것이다. 이러한 시험 체제는 학생의 학습경험을 좁히고 '지적 편식'을 가져와서 융합 인재로 성장하는 데 장애가 된다는 비판을 불러왔다.

2014학년도 수능부터 시험과목 명칭이 바뀌었다. 언어 영역은 국어 영역으로, 수리 영역은 수학 영역으로, 외국어 영역은 영어 영역으로 바뀌었다. 이러한 변화는 시험의 실질적인 내용과 과목의 명칭을 일치시키기 위한 것이었다. 이에 대해 교육전문가들은 수능 시험이 원래 천명했던 통합 교과적, 탈교과적 성격의 '발전된 학력고사'에서 사실상 학력고사로 되돌아갔음을 공식화한 것으로 해석하기도 했다.

〈표 11〉 2014학년도 대학수학능력시험의 영역별 문항 수 및 시험 시간

교시	영 역	문항수	시험시간(분)	비 고
1	국 어	45	80	'A'형, 'B'형 중 택1, 듣기 없음
2	수 학	30	100	'A'형, 'B'형 중 택1, 단답형 30% 출제
3	영 어	45	70	'A'형, 'B'형 중 택1, 듣기 평가
4	사회 탐구/ 과학 탐구	과목당 20	과목당 30	사회 10과목, 과학 8과목 중 최대 2과목 선택
	직업 탐구	과목당 40	과목당 60	5과목 중 최대 1과목 선택
5	제2외국어/한문	30	40	제2외국어 8과목 및 한문 중 택1

2017학년도 대학수학능력시험

박근혜 정부는 '수준별 교육과정'으로 불렸던 2009년 개정 교육과정에 따라 개편되어 2014학년도부터 시행된 대입제도에 문제가 있다고 생각했

다. 특히 절대평가 방식의 성취평가제와 수준별 수능 시험이 특목고와 자사고를 중심으로 고교서열화를 초래함으로써 일반고의 '학교 붕괴' 현상을 초래하고 고교평준화 체제를 뒤흔들게 될 것으로 우려했다. 박근혜 정부의 첫 교육부장관으로 취임한 서남수 장관은 이를 해결하기 위해 중·장기적으로는 '문·이과 통합형 교육과정'의 개편과 그에 따른 대학수학능력시험 체제 개편을 추진하고, 단기적으로는 단계적으로 수준별 시험 체제를 폐지하기로 했다. 이에 따라 2015학년도 수능 시험에서는 영어 영역의 수준별 출제를 폐지했고, 2017학년도부터는 국어와 수학 영역에서도 수준별 출제를 없앴다. 2017학년도 시험부터는 한국사를 필수 영역으로 포함했고, 절대평가 방식을 적용했다. 2018학년도 시험부터는 영어 영역에도 절대평가가 도입되었다.

〈표 12〉 2017학년도 대학수학능력시험의 영역별 문항 수 및 시험 시간

교시	영 역	문항수	시험시간(분)	비 고
1	국 어	45	80	수준별 시험 폐지
2	수 학	30	100	'가'형, '나'형 중 택1, 단답형 30% 출제
3	영 어	45	70	듣기 평가, 2018년부터 절대평가
4	한국사	20	30	모든 수험생 응시
	사탐/과탐/직탐	과목당 20	과목당 30	최대 2과목 선택
5	제2외국어/한문	30	40	제2외국어 8과목 및 한문 중 택1

2022학년도 대학수학능력시험

박근혜 정부는 '2015년 개정 교육과정'을 확정하고, 이에 따라 공부한 학생들이 대학에 진학하는 2021학년도부터 문·이과 통합형 수능 시험을 도입할 예정이었다. 구체적인 내용은 2017년에 발표하기로 하고, 정책 연구를 통한 검토 작업에 들어갔다. 그러나 대통령 탄핵이라는 정치적 격변을

겪으면서, 새로운 수능 시험 체제의 발표는 뒤로 미뤄졌다.

2017년 출범한 문재인 정부는 1년 후인 2018년도에 2022학년도 수능 시험의 과목 체제와 내용을 발표했다. 하지만 당시 발표된 2022학년도 수능 시험은 원래 계획했던 '문·이과 통합형 수능 시험'의 취지에서 많이 벗어난 것이었다. 이에 대해서는 뒤에서 따로 자세히 설명한다.

2022학년도 수능 시험의 특징을 보면, '2015년 개정 교육과정'의 취지를 반영해서 국어, 수학 및 직업 탐구 영역은 공통 과목 외에 일부 과목을 선택할 수 있도록 했고, 사회 탐구와 과학 탐구는 학생의 시험 부담을 줄여주기 위해 계열 구분 없이 최대 2과목을 선택할 수 있게 했다. 수학 영역에서는 말이 많았던 '기하 과목'을 다시 선택으로 돌리고, 과학 영역의 선택으로 '과학Ⅱ'를 포함하기로 했다. 시험 성적의 표기 방식은 2018학년도 시험처럼 국어, 수학, 탐구 영역은 상대평가를 적용하고, 영어, 한국사, 제2외국어 및 한문 영역은 절대평가 방식을 택했다.

〈표 13〉 2022학년도 대학수학능력시험의 영역별 문항 수 및 시험 시간

교시	영 역	문항수	시험시간(분)	비 고
1	국 어	45	80	공통 75%, 선택 25% 내외
2	수 학	30	100	공통 75%, 선택 25% 내외, 단답형 30% 출제
3	영 어	45	70	듣기 평가, 절대평가
4	한국사	20	30	모든 수험생 응시, 절대평가
	사탐/과탐/직탐	과목당 20	과목당 30	최대 2과목 선택
5	제2외국어/한문	30	40	제2외국어 8과목 및 한문 중 택1 절대평가

2028학년도 대학수학능력시험?

2021년 문재인 정부는 2025년에 '고교학점제'를 전면 도입하는 것을

내용으로 하는 2022년 개정 교육과정 총론 주요 사항을 발표했다. 2022년 교육과정이 개정되면, 2028학년도 수능 시험부터 변화가 불가피하다. 하지만 고교학점제형 교육과정은 다음 정부에서 확정·고시되고 그에 따른 수능 시험 체제 등 대입제도도 다음 정부가 결정하게 될 것이다. 따라서 현재 상황에서 2028학년도 수능의 구체적인 내용을 예상하기 어렵다. 새로 들어설 정부가 고교학점제에 대해 어떤 입장을 취할지 미지수이기 때문이다.

수능 시험의 성격 :
적성시험, 학력고사, 발전된 학력고사

　1994학년도에 도입된 수능은 원래 적성시험(aptitude test)을 표방했다. 적성시험이란 쉽게 말해서 '특정한 재능이 어느 정도인지 검사하는 시험'을 말한다. 예컨대, 언어 능력과 수리 능력을 평가하는 미국의 SAT 시험이 이에 해당한다. 반면, 학력고사 또는 성취도 검사(achievement test)는 '학생이 일련의 학습을 받은 후에 이를 얼마나 이해하고 숙달했는가를 평가하는 시험'을 말한다. 대표적인 것이 학기 말에 치러지는 학교의 시험이다.

　원래 수능 시험은 1993학년도까지 실시된 대학입학학력고사를 대체하는 적성시험으로 제안되었다. 하지만 막상 도입을 앞두고 학교 수업을 통해 이를 준비하기 어렵다는 현장 의견과 사교육이 확대될 수 있다는 우려가 제기되었다. 결국 수능은 대학 교육에 필요한 수학능력을 평가하기 위해 고등학교 교육과정의 내용과 수준에 맞추어 통합교과적, 탈교과서적 소재를 바탕으로 고차원적 사고력 등을 평가하는 '발전된 학력고사'라는 개념으로 절충되었다. 실제로 초기 수능 시험에서는 통합교과적이고 탈교과서적인 문항이 많이 출제되었고, 사회적 호응이 컸다. 과거의 대학입학학력고사가 교과서에 나오는 지식을 중심으로 평가함에 따라 학생들은 종합적, 창의적 사고력을 키우기보다 암기 위주, 문제 풀이 중심 교육에서 벗어날 수 없다는 비판이 많았기 때문이다. 따라서 수능 시험은 교과목별 시험을 지양하고 영역별 시험 체제를 도입하기로 했다. 다만, 출제 범위에 포함되는 교과목을 미리 공고하기로 했다.

그러나 이후 수능 시험은 순탄한 길을 걷지 못했다. 우선 교과 전문가로 구성된 시험 출제진이 짧은 기간 동안 합숙하면서 통합교과적 문항을 개발한다는 것이 쉽지 않았다. 문항의 내용에 대해서도 논란이 많았다. 교과목 중심의 수업이 이루어지는 학교 체제에서 통합교과적 시험을 대비하기 어렵고, 사교육을 통해 준비할 수밖에 없다는 비판이 제기되었다. 단기간에 만들어진 통합교과적 문항에 대해서는 '출제오류' 시비가 자주 발생했던 것도 출제를 어렵게 한 요인이었다. 이에 따라 수능 시험은 원래 계획했던 통합교과적, 탈교과서적 시험의 모습을 점점 잃고, 학력고사의 모습으로 바뀌게 된다. 수능 시험이 학력고사로 회귀하는 현상은 수능 시험이 출범한 지 몇 년 뒤부터 시작했지만 그것이 공식화된 것은 2014학년도 시험부터라고 할 수 있다. 과목명부터 언어 영역은 국어 영역으로, 수리 영역은 수학 영역으로, 외국어 영역은 영어 영역으로 바꾸었다. 이때부터는 '발전된 학력고사'로서 원래 모습과 원칙을 사실상 폐기했다는 평가도 나온다.

앞으로 수능 시험을 어떻게 가져갈 것인가. 원래 취지대로 통합교과적, 탈교과서적 문제를 낼 것인지, 아니면 학력고사 모습을 좀 더 뚜렷하게 할 것인지에 대해서는 심층적인 검토가 필요하다. '4차 산업혁명 시대'를 살아갈 미래 세대는 교과 지식의 토대 위에 창의력과 문제 해결력을 길러야 한다. 암기와 문제 풀이에 전념하는 교육은 바람직하지 않다. 그런 이유로 수능 시험은 고차원적 사고력 등을 평가하는 '발전된 학력고사'를 표방했었다. 하지만 수능 시험은 출제의 어려움, 수험생의 수험 부담, 학교 수업과 연계, 사교육 억제라는 현실적 문제도 완전히 외면하기는 어렵다. 학력 고사화된 수능 시험은 더 이상 존재할 가치가 없다는 수능 폐지론도 제기되는 상황에서 앞으로 수능 시험의 성격을 어떻게 가져가야 할 것인가의 문제는 깊이 고민할 과제다.

수능 시험의 성적 표기 : 점수제와 등급제

사람들은 평가와 관련해서, 딱 떨어지는 숫자로 표현된 점수를 좋아한다. 학생의 학습경험과 진로 관련 활동을 고려하는 '정성 평가'는 평가자의 주관이 개입할 소지가 크고, 평가의 내용도 개인이 가진 객관적인 능력이나 성취보다 외부의 조력, 특히 부모의 경제력이 영향을 미칠 수 있는 교육 활동을 주로 평가한다고 생각하기 때문이다. 학생 선발과 관련해서 생각해보면, 점수 위주 평가 체제는 더욱 힘을 발휘한다. 학생마다 과목별로 점수를 매기고 총점을 낸 다음, 순위 명부를 만들어 높은 순위부터 선발하는 대입제도는 다른 방법보다 훨씬 '경제적'일 수 있기 때문이다. 무엇보다 일반 대중은 이런 방식이 가장 객관적이고 공정한 선발이라고 생각한다.

그래서인지 수능 시험은 1994학년도 도입될 때부터 점수제 방식을 선택했다. 교과 영역별로 소수점 둘째 자리까지 점수를 제공했다. 총점은 200점이 만점이고, 소수점 첫째 자리까지 보여주었다. 여기에 평가 당국은 또하나의 서비스를 했다. 전체 응시생 중에서 학생의 상대적 위치, 즉 서열을 알려주는 백분위 점수를 소수점 둘째 자리까지 제공한 것이다. 200점 만점 체제에서 소수점 첫째 자리까지 제공하면 수험생을 2,000등급까지 나눌 수 있다. 소수점 둘째 자리까지 보여주는 백분위 점수를 활용하면, 학생의 서열을 10,000등급까지 매길 수 있게 된다.

이처럼 총점과 영역별 점수를 소수점 수준까지 제공하고, 학생의 상대적 위치를 알려주는 시험 체제는 점수만으로 합격과 불합격을 결정하는 '평가와 선발의 경제학'이 영향을 미친 것이다. 비록 수십만 명의 수험생이 있다 하더라도 '표준화 시험(standardized assessment)'과 '점수(scoring)'를 활용하면, 큰 노력을 들이지 않고 학생 간 서열을 매기고 쉽게 선발할 수 있다는 것이다. 게다가 점수대로 학생을 선발하는 것이 어떤 체제보다 객관적이고 공정하다는 '믿음'이 가장 큰 우군이다.

1999학년도 수능 시험부터 수리·탐구Ⅱ 영역에 선택과목이 생겼다. 따라서 교과 영역별 난도와 시험을 치르는 모집단 사이에서 나타날 수 있는 차이를 고려하지 않을 수 없었다. 이런 맥락에서 도입한 것이 영역 간 점수를 쉽게 비교하게 해주는 표준점수 제도이다. 이 제도는 '선택형 수능 시험'으로 바뀐 2005학년도 시험부터 모든 영역으로 확대되었다.

한편, 소수점 아래까지 점수를 산출해서 학생의 합격 여부를 결정하는 것은 2002학년도 대입제도부터 변화를 맞았다. 학생의 학습 과정과 경험을 중시하는 교육 철학과 점수에만 매달리는 교육 풍토를 바꿔보겠다는 정부의 정책 의지가 반영된 것이다. 이때부터 소수점 배점이 사라지고, 원점수와 표준점수 모두 정수(定數) 형식으로 제공되기 시작했다. 학생이 특정 분야에서 보이는 우수성과 잠재력을 무시할 수 있는 '총점 제도' 역시 이때부터 사라졌다. 교과 영역별로 만점이 200점이면 200등급, 100점이면 100등급으로만 학생을 나누겠다는 것이었다.

나아가 2005학년도 시험부터는 '등급제'가 추가되었다. 성적 표기 방법으로 영역별 표준점수와 백분위 점수 외에 9등급제에 따른 등급을 제공하기 시작한 것이다. 특히 2008학년도 시험에서는 오직 등급만 제공해서 수능 시험의 변별력을 최대한 낮추고자 시도했다. 하지만 최대한 경제적으로 공정성 시비 없이 학생을 선발하고자 하는 대학과 좀 더 높은 점수를 얻을 수 있다고 생각한 학생 집단은 이러한 제도에 대해 불만을 표했다. 그 결과 2009학년도 수능 시험부터 영역별 등급에 표준점수와 백분위 점수를 함께 제공하는 체제로 회귀했고, 이 체제는 지금까지 유지되고 있다. 다만, 표준점수와 백분위 점수는 소수점 없는 오직 정수로만 제공된다는 점에서 각각 100등급제와 같은 의미가 있다.

앞서 설명한 것처럼 '점수'로 학생의 학업 성취를 표현하는 것은 평가의 객관성과 공정성을 높이고, 선발의 효율성을 높일 수 있는 장점이 있다. 하지만 학생들이 마지막 순간까지 단 1점이라도 높은 점수를 얻기 위해 피 말리는 노력을 하고 치열한 경쟁을 펼치게 한다. 반면 '등급'으로 성취를 알려주는 제도는 시험 점수가 주는 변별력을 낮추고 학생들의 점수 경쟁을 조금이라도 줄이는 장점이 있다. 그러나 각 등급의 구간을 결정하는 점수 언저리에서 이보다 조금 높거나 낮은 점수를 받은 학생들은 한 등급이 올라가거나 낮아질 수 있기 때문에 불만을 가질 수 있다. 예컨대, 90점이 1등급을 결정하는 기준이라면, 91점을 받은 학생과 89점을 받은 학생은 점수 차이가 불과 2점임에도 불구하고, 한 학생은 1등급, 다른 학생을 2등급을 받는 불합리함이 발생한다.

다른 나라 사례를 보면, 미국의 SAT는 언어와 수리 영역에서 각각 800점, 총점 1,600점 만점이고 점수 간격이 5점이다. 따라서 영역별로 160등급제와 같은 변별력을 가진 시험이다. 프랑스의 바칼로레아 시험은 20점 만점이므로 20등급제와 같은 셈이다. 영국의 A-Level 시험은 A+, A, B, C, D, E, F의 7등급제를 적용하고 있다.

수능 시험의 평가 방식 : 절대평가와 상대평가

　문재인 정부는 2022학년도 대입제도 개편을 추진하면서, 수능 시험을 절대평가로 전환하는 방안을 추진했다. 이에 앞서 국민 의견을 수렴하기 위해 2018년 4월 국가교육회의 '대입제도 개편 공론화위원회'가 출범했다. 490명의 시민 참여단이 넉 달에 걸쳐 논의를 했고, 8월 3일 김영란 위원장은 그 결과를 발표했다. 결론은 "평가 방식에 대해 2022학년도 (수능) 때 전 과목을 절대평가로 전환하는 것은 이르다"라는 것이었다. 이러한 결정에 대해서 절대평가를 지지하는 시민단체와 교원단체는 공론화가 불공정하게 진행되었다고 항의하고 재검토를 요구했다. 절대평가와 상대평가가 무엇이기에 이토록 첨예하게 대립하는 것일까.

　사실 수능 시험의 점수를 점수제로 표기하면 절대평가와 상대평가를 구분하는 실익이 사라진다. 선발이라는 맥락에서 보면, 점수를 활용해서 서열을 매길 수 있으므로 사실상 상대평가와 마찬가지 결과를 낳는다. 하지만 수능에서 얻은 성적을 등급으로 표시하면, 절대평가와 상대평가 중 어떤 방식을 적용하느냐에 따라 학생에게 미치는 영향이 달라진다. 좀 더 구체적으로 점수를 기준으로 전체 응시생의 상위 4%에게 1등급을 부여하고, 4~11%에게는 2등급을 부여하면, 이는 상대평가를 적용한 등급제가 된다. 하지만 학생이 얻은 점수가 90점 이상일 경우 누구나 1등급을 받을 수 있게 하면, 이는 절대평가와 같은 셈이다.

2002학년도 수능 시험에서 도입된 등급제는 2016학년도까지는 모두 상대평가 방식을 적용한 등급제였다. 다만, 2017학년도 수능 시험에 한국사 과목이 처음 도입되면서, 이 과목에 대해서는 절대평가를 적용한 등급이 시행되었다. 2018학년도부터는 영어 영역도 이러한 절대평가 방식이 적용되었고, 2022학년도에는 제2외국어 및 한문 영역까지 절대평가에 의한 등급제가 도입되었다.

일정한 점수를 받으면 누구나 특정 등급을 받게 되는 절대평가 제도는 학생이 노력해서 얻은 성취를 그대로 인정한다는 면에서 교육적으로 타당하다. 교육과정이 제시한 최상위 성취 목표에 도달하면 누구라도 최고 등급을 받을 수 있다. 또한 학생들이 마지막 순간까지 한 단계라도 더 높은 등급을 받기 위해 피 말리는 경쟁을 해야 하는 부작용도 줄일 수 있다. 학교생활기록부의 절대평가제는 '성적 부풀리기'가 생길 수 있다는 문제가 있으나 수능 시험에서는 오히려 교육과정이 요구하는 성취 기준에 따른 문제 출제가 가능하다는 장점도 있다.

하지만 절대평가 방식의 등급제는 일반적인 점수 제공 방식이나 상대평가를 적용한 등급제와 비교할 때, 학생 간 서열, 즉 변별력을 낮추는 문제가 있다. 이러한 상황에서 대학들은 어떤 방식으로든 학생을 변별할 수 있는 다른 전형 요소를 도입하려 할 수도 있다. 입학 정원이 제한된 가운데 누군가를 뽑아야 하기 때문이다. 이러한 상황이 생기면 대입 전형이 좀 더 복잡해진다는 문제가 생긴다.

대한민국에서만 가능한 수능 시험

전국의 수험생과 시험 관리 인원까지 포함하면 수능 시험은 단일 시험으로는 전국 최대일 것이다. 학생들이 제일 좋은 컨디션에서 시험을 볼 수 있게 온 나라가 협력한다. 공무원과 공공기관 종사자는 학생들이 고사장까지 편하게 이동하도록 출근 시간을 1시간 늦춘다. 증권시장과 은행도 이 날만큼은 1시간 늦게 개장한다. 수험생 이동을 위해 지하철과 열차 운행 횟수가 늘어나고 막차 시간은 2시간 연장된다. 시내버스도 시험 시간에 맞추어 좀 더 많이 움직이고 개인택시의 '부제 운행'이 해제된다. 시험장 주변에는 경찰관과 모범 운전자들이 교통정리를 부지런히 한다. 기상이 악화해도 도서·벽지 수험생이 안전하게 시험장에 올 수 있도록 대비하는 교통 대책이 수립되고, 폭설이 오면 신속한 제설이 이루어진다. 기상청 홈페이지는 시험 1주일 전부터 천 개가 넘는 시험장별로 날씨 정보를 제공한다. 이러한 수험생 대책은 1960년대 대학입학예비고사부터 1990년대 이후 수능 시험에 이르기까지 매년 시행되고 있다.

영어 듣기평가가 도입된 1994학년도 수능 시험부터는 소음방지 대책도 나왔다. 모든 항공기의 이륙과 착륙 시간이 조율되고, 심지어 시험장 주변에서 자동차 경적도 사라진다. 시험장 주변의 공사장 등에서 나오는 소음도 최대한 줄일 수 있도록 행정지도가 이루어진다.

이처럼 중요한 수능의 전체적인 관리와 책임은 교육부장관에게 있다. 구체적인 시험 시행 공고, 문제 출제, 문제지 인쇄, 답안 채점, 성적 통지와 관련된 제반 업무는 '행정 권한의 위임 및 위탁에 관한 규정(대통령령)'에 따라 한국교육평가원장에게 위탁되어 있다. 배포되는 문제지의 인수부터 운송, 보관 및 관리, 응시원서 접수, 시험 감독과 관리 등에 관한 사항은 시·도교육감이 위임을 받아 시행하고 있다. 수능 시험을 전문기관인 한국교육과정평가원의 사업으로 하지 않고, 국가시험으로 정해서 정부가 직접 나서는 것은 이처럼 엄청난 행정력을 동원해야 하기 때문이다.

시험 문제지와 답안지는 철저한 보안 유지가 필요하다. 시험지 보관과 배부, 회수를 위해 경찰과 시·도 교육청이 대대적인 경비를 펼친다. 시험장별로 경찰이 외곽 경비를 서고, 교육부와 시·도교육청에서 협력관을 파견해 시험지의 보관 상태를 재차 확인하는 과정을 거친다.

지금까지 수능이 큰 탈 없이 진행되어 온 것은 전 국민이 자발적으로 협조한 것에 힘입은 바가 크다. 이 시험이 수험생 한 사람 한 사람에게 얼마나 중요한지 모든 국민이 공감하고 있기 때문이다. 안전하고 공정한 시험을 위해 행정 당국이 펼친 전방위 노력도 무시할 수 없다.

수능 시험을 일 년에 한 번만 보는 이유

첫 수능을 치르고 난 직후였다. 김영삼 대통령도 매우 흡족해한다는 말이 교육부에도 전달되었다. 수능 출제단을 청와대로 불러 칼국수를 내겠다고 해서 비서진이 만류하느라 애썼다는 소문도 함께 들렸다. 두 번째 시험을 마친 뒤에 출제진의 청와대 초청 행사를 갖기로 했다. 수능이 3개월 뒤에 한 번 더 있고 출제진도 거의 같게 할 예정이기 때문에 출제진들을 대외적으로 공개할 상황이 아니었기 때문이다.

처음에는 수능에 대해서는 우려가 컸었다. 오랫동안 익숙했던 교과목별 학력고사의 형태를 벗어나서 통합교과적, 탈교과서적 출제를 통해 고차적인 사고력을 측정한다는 목표는 실현 불가능하다는 평가 전문가들의 비판이 잇달았다. 일곱 차례의 실험 평가를 거쳤지만 불안이 완전히 해소되지는 않은 상태에서 첫 시험을 맞았다.

1993년 8월 첫 번째 수능이 끝나고 이런 우려는 거의 다 사라졌다. 종전에 단편적인 지식을 얼마나 알고 있느냐를 평가하는 듯이 보였던 대학입학학력고사의 문항들과는 아주 다른 새로운 형식의 문항들이 출제되었는데 교육계와 언론의 평가는 기대 이상으로 긍정적이었다. 깊이 생각하지 않으면 풀기 어려운 문제들이 다수 출제되었는데 일부 전문가는 암기 위주의 교육 풍토를 바꿀 수도 있는 훌륭한 출제라는 평가를 내놓았다. 출제 기관인 국립교육평가원은 물론 교육부도 비로소 큰 안도의 한숨을 내쉬었다.

시험을 앞두고 실무 책임을 맡은 서남수 교육부 대학학무과장은 지난 몇 달 동안 엄청나게 바쁘고 초조한 나날을 보냈다. 특히 수능에서 처음 도입한 '듣기 평가'를 순조롭게 치르기 위한 대책이 쉽지 않았다. 실험 평가 과정에서 소음 때문에 스피커를 통해 나오는 듣기 평가 문제를 제대로 들을 수가 없었다는 수험생의 불만이 계속되었기 때문이다.

자동차로 인한 소음은 그나마 어느 정도 쉽게 해결이 되었다. 경찰과 모범운전자들이 모두 나서서 시험장 부근에서 적극적으로 교통 질서 안내를 했기 때문이다. 듣기 평가 시간 중에는 철도청에서도 모든 기차에서 경적을 자제하도록 지시를 했고 해운항만청도 가급적 뱃고동을 울리지 않도록 지도에 나섰다.

문제는 항공기였다. 공항 근처의 시험장에서 비행기 이·착륙 때의 소음 때문에 듣기 평가 문제를 제대로 듣지 못했다는 것이다.

"김 사무관, 이거 항공기 소음 문제를 어떻게 하지? 비행기를 듣기 평가 시간 동안 뜨지 않게는 할 수 있을 것 같은데 먼 곳에서 날아온 비행기를 내리지 못하게 하는 건 어려울 것 같은데…"

"어떻게든 해결책을 찾아봐야지요. 제가 협의해 보겠습니다."

실무 책임을 맡은 김화진 행정사무관은 씩씩하게 대답했다. 그리고 몇 군데 전화를 돌리더니 밝은 얼굴로 돌아왔다.

"가능하답니다. 듣기 평가 시간 중에는 교통부가 비행기 이·착륙을 중단시키겠답니다."

"아니, 어떻게? 비행기 착륙도 못하게 한다고?"

"네! 가능하답니다. 관제탑에서 비행기에 미리 연락을 하면 비행기가 속도를 조절해서 조금 빠르거나 조금 늦게 도착하게 할 수 있답니다. 그리고 혹시 또 그 시간에 김포국제공항 근처에 도착하면 인천 앞바다 상공에서 몇 바퀴 돌게 하다가 착륙시키면 된답니다."

"와! 그게 가능하구만!"

거기가 끝이 아니었다. 이번에는 군용기가 문제가 됐다. 군용기는 내릴 때가 아니라 뜰 때가 문제였다. 긴급 발진 때문이었다. 예를 들면 북한 지역에서 예상하지 않았던 비행 물체가 떠서 휴전선 쪽으로 내려오는 것이 레이더에 포착되면 우리나라에서도 바로 전투기가 뜨게 되어 있어 때때로 군용기 긴급 발진은 불가피한데 이때 그 군용비행장 근처 시험장에서 들리는 소음 때문에 듣기 평가에 지장이 크다는 것이었다.

"어떻게 하지? 수능 시험 듣기 평가 시간 중에는 북한에서도 비행기를 일절 띄우지 말아 달라고 부탁해볼까?"

"하하! 다른 해결책도 찾아보겠습니다."

김화진 사무관은 여전히 씩씩하게 대답했다. 얼마 되지 않아 밝게 웃으며 돌아왔다.

"가능한 방법을 찾았습니다. 국방부에 협조 공문을 보내주면 해결 방법이 있답니다."

"어떻게?"

"듣기 평가 시간 시작 전에 예비로 전투기 몇 대를 이륙시켜 놓으면 된답니다."

"그렇겠네!"

문제는 거기서 끝나지 않았다. 용산에 있는 한 실험 평가장에서 불만이 접수되었다. 근처 미군 비행장에서 나는 헬리콥터 소리 때문에 듣기 평가 문제를 풀 수 없었다는 것이었다.

"이거 간단치 않네! 우리나라 사람들은 누구나 수능이 학생들에게 얼마나 중요한지를 알기 때문에 이렇게 척척 협조받는 게 가능한데 미군이 이걸 이해할 수 있을까?"

"해결책을 찾아봐야지요!" 하더니 김 사무관이 곧 해답을 갖고 왔다.

"미군도 협조해 주기로 했답니다. 우리가 국방부로 공문을 보내고 그것을 국방부가 연합사령부 합동참모본부로 보내면 합참의 요청에 따라 미군도 적극 협조하기로 했답니다."

이렇게 해서 듣기 평가 시간 소음 방지 대책은 어느 정도 완성이 됐다. 참 대단한 나라가 아닐 수 없었다. 이것이 가능했던 것은 군인을 포함한 모든 국민이 이 시험이 아이들에게 얼마나 중요한 시험인지를 알고 있었기 때문이었다. 많은 불편이 있었으나 아무도 이의를 제기하지 않았다.

그런데 시험 날짜가 다가올수록 서남수 과장은 다른 문제로 마음이 편하지 않았다. 태풍이 문제였다. 태풍은 북서태평양에서 발생하는데 처음 생겨서 우리나라에 영향을 줄 때까지의 시간이 약 1주일에서 열흘 정도뿐이다. 만약 태풍의 규모가 아주 크고 우리나라에 직접 영향을 주게 되면, 그렇게 해서 만약 한 지역이나 한 시험장에서 도저히 정상적으로 시험을 칠 수 없는 상황이 되면 시험을 연기해야 하는데 그것은 상상하기 어려울 정도로 심각하고 난감한 문제였다. 대학입학예비고사 이래 국가 시험을 여름에 치르는 것은 이때가 처음이었다.

대학학무과에서는 8월 20일 첫 번째 시험을 한 달쯤 앞두고부터 매일 기상청에 전화를 걸어 북서태평양 태풍 발생 상황을 체크하기 시작했다. 태풍은 계속 발생했다. 그 중 우리나라에 영향을 줄 가능성이 있는 태풍을 찾아내 그 경로를 주시했다.

8월 1일 제7호 태풍 로빈이 발생했다. 처음에는 4등급 태풍이었으나 최저기압 922hPa, 최대 풍속 초속 45미터의 매우 강한 대형 태풍으로 발달해서 우리나라로 접근해 동해로 빠져나갔다. 동해안 전체가 영향권에 들어가면서 적지 않은 피해를 입혔다. 교육부에게 그나마 다행이었던 것은 태풍 로빈이 시험을 약 1주일 앞둔 8월 14일에 소멸되었다는 것이었다.

8월 13일 제9호 태풍 타샤가 발생했다. 963hPa의 강한 태풍으로 발달했지만 중국 내륙으로 진행해서 우리나라에는 영향을 주지 않고 22일 소멸했다. 8월 5일에 발생한 제8호 태풍 스티브와 19일에 발생한 제10호 태풍 케오니는 북태평양을 떠돌다가 소멸했다. 관계자들은 마음을 많이 졸였지만 결국 태풍의 영향을 받지 않고 무사히 첫 수능을 치를 수 있었다.

11월 16일 두 번째 수능이 실시되었다. 예고된 것처럼 두 번 시험을 치러 그 중 좋은 성적을 최종 성적으로 사용할 수 있게 하기 위한 것이었다.

결과는 최악이었다. 난이도 조절에 크게 실패한 것이다. 문제가 첫 번째보다 훨씬 어려웠다는 것이 시험을 마치고 나오는 수험생들의 공통된 평가였다. 어떤 학생들은 울면서 나오기까지 했다. 첫 번째 수능 시험을 마치고 약 세 달간 최선을 다해 시험을 준비한 수험생으로서는 그 고생이 '헛수고'가 된 셈이었기 때문이다. 열심히 공부한 게 어디 가겠느냐는 말은 수험생들에게는 조금도 위로가 되지 않았다. 실제 채점 결과도 수험생이 체감한 것과 일치했다. 대다수 학생들의 두 번째 수능 시험 성적은 첫 번째 수능 시험 성적보다 낮았고, 두 번째 성적이 더 높은 경우는 극소수에 그쳤다.

두 번째 수능을 출제하면서 출제 당국이 난이도 조절에 신경을 쓰지 않은 것은 아니었다. 오히려 최신의 노력을 다했다고 말할 수 있다. 개인 사정으로 참여가 어려웠던 소수의 출제 위원을 제외하고는 모두 첫 번째 수능 시험 출제진을 다시 출제 위원으로 위촉했다. 출제할 때도 첫 번째와 같은 수준의 난이도로 출제해 달라고 요청했고 출제 위원들도 그렇게 되도록 많이 애썼다. 결과는 실패였다. 그 뒤에도 수능 시험의 난이도를 안정적으로 맞추려는 노력이 지속되었지만 별다른 성공을 거두지 못했다. 결국 "수능 시험 난이도는 귀신도 못 맞춘다"는 말까지 생겼다.

수능은 다음 해부터 한 번만 보는 것으로 즉시 바뀌었다. 난이도 조절의 어려움이나 태풍 등 기상 조건의 문제도 한 번만 보도록 결정하는 데 영향이 없지 않았다. 그러나 그것보다 더 결정적으로 작용한 것은 수능 시험을 두 번 치르는 것이 수험생에게 두 번 기회를 주는 것이 아니라 두 번 부담을 주는 것이라는 사실을 확인했기 때문이다. 수능 성적이 원하는 대학에 입학하는 데 결정적인 영향을 미치는 우리나라 상황에서는 첫 번째 수능 시험에서 아주 좋은 성적을 받은 학생이라도 두 번째 시험에서 다른 학생이 더 높은 성적을 받으면 상대적으로 불리해지기 때문에 결국 두 번째 수능 시험에도 최선을 다해 응시할 수밖에 없는 것이다.

두 번째 수능 시험이 끝나자 수능에 대한 그간의 칭송도 일순간에 사라졌다. 청와대가 출제진을 초청해 칼국수를 대접하려던 계획도 없던 일이 되고 말았다.

수능 시험은 정말로 공정한가?

점수로 학업 성취를 표시하는 수능 시험의 최대 강점은 공정하다는 대중의 인식이다. 정부가 모든 행정력을 동원해 부정이 개입할 수 없도록 철저히 관리할 뿐만 아니라, 모든 학생이 동일 조건에서 동일 시험을 치르고 컴퓨터로 채점한 다음 소수점까지 점수를 제공해서 학생 간 서열을 매겨 주기 때문이다. 무엇보다 점수를 바탕으로 학생을 선발하는 체제가 가장 공정하다는 인식과 사회 풍토야말로 수능 시험을 지금까지 유지해 온 배경이라 할 수 있다.

이제 시험의 공정성에 대해 좀 더 생각해보자. 나아가 선발에서 공정은 무엇인가? 수능 시험은 문항의 개발, 채점, 결과의 해석이 비교적 쉬운 '표준화 시험(standardized test)'이다. 점수에 따라 서열을 매길 수 있으므로 어느 정도 객관적이라는 평가를 받고, 기술적, 외형적 의미의 공정성을 보장할 수 있다. 하지만 표준화 시험은 오랜 기간 준비할수록 높은 점수를 받을 수 있다. 시험의 출제 경향을 잘 알고, 문제 풀이에 익숙한 입시 강사 또는 과외 교습자의 도움을 받으면 높은 점수를 받을 확률이 높아진다. 즉, 재수하거나 사교육을 받으면 상대적으로 유리해진다. 따라서 표준화 시험인 수능은 객관적이고 공정한 시험 체제라는 인식과 달리 실제로는 부유한 지역 또는 고소득 가정의 학생들이 높은 점수를 받기 쉬운 시험 체제라는 것이 전문가들의 지적이다. 실제로 서울 지역 주요 대학에서 수능 성적을 위주로 하는 정시 모집에서는 서울 강남 지역 학교와 부모의 경제적 수준이 높은 학생들이 많이 진학하는 특목고나 자사고 출신 학생이 다른 지역이나 일반고 출신 학생보다 상대적으로 유리한 것으로 보고되고 있다.

결국 시험이나 선발에서 '공정성'의 의미를 어떻게 받아들일 것인지를 다시 생각해봐야 한다. 외형적 객관성과 기술적 공정성을 추구하면, 누구나 같은 조건에서 나 홀로 치르는 수능 시험이야말로 가장 공정해 보이는 시험 체제로 인정받을 수 있다. 하지만 표준화 시험으로서 수능 시험은 고액 사교육을 받을 만큼 가정 형편이 좋거나, 문제 풀이 시험 준비를 잘하는 학교, 시험 준비에 특화된 학원에 다니는 학생들이 높은 점수를 받을 가능성이 크다. 지금까지 주요 대학의 입시 결과도 이를 뒷받침한다. 이렇게 보면 수능 점수를 토대로 하는 학생 선발 체제는 겉으로는 공정하게 보일 수 있지만, 실질적으로는 학생의 가정 배경이 영향을 미치는 선발 제도일 수 있다. 게다가 수능 시험 점수를 기반으로 하는 학생의 대학 지원은 필연적으로 '배치표'라는 것을 요구하게 되므로, 의도하지 않았더라도 대학의 서열화를 고착화할 수 있다. 이렇게 볼 때 정부가 대입제도를 개선하고자 할 때는 맹목적으로 이념과 이상만을 추구하기보다는 객관적인 연구 결과와 사실을 바탕으로 제도를 설계하고, 새 제도의 장점과 더불어 파생하는 부작용과 문제점까지 국민에게 정확히 알리는 작업을 해야 할 것이다. 이 과정에서 공교육의 진정한 발전과 대입제도의 개선을 위해 필요하다면, 다소 시간이 걸리더라도 객관적인 증거와 사실을 기반으로 국민을 설득을 해나가는 용기도 필요하다. 그렇지 않고 현상에 대한 피상적인 이해나 맹목적인 이념에 휘둘려 대입제도를 급하게 만들어 실행하게 되면, 우리가 원했던 실질적인 대입 공정성과 교육의 기회균등은 오히려 멀어지고 학생과 학교의 부담만 커지는 상황을 맞을 수도 있다.

제
5
장

왜 3불?

대입제도는 누구의 제도인가?

대입제도란 기본적으로 대학에서 공부할 학생을 뽑는 기준과 절차에 관한 것이다. 따라서 학생을 선발하는 방식은 원칙적으로 학생을 뽑고 가르쳐서 사회로 내보내는 대학이 결정할 사항이라 할 수 있다. 그런 이유로 우리나라에서 고등교육이 발전하기 시작한 초창기에는 대학이 알아서 학생을 뽑는 방식을 취했다. 하지만 교육을 통한 계층 이동이 활발해지고, 심지어 계층의 공고화 현상까지 생기면서 대학의 자율적 선발이라는 단순 논리가 도전받기 시작했다. 우선 대입 전형이 초·중등학교에 미치는 역할이 너무 커져서 학교 교육을 정상화하기 위해서는 공교육을 책임지는 정부의 개입이 불가피해졌다. 나아가 출세와 신분 이동의 관문으로 여겨지는 '명문대'가 생기고 이를 향한 입시경쟁이 치열해지면서, 대입제도는 교육적 차원의 학생 선발 제도를 넘어 사회 신분 제도적 기능을 수행하는 단계에 이르게 되었다. 이에 이르자 대입제도는 입시 위주 교육, 사교육 범람, 부동산 시장 교란, 입시 부정 등 여러 교육적, 사회적 부작용의 근원이라는 비판까지 받게 되었다. 이러한 현상은 결국 정부가 대학의 자율 영역이었던 학생 선발에 개입하게 되는 명분을 제공했고, 오늘날 대입제도는 대학의 자율을 어느 정도 허용하면서도 정부가 깊이 개입하는 정책 영역이 되었다.

대입제도는 크게 두 종류가 있다. 하나는 학생 선발에 대해 정부가 정한 규칙으로 모든 대학이 따라야만 하는 일반적인 기준과 절차이다. 다른 하나는 각 대학이 학생을 실제로 뽑기 위해 만든 구체적인 입학 요강과 전형 기준을 말한다. 정부가 정하는 큰 틀의 대입제도 역시 학생 선발에 관한 구체적인 내용은 대학이 정하도록 하고 있다. 일반적으로 고등학교의 실제적 교육과정 운영에 대해 영향을 미치는 것은 정부가 만든 대입제도이지만, 개별 수험생 처지에서는 진학하려는 대학의 구체적인 입학 요강이 중요하고 여기에 관심을 둘 수밖에 없다. 특히 전국 고교의 교육과정 운영과 학생들의 수험 준비에 큰 영향을 미치는 것은 명문대로 불리는 몇몇 대학의 입학 요강이다.

이처럼 실질적인 학생 선발 권한이 대학에 달려 있다고 하더라도 몇 가지 정부가 정한 '선'을 넘을 수는 없다. 대표적인 금지선이 바로 '3불(3不)'이다. 이는 본고사, 기여입학제, 고교 등급제의 '금지'를 말하는데, 대학들은 이 세 가지 '금지'를 두고 정부와 충돌하곤 한다. 왜냐하면 정부로서는 고교 교육 정상화, 사교육 억제, 사회 통합과 같은 공익(公益)을 가장 중요하게 생각하면서 대입제도를 만들지만, 대학은 원하는 학생을 자신들이 정한 방식대로 뽑겠다는 '적격자 선발' 원칙을 내세우기 때문이다. 이런 대립 상황에서 구체적인 대입제도는 그것의 교육적, 사회적 영향력을 중시하는 정부와 자율적인 선발을 외치는 대학이 타협하는 지점에서 결정된다. 하지만 두 개의 균형추에 균열이 생기기 시작하면, 대입제도를 개편해야 한다는 사회적, 정치적 또는 교육적 요구가 분출하기 시작한다.

'3불'의 유래

오늘날 '3불 제도'는 정부가 행하는 대학 규제의 대명사처럼 인식된다. 그런데 알고 보면 3불은 대입 자율화 정책의 산물이다. 역사적으로 광복 직후의 짧은 기간을 제외하고, 5·31 교육개혁 이전까지 대입제도는 원칙적으로 정부가 정하는 것이었고 정부가 허용하는 범위에서 대학의 자율이 허용되었다. 대입 자율화가 시행되면서 대입에 관한 사항은 원칙적으로 대학의 자율 영역임을 인정하고 정부가 꼭 필요하다고 생각하는 사항에 대해서만 규제하는 방식으로 전환된 것이다.

기본적으로 대부분 자율이라면, 문제는 '무엇을 금지할 것인가'이다. 이와 관련해서 정부와 대학의 입장은 충돌하게 마련이다. 뒤에서 설명하는 것처럼 노무현 정부에서 대입제도와 관련한 정부와 대학의 갈등 상황에서 세 가지 쟁점이 부각되었다. 이것이 본고사, 기여입학제, 고교 등급제 금지였는데, 언론에서 여기에 '3불'이라는 선정적인 용어를 붙이면서 일반 대중의 뇌리에 강하게 부각되었다. 때때로 '3불'을 완화하는 방안도 검토되었지만, 여론은 대체로 부정적이었고 이 제도는 지금까지 유지되고 있다. 다음부터 하나씩 살펴보기로 한다.

기여입학제

'기여입학제'는 대학에 상당한 액수의 금액을 기부하거나 대학 발전을 위해 특별한 공로를 세운 사람의 자녀를 정원 내 또는 정원 외로 입학시키는 제도를 말한다. 찬성론자들은 그렇게 받은 기부금으로 형편이 어려운 학생을 돕거나, 대학이 필요한 곳에 투자할 수 있다는 점에서 의미가 있다고 주장한다. 특히 학생들이 선호하는 명문대로서는 갈수록 어려워지는 재정 상황을 해결하는 방편이 될 수 있다.

하지만 난관은 국민 정서이다. 우리 국민이 적어도 교육에 대해서만은 최고 수준의 평등을 원하기 때문이다. 사회적 합의는 고사하고, 국민적 저항에 직면할 가능성이 크다. 기여입학제가 헌법이 정한 평등권을 위배한다는 지적도 있다. 입학 정원이 한정적인데 누군가를 '기여입학제'로 입학시키면 다른 학생이 떨어져야 하고, 이는 기여입학제를 활용할 만큼 경제적 여유가 없는 계층을 차별하는 결과를 낳기 때문이다. 만약 이를 정원 외 입학으로 허용한다고 하더라도 법적 근거가 필요한데 지금의 헌법이 추구하는 가치로는 이를 인정하기 어렵다.

그런데도 일부 사립대학은 대입에서 자율화를 주장하며 '기여입학제'의 도입을 여전히 요청하고 있다. 십 년 넘게 등록금이 동결되고 다른 재정 수입은 부족한 상황에서 '기여입학제'는 재정을 확보할 수 있는 효과적인 대안이 될 수 있기 때문이다. 하지만 기여입학제는 정부의 반대, 부정적인 사회 여론, 법률적 한계라는 장애물을 넘어야만 허용될 수 있는데, 적어도 가까운 장래에는 쉽지 않아 보인다.

고교 등급제

'고교 등급제'는 학업 성취에 대한 상대평가 제도가 낳은 부산물이다. 알다시피, 현재 학교생활기록부의 성적은 상대평가에 의한 9등급제를 기반으로 하고 있다. 이에 대해 일부 대학은 학생의 우수한 정도가 학교마다 다른데 이를 같게 취급하는 것은 모순이고 정의롭지도 않다고 주장한다.

대안으로 객관적인 학업 성취 수준을 바탕으로 고등학교를 등급화하고, 이를 입학 전형에 반영하는 것이 오히려 공정하다고 말한다.

하지만 정부는 '고교 등급제'는 우리 사회가 오랫동안 유지해 온 '고교 평준화'를 무력화할 수 있다는 이유로 허용하지 않고 있다. 현재의 입시 풍토에 비추어 볼 때, 대입 전형에서 우수 학교로 취급받는 고등학교로 진학하기 위한 또 다른 입시경쟁이 중학교 단계부터 심화할 수 있기 때문이다. 이는 중학생을 대상으로 하는 사교육을 더욱 유발하는 결과를 낳을 것이다. 이런 이유로 정부는 감사부터 재정 지원까지 다양한 행정수단을 동원해서 고교 등급제를 막고 있다. 그러나 실질적인 입학 사정 권한을 가진 대학들은 여러 방법을 활용해서 학교 간 학력 차이를 반영하고 싶은 유혹에 빠질 수 있고, 이는 다양한 고교 유형을 허용하는 현재의 고교 제도가 있는 한, 늘 문제를 발생시킬 소지가 있다. 문재인 정부는 이 문제를 원천적으로 막기 위해 2025학년도부터 외국어고와 자사고 제도의 폐지를 예고한 상태다.

본고사

다소 변화는 있었지만, 광복 이후 박정희 정부까지 대학별 본고사는 대입제도의 중심이었다. 대학들이 각자 국어, 영어, 수학 과목을 중심으로 시험을 내고, 그 결과에 따라 합격을 결정하는 방식이었다. 전두환 정부의 '7·30 교육개혁' 조치로 대학별 본고사가 사라졌고, 이후 잠시 부활한 적이 있었지만 대체적으로 지금까지 본고사는 허용되지 않고 있다.

대학 입장에서는 수학 적격자를 선발한다는 이유로 본고사를 선호할 수 있다. 하지만 이는 곧바로 고교 교육과정에 영향을 미치게 된다. 고등학교에서 본고사 대비 수업을 하지 않을 수 없다는 말이다. 과거 본고사를 출제하던 대학들은 대체로 성적 최우수자들이 지원하는 대학이었고, 고

난도 문제를 많이 출제했다. 일부 고교는 그 수준에 맞춰서 가르쳤는데, 많은 학생이 수업을 따라가기 어려웠다. 반대로 고교가 주요 대학의 본고사와 관계없이 교육과정을 운영하면, 주요 대학에 지원할 학생들은 사교육을 통해 본고사를 대비할 수밖에 없었다. 대다수 학생이 가고 싶어 하는 명문대가 본고사를 시행하면, 전국 고등학교의 교육과정 운영에 너무 큰 영향을 미칠 수 있다. 정부로서는 이런 부작용이 우려되는 상황에서 학교교육 정상화를 위해 본고사를 허용하기 어렵다는 입장이다.

● ● ●
대학별 고사

본고사는 고교 교육과정을 파행으로 몰아가고 사교육을 심화시킬 우려로 금지되고 있다. 특히 대학 입학을 위한 선발 고사가 고교의 교육과정까지 좌지우지할 수 있다는 점에서 정당화하기 어렵다. 학교의 교육과정은 국가 차원의 교육 비전과 시대적 요구를 반영해 만들어진 것이기 때문이다. 그렇다면 대학이 자신의 교육 철학과 인재상을 반영해서 학생을 뽑을 수 있는 장치는 없는가. 그렇지 않다. 앞서 말한 부작용을 비교적 덜 일으키면서 대학의 자율성을 보장하는 방법으로 대학별 고사가 이루어지고 있다. 그것은 논술 고사 또는 심층 면접이다. 좀 더 자세히 살펴보기로 하자.

논술 고사

대입 시험으로서 논술 고사는 단순한 글쓰기 평가가 아니다. 글쓰기의 형식을 빌려 학생의 논리적 사고력, 문제해결력, 관련 이론의 종합과 적용, 자신의 주장을 논증하는 역량 등을 평가한다. 이러한 점에서 논술 고사야말로 대학 수학에 필요한 역량을 평가하는 시험 방법으로 인식되고 있다. 게다가 고교에서 이루어지는 교육을 문제 풀이 위주로 흐르지 않게 하고, 수업 방법으로 토론과 논증을 가미하게 한다는 점에서 교육적 타당성을 인정받기도 한다. 무엇보다도 논술은 대학 교육의 핵심적인 교육 및 평가 방법이라는 점에서 그 역량을 평가하는 논술 고사 자체를 금지할 경우 대학의 적격자 선발 자율성을 지나치게 침해한다는 주장을 정부가 받아들인 것으로 해석할 수 있다.

그러나 이는 본고사의 변형으로 운용될 수 있다는 점에서 금지해야 한다는 주장도 있다. 특히 일부 대학이 학생의 변별이나 우수 학생을 선발을 목적으로 논술 시험에 수학 문제 풀이를 연계하거나 영어 지문을 활용하는 사례도 발생해서 반대 의견에 불을 붙이기도 한다. 나아가 이러한 반대 의견의 저변에는 학교에서 논술을 제대로 준비시키기 어렵다는 현실도 자리하고 있다. 이는 다시 사교육 유발 논쟁으로 이어진다. 우리 풍토에서 그것이 아무리 좋은 교육적 처방이라도 사교육을 조장할 수 있다는 의심이 들면 일단은 금지하는 것이 현실이다. 결국 대학 입시에서는 대학의 논술 고사 요구에 대해 정부가 본고사형 논술 유형을 제시하면서 이를 금지하는 방식으로 봉합되어 운영되고 있다. 하지만 문재인 정부는 여기서 더 나아가 궁극적으로 논술 고사를 폐지하는 방향으로 유도하겠다는 방침을 내놓았다.

심층 면접

심층 면접은 학생의 자기소개서나 학교생활기록부에 기재된 내용을 바탕으로 면접관이 질문하고, 이에 대해 학생이 어떻게 답하는지를 보고 대학수학능력이나 잠재력을 평가하는 방법이다. 일찍이 영국의 옥스퍼드대와 케임브리지대가 이러한 방식을 적용해서 학생을 뽑아 왔다. 이러한 시험 방법은 대학에 심층 면접 관련 경험이 쌓이고 면접관의 전문성과 도덕성이 확보되면, 사교육 유발 같은 부작용을 될 수 있는 대로 피하면서 학생의 잠재력을 평가할 수 있는 효과적인 대안이 될 수 있다.

그러나 여기에도 난관도 있다. 면접관 개인이 학생에 대해 정성 평가를 하는 과정에서 적용하는 기준이 주관적이라는 사회적 불신이 그것이다.

이는 곧 입시 부정 의혹으로 번질 수도 있다. 게다가 경쟁이 치열한 일부 대학에서 심층 면접을 교과 중심 문제 풀이형 구술시험으로 변형에서 활용하는 사례가 발생하고 있어 이에 대한 부정적 의견도 대두하고 있다. 이렇게 볼 때 심층 면접은 대학 차원의 교육 철학과 평가 경험, 면접관의 전문성과 윤리 의식이 충분히 성숙하지 않은 상태에서는 이를 보조적 선발 수단으로 활용할 수밖에 없다는 한계가 있다.

입학사정관제와 학교생활기록부 종합 평가(학종)

전문성을 갖춘 교육 전문가가 응시생의 고교 생활 전반을 들여다보고 학생이 겪은 경험과 성취가 지원하려는 대학 또는 학과의 인재상과 일치하는지를 평가해서 입학 여부에 대관 결정을 내린다면 어떨까. 교육적 관점에서 보면, 한 번의 시험을 통해 상대적 우열을 가려서 학생을 선발하는 제도보다 우수하다고 생각할 수 있을 것이다. 그런 역할을 하는 평가 전문가를 '입학사정관(admission officer)'이라고 부른다.

이러한 '입학사정관'이 입학 전형에서 중요한 역할을 하는 것이 '입학사정관제'다. 이 제도는 주관적 평가라는 비판을 받을 수 있지만, 대학 소속의 교육 전문가가 입학 전형과 관련해서 중요한 판단을 내린다는 점에서 대학의 자율성을 확대하는 전형이라 할 수 있다. 미국 대학에서 발전되었고, 지금도 많이 활용하는 제도이다. 입학사정관은 주로 자기소개서, 학교생활기록부, 각종 시험 성적 등을 정성적으로 평가해서 학생을 선발한다. 우리나라에서 이 제도는 노무현 정부의 '2008학년도 이후 대입제도' 개편안부터 도입되었다. 본격적인 확대가 이루어진 것은 이명박 정부의 '대입 자율화 정책'에 따른 2009학년도 대입제도부터다. 서울대에 이어 2009학년도부터 고려대, 연세대, 성균관대 등 여러 사립대학이 이를 시행하기 시작하면서 중요한 대입제도로 떠올랐다.

사실 입학사정관 제도는 대학이 주도권을 쥐는 입학 전형이다. 문제는 입학사정관의 주관적 평가에 대한 국민의 신뢰가 충분하지 않다는 것이다. 이런 점에서 이를 도입한 노무현 정부에서는 점진적인 확대를 예상했다.

하지만 '대입 자율화'를 전면에 내세웠던 이명박 정부는 입학사정관제가 가장 효과적이라고 판단하고 제도의 확산을 위해 적극적으로 나섰다. 너무 성급하면 탈이 나게 마련이다. 학교 현장과 대학의 충분한 준비가 부족하고 정성 평가에 대한 사회적 신뢰가 성숙하지 않은 상황에서 전형 과정이 불투명하고 부모 입김이 크게 작용할 소지가 큰 입학사정관제가 확대되자 이에 대한 불신과 불만이 봇물처럼 터져 나오기 시작했다. 이명박 정부 후반에는 이미 입학사정관제에 대한 부정적인 여론이 확산되면서 즉각 폐지를 주장하는 여론까지 나타났다.

박근혜 정부는 전형의 명칭을 '학교생활기록부 종합 전형(학종)'으로 바꾸고, 이를 규제하는 방향으로 정책을 전환했다. 입학사정관제는 대학이 아무 근거 없이 마음대로 학생을 선발하는 제도가 아니라 성적 외에도 학교생활기록부에 기재된 다양한 교육적 성취를 토대로 학생을 선발하는 제도라는 것을 명확하게 재규정한 것이다. 다만 입학사정관제가 가져올 수 있는 긍정적인 측면을 생각해서 폐지하는 대신 명칭을 바꾸고 엄격하게 시행하도록 전환한 것이다.

문재인 정부에서 사회를 떠들썩하게 한 사건이 발생했다. 이른바 '조국 사태'가 그것이다. 자녀 입시에 부모가 개입해서 입시의 공정성을 해쳤다는 이유로 사회적 공분을 샀고, 대입제도의 공정성에 대한 사회적 요구가 폭발했다. 급기야 정부는 수능 시험 성적 위주의 정시 모집을 확대하는 방향으로 정책을 급선회했다. 학교생활기록부에 기재할 수 있는 내용을 대폭 축소해서 입학 전형 과정에서 부모의 배경과 영향력을 줄이고, 정규 교육과정의 범위에 속하는 교과 및 비교과 활동 외에는 점진적으로 폐지해

가는 방향으로 전환했다.

입학사정관제 또는 학종 전형에 대한 사회적 평가는 엇갈린다. 우선 전형 과정이 불투명하고 부정이 개입할 소지가 있다는 이유로 본질적으로 공정하지 않다는 평가가 있다. 또한 정성 평가에 유리한 다양한 교육 프로그램을 운영하는 특목고나 자사고 학생에게 유리하고 이들이 대부분 가정의 경제사회적 수준이 높기 때문에 본질적으로 중상류층에게 유리한 대입제도라는 우려가 크다.

반면 입학사정관제는 점수 위주의 전형에서 벗어나 다양한 교육 활동을 평가함으로써 학교 교육이 점수와 암기 위주에서 벗어날 수 있는 계기를 마련했다는 평가도 있다. 특히 입학사정관제가 학교생활기록부 전형(학종)으로 전환한 뒤에는, 수능 성적이 중시되는 정시 모집에서는 대도시 부유층의 자녀들이 명문 대학에 많이 합격한 반면 학교생활기록부 전형에 의한 선발이 대부분인 수시모집에서는 농어촌 학생들도 대거 명문 대학에 진학한 사실이 확인되었다. 그 결과 일반 국민과 정치권에서는 정시 모집을 공정한 대입제도로 인식하는 경향이 강한 반면 일부 교육계에서는 수시 모집을 더 공정한 대입제도라고 주장한다. 즉 학교생활기록부 전형에 의한 수시 모집이 수능 중심의 정시 모집에 비해 농어촌 등 낙후지역 학생들의 명문대 진학 가능성을 높였다는 점에서 실질적, 결과적인 공정성 확보와 학교 교육의 정상화에 기여한 측면이 크다는 것이다.

하지만 엄밀히 말하면, 입학사정관제나 학종 전형이 제도 자체로서 공정하거나 불공정하다고 말하기 어렵다. 대학이 이를 어떤 목적으로 활용하고 이를 시행하기 위해 얼마나 준비했느냐에 따라 제도의 효과가 다르게 나타날 수 있다. 어떤 대학은 불리한 여건을 극복하기 위해 노력했거나 숨겨진 재능을 가진 인재를 발굴하기 위해 이 제도를 활용했다. 교육의 기회균등과 우수 인재 선발이라는 두 가지 목적을 모두 달성하기 위한 수단으로 활용한 것이다. 반면 어떤 대학은 입학사정관제를 특목고 졸업생 등을 신입생으로 확보하기 위한 수단으로 사용하기도 했다. 또 입학사정관을 비정규직으로 임용하거나 정부 지원이 있을 때만 한시적으로만 임용하기도 했다. 입학사정관이 신분이 불안정해지고 제대로 된 입학 전형 업무를 수행할 수 없는 상황에서 학생 선발 업무의 전문성과 공정성이 훼손될 수 있었다. 명문대에서 일했던 일부 전직 입학사정관은 사교육 업체에 취업해서 고액을 받고 컨설팅하는 사례도 있었다.

요약하면, 입학사정관제 또는 학종 전형은 교육적으로 바람직한 효과를 가져올 수 있는 잠재력이 있다. 반대로 대학이 마음먹기에 따라서 얼마든지 악용할 수도 있다. 따라서 이 제도가 교육적으로 바람직하고 공정하게 운영되려면, 제도의 존폐에 대한 논쟁보다 제도의 공정하고 효과적인 운영을 위해 무엇이 요구되는지에 대한 고민이 필요하다.

지역 균형 선발 제도

지역 균형 선발은 서울대가 시행하는 독특한 전형 방법이다. 원래 이 제도는 서울대가 정부의 요청을 받아들여 시작했다. 하지만 나중에는 제도의 취지에 공감한 서울대가 사회적 책무성을 발휘하는 차원에서 주도적으로 또 지속적으로 발전시켜 왔다. 이 제도는 대입제도의 공공성 확보가 정부뿐만 아니라 대학 차원에서도 얼마든지 주도적으로 추구할 수 있다는 사실을 보여주는 대표적인 사례다.

이 제도의 뿌리는 1998학년도부터 2001학년도 서울대 입시에서 있었던 '학교장 추천제'다. 당시 교육부는 대학의 연구력 증진과 대학원 교육 강화를 위해 'BK21(Brain Korea 21) 사업'을 시작했는데, 글로벌 연구중심대학으로 도약하기 위해 재정 투자가 필요했던 서울대는 정부의 노력에 화답하고 사회적 책무성을 구현한다는 취지에서 '학교장 추천제'를 도입했다. 전체 입학 정원의 10% 이내, 모집 단위별로 20% 이내에서 전국 고교에서 학교장이 각각 2명까지 추천하고, 추천된 학생들끼리 다단계 전형을 거쳐 선발하는 방식이었다. 여기에 수능 시험 성적이 상위 10% 이내에 들어야 하는 조건을 붙였다.

이후 대학의 학생 선발 자율성을 대폭 확대한 2002학년도 대입제도가 발표되자, 서울대는 '학교장 추천제'를 없애고 학교생활기록부의 내신성적과 비교과 활동을 평가해서 합격자를 선발하는 수시모집 제도를 도입했다. 선발 인원도 정원의 30% 수준까지 확대했다. 더 놀라웠던 것은 2002년 취임한 정운찬 총장이 임기가 끝나는 2007년 전에 '지역 할당제'를 도입하겠다고 발표한 것이다. 서울대의 혁신적인 입시 제도에 사회적 관심이 쏠렸고, 대학 내에서도 격렬한 토론이 벌어졌다. 최종적으로 2005학년도 대입 전형부터 지역적, 경제적 교육 환경의 불균형 완화와 잠재적 능력을 갖춘 인재들에게 공정한 교육 기회를 제공한다는 취지를 내걸고, '지역 균형 선발' 제도를 도입하는 것으로 결론을 냈다.

이러한 서울대의 입학 전형에 대해 일부 전문가와 언론은 서울 강남권 학생이나 특목고, 자사고 학생들에 대한 역차별이라고 반대 의사를 표명하기도 했다. 성적이 낮은 학생들에게 부당한 특혜를 주는 불공정한 제도라는 지적도 나왔다. 일부 학생은 이 제도를 통해 입학한 학생을 '지균충'이라 부르고, 이는 사회적 논란으로 이어졌다. 그러나 서울대는 이에 휘둘리지 않았다. 지역 균형 선발로 입학한 학생 집단이 정시 모집으로 입학한 학생 집단과 비교해서 높은 학업 성취를 보인다는 연구 결과를 제시하고, 제도를 계속 유지·발전시켜 오고 있다.

결과적으로 '지역 균형 선발'은 전국적으로 서울대 입학생을 한 명 이상 배출하는 고교 수를 늘리는 데 크게 이바지했다. 제도를 도입하기 전인 1994학년도에는 서울대 합격생을 배출한 학교가 549개 정도였지만, 학교장 추천제가 시행된 2000학년도 즈음에는 700개 내외로 늘어났고 지역 균형 선발이 시행된 2005학년도 이후에는 800−1,000개까지 늘어났다. 최근 통계에 따르면, 전국에서 900개 내외의 학교가 서울대 합격생을 배출하고 있다.

서울대의 지역 균형 선발 제도는 대학이 원하는 학생을 선발하면서도 학교 교육 정상화나 교육의 기회균등 같은 공적 가치를 동시 추구할 수 있다는 사실을 보여주었다. 이는 학생 선발에 대한 대학의 자율성이 공공의 이익과 조화를 이룰 수 있다는 것을 증명한 셈이다.

일반 전형과 특별 전형

대입 전형은 선발하려는 학생의 유형에 따라서도 두 가지로 나뉜다. 먼저 '일반 전형'은 말 그대로 보통 학생을 대상으로 일반적인 교육적 성취 기준에 따라 선발하는 것이다. 대입 전형의 대부분이 일반 전형이다. 대학은 전형 기준 및 방법을 미리 정해서 공고하고, 학생들은 공개적인 방식으로 공정한 경쟁을 벌인다.

여기에 더해 2002학년도 대학 입시부터 '특별 전형'이 추가되었다. 이는 대학이 제시하는 '특별한' 배경, 소질, 경력 등 일반 학생과 다른 기준을 적용해서 선발할 가치가 있는 집단을 대상으로 '특별히' 선발하는 제도이다. 체육 특기자, 재외국민, 직장 재직자, 농어촌 학생, 사회적 배려 대상 학생을 대상으로 하는 전형이 그 예이다. 특별 전형이라고 해서 기준이 없는 것은 아니다. 교육적 가치와 사회 통념에 부합하는 합리적인 전형 기준과 방법을 적용해서, 이 역시 공개적이고 공정한 경쟁을 거쳐 선발해야 한다.

여기서 '특별 전형'은 특별이라는 말과 같이 아주 예외적으로만 허용되는 것이 바람직하다. 현재는 각종 법령과 한국대학교육협의회가 정한 기준에 따라 정원 내 또는 정원 외로 시행되고 있다. 특히 '정원 외'로 학생을 뽑을 수 있는 전형은 모집 대상과 허용 범위에 대해 구체적인 법적 근거가 있어야 한다. 특별 전형의 근거를 법령으로 정한다는 것은 이 제도를 함부로 남용해서는 안 된다는 의미이다. 우리나라처럼 대입 경쟁이 치열하고 대학 진학이 학생의 미래 삶을 좌우하는 상황에서 정원 외로 학생을 뽑을 수 있게 하는 것은 교육적 또는 사회적으로 특별한 이유가 있는 경우에만 허용하자는 것이다. 아래 표는 특별 전형으로 뽑을 수 있는 대상의 예시이다.

〈표 14〉 정원 외 특별전형의 모집인원 상한

법령	대 상 자		총학생수 기준			
			연도별 입학정원 대비		모집단위별 입학정원 대비	
고등교육법 시행령	산업체 위탁학생, 기타 위탁학생		교육부장관이 결정		교육부장관이 결정	
	재외국민 및 외국인 (제6·7호 대상자 제외)		2%		10%	(의·치·한의대 5%, 교대·원격대 20%)
	각종 장애 또는 지체로 인하여 특별한 교육적 요구가 있는 자		제한 없음		제한 없음	
	북한이탈주민, 부모가 모두 외국인인 외국인		제한 없음		제한 없음	
	외국에서 우리나라 초·중등교육에 상응 교육과정을 전부 이수한 재외국민, 외국인, 결혼이주민		제한 없음		제한 없음	
	기회균형선발	농·어촌지역 학생 및 도서·벽지의 학생	11%	4%	10%	(의·치·한의대 5%, 교대·원격대 20%)
		특성화고교 졸업자		5.5% / 1.5%	10%	(의·치·한의대 5%, 교대·원격대 20%)
		기초생활수급권자 및 차상위계층		–	20%	(의·치·한의대 5%, 교대·원격대 20%)
		특성화고 등을 졸업한 재직자	–	–		(의·치·한의대 5%, 교대·원격대 20%)
특별법	단원고 재학생('16학년도 시행) (4·16세월호참사 피해구제 및 지원 등을 위한 특별법)		1%			
	서해 5도 거주자 (서해 5도 지원 특별법)		1%			
	계약학과(산업교육진흥 및 산학연협력촉진에 관한 법률)		채용조건형 20% 재교육형 20% (최대50%)			

178 대입제도, 신분 제도인가? 교육 제도인가?

구 분	대학입학전형 기본사항에 의한 특별 전형	대학이 정한 기준에 의한 특별 전형(예시)
정원 내	• 국가보훈대상자 • 만학도 • 지역 인재 • 농어촌 학생 • 특성화고교 졸업자 • 기초생활수급자, 차상위계층, 한부모가족 지원대상자 • 특성화고 등을 졸업한 재직자 • 장애인 등 대상자 • 서해5도 학생	⋮ • 검정고시 출신자 • 대안학교 출신자 • 다문화가정 자녀 • 제3국 출생 북한이탈주민 자녀 • 종교 관련 ⋮ • 특기자(예체능, 어학 등) • 산업대학 우선선발 ⋮
정원 외	• 농어촌 학생 • 특성화고교 졸업자 • 기초생활수급자, 차상위계층, 한부모가족 지원대상자 • 특성화고 등을 졸업한 재직자 • 장애인 등 대상자 • 서해5도 학생 • 재외국민과 외국인 • 북한이탈주민 특별전형	

대학은 특별 전형 제도를 잘 활용함으로써 대학 입시에서 자율성을 발휘하면서 사회 통합에도 이바지할 수 있다. '농어촌 학생 특별 전형'이 대표적인 사례이다. 이는 지역 간 균등한 교육 기회를 보장하기 위해 1996학년도부터 정원의 2% 범위에서 선발할 수 있게 하고 있다. 2006학년도부터는 4%로 확대되었고, 2020학년도에는 9,078명의 학생이 이 제도를 통해서 선발되었다.

'기초생활수급권자 및 차상위 계층 특별 전형'은 사회적으로 가난의 대물림을 줄이고 계층 간 교육의 기회균등을 위해 2009학년도부터 도입되었다. 2020학년도에는 4,296명이 이 전형으로 합격했다.

'특성화고 졸업자 특별 전형'은 직업계 고등학교를 육성하기 위해 2004학년도부터 정원의 3% 범위에서 선발하기 시작했다. 이후 선발 대상의 범위가 확대와 축소를 반복한 끝에 2015학년도부터는 1.5% 이하로 선발 규모가 줄어들었다. 2020학년도에는 이 전형으로 2,815명의 학생이 대학에 입학했다.

'재직자 특별 전형'은 특성화고 졸업자의 선취업 후진학을 유도하기 위한 목적으로 졸업 후 3년 이상 재직한 사람을 대상으로 2010학년도부터 시행되었다. 처음에는 정원의 2% 이내로 선발하다가 2014학년도부터는 4%까지 확대되었다. 2020학년도에는 이 전형으로 4,151명이 대학에 입학했다. 향후 평생학습시대가 진행됨에 따라 이 제도는 더욱 주목을 받을 것으로 예상된다.

'장애인 등 특별 전형'은 특수교육 대상자의 고등교육 기회 확대를 위해 도입되었다. 1995학년도부터 인원 제한 없이 선발할 수 있다. 2020학년도에는 이 전형으로 898명이 대학에 합격했다.

'재외국민 특별 전형'은 부모의 해외 근무로 인해 불가피하게 해외 교육기관에서 수학한 학생이 국내 대학으로 진학하려고 할 때 겪는 불리함을 보전하거나, 교포 자녀들의 모국 대학 진학을 장려하기 위해 도입되었다. 각 대학은 1977학년도부터 정원의 2% 범위에서 학생을 선발하고 있다. 관련해서, '외국인 특별 전형'은 외국인 학생의 국내 유학을 촉진하기 위해 1977년부터 도입되었다. 국내 학생과 경쟁 대상이 아니므로 정원 제한 없이 선발할 수 있고, 2020학년도에는 1,847명의 외국인 학생이 이를 통해 대학에 합격했다.

'북한 이탈 주민 특별 전형'은 북한에서 귀순한 동포 자녀들이 쉽게 정착할 수 있도록 돕기 위한 제도이다. 1997학년도부터 정원에 제한 없이 뽑을 수 있게 했다. 2020학년도에는 이 전형으로 159명이 입학했다.

이처럼 정원 외 특별 전형은 특별한 사정이나 이유가 있는 때에만 뽑을 수 있는 전형이다. 일반적인 전형에 대한 '특례'인 만큼, 근거와 선발 인원을 엄격히 규정하고 있다. 또한 특별 전형이지만 특별한 배경만을 보고 선발하는 것은 아니다. 대학들은 대학 수학 능력 등을 고려한 나름의 선발 기준을 가지고 있어야 하며, 그 기준에 따라 응시자들은 공개적으로 경쟁하는 과정을 거친다.

대부분의 특별 전형은 결과적 공정성을 높이는 데 기여한다. 정부는 정원 외 특별전형 제도를 통해 상대적으로 어려운 여건에서 공부한 기초생활수급자와 차상위 계층 학생, 장애인 학생, 농·어촌 학생, 북한이탈주민 자녀 등에게 대학 교육을 받을 수 있는 기회를 넓혀주고 있다. 개별 대학도 입학 요강으로 정해서 검정고시 출신 학생, 대안학교 출신 학생, 다문화 가정 자녀 등을 대상으로 정원 내로 특별 전형을 통해 학생을 선발할 수 있다. 일반 전형의 경우에도 교육 기회의 균등한 배분을 추구하는 전형 요소와 기준을 운용할 수 있다. 하지만 이 경우 학생 간 유·불리 문제로 논란이 생길 수 있다. 반면 특별 전형은 제도적으로 큰 논란 없이 대학이 자율적으로 교육 기회의 균등한 배분을 추구할 수 있다는 장점이 있다.

정원 외 특례 입학제도의 추억

정원 외 특별 전형제도의 뿌리라 할 수 있는 특례 입학 제도는 박정희 대통령의 지시에 따라 1977년에 만들어졌다. 대상은 재외교포 자녀, 외교관 등 해외 근무 공무원 자녀, 정부 초청 과학자 자녀, 정부 투자기관 또는 외국환은행 해외지사 근무자 자녀, 외국 정부 또는 국제기구 근무자 자녀, 외국인 학생 등이다. 1978년에는 무역회사 해외 지사 근무자 자녀와 해외 파견 의사 및 언론 기관 특파원 자녀가 추가되었다.

당시 재외교포 중에는 자녀가 한국인으로서 정체성을 갖기를 희망하는 사람들이 많았다. 한국 대학으로 진학해서 공부하는 것을 좋은 대안으로 여기는 사람들이 많았을 것이다. 외교관이나 국제기구 또는 해외 지사에 근무하는 사람들도 자녀 교육과 관련해서 고민이 많았다. 미국이나 유럽처럼 교육 여건이 좋은 나라에서 근무하는 사람도 그랬을 텐데, 아프리카, 중동 지역, 동남아시아, 남아메리카 등 비교적 후진국에서 근무하는 사람들의 고충은 매우 심각했다. 탁월한 재외 과학자를 국내로 초청하고 싶었지만, 자녀 교육 문제로 망설이는 경우가 많았다. 이들의 자녀나 외국인 학생이 우리나라의 살벌한 대입 경쟁을 뚫고 대학에 입학하는 것은 하늘에서 별을 따기나 다름이 없었다. 수출입국(輸出立國)의 전선으로 보내진 상사 주재원의 고충도 마찬가지였다. 새로운 수출시장을 개척하기 위해서는 세계 각국으로 직원을 파견해야 했는데 자녀 교육때문에 망설이는 사례가 속출했다. 위와 같은 여러 사정을 생각해서 정부는 관계 법령의 개정을 통해 '재외국민 등 자녀의 대학 특례 입학'을 위한 제도적 근거를 만들었다.

이 제도가 도입되면서 자녀의 진학 문제로 애를 태웠던 해외동포와 외교관 및 해외 주재원 학부모들은 큰 짐을 내려놓게 되었다. 하지만 문제는 곧 발생했다. 특례 입학을 통해 대학에 가고자 하는 학생들이 서울대 등 이른바 명문대 진학을 위해 이 제도를 이용하기 시작한 것이다. 일부 학생이 국내 학생도 입학이 어려운 대학을 특례 입학 제도를 통해 들어갔다는 소문이 번져 나갔다. 원래 이 제도는 해외에 거주하거나 근무하는 분들이 국가적 소임에 전념할 수 있도록 돕기 위한 취지로 만들어졌다. 하지만 본말이 뒤집혀 특례를 이용하기 위해 특례 입학의 조건에 해당하는 곳으로 근무를 지원하는 사례가 나타나기 시작한 것이다. 극단적인 사례도 있었다. 어느 수출업체가 필요하지도 않은 해외 지사를 만들고, 업체의 실질적인 소유자를 그 지사에 파견하는 방식을 취해 자녀가 특례 입학 자격을 얻었다는 소문이 있었다.

상황이 여기에 이르자 특례 입학 제도에 대한 비판적 여론이 생겨났다. 하지만 교육부는 제도가 가진 기본적인 취지를 송두리째 부인할 수는 없었다. 따라서 특례 입학 제도를 엄격하게 시행하는 방향으로 대안을 모색했다. 무엇보다 특례 입학 자격을 아주 꼼꼼하게 심사했다. 항상 제도를 만들면 선의의 피해자가 나오게 마련이다. 엄격하게 특례 조건을 만들고 적용할수록, 당사자 처지에서는 억울한 사례도 생겨났다. 예를 들면 법령에서는 '외국에서 2년 이상 근무하고 귀국한 자의 자녀'로 자격을 제한했다. 그런데 발령상 불가피한 사정으로 2년에서 불과 며칠 앞두고 일찍 귀국한 사람의 자녀는 자격을 인정받지 못했다. 이런 이유 등으로 대입 업무를 담당하는 교육부 대학학무과에는 특례 입학과 관련한 민원이 끊일 날이 없었다. 지금은 그 심사를 대학이 하지만 당시에는 대학학무과에서 특례 입학 자격을 확인받아야만 대학에 원서를 낼 수 있었다.

서남수 대학학무과장이 이 업무를 담당했던 1993년은 고교 졸업생 수보다 대학의 입학 정원이 매우 적었던 시기였다. 따라서 대학 입학 경쟁은 매우 치열했다. 대학수학능력시험이 처음 도입되고 복수지원제 등 새 대입제도가 이

해부터 시행되었기 때문에 업무가 폭주했다. 그런 중에도 특례 입학에 관한 민원은 엄청났다. 서 과장은 행정사무관과 주무관을 따로 지정해서 이 업무를 전담토록 했지만, 어떤 경우는 실무자들이 판단하기 어려운 사안도 있었다. 이때는 과장이 직접 민원을 처리하지 않을 수 없었다.

사무실은 언제나 북새통이었다. 끊임없이 울리는 전화벨 소리, 민원인의 항의와 설득하려고 애쓰는 소리로 하루종일 조용할 때가 없었다. 서 과장도 수많은 결재와 보고를 위해 자리에 앉아 있는 시간이 많지 않았다. 회의도 아주 많았다. 찾아온 출입 기자에게도 제도와 정책을 설명하고 국회, 대통령비서실, 국무총리실에도 보고해야 하는 일이 많았다.

어느 날 서남수 과장이 결재를 받고 사무실로 잠시 돌아왔다가 다시 다른 회의에 참석하려고 일어서는데 실무자가 민원인을 데리고 왔다. 대학 특례 입학 문제로 한사코 과장을 직접 만나서 이야기하고 싶다는 것이었다. 회의가 급하다며 실무자에게 상세하게 말씀해주시면 나중에 보고받고 성의 있게 검토하겠다고 말씀드렸지만, 그분은 회의에 다녀온 뒤라도 만나고 싶다고 요구를 굽히지 않았다. 회의가 오래 걸릴 것이라고 해도 막무가내였다. 서 과장이 오랜 회의를 마치고 사무실로 돌아왔을 때, 그 민원인은 여전히 사무실 입구에 선 채로 기다리고 있었다. 다른 업무로 자리를 떠야 할 사정이 있었지만, 그 민원인의 정성을 봐서라도 이야기를 듣지 않을 수 없었다.

그분은 남아프리카공화국에서 수출업을 하는 어느 종합상사의 지사장이었는데, 듣고 보니 사정이 참 딱했다. 그는 10년 이상 지사장을 하면서 아프리카 전 지역에서 새로운 시장을 개척해 왔다고 말문을 열었다. 그런데 아들이 대학 특례 입학 자격을 얻으려면 지사장을 그만두고 귀국을 해야 하는데, 어렵사리 개척한 판로를 잃을까 봐 걱정된다고 했다. 그러니 아버지는 지사장으로 남아 있으면서 아들이 특례 자격을 인정받을 방법을 찾아달라고 간곡히 요청했다.

하지만 방법이 없었다. 수출 시장 확대를 지원하고자 하는 입법 취지를 생각하면 자녀의 특례 자격을 인정하는 것이 확실히 옳았다. 그러나 근거 법령에 따르면, 특례 요건은 '외국에서 2년 이상 근무하고 귀국한 자의 자녀'에 한정하고 있었다. 법령에 따라 행정을 해야 하는 교육부로서는 이를 어길 수 없는 것이다. 그렇다고 법령을 개정한다는 것도 당시로서는 상상하기 어려운 일이었다. 특례 입학 자격 범위를 축소해야 한다는 여론이 더 강한 상황이었다.

"안타깝지만, 제가 도와드릴 방법이 없네요."라고 말하며 돌아서는데, 그 지사장의 차가운 눈빛이 가슴에 비수처럼 날아와 꽂혔다. 아프리카 전 지역의 수출과 한 가정의 행복을 좌우할 중요한 문제를 단순하게 관료적으로만 처리하는 공무원이 참으로 한심하다는 시선이었다. 그 장면은 서 과장이 공직 생활을 하면서 마음에서 지우지 못한 가장 안타까운 순간 중 하나가 되었다. 하지만 당시로는 어쩔 도리가 없었다.

특례 입학 제도가 쓴 추억만 남긴 것은 아니다. 장애인 등 특수교육 대상자를 위해 특례 입학 제도를 만들었던 것은 다시 생각해도 참 보람 있는 일이었다. 1990년대 중반까지만 해도 장애인들은 집 밖에 나가는 것을 꺼릴 정도로 주변 여건과 준비가 부족했다. 사회적으로도 차별도 심했다. 지금으로서는 상상하기 어렵지만 어떤 집에서는 장애인 자녀가 있다는 사실을 알리기 싫어서 집 안에서만 키우는 일도 있었다.

1980년대 미국 대학에서 연수하는 동안 미국 사회가 장애인에 대해 보이는 특별한 관심과 배려를 경험한 서 과장은 우리나라도 언젠가는 그런 사회가 되어야 한다고 꿈을 꿨다. 특례 입학 제도가 외교관이나 주재원처럼 국가적으로 중요한 일을 하는 사람의 자녀에게 필요하다는 것은 분명하지만 일반 학생과 같은 조건에서 경쟁하기 어려운 장애 학생에게도 이런 제도가 있어야 한다는 생각이 들었다. 대학학무과 내부 회의에서 논의하니 모두 적극 찬성했다. 특수교육 대상자 특례 입학은 악용할 가능성도 크지 않으니 정원에 제한 없이 입학을 허가할 수 있도록 하는 게 좋다는 의견도 나왔다.

대학학무과가 만든 '장애인 등 특수교육 대상자 대학 특례 입학 제도 도입 방안'에 대해 결재 라인에 있던 이수종 대학교육국장, 이태수 대학정책실장, 이천수 차관, 김숙희 장관 모두 좋은 아이디어라며 칭찬하면서 흔쾌히 결재했다. 이런 내용을 담은 교육법시행령 개정안은 1994년 10월 국무회의 의결을 거쳐 공포되었고, 1995학년도 대입 전형부터 제도가 시행되었다.

반대도 없지는 않았다. 뜻밖에 일부 장애 학생들이 반대 의견을 내놓은 것이다. 일반 학생들과 당당하게 경쟁해서 대학에 들어가고 싶은데 이런 특별한 취급을 받는 것이 오히려 차별이 될 수 있다는 것이었다. 이들의 주장이 대견하기는 하지만 대다수 장애 학생이 대입 경쟁에서 너무 불리한 것은 사실이고 또 이들의 대학 교육 기회를 넓혀줄 필요는 확실하게 있었다. 제도가 도입되자 종교계 대학을 중심으로 여러 대학이 적극 호응했다. 이후 이 제도를 적용하는 대학은 계속 늘어나서 최근에는 매년 900여 명 내외의 장애 학생들이 이 제도를 통해 대학에 들어가고 있다.

이것이 공무원이라는 직업의 매력이다. 최근에는 연금이나 직장의 안정성을 이유로 공직을 선택하는 젊은이들이 많다고 한다. 하지만, 공직의 가장 큰 장점은 좋은 생각과 의지가 있으면 정책을 통해 더 나은 세상을 만드는 데 기여할 수 있는 기회가 많다는 것이다.

공익 주체로서 대학과 대학 자율성

유교적 전통이 강한 동양 문화권에서는 사익보다 공익을 우선시하는 경향이 있다. 선공후사(先公後私), 멸사봉공(滅私奉公) 같은 말에서 알 수 있듯이 공(公)은 좋은 것이고, 사(私)는 무엇인가 부정적인 요소를 일부라도 갖는 것처럼 여긴다. 국가는 공익을 추구하고 민간은 사익을 추구한다는 전제 아래 공익을 위한다는 명분으로 국가의 결정이 모든 것에 우선하는 경향이 강하다.

반면 자유주의적 전통이 강한 서구 사회에서 공익은 사익의 총합일 뿐이다. 최대 다수의 최대 행복이 곧 공익이고, 사익의 추구가 반드시 공익과 충돌할 이유도 없다. 자유주의는 오히려 공익 추구를 구실로 국가가 권력을 남용할 가능성을 경계한다.

우리 헌법이 대학의 자율성 보장을 명시한 것은 이러한 자유주의적 관점을 반영한 것으로 해석할 수 있다. 공익을 추구할 수 있는 주체를 국가로만 한정하지 않은 것이다. 나아가 대학의 자율성을 헌법적 가치로 보장함으로써 대학을 공익 추구의 중요한 주체로 존중한다는 의미로 확대해서 해석할 수도 있다. 따라서 헌법이 보장하는 대학의 자율성을 대학이 사적 이익을 마음껏 추구해도 좋다는 의미로 해석해서는 안 될 것이다. 오히려 대입 전형을 포함한 대학의 모든 활동이 공익적 차원에서 정당화될 수 있어야 한다는 사회적 책무성을 강조한 것으로 보는 것이 합리적이다.

대학이 자율이라는 가치를 앞세우며 행하는 활동들이 배치표상 높은 평판을 유지하고 성적 우수 학생을 선점하는 등 대학의 사적 이익과 관련된 활동에 그치게 되면, 국민은 대학의 자율성을 점점 더 외면하게 될 수도 있다. 그렇지 않고 대학이 주도적으로, 때로는 정부와 경쟁이나 협력을 하면서, 공익적 가치를 추구하게 되면 정부와 대학 사이의 갈등은 줄고 대학이 추구하는 목표를 더 효과적으로 달성할 수 있을 것이다. 국민이 대학에 기대하는 공익적 활동은 학교의 입시 위주 교육 탈피와 정상화, 지역 간, 계층 간 교육 기회균등, 과중한 사교육비 부담 해소, 지역의 균형 발전과 사회통합에 이바지하는 활동 등이다. 이러한 과제는 정부만 독점적으로 수행할 수 있는 것이 아니다. 오히려 대학이 나서면 더 효과적으로 달성할 수 있는 일이다. 서울대가 확고한 교육 철학과 의지로 발전시켜 온 '지역 균형 선발 제도'가 좋은 사례다.

성숙한 민주 사회에서는 국가, 시장(市場), 시민 사회가 건강하게 경쟁하고 균형을 이루며 발전한다. 요즘은 기업도 사회적 가치(social values)를 바탕으로 하는 '가치 경영'을 중시하고, '사회적 책임(corporate social responsibility)'을 넘어 '환경(environment)', '사회(social)', 그리고 건전한 '지배구조(governance)'를 중시하는 'ESG 경영시대'로 나아가고 있다. 우리 사회의 민주화와 함께 성장해 온 시민 사회가 국민의 자유와 행복을 지키고 공동체의 번영을 도모하기 위해 정부와 시장의 독주와 횡포를 견제하는 것처럼, 민주화의 주역이었던 대학도 나설 때가 되었다.

대학은 사회 정의와 인류 역사의 발전을 주도해야 할 주체다. 지성인 집단으로서 사회적 약자를 보듬고 정의를 추구해야 한다. 우리나라에서 대입제도는 교육은 물론 사회 전반에 미치는 영향이 크다. 이때 정부가 정하는 대입제도만큼 주요 대학이 결정하는 입학 요강은 실질적으로 큰 힘을 발휘한다. 대학이 입학 요강을 결정하면서 공교육 정상화, 사교육 억제, 교육격차 해소와 기회균등 같은 공익적 가치를 염두에 두고 실천에 옮긴다면 국민도 자율성을 염원하는 대학의 편에 서서 대학을 응원하고 지지할 것이다.

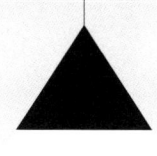

제
6
장

대입제도를
근본적으로 개혁하자고?

정책 불신의 대명사가 된 대입제도

앞의 여러 장에서 현행 대입제도의 골간을 이루는 학교생활기록부와 대학수학능력시험 그리고 대학별 고사에 관해 상세하게 논의했다. 이를 통해서 현행 대입제도를 도입하게 된 역사적 배경과 이유 그리고 제도 개편을 둘러싼 논리와 현실적 요구 등을 살펴보았다. 그러나 이런 방식의 대입제도 개선을 통해 학교 교육을 정상화하고 국민과 교육계의 불만을 해소하려던 그간의 정부 노력은 큰 성공을 거두지 못한 것으로 평가받고 있다. 많은 국민은 대입제도가 점점 개선되어왔다고 생각하기보다는 '조령모개' 식 잦은 정책 변동으로 학생과 수험생에게 고통만 주었을 뿐이라고 생각한다. 심지어 '제발 바꾸지만 말라'는 여론이 조성될 정도로 극도의 불신 상태에 이르러 있다. 이런 상황에서 문제를 근원적으로 해결하기 위해서는 더 혁신적인 방안이 필요하다는 주장들이 자주 등장한다. 특히 대통령 선거와 같은 정치의 계절이 오거나 새 정부가 등장하면 문제를 근원적으로 해결해야 한다는 다양한 주장이 제기되곤 한다. 다만 그 이유와 근거는 다양하고 서로 충돌하기도 한다. 다음 다섯 부류의 주장이 대표적이다.

첫째는 초·중등 교육을 대학 입시와 단절시켜야 한다는 주장이다. 대학 입시와 연결된 상태에서는 고교 교육이 비교육적인 비교와 경쟁에서 벗어날 수 없기 때문에 대학수학능력시험이나 학교생활기록부 성적 등 대입 전형에 관련된 부분들과 최대한 단절해야만 미래를 향한 초·중등 교육의 새로운 길이 열린다는 주장이다. 가히 '학교 교육 자주독립론'이라고 명명할 수 있다.

둘째는 대입 경쟁은 대학 서열화 때문에 생긴 것이므로 대학 서열 구조 자체를 깨뜨려야만 대입 경쟁이 완화된다는 주장이다. 이 관점에서는 프랑스 등 여러 유럽 국가처럼 대학 평준화 제도를 도입하거나 국립대학 네트워크 등의 방법을 통해 대학 간 서열화를 없애야만 대입 경쟁으로 인한 비교육적 문제들을 해결할 수 있다고 한다. '대학 서열화 폐지론'이라고 부를 수 있다.

셋째는 대입 경쟁은 경제·사회적 지위 상승을 위한 지위 경쟁에서 비롯한 것이므로 대입 경쟁의 궁극적 해소나 완화를 위해서는 교육 내부의 개선만으로는 해결이 어렵고, 시장과 경쟁 원리를 기본으로 삼는 자본주의 체제 자체를 변혁함으로써 해결할 수 있다고 주장한다. 자본주의 국가에서는 어떤 대입제도를 도입해도 결국 지배 계급 구조의 재생산을 가져올 뿐이라는 것이다. 이 주장은 마르크스주의 또는 네오마르크스주의를 기반으로 하고 있다.

넷째는 자본주의 체제의 변혁까지 주장하지는 않지만, 기본적으로 대입 경쟁은 경제·사회적 지위 경쟁에서 출발하고 있다는 전제 아래 교육 경쟁이 지위 경쟁의 핵심으로 작동하는 능력주의(Meritocracy) 신화에서 벗어나야 한다는 주장이다. 최근 『정의란 무엇인가』, 『공정하다는 착각』을 저술한 마이클 샌델(M. Sandel)은 경제·사회적 지위 경쟁의 무기가 된 대학 간판과 '인재 선별기'가 되어버린 대학을 비판하면서 대입 전형에서 추첨제 등을 활용해 능력주의의 부정적 요소를 걷어내야 한다고 주장한다.

다섯째는 경쟁과 시장 원리를 더 적극적으로 적용하자는 것이다. 경쟁이라는 것은 원래 자연스러운 것인데 이를 억지로 막거나 없애려는 정부의 노력은 성공할 수 없다고 전제하면서 대입 전형은 대학의 자율에 맡기는 것이 유일한 해결책이라고 주장한다. 대입 경쟁으로 인한 학생과 학부모의 부담을 줄이기 위해 정부가 온갖 정책을 동원했지만, 결국 '정부 실패'로 귀결되었기 때문에 이제는 차라리 철저한 '시장 원리'를 통해 문제를 해결해야 한다는 것이다.

구체적인 대입제도 개선 방안을 강구하는 단계에서 이러한 '거시 담론'을 구체적으로 진지하게 논의하기는 쉽지 않다. 그것은 이런 담론들은 흔히 교육 차원을 넘어서서 국가와 사회와 교육 간의 거시적 관계에 대한 철학적 논의와 연결되기 때문에 토론을 통해 합의된 결론을 도출하기가 거의 불가능하다.

그럼에도 불구하고 이러한 거시 담론에 대한 최소한의 논의는 필요하고 또 중요하다. 왜냐하면 대다수가 합의할 수 있는 해결책을 찾기 어려운 상황이 되면, 때로는 '과격한 담론'이 여론의 호응을 받기 쉽기 때문이다. 특히 대입제도와 관련한 논의 과정에서는 많은 경우에 거시 담론과 세부적인 개선 방안이 뒤섞인다. 이때 이러한 담론에 대한 이해와 검토가 이루어지지 않으면, 설상 어떤 결론에 이르더라도 누군가가 또다시 '근원적인 질문'을 제기함으로써 논의의 방향을 흐트러뜨리는 상황을 맞을 수 있다.

• • •

대입제도 개혁에 대한 거대 담론의 한계와 교훈

가. 학교 교육 자주독립론 : 학교 교육을 대학 입시에서 독립시켜라

학교에서 교육다운 교육이 이루어지려면, 그것이 수능이든 내신이든 대학 진학에 매달리는 교육에서 벗어나는 것이 중요하다는 관점이다. 이는 주로 진보적 성향을 지닌 교육계에서 주로 주장한다.

2021년 2월 교육부는 '고교학점제 종합 추진계획'을, 이어서 11월에는 '2022 개정 교육과정 총론 주요사항'을 발표했다. 고교학점제를 2025학년도부터 전면 도입하고 절대평가 방식의 학업성취도 평가도 함께 도입한다는 내용이 포함되어 있다. 내신에서 절대평가를 도입한다는 것은 중요한 의미를 지닌다. '한 줄 세우기' 평가에서 벗어나 학생의 학습 경험과 성취를 중시하는 평가를 하고, 이를 통해 교육을 바로 세우겠다는 의지가 담겨 있다. 이런 부류의 생각은 당시 이재정 경기도 교육감이 고교학점제를 환영하면서 밝힌 생각을 보면 알 수 있다. 그는 2025년부터 고교학점제를 시행해서 입시에서 벗어난 교육을 하게 되면, "교육 또는 학교라면 당연히 떠올리는 학급, 과목, 교과서, 시험, 성적, 교실이라는 것에서 벗어나 모든 틀을 새롭게 만드는 변혁"이 가능하다고 말하며, 정부의 계획을 지지했다. 입시로부터의 해방이야말로 참된 교육의 선결 조건으로 본 것이다. 참 매력적으로 들린다.

그러나 의문도 든다. 고교 교육을 입시에서 떼어내면, 모든 문제가 해결

될까? 떼어내는 것이 가능할까? 내신성적이라는 것을 산출하기 때문에 학생들이 교육 고통에 사로잡히고, 공교육이 입시 위주로 흐르는 것일까? 과연 현실 세계는 교육만을 위해 존재하고 작동할까? 모든 틀을 새롭게 만드는 변혁 뒤에는 학생들이 입시로부터 해방되어 있을까? 교육에서 경쟁이 사라지면 어디서 새로운 경쟁이 벌어질까? 그 경쟁은 더 정의롭고 공정할까?

교육이 입시에 얽매일수록 참다운 교육이 어렵다는 주장은 설득력이 있다. 하지만 이러한 주장은 어찌 보면 낭만적이고 단편적이기까지 하다. 복잡하게 얽혀 있는 대입과 교육 문제의 원인을 지나치게 단순화해서 바라보는 면이 있다. 학생들이 명문대 입학을 위해 벌이는 경쟁은 '대학 입학' 그 자체보다 일종의 '사회적 지위 경쟁'의 일부라는 보다 큰 틀에서 이해할 필요가 있다. 명문대 입학을 위해 노력하는 것은 현실 세계에서 사회경제적 지위를 유지하거나 신분 계층의 사다리를 한 칸이라도 더 높이 올라가기 위해 개인이 선택하는 최선의 전략이다. 대학에 갔느냐 또는 어느 대학을 졸업했느냐가 일자리, 결혼, 문화의 향유, 미래 삶과 행복에 미치는 영향이 큰 것은 엄연한 현실이다. 정도의 차이는 있을지 모르지만, 이것은 전 세계 공통적인 현상이다. 이런 상황에서 학교 공부를 대학 입시에서 독립시킨다고 하더라도, 만약 다른 무엇이 대입에 영향을 미친다면 학생들의 시선은 그곳으로 쏠릴 수밖에 없다. 만약 사교육이 그것을 도와줄 수 있다면, 학생들은 학교 밖으로 나가게 되고 학교는 더 무너질 수도 있다.

그렇지만 대입제도 정책에 참여하는 사람들은 학교 교육 자주독립론이 제기하는 문제점과 교훈에도 귀를 기울여야 한다. 대입제도가 학교 교육의 근본적인 목적을 흔들 정도로 심각한 영향을 주고 있다는 사실을 늘 명심해야 한다. 특히 대입을 위해 서열을 매기는 내신 제도와 수능 시험에 대비하는 수업이 교육의 본질 추구를 위협하고 있는 우리 교육 현실을 고통스럽게 바라보며, 대입 전형 자료로 활용할 수 있으면서도 그 부작용을 최소화할 방안을 찾는 노력을 게을리 하지 않아야 한다. 대입제도를 설계하는 일은 학생을 공정하게 선발하는 기준을 세우는 일일 뿐만 아니라 학생 개개인의 성장에 절대적인 영향을 미치는 윤리적, 교육적 과제라는 인식이 필요하다.

나. 대학 서열화 폐지론 : 고착된 대학 서열화가 문제다

이 관점은 대입을 위한 소모적 경쟁과 비교육적 현상의 원인을 고착화한 대학 서열에서 찾는다. 어느 대학을 졸업했느냐가 직업 선택이나 계층 이동에 미치는 영향이 너무 커서 이를 해결하지 않으면 고질적인 대입 경쟁을 해소할 수 없다는 것이다. 명문대 입학이 출세와 행복의 관문처럼 여겨지는 현 상황이 유지되는 한, 대입 경쟁의 원천적인 해소는 불가능하다는 것이 이 주장의 요지다. 대학 지원자보다 대학 입학 정원이 더 많아진 현 상황에서도 소수의 명문 대학 입학 경쟁은 여전히 치열하다는 점에서 이 주장은 설득력이 있다.

이러한 견해를 가진 집단은 유럽 국가처럼 우리도 대학을 평준화해야 한다고 주장한다. 일정한 수준의 학업성취를 보이는 학생이라면, 누구나 원하는 대학에 갈 수 있도록 해주는 것이 해결책이라고 말한다. 만약 사립대학까지 평준화할 수 없다면, 적어도 국립대만이라도 그렇게 하자고 주장한다. 구체적으로 서울대를 폐지하고 국립대 네트워크를 만들어 학생을 공동 선발하는 방안을 제시하기도 한다.

대학 평준화론이 근거로 드는 유럽 사례를 우리나라에 적용하는 것이 타당하고 가능한지에 대해서 우선 의문이 든다. 세계 각국은 사회 엘리트 양성에 관해서 나름의 사회 규범과 문화를 형성해왔다. 거기에는 각국의 역사적, 사회적 맥락이 투영되어 있다. 또한 대학의 설립 주체와 정부의 지원 시스템도 우리와 다르다. 프랑스의 경우 일반대학들은 평준화되어 있지만, '그랑제콜'이라는 일종의 명문 학·석사통합과정의 대입 경쟁은 우리보다 더 치열하고 학벌주의도 우리 못지않게 강하다. 또한 유럽에는 국립대학이 대부분이지만, 우리는 80% 정도가 사립대학이다. 따라서 정부가 개입할 수 있는 여지는 상대적으로 제한적이다.

유럽에서 대입 경쟁이 치열하지 않은 또 하나의 이유는 대학의 엄격한 학사관리에 있다. 유럽 대학은 상대적으로 입학은 쉽지만, 진급이나 졸업은 어렵다. 의대의 경우, 80~90% 학생이 낙제를 하거나 중도 탈락하기도 한다. 하지만 우리는 낙제 제도가 가지는 '낙인 효과' 때문에 이를 제대로 시행하는 대학이 드물다. 1980년대에 도입했던 '졸업정원제'가 실패로 끝난 것도 우리 사회에 뿌리 깊은 '인정(人情) 문화', 사제 관계, 평가 결과에 대한 불신이 복합적으로 작동했기 때문이다.

이 방안의 실효성이나 타당성에 대하여는 여전히 의문이 든다. 우선 국가경쟁력 관점에서 대학 간 건전한 경쟁은 필요하고, 그 결과로 나타나게 되는 대학의 우열이나 선호는 어느 정도 불가피하다는 생각이 널리 퍼져 있다. 또 우리나라에서 서울대가 가지는 의미, 상징성, 동문의 저항 등을 고려할 때 서울대 폐지는 현실적으로 쉽지 않을 것이다. 설령 서울대를 폐지한다고 해도 다른 국립대의 교육이나 연구 역량이 지금의 서울대 수준으로 높아진다는 것을 보장하기도 어렵다. 오히려 지금의 서열 구조에서 서울대 다음에 있는 사립대학들이 서울대의 위상이나 지위를 이어받기 쉽고, 결국 고착화한 대학의 서열 구조는 쉽게 붕괴하지 않을 가능성이 크다.

다른 한편, 우리가 문제로 여기는 대학 서열은 교육의 질보다 사교육 업체가 만든 '배치표'상 합격선에 불과하다. 이는 과거 입학생의 성적을 보여줄 뿐, 실제로 그 대학이 얼마나 잘 가르치느냐를 보여주지는 못한다. 그런 이유에서 최근에는 과거 지향적, 입학 성적 중심 서열보다 자신의 진로

나 취업 가능성을 보고 대학을 선택하는 사례가 늘고 있다. 앞으로 역량 계발이나 취업 같은 실리를 추구하는 MZ 세대의 등장으로 전통적 의미의 대학 서열은 상당 부분 완화할 수 있다는 전망도 나온다. 심지어 민간 영역에서 교육적 경쟁력을 같은 고등교육 공급자가 다양하게 생겨나는 상황에서 고등교육 생태계 자체가 변화할 가능성도 탐지된다.

이처럼 대학을 평준화하자는 주장에는 많은 한계가 있다. 하지만 불합리하고 타당하지도 않은 대학의 서열 구조는 꾸준히 해소해 나가는 노력이 필요하다. 대입제도 정책과 별도로 우리나라 고등교육 체제를 건전하게 만드는 고등교육 정책을 개발해서 지속적으로 추진할 필요가 있다. 특히 불합리한 대학 서열을 완화하거나 해체하는 데 이바지하는 정책을 꾸준하게 추진할 필요가 있다. 예를 들면, 학생의 성공과는 무관한 수능 점수 기반의 서열이나 평판이 아니라 교육의 질과 성과를 바탕으로 대학을 평가하고 인정하는 체제를 만드는 것이 필요하다. 한때 정부는 '학부교육 선도 대학 지원사업', 일명 '잘 가르치는 대학(ACE)' 사업을 추진했다. 사업 수주를 위한 경쟁과 보고서 작성이라는 번거로움에도 불구하고, 대학들은 이 사업이 고등교육의 본질에 부합하고 수도권 중심의 대학 서열을 깨는 데 기여했다고 평가한다(학부교육선도대학협의회, 2018). 실제로 지방의 몇몇 대학은 '잘 가르치는 대학'이라는 평판을 얻고, 입학 시장에서 영향력을 발휘했다는 말도 나왔다. 그러나 이 사업은 사업 보고서 작성 때문에 교수들을 괴롭힌다는 명목으로 폐지되었다. 만약 이 사업이 꾸준히 시행되었다면 고등교육 생태계에 의미가 있는 변화를 가져왔을 것이다. 이 사례는 한번 시작한 사업은 열매를 맺을 때까지 유지함으로써 큰 틀의 변화와 선순환 구조를 만들어내겠다는 정부의 의지와 뚝심이 필요함을 보여준다. 앞으로도 정부의 재정지원 사업이 대학에 미치는 영향은 클 것이다. 정부는 과거 평판, 대학의 위치, 연구 성과와 랭킹에 의존하는 대학의 서열 체제를 대학의 교육성과와 특성화 역량을 중심으로 재편하는 정책을 펼칠 필요가 있다. 또한 대학에 대한 사회적 평가와 인식이 다원화하도록 유도하는 정책도 꾸준히 추진할 필요가 있다. 이러한 정책들이 장기적으로 성과를 내고 결실을 맺을 때 과도한 서열 구조로 인한 대입 경쟁과 부작용도 차차 줄여갈 수 있을 것이다.

다. 마르크스주의 또는 네오마르크스주의

이 관점에서는 대입제도의 공정한 설계나 관리보다 결과, 즉 고등교육 기회를 보다 균등하게 배분하는 것이 중요하다고 본다. 그 이론적 토대가 되는 마르크스주의에 따르면, 고등교육을 포함한 교육 체제는 사회의 하부 구조인 경제적 생산 관계에 따라 결정되는 상부 구조일 뿐이다. 겉으로는 공정한 경쟁처럼 보여도 대입제도는 결국 지배 계급이 현재의 지배 구조를 유지하기 위한 도구에 불과하다. 교육 같은 상부 구조의 '상대적 자율성'을 강조하는 네오마르크스주의도 본질적으로 다르지 않다.

이에 동조하는 사람들은 대입제도를 포함한 교육제도가 구조적으로 지배층의 계급적 이해를 반영한다고 말한다. 교육제도는 지배 계급의 재생산과 영속화에 이바지하는 방향으로 설계되고 유지되는 속성이 있다는 것이다. 이 논리에 따르면 자본주의 국가에서 상류층 자녀가 대입 경쟁에서 유리하고 명문대에 입학해서 더 높은 사회경제적 지위를 차지하는 것은 당연한 귀결이다. 명문 대학들이 저소득층이나 낙후지역 학생을 일부 뽑기도 하지만, 이는 기존 제도를 유지하기 위한 명분이나 위장술에 불과하다고 본다. 결국 이러한 현상은 자본주의 체제가 가진 기본 속성이므로 자본주의 체제 자체를 바꾸지 않고서는 문제를 해결할 수 없다고 주장한다. 이러한 입장은 한때 '종속 이론'이나 '종속교육론'이라는 이름으로 우리 대학가에 퍼진 적이 있다. 그러나 구소련과 동유럽 국가의 공산주의가 자본주의와의 체제 경쟁에서 패배하고, 심지어 그 나라에서도 공산당원을 비롯한 정치적 지배층이 교육을 통해 자신들의 지위를 세습해 왔다는 사실이 밝혀지면서 이론적 타당성과 설득력이 약해졌다.

오늘날 우리나라에서 이러한 관점의 영향은 거의 사라졌지만, 대입제도 정책의 수립과 관련해서 중요한 교훈을 준다. 대입제도를 설계할 때 과정적 또는 절차적 공정성을 철저히 확보해도 교육 기회의 '결과적 균등'이 심각하게 훼손된다면, 현행 제도의 정당성에 대한 근본적인 의문이 제기될 수 있다는 점이다. 즉, 결과적 공정성을 어느 정도 확보하는 장치를 마련하지 않으면, 대입제도가 지배층의 재생산을 돕는 숨겨진 도구에 불과하다는 주장이 언제라도 다시 나올 수 있다. 앞으로도 개천에서 용이 나올 수 있는 제도에 대한 요구는 계속될 것이고, 대입제도의 정통성과 사회 생태계의 건강을 유지하는 차원에서 이러한 요구를 가볍게 보아서는 안 될 것이다.

라. 실력주의 폐해론: 실력 만능주의를 버려라

우리 사회에서 실력주의는 비교적 널리 받아들여지는 관점이다. 개인의 능력이나 노력에 따라 경제적 보상이나 사회적 인정이 주어진다는 점에서 합리적이고, 부모의 부와 지위가 세습되어 자녀의 미래를 결정하는 봉건주의보다 공정하다고 생각한다. 하지만, '실력주의' 또는 '능력주의(meritocracy)'라는 용어를 만든 영국 사회학자 마이클 영(M. Young)의 생각은 조금 다르다. 실력주의가 오히려 소수 유능한 집단의 독점적 지배를 정당화하는 논리로 쓰이고 있다는 것이다. 한때 『정의란 무엇인가』로 주목을 받았던 마이클 샌델의 생각도 비슷하다. 최근 펴낸 『공정하다는 착각』이라는 책에서 형식적 실력주의가 가져온 사회적 폐해를 통렬히 비판한다. 겉으로 드러나는 '실력'이라는 것에는 개인이 펼친 노력 외에 부모의 배경과 후원,

지역 여건, 나아가 운(運)까지 영향을 미치게 마련인데, 지금 사회에서는 실력이 학력과 학벌로 이어져 상류층의 지위 세습을 돕고, 이를 윤리적으로 정당화까지 하는 명분이 되었다고 지적한다. 그는 실력주의가 명문대 입시와 얽혀서 나타나는 부조리를 해결하기 위해 혁신적인 대안을 내놓는다. 일정 조건에 부합하는 학생을 일차적으로 폭넓게 뽑고, 다음 단계로 '추첨'을 통해 최종 선발하자는 것이다. 마찬가지로 『실력의 배신』이라는 책을 통해 한국의 교육 현실을 조망한 박남기도 실력주의가 낳은 어두운 그림자와 교육적 폐해를 설명하고, '신실력주의 사회'로 가야 한다고 주장한다. 그도 마이클 샌델과 같이 추첨을 부분적으로 가미한 '범위형 대입제도'를 대안으로 제안한다.

　과도한 실력주의의 폐해에 대한 마이클 샌델의 지적은 설득력이 있다. 그러나 실력주의 자체를 배격하면 개인 차원의 노력과 선의의 경쟁이 가져오는 긍정적인 면을 놓칠 수 있다. 교육적 맥락에서 선의의 경쟁을 완전히 배제한 상태에서 학생의 학업 동기를 얼마나 끌어낼 수 있을지도 깊이 생각해 볼 필요가 있다. 학생이 거둔 성취의 많은 부분이 외적 환경 즉, 가정 배경이나 운으로 설명할 수 있다는 관점을 지나치게 확대해서 생각하면, 주어진 환경에서 학생이 들이는 노력을 경시할 수 있고 이는 교육적으로 바람직하지 않을 수 있다. 이는 막스 베버가 그의 저서 『프로테스탄트 윤리와 자본주의 정신』에서 사람들이 금욕적이고 합리적인 태도로 자신의 직업 생활을 성실히 수행하는 것은 자본주의 사회를 지탱하는 정신적, 윤리적 토대라고 설명했던 것과 맞닿아 있다.

　한국의 교육 현상을 바라본 외국 학자들이 놀라는 것은 우리가 가진 '교육열'이다. 그들의 눈에는 '교육열'이야말로 오늘날 한국의 교육 발전을 이끈 동력이고 귀중한 문화적 자산이다. 비교육적인 경쟁을 줄이고 무한 경쟁이 낳을 수 있는 문제들을 완화하기 위해 다양한 노력을 펼쳐야 하겠지만, 경쟁 자체를 부정적으로만 바라보는 것도 경쟁의 장점만 부각하는 것과 별로 다르지 않은 어리석음일 수 있다.

이러한 한계에도 불구하고 실력주의 폐해론은 많은 사람이 당연하게 여기던 실력주의의 맹점을 잘 드러내고 지나친 실력주의가 가져올 수 있는 부작용을 지적했다는 점에서 과열된 대입 경쟁으로 몸살을 앓고 있는 우리에게 큰 교훈을 준다. 장기적인 관점에서 실력주의에 대한 깊은 성찰과 대화를 지속한다면, 지나친 대입 경쟁으로 시달리고 있는 우리 교육을 정상화할 수 있는 새로운 아이디어를 만들어내는 데 중요한 단서를 찾을 수 있을 것이다. 마이클 샌델의 말처럼, '실력'에는 여러 가지 비실력적인 요소가 영향을 미치고 있다는 사실을 인정하고 모두가 스스로 겸손해지려고 노력할 때, 우리 사회의 공동체성이 유지되고 지속 가능한 발전도 기약할 수 있다. 이는 대입제도를 넘어 우리 사회가 해결할 과제이기도 하다.

마. 대입 완전 자율화론: 학생 선발은 대학에 전적으로 맡겨라

지금까지 역대 정부가 대입제도에 손을 댔지만, 대부분 좋은 평가를 받지 못했다. 일부 전문가들은 대학의 학생 선발에 정부가 나서면 '정부 실패(Government failure)'만 있을 뿐이라고 꼬집는다. 그들이 주목하는 것은 미국 사례다. 학생 선발에 '시장(市場) 원리'를 택하면서도 세계적 수준의 대학을 많이 가지고 있기 때문이다. 그들의 눈에 보인 대학은 지성인 집단으로서 학생을 공정하게 선발할 수 있는 역량을 충분히 가지고 있다. 설령 문제가 발생한다 해도 시장이 알아서 정리해주므로 정부가 나설 필요는 없다.

이 주장에 동조하는 사람들은 미국 고등교육 사례를 예로 든다. 그런데 미국 사례는 헌법 체제와 관련이 있다. 미국 연방헌법은 연방정부 권한으로 규정하지 않은 것은 주 정부 권한에 속한다고 규정하는데, 연방헌법에는 '교육(education)'이라는 단어 자체가 없다. 그런 이유로 연방 행정부가 학생 비자나 재정지원 등을 통해 간접적인 영향을 미치기는 하지만, 대학의 입학 전형에는 전혀 관여하지 않는다. 즉 미국 대학은 연방정부의 통제를 거의 받지 않고 학생을 선발한다. 반면, 주립대학에 대해서는 주 정부와 의회가 다양한 방식으로 학생 선발에 관여하기도 한다. 그러나 주립대학은 물론 사립대학도 연방대법원의 판결에는 관심을 가진다. 연방대법원의 판례에는 대학 입학과 관련된 판결이 많이 있다. 이 판결들은 주로 종교, 인종, 성별 등에 따른 차별의 금지나 동등한 기회 부여 등에 관한 내용을 담고 있다.

우리 헌법도 '대학의 자율성은 법률이 정하는 바에 의하여 보장'한다고 규정한다. 정책적으로는 '5·31 교육 개혁'과 함께 대학의 자율을 보장하기 위한 정책이 확대되기 시작했고, 이명박 정부는 완전한 대입 자율화를 천명하기도 했다. 하지만 현실은 달랐다. 이명박 정부도 늘어나는 사교육비와 대입 공정성을 이유로 학생 선발을 규제하는 방향으로 전환했기 때문이다. 이후 박근혜 정부와 문재인 정부에서도 공정성에 대한 논란이 계속되면서, 대학의 학생 선발에 대한 규제는 오히려 강화되는 추세이다.

결과적으로 헌법에 보장된 대학의 자율도 공정과 형평이라는 사회적 요구와 정치적 판단 앞에 무력해지는 사례가 많았다. 그러나 학생 선발과 관련된 대학의 자율은 여전히 중요한 가치이고 최대한 보장되어야 한다. 다만 대학이 주어진 자율에 대한 책임을 망각해서 부정과 비리가 발생하고 사회적 책임을 다하지 못한다면, 정부는 대학의 학생 선발에 개입할 명분을 갖게 될 것이다. 정부가 나서라는 사회적 요구도 커질 것이다. 이렇게 보면 대입에서 대학의 자율성 확대는 궁극적으로 대학에 달려 있다.

한국 사회의 변화와 대입제도의 변천

제도와 정책은 사회 환경과 시대 정신을 반영한다. 대입제도 역시 우리 사회의 변화에 따라 그 영향을 받으며 변화해왔다. 자로 재듯 언제부터 언제까지라고 명확하게 구분하는 것은 무리겠지만, 대략 세 시기로 나누어 설명해 보기로 한다.

'개천에서 용이 날아 오르던' 시대 : 광복부터 전두환/노태우 정부까지

지난 한 세기, 한국 사회는 놀라운 변화를 겪었다. 20세기 초 우리나라는 일본의 식민 지배의 긴 암흑기로 접어들었다. 조선왕조가 몰락하면서, 봉건적 신분 제도도 역사의 뒤로 사라졌다. 일제 강점기의 신분 질서도 1945년 광복과 함께 순식간에 무너졌다. 1950년 동족상잔의 6·25가 터졌다. 전쟁은 우리 사회를 완전히 뒤흔들었다. 수많은 사람이 고향을 떠나 새로운 곳에서 새로운 삶을 시작해야 했다. 우리 교육은 수출주도형의 경제 발전 정책에 필요한 많은 우수 인력을 효과적으로 그리고 충분히 배출했다. 학부모의 높은 '교육열'이 있었기에 가능한 일이었다. 발전한 경제력을 바탕으로 1988년에는 서울올림픽이 열렸다. 세계 무대에 당당하게 주연으로 등장할 정도로 성장한 것이다.

이 과정에서 한국 사회의 신분 질서는 근본적인 변화를 겪었다. 봉건적 양반제가 사라지고, 누구나 노력을 해서 '실력'을 기르면, 부와 지위를 얻을 수 있는 시대가 열렸다. 개천에서 태어나 용으로 솟아오른 수많은 감동 사례가 생겨났고, 그 중심에는 '교육'이 있었다. 집이 가난해도 공부를 잘 해서 명문 대학에 입학하고 졸업 후 성공 가도를 밟은 사람들이 계속 늘 어갔다. 한국 사회의 '교육열'은 점점 더 높아졌다.

1970년대 말까지 대학 진학률은 10%가 채 되지 않았다. 고등교육은 사회 전 영역에서 엘리트를 배출하는 역할을 담당했다. 공부만 잘하면 명문 대에 갈 수 있었고, 졸업 후에는 정치, 경제, 사회, 문화 등 각 분야를 이끄는 지도자가 될 수 있었다. 노력을 중시하는 교육 체제는 혈연을 중시하는 양반 체제를 대체하는 공정한 사회 제도로 각인되었다. 시간이 흐르면서, 명문대 출신들이 부와 권력을 차지하게 되면서 새로운 지배 계층이 형성되기 시작했다. 실력주의가 학벌주의와 결합했다. 명문대 선호는 우리 사회에 깊이 스며들었고, '국적은 바꿀 수 있어도 학적은 바꾸지 못한다'라는 말이 나올 정도로 학벌주의가 확산되었다.

이 시기에 대학 입학 전형의 핵심은 시험이었다. 시험 성적이 좋아야만 명문 대학에 입학할 수 있었다. 정부의 기능과 역할이 충분하지 않던 이승만 정부 시절에는 각 대학이 자유방임에 가까운 자율을 누렸다. 박정희 정부 시절 대학입학예비고사 제도가 도입되었지만 1970년대 말까지는 사실상 대학 본고사가 명문대의 합격과 불합격을 결정했다. 전두환 정부가 들어서면서 1980년대는 본고사가 폐지되고 대학입학학력고사 성적이 가장 중요한 전형 자료가 되었고, 내신성적도 의무적으로 40% 이상 반영해야 했다. 본고사든 대학입학학력고사든 시험 성적이 좋아야 대학에 갈 수 있던 시절이었다. 합격과 불합격의 결정은 '커트라인' 방식이었다. 전형 기준에 포함된 모든 성적을 합산해서 할 줄로 세워 입학 정원을 채우는 선에서 '커트(Cut)'해 그 안에 들어오면 합격, 나머지는 모두 불합격시키는 방식이었다. 엄정하고 예외가 없었다.

이 시기의 대입제도에서 가장 중요한 것은 공정성이었다. 간혹 입시 부정 사건이 터지면 신문에 대서특필되었고 크나큰 사회적 공분이 일었다. 관련된 정치인은 정계를 은퇴해야 했고 공직자는 직을 내놓았다. 대학 관계자가 관련되었으면 해임하고 관선 이사를 파견하기도 했다.

명문대 입학에 필요한 높은 시험 성적을 얻기 위해 재수나 삼수를 하는 학생도 늘어갔고, 사교육도 점점 더 확산되었다. 지금 생각하면 소박한 수준의 대학생 과외나 주부 과외 또는 영세한 동네 학원에서의 사교육이었지만 사교육의 영향력이 커지면서 가난한 서민들의 불만은 높아만 갔다. 이를 간파한 신군부 세력은 1980년 '7·30 교육개혁'을 통해 전격적으로 과외를 금지해 일거에 민심을 얻을 수 있었다. 또 신군부 세력은 대학 입학 정원을 대폭 늘리고 졸업정원제를 도입해 대학 입학의 문을 크게 넓혔다. 우리 고등교육은 소수 정예 엘리트 교육 단계에서 대중화 교육 단계로 진입했다.

1980년대 중반을 넘어서면서 이러한 대입 체제에 동요가 일기 시작했다. '70년대와 '80년대의 급속한 경제 성장은 두꺼운 중산층을 만들어냈고 사회는 점점 더 다양화의 추세로 나아갔다. 한 줄 세우기식 획일적인 대입 전형이 가져온 점수 경쟁 위주의 교육 풍토에 대한 비판이 점점 늘기 시작했다. 공정성도 좋지만, 대입제도는 교육적 타당성을 가져야 한다는 목소리가 커졌다. 대학의 자율성을 확대해야 한다는 요구도 늘어갔다. 전두환 정부의 대통령 자문기구인 '교육개혁심의회'가 논의를 시작해서 노태우 정부의 '교육정책자문회의'까지 대입제도의 개편 방안을 깊이 있게 검토했다. 1991년 4월 노태우 정부의 윤형섭 문교부장관은 3년간의 예고 기간을 거쳐 1994년부터 시행할 '새 대학입학제도'를 발표했다. 교과서 범위 내에서만 출제하던 대학입학학력고사를 통합교과적, 범교과적으로 학생의 사고력과 창의력을 측정하는 대학수학능력시험으로 전환하고 복수 지원제를 도입하며 대학별 고사를 허용하는 것이 주요 내용이었다. '여러 줄 세우기'와 다양화의 시대로 나아가는 직전 단계였다. 권위주의 군부정권이라는 비판에서 벗어나고 싶었던 노태우 정부에 들어와 시대 전환을 향한 싹이 꿈틀대기 시작한 것이다.

'여러 줄 세우기'와 다양화의 시대: 김영삼 정부에서 이명박 정부까지

김영삼 정부의 출범은 '문민정부' 시대의 출발이었다. 획일적이고 권위적인 시대에서 벗어나 민간의 자율과 창의 그리고 다양성이 강조되는 시대로의 전환이었다. 급속한 경제 성장을 통해 국민소득이 증가하면서 두터운 중산층이 형성되었고, 수출 주도 경제 발전 정책과 함께 해외여행 자유화와 '88서울올림픽을 계기로 한국 사회는 개방화·세계화의 길로 빠르게 나아갔다.

한국인 특유의 '교육열'도 새로운 방향으로 퍼지기 시작했다. 먼저 사교육이 폭발적으로 늘어나기 시작했다. 저출산 현상으로 자녀 수가 줄어들고 소득이 증가하면서 자녀에 대한 사교육비 투자가 대폭 늘어났다. 유명 학원은 기업 수준으로 성장하기도 하고 프랜차이즈 형태의 학원도 점점 늘어갔다. 외국 유학을 나가거나 방학 중 외국에서 열리는 캠프에 참가하는 학생도 크게 늘었다. 외국 유학을 위해 자녀와 아내를 외국에 보내고 혼자 지내는 '기러기 아빠'까지 생겨났다. 2000년 헌법재판소가 과외 금지 조치에 대해 위헌 판결을 내린 것도 사교육 팽창에 기름을 부은 격이었다.

노태우 정부에서 예고하고 김영삼 정부에서 시행하기 시작한 수능 시험과 복수지원제 등 새 대입제도는 이러한 시대적 변화에 부합했다. 더 나아가 김영삼 정부의 대통령 자문기구인 교육개혁위원회가 만든 '5·31 교육개혁안'은 이 변화에 발맞춰 우리 교육 체제도 다양화·개방화·세계화로 나아가야 한다는 교육 개혁 청사진이었다. 종전의 획일적인 교육 시스템으로는 이미 다양화한 국민의 교육적 수요를 맞출 수 없고 세계화에도 한계가 있으므로 전면적인 교육 개혁이 필요하다는 선언이었다. 이에 따라 종래 필수과목 위주의 교육과정을 개정해 선택 중심의 7차 교육과정이 도입되었고 그에 따라 대학수학능력시험도 개편되었다. 이러한 교육개혁 방향은 김대중 정부에서도 이어져 1998년에 이해찬 교육부장관이 발표한 '2002학년도 대입제도'에 충실하게 반영되었다. 점수 위주의 '한 줄 세우기'식 학생 선발에서 벗어나 다단계 전형 등 다양한 유형의 선발이 가능하도록 수시 모집 제도가 도입되고 수능 시험의 소수점 배점과 총점 기재가 폐지되었다. 학교생활기록부의 비교과 활동 기재를 확대하고 학생들의 다양한 특별활동을 장려하는 등 '새 학교문화 창조 계획'이 추진되었다. 노무현 정부의 '2008학년도 이후 대입제도'도 같은 취지를 담고 있었다.

대입제도에서 '여러 줄 세우기'와 다양화 시대의 정점은 이명박 정부였다. 대입 자율화의 기치를 내세운 이명박 정부는 학교생활기록부는 물론 다양한 학교 밖 경험까지 종합적으로 평가해 학생을 선발할 수 있는 입학사정관제를 권장해서 2012년에는 121개 대학이 입학사정관제 전형을 시행했다. 2014학년도부터는 학교생활기록부 평가를 절대평가인 성취평가제로 전환하고 대학수학능력시험도 수준별 체제로 바꾼다고 예고하기도 했다.

그러나 이명박 정부가 끝날 무렵에는 이러한 대입 자율화와 다양화 정책에 대한 비판과 불만이 고조되었다. 다양화가 수평적 다양화가 아니라 수직적 다양화, 즉 서열화로 이어졌고 대학의 학생 선발 유형이 2,800여 개를 넘으면서 이를 단순화해 달라는 요구가 쏟아졌다. 대입 전형 유형이 너무 복잡해져 선택이 어려울 뿐만 아니라 고가의 사교육 컨설팅을 받을 수 있는 부유층에게 유리한 대입제도라는 불만과 비판이 이어졌다.

'금수저', '흙수저' 논란과 공정이라는 시대 정신의 대두:
박근혜 정부에서 현재까지

매년 10% 전후의 경이로운 성장을 이루던 한국 경제는 1997년 IMF 외환위기를 겪으면서 저성장의 늪으로 빠져들기 시작했다. 2008년 월스트리트에서 시작된 금융위기는 한국 사회를 다시 한번 뒤흔들었다. 두 번에 걸친 경제 위기를 겪으면서, 고소득층의 부는 계속 늘어가는 가운데 중산층이 엷어지고 저소득층은 더욱 빈곤해지는 사회 양극화가 가속 페달을 밟기 시작했다. 경제가 저성장의 길을 걸으면서 일자리 기회 자체가 줄어들었고 '좋은 일자리(decent job)'는 더 줄어들었다. 신자유주의식 세계화의 흐름에서 기업들이 인건비 절감과 고용의 유연화를 경쟁력 유지 전략으로 활용하면서 '비정규직'이 양산되었다. 공무원이나 공공기관 채용 시험의 경쟁률이 치솟고 수십 장의 입사원서를 쓰고도 면접 기회조차 얻지 못하는 젊은이들이 늘어만 갔다. 2019년 전 세계를 강타한 코로나 19 대유행의 영향으로 경제가 위축되면서 취업의 문은 더욱 좁아졌다. 2020년 대졸 취업률은 65%로 떨어져서, 10년 만에 최저치를 기록했다.

일자리가 줄고 주택과 전셋값이 폭등하면서 젊은이들이 결혼하기도 쉽지 않았다. 혼인건수는 1996년 약 43만 5천 건에서 2020년에는 약 21만 4천 건으로 떨어졌다. 인구감소를 감안하더라도 약 20년 사이에 절반으로 줄어든 것은 큰일이 아닐 수 없다. 출산율도 급격하게 낮아졌다. 1990년대 초 70만 명이 넘었던 연간 출생아수는 2020년 약 27만 명 수준으로 줄어든 것이다.

청년의 마음을 더 아프게 하는 것은 울퉁불퉁하기 짝이 없는 세상이다. 경제적 여유가 있는 부모를 두면, 전혀 다른 인생을 살 수 있기 때문이다. 2010년대 중반부터 유행한 '금수저'와 '흙수저'라는 신조어는 젊은이들이

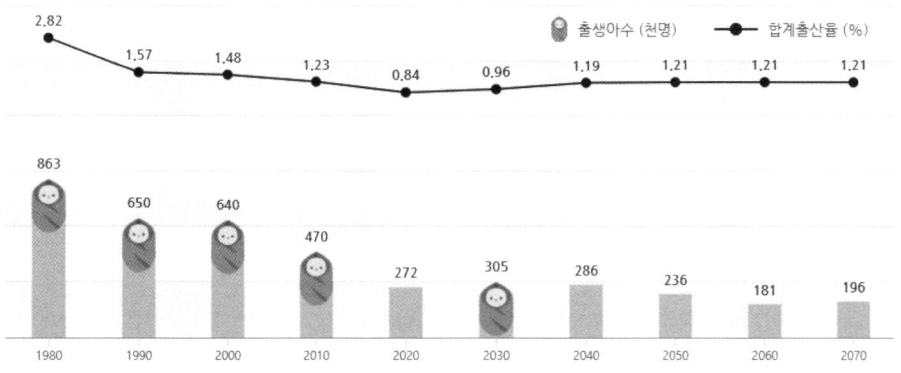

〈그림 3〉 출생아수와 합계출산율(2021)

느낀 사회상과 절망감의 표현이다. 이러한 사회 변화는 2015년 11월 17일 나온 아래 경향신문 사설에서 엿볼 수 있다.

… 부모 재력에 따라 장래가 결정되고 그렇게 형성된 불평등이 그대로 대물림된다면 한국 사회는 새로운 계급사회로 진입하고 있는 것이 틀림없다. 물려받은 게 거의 없는 흙수저는 아무리 '노오~력'해도 그 상태를 벗어나기 힘들다는 사실은 한국이 신계급사회임을 말해준다. 흙수저와 함께 새로 등장한 노오~력은 아무리 힘을 써도 상위 계급으로 올라갈 수 없는 절망 사회를 비꼬는 단어이다. 연애·결혼·출산을 포기하는 '3포 세대'에 집·인간관계를 더한 '5포 세대'가 등장했고, 무한대로 포기한다는 'n포 세대'라는 용어까지 등장했다. …

일부 표현이 다소 과하지만, 최근 젊은이들이 겪고 있는 좌절과 불만의 핵심을 잘 요약한 사설이다. 다른 언론에서도 비슷한 내용의 특집 기사를 내거나 칼럼을 실었다.

이러한 젊은 층의 불만은 최근 세대 간 갈등으로 확산하고 있다. 현실에 대한 불만의 표현으로 사용한 '헬조선'이라는 용어가 기성세대에게는 모욕적으로 받아들여진 것이다. 현대 역사에서 식민 통치에서 벗어나 전쟁까지 겪으면서도 경제 발전을 이룩하고 치열한 투쟁으로 민주화를 이룬 유일한 나라, 원조를 받던 나라에서 원조를 주는 나라가 된 유일한 나라인데 '헬조선'이라니! 콩나물시루같이 빽빽한 교실에서 공부했고, 모래사막에서 땀을 흘리면서 수출 시장을 개척해서 이제 선진국 문턱에 이르렀는데, 배고픈 줄 모르고 풍요 속에서 자란 젊은이들이 이 나라를 '헬조선'이라고 부르는 것을 많은 기성 세대는 이해할 수도, 용납할 수도 없었다. 그러면서 "나 때는 말이야" 하고 가르치려고 하자 이들은 "Latte is horse!"라고 한 번 더 조롱하고 나섰다.

사람은 자기 경험을 통해 세상을 바라볼 수밖에 없다. 한 시대를 같이 살아가고 있지만, 오늘날 기성세대와 젊은 세대가 경험한 세계는 너무 차이가 크다. 모두가 가난했지만 비교적 평등한 사회를 살아온 기성세대는 '아무리 어려운 환경일지라도 희망을 잃지 말고 노력하면 실패를 겪더라도 마침내 반드시 성공에 이를 수 있다'라는 믿음을 가졌다. 실제로 고도성장기를 살아온 기성세대는 한두 번을 실패해도 성장이라는 거대한 흐름에서 새로운 '기회의 문'이 열리는 경우가 많았다. 이러한 집단적 경험은 '열심히 노력하면 반드시 성공한다'라는 사회적 신념으로 발전하게 마련이다. 하지만 '열심히 노력하면 반드시 성공한다'라는 말을 듣고 커온 젊은 세대는 점점 그렇지 않은 현실을 마주하고 있다. 아무리 '노오~력'을 해도 성공하기 어려운 현실을 마주하며 좌절을 거듭한다. 이들은 고생을 마다하지 않고 뒷바라지한 부모의 기대에 부응하고 싶지만 그렇지 못한 현실에 자괴감에 빠진다.

이런 이유에서 이들은 누구보다 '공정'에 민감하다. 2018년 평창올림픽에서 정부는 아이스하키 남북 단일팀을 급하게 만들었는데, 뜻밖에 젊은 세대의 강한 반발을 불러왔다. 남북 단일팀 구성한다는 이유로 열심히 준비해 온 우리 선수들이 희생되는 것은 공정하지 않다는 것이었다. 그들에게 '남북관계 개선'이라는 대의를 위해, 최선을 다해온 소수가 희생해야 한다는 것은 공정하지 않은 일이었다. 남북관계의 개선보다 중요한 것은 공정이었다. 이런 젊은 세대에게 '엄마 찬스'와 '아빠 찬스'가 난무하는 '정유라 사건'과 '조국 사태'는 엄청난 충격이었을 것이다.

그렇지 않아도 이명박 정부 임기 후반에 들어서는 대입 자율화와 다양화가 강남 지역 등 부유층 자녀에게 유리한 대입 전형으로 변질했다는 비판이 나오기 시작했다. 대입 전형을 다양화하는 것이 대입 경쟁 자체를 줄이는 것이 아니라는 사실도 점점 확실해졌다. 수천 개에 이르는 복잡한 전형 유형으로 고액의 사교육 컨설팅을 받지 않으면 원서를 넣을 대학을 찾기도 어려웠다. 이런 여론을 바탕으로 2013년 박근혜 정부는 대입 전형 간소화 방안을 발표했다. 대학별 전형 방법을 수시 4개, 정시 2개 이내로 각각 제한하고 수준별 수능도 점진적으로 폐지하기로 했다. 입학사정관제 전형을 학교생활기록부 종합 전형으로 바꾸고 학교 외부의 실적은 평가에서 제외하기로 했다. 이명박 정부의 대입제도가 지나치게 자율화와 다양화를 추구했다고 보고, '5·31 교육개혁' 수준의 중도보수적 해법으로 되돌아간 것이다.

대통령 탄핵 사태 후에 등장한 문재인 대통령은 취임사에서 "기회는 평등하고, 과정은 공정하며, 결과는 정의로운 사회"를 만들겠다고 선언했다. 많은 사람, 특히 젊은 세대의 기대가 컸다. 그러나 2018년 모 여고 교무부장이 기말고사 시험지를 쌍둥이 딸들에게 유출했다는 의혹이 보도되고, 이어서 2019년 조국 전 법무부장관의 자녀 입시 부정 의혹이 제기되면서 기대는 실망으로 바뀌고 대입제도는 또 한 번 홍역을 치르게 된다. 공정한 대입제도를 만들라는 사회적 요구가 폭발했고, 문재인 정부는 주요 대학을 대상으로 점수 위주의 정시 모집을 40%까지 늘리고 일부 학생집단에게 유리하게 작용하고 있다는 비판을 받던 자기소개서·교사추천서를 대입 전형 자료에서 제외하는 강력한 정책으로 화답했다. 학교 교육의 정상화를 표방하면서 시작된 '대입 다양화'가 수험생의 부담 증가와 시험의 공정성에 대한 사회적 불만을 맞아 '대입 단순화'라는 반대 방향으로 유턴한 것이다.

이 시대에 청년들은 이렇게 묻는 것 같다. '노력하면 성공한다'라는 말은 맞는가? 열심히 노력하면 신분 상승과 계층 이동이 가능한가? 기회는 누구에게나 열려 있나? 세상은 공정한가? 이 사회는 정의로운가?

대입제도에 대해서도 이들은 묻는다. 교육에서 공정이란 무엇일까? 입시 부정이 없으면 공정한 대입제도인가? 시험 점수로만 한 줄로 세워서 뽑으면 공정한 선발이 될까? 공정의 의미는 단순하게 규정하기도 어렵고 그것을 주장하는 사람마다 달라서 쉽게 답하기 어렵다. 그러나 공정이라는 단어는 이 시대를 관통하는 주제어가 되었고, 어느 정부도 외면할 수 없는 숙제가 되었다. 공정의 참된 의미를 찾아내고 진정으로 공정한 사회를 만들어 나가는 것이 새로운 시대적 과업으로 대두된 것이다.

한국 사회의 문화적·정신사적 특징과 대입제도

교육과 대입제도는 한국 사회가 갖는 독특한 문화적, 정신사적 전통과 특징의 영향에서 벗어날 수 없다. 먼저 전통적인 유교 문화와 관련된 강한 '가족주의'는 우리 교육에 많은 영향을 주었다. 또한 짧은 기간 급속한 경제 성장의 과정에서 형성된 '실력주의' 가치관과 문화는 우리 경제와 사회를 지탱하는 이념적 지주 역할을 해왔다. 그런 가운데 오랜 역사속에서 "왕후장상의 씨가 따로 있나"라고 외치며 서민의 마음 깊은 곳을 흐르던 '평등주의'는 봉건적 신분제가 사라진 오늘날 무시할 수 없는 정신적 영향을 미치고 있고, 나아가 이를 뒷받침하는 방법의 하나로 균등한 교육 기회에 관한 요구를 더욱 강하게 하고 있다. 이러한 전통, 문화, 이념, 가치관들은 때로는 서로 충돌하면서, 때로는 함께 상승작용을 일으키며 교육과 대입제도에 영향을 미쳐왔고, 앞으로도 그럴 것이다.

가족주의와 대입제도

많은 인기를 얻는 대중가요는 유행하던 당시의 사회적 정서를 가장 잘 이해할 수 있는 실마리가 될 수 있다. 1998년 말 5인조 남성 그룹 god는 데뷔곡부터 젊은이들 사이에서 폭발적인 인기를 누렸다. 이들이 부른 〈어머님께〉라는 노래는 젊은 세대에게 부모라는 존재가 어떻게 각인되어 있는지를 생각하게 한다. 또한 가족을 단위로 하는 미묘한 계층 간 갈등도 엿볼 수 있다.

어머님께 - god

(어머니 보고싶어요)
어려서부터 우리 집은 가난했었고
남들 다하는 외식 몇 번 한 적이 없었고
일터에 나가신 어머니 집에 없으면
언제나 혼자서 끓여 먹었던 라면
그러다 라면이 너무 지겨웠어
맛있는 것좀 먹자고 대들었었어
그러자 어머님이 마지못해 꺼내신
숨겨두신 비상금으로 시켜주신
자장면 하나에 너무나 행복했었어
하지만 어머님은 왠지 드시지 않았어
어머님은 짜장면이 싫다고 하셨어
어머님은 짜장면이 싫다고 하셨어

…(중략)…

중학교 1학년 때
도시락 까먹을 때
다같이 함께 모여 도시락 뚜껑을 열었는데
부잣집 아들 녀석이 나에게 화를 냈어
반찬이 그게 뭐냐며 나에게 뭐라고 했어
창피했어 그만 눈물이 났어
그러자 그 녀석은 내가 운다며 놀려댔어
참을 수 없어서 얼굴로 날아간 내 주먹에
일터에 계시던 어머님은 또 다시 학교에 불려 오셨어

아니 또 끌려 오셨어

다시는 이런 일이 없을 거라며 비셨어

그 녀석 어머니께 고개를 숙여 비셨어

우리 어머니가 비셨어

…(후략)…

사실 이 노래 가사가 실화인지 알기 어렵다. 대중가요라는 점에서 의도적으로 극적인 내용을 가사로 담았을 가능성도 있다. 여기서 중요한 것은 수많은 젊은이가 이 노래에 열광하고 떼창을 한다는 점이다. 아마도 부모에 대해서 품고 있는 '후회하고 뉘우치는 마음'을 잘 담아냈기 때문에 반응했을 것이다. 어렵게 살면서도 자식을 위해 모든 것을 다 바친 부모님, 그 기대를 저버리고 부모를 힘들게 했던 일에 대한 후회, 어려움을 딛고 꿈을 이루었던 행복한 순간과 그것을 이루자마자 다시 날아가 버린 꿈. 비록 세월은 좀 지났지만, 이러한 정서는 오늘날에도 우리 청년의 마음에 남아 있을 것이다.

가수 양희은이 2015년에 부른 〈엄마가 딸에게〉도 모녀 사이의 나타나는 미묘한 감정을 잘 보여준다. 특히 공부에 대해서 주고받는 두 사람 사이의 대화는 안타깝고 또 안쓰럽기도 하다.

엄마가 딸에게 –양희은

…(전략)…

난 한참 세상 살았는 줄만 알았는데 아직 열다섯이고

난 항상 예쁜 딸로 머물고 싶었지만 이미 미운털이 박혔고

난 삶에 대해 아직도 잘 모르기에 알고픈 일들 정말 많지만

엄만 또 늘 같은 말만 되풀이하며 내 마음의 문을 더 굳게 닫지……

공부해라…… 그게 중요한 건 나도 알아

성실해라…… 나도 애쓰고 있잖아요

사랑해라…… 더는 상처받고 싶지 않아

나의 삶을 살게 해줘!

공부해라…… 아냐 그건 너무 교과서야

성실해라…… 나도 그러지 못했잖아

사랑해라…… 아냐 그건 너무 어려워

너의 삶을 살아라!

…(후략)…

공부해라! 공부해라! 이 말은 아마도 이 땅의 부모가 자식들에게 가장 많이 한 말일 것이다. 소리를 내서 말하기도 하고, 말하려다가 몇 번이고 속으로 삼키기도 한 말이다. "공부해라"라는 엄마의 말에 딸이 "그게 중요한 건 나도 알아"라고 대답하는 것에서도 공부라는 것이 '가족주의' 압력 앞에서 모두의 고통이 되어버린 현실을 눈치챌 수 있다. 노래에서 딸은 "나의 삶을 살게 해줘!"라고 호소하고, 엄마는 결국 "너의 삶을 살아라"라고 말하며 물러난다. 현실에서는 어떤가. 그렇게 물러날 엄마는 그리 많지 않을 것이다.

우리나라 대입제도를 논의하면서, 늘 염두에 둘 것은 가족주의의 강력한 영향력이다. 세계 어느 나라에서나 자녀의 대학 진학에 부모가 큰 관심을 두지만, 우리나라는 그 정도가 특별하다. 상상 이상이다. 입시생 자녀를 둔 학부모가 매일 새벽 기도에 나가거나, 매일 백팔 배를 하는 것은 더

이상 화제조차 되지 않는다. 경제적으로 무리하면서도 유학을 보내는 부모가 부지기수고, 장시간 떨어져 사는 '기러기 가족'도 생각 이상으로 많다. 공부에 흥미를 잃거나 학교에 적응하지 못하는 자녀의 교육을 위해 부모가 직장을 포기하고 함께 대안학교를 찾아다니는 사례도 넘친다.

가장 극적인 장면은 대입 전형에서 드러났다. 교육부가 입학사정관제나 학교생활기록부 종합전형을 검토하면서 공정한 입시 관리에 어려움이 있을 것으로 예상은 했지만, 우리 사회의 지성을 대표하는 교수가 자녀를 자신이나 동료 교수가 쓴 논문의 공동 저자로 올릴 수 있다고 생각한 사람은 별로 없었을 것이다. 사람 사는 세상에서 극소수 일탈은 있을 수도 있지만, 명문 대학의 현직 교수 수십 명이 연루될 것까지 내다보지는 못했을 것이다. 우리 사회에서 가족주의가 얼마나 강하게 작동하고 있는지를 보여준 대표적 사례다. 우리나라에는 자녀의 대학 입학에 도움이 된다면 어떤 희생도, 어떤 비용도 치를 각오가 되어 있는 학부모가 매우 많다. 특히 최근 벌어진 사건들을 보면, 부와 지위를 대물림하고 싶은 중상류층 학부모들 사이에서 이러한 현상이 더 크게 나타난다. 따라서 정부와 대학이 대입 전형의 공정성을 확보하는 일은 매우 어렵고 또 중요한 과제가 되었다. 물론 중·하위층 부모에게도 교육은 희망이다. 고단한 현실을 살아가면서도 손을 놓을 수 없는 끈이다. 이들에게 자신은 아무리 어렵게 살아도 자식만은 공부를 잘해서 신분 상승의 꿈을 이루게 하는 것이 인생 최고의 보람이고 기쁨이다. 특히 모두 가고 싶어 하는 명문대 입학은 학생 개인의 성공을 넘어 '가문의 영광'이 된다.

세계의 많은 나라가 사회의 통합과 안정을 위해 중·하위층 학생들의 학습 동기를 높이기 위한 정책을 펼치고 있다. 하지만 그러한 노력이 큰 성과를 거두지 못하는 경우가 많다. 반면, 우리나라에서는 중·하위 계층 학생도 학습 동기가 비교적 높다. 이는 아마도 공부가 개인의 어떤 것을 넘어 가족을 위한 것으로 생각하는 가족주의의 영향일 것이다. 이처럼 가족주의의 긍정적인 면은 잘 유지하고, 부정적인 요소를 적절히 통제하는 것은 우리 교육과 대입제도를 설계하고 운영하는 단계에서 고려할 중요한 과제다.

실력주의와 경쟁 그리고 대입제도

광복 이후 한국 경제의 경이로운 성장은 우리 사회에 실력주의 신화를 굳건하게 세웠다. 부모가 누구인지는 중요하지 않았다. 누구든지 실력이 있으면 공정한 경쟁을 통해 명문 대학에 입학할 수 있고, 졸업 후 정치, 경제, 사회, 문화 각 분야에 진출해 각 분야의 지도적 인물로 성장할 수 있다는 믿음이 사회적으로 널리 뿌리를 내렸다. 이때 경쟁은 당연했다. 경쟁은 실력을 배양하는 중요한 수단으로 이해되었고, 경제적, 사회적 발전을 끌어내는 원동력으로 인정받았다.

실력주의와 신자유주의는 서로 통하는 것이 많았다. 특히 IMF 구제금융 사태를 계기로 한국 사회에 영향력을 높인 신자유주의는 사회 모든 분야에서 경쟁을 촉진해서 발전을 유도하는 원리로 많이 활용되었다. 자유로운 주체들이 각자 실력을 바탕으로 선의의 경쟁을 하면, 사회적으로도 최적의 결과를 산출할 수 있다는 것이다. 이 견해에 충실하면, 개인이 가진 '실력'과 그로 인한 '성취'를 바탕으로 사회적 인정과 보상을 하는 것이 정의로운 것이다. 경쟁에서 뒤처진 것은 개인의 능력이나 노력의 부족에서 오는 것이므로 어쩔 수 없다고 본다.

경쟁은 경제 분야에서는 당연한 원칙이다. 독과점은 규제되고 자유 경쟁 상태에서 최고의 효율성을 확보할 수 있다. 경쟁이 기본 원리인 스포츠도 한국 사회에서 큰 인기를 끌고 있다. 올림픽과 월드컵이 열릴 때마다 한국 사회는 열광했고, 박세리의 활약 덕분에 골프라는 고급 스포츠에 대한 거부감이 사라졌다. 심지어 예술 분야에까지 거침없이 경쟁 원리가 도입되었다. 최고의 가수들이 최고의 기량을 겨루는 '나는 가수다' 같은 프로그램이나 경쟁을 통해 새로운 스타를 배출하는 오디션 프로그램이 쏟아져 나왔다. 경쟁은 이제 우리 사회의 거의 모든 분야에서 당연하고 자연스러운 것이 되었다.

오늘날 한국 사회에서 교육 영역의 경쟁은 사회에서 벌어질 경쟁을 암시한다. 명문 대학 입학을 위한 학생들의 경쟁은 초등학교부터 시작되어 중등교육 내내 이어지고, 그 어떤 다른 경쟁보다도 치열하다. 학교 교육만으로 부족해서 사교육까지 동원된다. 한국 학생들이 PISA와 같은 국제 학업 성취도 평가에서 높은 성취를 보이자 외국에서도 부러운 시선으로 바라보았다. 이것을 뒷받침한 것이 상대평가와 시험 점수 위주의 대입제도라는 해석도 있다.

하지만 경쟁 때문에 잃은 것도 적지 않다. 지나친 경쟁은 학교를 교육기관이라기보다 총성 없는 전쟁터로 만들어 버렸다. 과열된 경쟁 속에서 학생들은 지치고 쓰러져간다. 그 영향으로 학교 폭력이 일어나고 학생이 목숨을 버리는 일도 드물지 않게 나타난다. 인간적이고 교육적 성장보다 점수를 높이는 데 치중한 교육이 이루어지면서, 교육은 본질이 흐려지고 경쟁을 위한 경쟁이 되어버렸다.

그럼에도 불구하고 경쟁과 시장 경제 원리를 중시하는 사람들은 이를 불가피하다고 본다. 경쟁에서 승자와 패자가 있게 마련이고, 승자에게 큰 보상이 돌아가야 성장과 발전의 바퀴가 더 잘 돌아갈 수 있다는 것이다. 실력주의의 관점에서는, 같은 기회가 주어지고 같은 조건에서 경쟁이 이루어지면 그 성과에 따라 사회적 가치를 배분하는 것이 공정하다는 논리로 이어진다. 평등이란 기회의 균등을 의미하고, 성과에 따라 배분하는 것을 공정으로 여긴다. 스포츠 경기처럼 같은 조건과 규칙에 따라 경쟁이 이루어지고 그 승자가 금메달을 차지하는 것이 공정한 것이다. 이러한 주장은 가난한 집안에서 태어나 자신의 노력과 실력만으로 출세의 길을 걸은 미담 사례에 의해 더 강화된다. 사람들은 그런 성공 사례를 보면서, 내 자식도 실력을 길러서 성공한 사람들의 대열에 끼어들기를 바란다.

이들은 같은 조건 아래 치러지는 시험이 학생의 노력과 실력을 객관적으로 평가하는 가장 공정한 장치로 여긴다. 논술 시험같이 채점자에 의한 판단이 개입하는 '주관식' 문제에 대해서는 의심의 눈초리를 거두지 않는다. 일반 국민 사이에서는 국가가 철저하게 관리하는 '객관식' 문제를 푸는 수능 시험이야말로 가장 공정한 시험이라는 인식이 건재하다.

이러한 관점은 이념적으로 우파적 성향을 띄는 사람들에게서 많이 발견할 수 있다. '개천에서 용 나는' 시대를 살았던 노인층에서도 지지자가 많다. 치열한 경쟁 속에서 높은 경제·사회적 지위를 획득하는 데 성공한 중상류층에서도 실력주의를 옹호하는 경향이 강하다.

실력주의는 사람들이 경쟁 과정에서 지나친 경쟁으로 인해 많은 부작용이 생기고 또 실패자가 감당해야 할 참담한 고통을 너무 간과한다는 비판을 면할 수 없다. 또한 승자독식 방식의 배분 구조가 초래할 사회 구조적 위험성도 너무 가볍게 보는 경향이 있다. 그럼에도 불구하고 능력과 업적에 비례해서 분배하는 것이 장기적으로 효율성을 확보하고 조직과 사회의 성장을 가져올 수 있다는 논리와 역사적 경험 자체를 완전히 부정하기는 어렵다. 특히 단기간에 빠른 정치, 경제, 사회, 문화적 성장을 경험한 한국인에게는 실력주의가 이미 그 의식 저변에 폭넓게 자리 잡았을 가능성이 크다. 성장과 발전에 대한 욕구를 포기하지 않는 한, 한국 사회에서 실력주의의 생명은 상당히 오래 지속될 가능성이 크다.

평등주의와 공정 그리고 대입제도

모든 인간은 평등하다. 한국 사회에서는 한때 이 평범한 진리가 대다수 사람에게 자연스럽게 받아들여졌다. 광복과 6·25를 겪으면서, 거의 모든 사회 신분 질서가 붕괴되었다. 양반집 며느리가 좌판을 깔고 물건을 팔아 생계를 이어가야 하는 상황에서 모두 가난했고 과거에 어떤 삶을 살았는지는 큰 의미가 없었다. 모든 인간이 평등하다는 것은 당연하고 자연스러운 것이었다. 실력주의와도 충돌하지 않았다. 모두가 가난한 같은 조건에서 출발했기 때문에 성과에 따른 배분에도 불만이 있을 수 없었다. 실력주의 역시 당연하고 자연스러운 것이었다.

그러나 사상으로서 평등주의는 1970년대까지는 이 땅에서 숨을 쉴 수 없었다. 평등주의를 적극적으로 표방했던 공산주의는 악(惡)과 같이 여겨졌다. 6·25 남침으로 모든 삶의 뿌리가 뽑혀 나가는 것을 경험한 사람들은 공산주의와 관련된 것은 그 어떤 것조차도 용납할 수 없었다. 5·16으로 집권한 박정희 정부가 반공을 국시(國是)로 정하면서, 평등주의는 '기회의 평등' 수준으로 의미가 축소되었다.

이념 또는 사상으로서 평등주의는 1980년대에 외부에서 새로운 형태로 들어왔다. 종속 이론 등 네오마르크스주의가 대학가를 휩쓸었다. 군부 독재와 광주 5·18을 겪으며 국가에 대해 적개심을 품게 된 젊은이들에게 자본주의 국가의 정통성을 이론적·사상적으로 부정하는 네오마르크스주의 국가 이론은 신선한 충격이었다. 특히 미국을 중심으로 한 세계 질서의 부도덕함을 질타하는 종속 이론은 젊은이들의 민족주의적 감성을 자극하기 충분했다. 이러한 이념 사조가 군부정권에 반대하는 민주화 운동과 결합하면서 네오마르크스주의는 1980년대 대학 사회를 관통해 지나갔고, 긴 여운을 남겼다.

네오마르크스주의의 퇴조도 외부에서 왔다. 1990년을 전후한 구소련과 동구권의 갑작스러운 몰락은 마르크스주의의 사상적 파산을 의미했다. 네오마르크스주의가 퇴조하면서 이번에는 신자유주의 물결이 쏟아졌다. 역설적이지만 한국 사회에서 신자유주의의 파고가 높아지는 것과 거의 동시에 평등주의는 사상이 아니라 현실로 부활하기 시작했다.

우리 사회는 1997년 IMF 구제금융 사태와 2008년 국제 금융 위기를 거치면서 급속한 양극화를 경험하게 된다. 1980년대까지만 해도 한국 사회의 소득 분포는 상대적으로 균등한 편이었다. 하지만 2000년대를 지나면서 소득 격차와 빈부 격차가 벌어지기 시작했다. 또한 부동산 가격이 몇 차례 폭등하면서 빈부 격차는 더욱 벌어졌고 사회 계층이 견고하게 형성되기 시작했다. '금수저', '흙수저', '헬조선'과 같은 말들이 유행하고 상류층의 '갑질 문화'에 대한 사회적 비난이 거세게 쏟아졌다. 이런 환경에서 평등주의는 다시 화려하게 부활했다.

교육 분야에서 평등주의는 경쟁과 실력주의 이념에 반대하는 경향이 있다. 사회 구조적 불평등을 키울 수 있다는 이유에서다. 본래 교육이란 개인의 성장과 발달을 위한 것이고, 외재적인 경쟁 체제보다 학습자의 자율적이고 내재적인 학습 동기를 만들어내는 것이 중요하다. 그런데 치열한 경쟁은 '자기 주도적 학습(self-directed learning)'이나 '사회 정서적 역량(socio-emotional skills)'의 함양을 저해하고, 학생들이 '협력 학습(cooperative learning)'을 하는 데에도 장애가 된다. 또한 경쟁은 타인에 대한 공감과 배려를 기본으로 하는 인성교육에도 좋지 않은 영향을 끼친다. 평등주의는 경쟁이 불가피한 경우에도 경쟁의 출발선이 같을 때만 차등적 배분이 정당화될 수 있다고 본다. 출발선이 다른 경쟁은 공정한 경쟁이 아니라는 것이다. 나아가 평등주의는 기회의 평등이나 과정의 평등뿐만 아니라 결과의 평등에도 관심을 둔다.

평등주의 입장에서는 실력주의의 장점보다 폐해에 주목한다. 신자유주의가 물질적 풍요와 성장을 이루는 데 기여했지만, 야만적인 승자독식 사회와 사회 양극화를 불러왔고 그것은 계속해서 끔찍한 재앙을 확산하는 진원지가 되었다는 것이다. 우리 사회에서 빈부 격차는 날로 확대되고, 자살률은 OECD 국가 중 불명예스러운 세계 1위에 오른 지 오래다. 자랑스러워하는 PISA 평가에서도 우리 학생들의 학습 흥미도는 바닥 수준이다.

반-실력주의도 문제가 없을 리가 없다. 무엇보다 개인 차원의 노력과 선의의 경쟁이 가져오는 긍정적인 면을 너무 가볍게 본다. 선의의 경쟁을 완전히 배제한 상태에서 학생의 성취동기를 얼마나 높일 수 있을지도 생각해볼 필요가 있다. 학생이 거둔 성취의 많은 부분을 외적 환경 즉, 가정 배경이나 운 덕분으로만 설명하게 되면, 학생의 노력을 경시하는 결과가 될 수밖에 없다. 이것은 교육적으로 바람직하지 않을 수 있다.

평등주의에 호감을 느끼는 사람들은 최근 마이클 샌델의 반-실력주의에 공감하는 모습이다. 마이클 샌델에 따르면, '실력'이라는 것에는 개인이 펼친 노력의 결실로 보기 어려운 다양한 요소가 내재하고 있다. 예컨대 실력을 상징하는 시험 성적은 개인의 재능이나 노력 외에 다른 것들이 함께 작용한 결과일 수 있다. 사교육을 받을 수 있는 부모의 재력, 재학 중인 학교의 문화와 친구들의 성향, 거주 지역의 교육 여건, 심지어 시험 전에 마지막으로 펼쳐본 페이지의 내용이 시험에 나오는 '운(運, luck)'까지 다양한 요소가 포함된다. 따라서 개인이 거둔 성취는 온전히 개인이 펼친 노력만으로는 설명할 수 없다. 그런데도 높은 성적을 받은 학생들은 이러한 성취가 자신의 머리나 노력에서 비롯한 것이라고 믿고, 학교와 사회는 이러한 성취를 인정하고 대접한다. 이런 상황에서 마이클 샌델은 미국 대학이 인재를 길러내는 역할보다 암암리에 누가 더 배경이 좋은지를 골라서 입학시키는 '선별 장치'로 전락했다고 비판한다. 이럴 바에는 차라리 추첨을 통해 입학을 결정하는 것이 정의롭다고 주장하기도 한다.

만약 우리도 이런 상황이라면 우리가 실력이라고 믿어온 것을 토대로 가치를 배분하는 것이 공정하지 않을 수도 있다. 대입에서 시험 점수만으로 합격자를 선발하는 것까지도 공정하지 않을 수 있다는 생각으로 발전한다. 게다가 대학 간판의 영향력이 유지되면, 이는 입시의 공정성을 넘어 사회적 불공정까지 확대된다. 마이클 샌델과 박남기의 지적처럼, 실력주의를 맹목적으로 신봉하면 승자독식 사회를 자연스럽게 여기고 여기에 도덕적 정당성까지 부여하는 사회에서 벗어날 수 없게 된다.

그러나 우리 대입제도도 공정의 문제에 대해 무관심하지는 않았다. 시험 성적 등으로만 학생을 선발하게 되면 특별히 불리한 여건에 있는 학생들에게 구조적으로 불리하게 작용할 수 있다는 가능성을 인정했다. 그래서 2002학년도부터는 대입 전형을 일반 전형과 특별 전형으로 구분하고, 특별 전형에는 해당하는 지원자를 대상으로 따로 선발하도록 했다. 또한 일부 특별 전형은 오래 전부터 정원 외로 선발하도록 함으로써 공평성을 확보하면서도 사회적 논란을 최소화하는 방법을 적용했다. 이런 취지로 1977학년도부터 재외국민과 외국인 등에 대한 특별전형, 1995학년도부터 특수교육 대상자 특별전형, 1996학년도부터 농어촌 학생 특별전형, 2004학년도부터 특성화고 졸업자 특별전형, 2009학년도부터 기초생활수급권자 및 차상위 계층 특별전형, 2010학년도부터 특성화고 졸업 재직자 특별전형 등을 차례로 도입했다. 심지어는 특별법을 통해 2012학년도부터는 서해5도 거주자 특별 전형을 도입했고, 2016학년도에는 세월호 참사로 큰 충격을 받고 대입 준비가 어려웠던 경기도 안산 단원고 재학생에 대한 특별 전형을 도입하기도 했다. 또한 입학 정원의 범위 내에서는 이들 특별 전형 대상자는 물론 국가보훈대상자, 만학도, 지역 인재, 검정고시 출신자, 대안학교 출신자, 다문화 가정 자녀, 북한이탈주민 자녀, 종교, 예·체능 및 어학 등 특기자에 대해서도 대학이 자율적인 기준과 방법에 따라 특별 전형을 실시할 수 있는 길을 제도적으로 열어 놓았다. 또한 서울대학교는 1998학년도부터 학교장 추천제 또는 지역 균형 선발 제도를 도입해 대학 차원에서 자율적으로 지역 간 교육 격차 해소에 나서기도 했다.

최근에는 대입제도의 공정성 문제와 관련해서 특별 전형보다 일반 전형에 더 많은 관심이 쏠려 있다. 예를 들면 수능 시험 성적 위주의 정시 모집 비율을 둘러싼 논란이 그렇다. 여론과 정치권에서는 모든 학생이 같은 조건에서 치르는 수능 시험 성적으로 선발하는 것이 더 공정하다고 보지만, 일부에서는 학종, 즉 학교생활기록부 종합 전형이 더 공정한 결과를 가져온다는 분석 결과를 내놓았다. 수능 성적 위주로 학생을 선발하는 정시 모집에서 일반고 출신 학생보다 특목고 또는 자사고 출신이나 강남 지역 학교 졸업생들이 훨씬 높은 비율로 명문대에 합격한 것이다. 이런 결과를 가지고 수능 시험 점수 위주의 선발이 더 공정하다는 주장이 피상적이라고 비판한다.

평등주의는 이념적으로 좌파적 성향을 띠는 사람들이 적극적으로 주장하는 편이다. 1980년대 전후에 대학을 다녔던 중년층에서도 지지자가 많다. 전국교직원노동조합이나 참교육학부모회 등 진보적 성향의 교육 운동에 동조하는 사람들도 평등주의를 옹호하는 경향이 강하다.

이제 우리는 공정의 개념에 대해 좀 더 깊은 사회적 논의를 이어갈 필요가 있다. '공정'의 의미를 단순히 불공정 요소의 개입을 막는다는 소극적 의미로 국한할 것인가, 아니면 가정이나 지역 배경과 관계없이 누구나 능력이 있고 노력을 해서 성취하는 사람이 성공할 수 있는 사회를 만들어가는 적극적인 의미로 발전시켜나갈 것인가. "기회는 평등하고, 과정은 공정하며, 결과는 정의로운 사회"라는 구호가 공허한 말잔치가 아니라 실제로 구현되는 세상을 만드는 것은 우리의 몫이다. 교육 제도이면서 신분 제도로도 작동해 온 대입제도도 거대한 사회 생태계를 구성하는 한 요소로서 우리 사회의 건강한 발전을 도모하는 제도로 변화해 가야 할 것이다. 이 과정에서 적어도 당분간은 이 '공정'이라는 시대 정신이 우리 모두의 화두가 되어야 할 것이다.

복수지원제와 '가', '나', '다' 군의 유래

1993년 여름 어느 날이다. 교육부에서 대학 입시 업무를 맡고 있는 대학학무과 서남수 과장과 김화진 사무관은 울산행 비행기에 올랐다. 포항공대에서 열리는 전국교무과장협의회에 가는 길이었다. 당시 교육부는 대입제도 관련 주요 정책에 대해서는 대학의 처장급 모임인 전국교무처장협의회와 협의를 했고, 실무적인 사항은 실무 책임자들인 전국교무과장협의회와 논의를 했다. 요즘은 입학업무의 전문성과 중요성 때문에 대부분 대학에 입학처가 있지만, 당시에는 교무처가 입학업무까지 담당하던 시절이었다. 1993년은 수능이 도입되고, 복수지원제도 처음 시행될 예정이었다. 이날 모임은 교육부가 실무 책임자들에게 제도의 취지를 설명하고, 대입 실무를 담당하는 실무자들의 의견을 듣기위한 자리였다.

서 과장은 뭉게구름이 아래로 보이는 창가에 앉아 회의 내용을 하나씩 점검했다. 그러던 중 서 과장의 머리에 문득 걱정스러운 문제가 하나 떠올랐다.

"만약 서울대, 연세대, 고려대를 복수 지원한 수험생이 세 대학을 모두 합격하고 그 중 서울대를 선택하게 되면 연세대와 고려대는 어떻게 하지? … 커트라인 바로 아래 학생을 추가 합격시키겠지? … 그 추가 합격자가 다른 사립대 합격생이라면 그 대학은 어떻게 하지? … 그 대학도 추가 합격을 시키겠지? … 그러면 그 다음 대학, 또 그 다음 대학은 어떻게 하지? … 연쇄적으로 추가 합격을 시켜야 할 텐데 … 그러면 결국 중·하위권 대학 합격자 대부분은 중·상위권 대학 추가 합격으로 거의 모두 사라지게 될 텐데 … 어? 이거 간단치 않네?"

서 과장은 옆 자리에 앉은 김 사무관에게 낮은 목소리로 말했다.

"김 사무관! 복수지원제 문제 좀 깊이 생각해보자! 비행기 내릴 때까지 생각

해보고 내려서 더 얘기해보세.“

비행기에서 내려 차로 이동하면서 서 과장은 방금 전 떠올렸던 등록 포기자의 연쇄 충원 문제에 대해 자세하게 설명했다. 서 과장은 불과 몇 달 전에 대학 학무과로 왔지만 김 사무관은 2년여 전부터 대입 업무를 보아 왔기 때문에 실무에 정통했다. 서 과장의 설명을 들은 김 사무관도 점점 심각해졌다.

"이 문제 정말 간단치 않은 것 같은데요? 미처 생각하지 못했었네요.“

복수지원제는 1991년 새 대입제도를 발표할 때 포함되었던 것으로 1994학년도 대입 전형에서 처음 시행되는 제도였다. 1993년 12월부터 1994년 2월 중에 진행될 전기 모집과 후기 모집에서 처음 시행될 예정이었다. 전기 모집 기간인 10일과 후기 모집 기간인 5일 간의 전형 기간 중 대학별로 각각 입시일을 정하도록 되어 있는데 입시일이 다른 대학에는 복수로 지원할 수 있도록 한 것이었다.

복수지원제 도입 취지는 학생들에게 학교 선택의 기회를 늘려주고 재수생 양산을 막기 위한 것이었다. 수험생이 상위권 대학에 불합격하면 후기 대학에 진학할 수밖에 없는데 많은 후기 대학 합격자가 진학을 포기하고 재수를 선택하는 문제점을 개선하려는 것이었다. 그래서 수험생 특히 상위권 대학 수험생들에게는 큰 환영을 받았다.

그런데 이 복수지원제는 당초 대입 경쟁이 집중되는 중·상위권 대학에 초점이 맞추어져 있어서 중·하위권 대학에 미치는 영향까지는 충분히 검토되지 않았던 것이다. 상위권 대학들은 미충원된 소수의 학생만 충원하면 더 이상 문제가 없었으나. 중·하위권 대학들은 중·상위권 대학에서 연쇄적으로 추가 합격자를 뽑아 올릴 것이기 때문에 미등록 충원으로 인한 빈 자리가 기하급수적으로 늘어날 가능성이 있었다. 중·하위권 대학에서는 합격자로 발표한 대다수 학생들이 빠져나갈 것이고 심한 경우에는 최초 합격자는 말할 것도 없고 추가 합격자 중에서도 다시 다른 대학 추가합격자로 발표되면 동록을 포기하는 학생이 나올 수도 있기 때문이었다. 짧은 입시 기간 중에 추가 합격자에게 연락해서 바로 등록하도록 통지하는 일도 보통 일이 아니었다. 만약 불가피한 사정으로 추가 합격자에게 연락이 닿지 않을 경우에는 어떻게 할 것인가 등등 여러 가지 시행상의 문제들도 검토가 필요했다.

전국 대학 입시 최고 전문가들이 모이는 전국교무과장협의회 회의에서도 이와 관련된 질문이나 문제를 제기하는 사람이 없었다. 추가 검토가 필요한 사항이고 또 장·차관에게도 보고해야 할 만한 중요한 문제인지라 서 과장도 그날 회의에서는 이 문제를 꺼내지 않았다.

사무실로 돌아오자마자 서 과장과 김 사무관은 이 문제를 내부적으로 검토하기 시작했다. 외부로 알려지면 큰 소동이 날 수도 있는 문제였다.

"김 사무관! 연쇄 반응을 생각하면 예고한 것처럼 최대 열 개 대학까지 복수 지원을 허용하는 것은 정말 무리인데… 이미 3년 전에 예고를 해 놓았으니 지금 와서 이를 취소할 수도 없고… 이를 어쩌지?"

"그렇다면 과장님 생각에는 몇 개 정도까지 복수 지원을 허용할 수 있을 것 같습니까?"

"아마도 서너 개 정도까지? 네 개도 어쩌면 가능할지 모르지만 위험 부담이 너무 클 것 같긴 한데…"

"그러면 날짜를 세 개만 정해서 대학들에게 그 중에서만 정하도록 하지요. 네 개로 늘릴지 어떻게 할지는 금년 입시 마치고 추가로 검토하고요."

"우리가 이미 10일 중에서 자유롭게 입시일을 정할 수 있다고 발표를 해놓았는데 대학들이 따라올까? 응하지 않는 대학이 있으면 어쩌지?"

"교육부 말을 안 들으면 대학 자기들이 엄청난 혼란을 겪을 텐데 안 따라올 이유가 없지 않을까요."

"그래? 그렇다면 10일 중에서 앞 부분에서 하루, 중간 부분에서 하루, 마지막 부분에서 하루를 정해서 대학이 그 세 날 중 하루를 입시일로 선택하도록 권유해 보도록 하지."

"네, 그런 내용으로 잘 아는 대학 관계자들과 상의해 보겠습니다."

"그리고 후기 전형에서는 미등록 충원을 할 시간적 여유가 없으니까 입시일을 하루로 통일해서 단수로만 지원하도록 하는 것도 함께 협의해보게."

"네, 그렇게 하겠습니다."

협의 결과는 대체로 같았으나 교육부 뜻대로만 진행될 것 같지는 않았다. 전기 모집에서 10개까지 복수로 지원할 수 있게 하면 큰 혼란이 벌어질 가능성이 크고 세 개 정도를 복수 지원할 수 있도록 하는 것이 적당할 것 같다는 데에는 실무자들도 대체적으로 같은 의견이라고 김 사무관은 보고했다. 다만 전기 모집이나 후기 모집에서 일부 대학은 입시일을 교육부 권고일과 다르게 정할 가능성도 있다는 것이었다. 서 과장은 검토와 협의 결과를 국장, 실장, 차관, 장관께 차례로 보고해 실무진 의견대로 추진하도록 허락을 받았다.

다만, 얼마나 많은 대학이 입시일을 다르게 정해 수험생들에게 실제로 어느 정도 복수 지원 기회를 줄 것인지는 그해 9월 말 대학별 입시일 확정 결과를 보아야 알 수 있는 일이었다. 결국 대다수 전기 모집 대학은 고심 끝에 입시일을 서울대와 같은 날로 정했고 일부 소수의 대학은 다른 날로 정했는데 그것이 원수 접수와 신입생 선발 상황을 완전히 바꾸는 결과를 가져왔다.

원서 접수 마감 결과, 크게 바뀐 새 입시 제도 때문인지 수험생들의 '하향 안전 지원' 경향이 뚜렷하게 나타났다. 서울대와 같이 1월 6일을 입시일로 정한 대학의 지원율은 대체적으로 낮게 나타났다. 지원율이 낮은 일부 유수 대학은 미달 학과가 여럿 나옴에 따라 추가 모집에 나서기도 했다.

반면 서울대와 입시일을 달리 정해 대다수 대학과 복수 지원이 가능했던 대학들의 경쟁률은 크게 높았다. 입시일을 1월 12일로 정한 세종대는 한 학과의 경쟁률이 백 대 일을 넘었고 전체적으로 35.8 대 1의 경쟁률로 개교 이래 최고의 경쟁률을 보였다. 1월 11일을 입시일로 정한 포항공대도 13 대 1이 넘는 경쟁률을 보였고 동국대, 홍익대, 한국외대, 한성대, 성균관대 등의 경쟁률도 높았다.

그렇지만 복수 지원으로 많은 지원자가 지망했던 대학들은 합격자들의 최종 등록 과정에서 많은 부담을 안아야 했다. 예를 들면 포항공대의 경우 10개 학과 일반전형 합격자 180명 중 대부분 서울대에도 복수로 합격한 120명이 등록을 포기했고 이에 따라 모집 정원의 3배수인 540명의 예비합격자에게 통보하고 2차 등록을 받는 등 미등록 충원에 적잖은 힘을 써야 했다. 매년 미등록자가 20여 명 내외였던 서울대도 이 해에는 포항공대에 복수 합격한 학생 60여 명 등 100여 명이 등록을 포기했다. 다만 서울대는 추가 합격자를 발표해서 추가 등록을 받지는 않았다.

2월 1일부터 5일까지 진행된 후기 모집 대학에서도 60여 개 대학은 2월 1일을 입시일로 정했으나 10여 개 대학은 2일부터 5일 사이에 입시일을 정함으로써 복수 지원이 가능했다. 이때에도 1일이 입시일인 대학은 경쟁률이 상대적으로 낮았고, 다른 날을 입시일로 정해 복수 지원이 가능했던 대학의 경쟁률은 높았으나 복잡한 미등록 충원 부담을 감당해야 했다.

이런 결과로 복수지원제에 대한 다양한 의견이 제기되었다. 허수 지원이 너무 많아 혼란스럽다, 1천여 억 원이 넘는 과도한 전형료는 낭비다, 극심한 '눈치작전'을 유발한다, 미등록 충원으로 인해 대학 행정력이 너무 낭비된다, 많은 대학이 서울대와 입시일을 같이 해 수험생의 복수 지원 기회를 박탈했다 등등의 비판이 있었다. 그럼에도 불구하고 수험생에게 복수 지원 기회를 주는 것은 대입제도 발전 측면에서 바람직하다는 긍정적인 평가가 대세를 이루면서 제도의 폐지보다는 보완을 요구하는 방향으로 여론이 조성되었다.

교육부는 1994학년도 입시가 종료된 2월 28일 '1995학년도 대학입시 기본 계획'에 그 보완 대책을 포함해 발표했다. 이에 따르면 전기 모집 기간인 12일을 4일씩 3회의 선발 기간으로 나누고 각각 그 둘째 날을 '가', '나', '다'일로 지정해 대학이 그 중에서 입시일을 선택하게 했다. 대학이 미등록 충원을 관리할 수 있는 범위의 복수 지원이 가능하도록 한 것이다. 대신 후기 모집과 추가 모집의 입시일은 각각 하루로 정해 한 개의 대학만 지원하도록 했다.

여러 개의 대학에 합격한 학생이 한 대학 이상에 미등록하고 그 빈자리를 충원하기 위한 미등록 충원이 원활하게 진행되도록 교육부는 다각적인 대책을 마련했다. 다른 대학이 합격자를 발표하기 이전에 최초 등록을 마감하는 대학은 합격자가 발표되지 않은 대학의 수험표 사본 제출자에 대해 등록금 납입 유예를 허용하도록 하고, 미등록 충원은 예비합격자 중에서만 충원하도록 했으며, 둘 이상의 대학에 합격한 학생은 등록 의사가 없는 대학에 등록포기각서를 제출하도록 하고, 예비 합격자는 등록 희망원이나 등록포기각서를 제출하도록 했으며, 등록한 학생이 다른 대학의 추가 합격 통지서를 제시할 경우에는 대학은 즉시 등록금을 환불해주도록 의무화하고, 미등록 충원 종료 후 결원이 발생한 경우에는 추가 모집을 하거나 교육부의 승인을 받아 다음 해에 그만큼 더 모집할 수 있도록 하는 등 세밀한 미등록 충원 방법을 제시했다.

이런 대책에 따라 1995학년도 입학 전형에서는 포항공대 등 24개 대학이 입시일을 '가'일로, 서울대 등 73개 대학이 '나'일로, 한국외대 등 28개 대학이 '다'일로 각각 입시일을 정함으로써 복수지원제의 기틀이 확실하게 자리를 잡았다. 다음 해 1996학년도에는 연세대와 고려대가 서울대와 다른 '가'일을 입시일로 정함으로써 복수지원제는 본궤도에 오르게 되었다. 교육부는 이를 더욱 활성화하기 위해 1997학년도부터 2001학년도까지는 전기 모집 입시일을 3일에서 4일로 늘려 '가', '나', '다', '라' 군을 설정했다. 다만 이로 인한 미등록 충원 부담이 너무 크고 세 번의 복수 지원 기회만으로도 복수지원제의 취지가 충분히 달성될 수 있다는 의견에 따라 2002학년도 대입 전형부터는 다시 '가', '나', '다' 3개 군 제도로 복귀했다.

이 사례에서 보는 것처럼 대입제도는 교육부, 대학, 고교, 수험생 등 다양한 참여자 간의 상호 작용 때문에 일정한 적응 과정을 거치면서 진화한다. 예측 가능한 문제에 대해서는 보완을 통해 변화하기도 하지만 때로는 전혀 예상하지 않은 결과를 가져오기도 한다. 예를 들면 복수지원제가 의도한 것은 아니었지만 결과적으로 지방 대학의 위상을 낮추는 중요한 원인으로 작용했을 가능성이 있다.

복수지원제가 도입되기 전에는 수도권의 유수 대학에 진학할 수도 있는 아주 우수한 지방 학생도 거점 국립대나 명문 사립대 등 그 지역에 소재한 대학에 진학하는 경우가 많았다. 수도권 대학에 응시했다가 만약 합격하지 못하면 그 지역에 마땅한 후기 대학이 없거나 그렇다고 재수할 형편이 되지 않는 학생들이 많았기 때문이다. 복수지원제가 도입된 후에는 우수한 학생이 그 지역에서 가장 가고 싶은 대학과 수도권 대학을 복수로 지원해서 합격한 대학에 진학하는 경향이 늘었는데, 수도권 중심으로 경제가 성장하고 취업 기회가 늘어나면서 양쪽 대학에 모두 합격한 경우에는 수도권 대학을 선택하는 사례가 점점 늘어난 것이다. 그 결과 수도권 대학에 비해 지방 대학의 위상이 점점 낮아지는 문제가 심각하게 제기되었다. 지방 대학의 위상 저하가 전적으로 복수지원제 때문이라고 할 수는 없겠지만 복수지원제의 영향을 부인할 수도 없을 것이다.

이런 문제점이 있다고 해도 수험생에게 일단 확대해서 부여한 대학 선택의 기회를 다시 거두어들일 방법은 없어 보인다. 이렇게 대입제도도 생물과 같아서 때로는 정책 기획자가 전혀 의도하지 않았던 효과를 가져오기도 한다.

대입제도가 바뀌면 수험생만 어려운 것이 아니라 교육부와 대학도 큰 부담과 위험을 안게 된다. 특히 큰 변화를 포함한 새 대입제도를 시행하게 되면 어디서 어떤 지뢰가 터질지 모르겠다는 불안감이 실무자들을 짓누른다. 1994학년도 대입제도를 시행하면서 만약 처음 시행하는 복수지원제와 미등록 충원의 문제를 사전에 예상해서 대비하지 않았더라면 그 해의 대입 전형에서는 큰 혼란이 발생했을 가능성이 크다. 그렇게 되었다면 교육부도 엄청난 비난을 받고 대대적인 문책도 뒤따랐을 것이다. 대입제도가 더는 바뀌지 않았으면 좋겠다는 소망은, 믿거나 말거나, 수험생만 아니라 교육부와 대학의 실무자들에게도 절실하다.

중용의 길, 너무 멀면 얼어 죽고
너무 가까우면 타 죽는다

지구는 태양계에서 다양한 생명체가 살 수 있는 유일한 행성이다. 그것은 태양으로부터 적당한 거리를 두고 있기 때문일 것이다. 지구보다 태양에서 더 가까운 행성은 너무 뜨거워서, 더 먼 행성은 너무 추워서 생명체가 살기 어렵다.

이념에 바탕을 둔 교육개혁론은 매력적이다. 이념은, 마치 태양처럼, 매혹적인 이상(理想)의 빛을 내뿜기 때문이다. 대입제도처럼 이렇게 저렇게 뒤엉킨 현실적 제약 속에서 오랫동안 속시원한 해결책을 찾지 못하는 난제에 대해서는, 특히 대통령 선거와 같은 정치의 계절이 오면, 교육개혁론은 더 많은 관심을 끌게 된다. 온갖 현실적 제약을 한꺼번에 털어내고 문제를 근원적으로 해결하고 싶은 충동이 우리를 감싼다. 초·중등교육을 대입에서 분리하자거나 대학 서열화 구조를 해체하자는 주장이 나오고, 근본적인 사회 변혁을 요구하기도 하며, 대입제도를 완전히 자율화하라는 외침도 들린다. 그 밑바탕에는 '신자유주의(neo-liberalism)'와 '평등주의(egalitarianism)' 또는 '시장주의(marketization)'와 '개입주의(government inter-ventionism)' 이념이 충돌하기도 한다.

교육개혁론은 양면의 얼굴을 가지고 있다. 한편으로는 우리 교육이 안고 있는 고질적인 문제를 예리하게 통찰한 지혜를 갖고 있으면서도 동시에 그것이 제시하는 해법 역시 또 다른 심각한 부작용의 가능성을 안고 있다는 점이다. 이런 급진적인 제안이 어떤 특정한 정치적 맥락에서 정책으로 채택되면 그 대가를 치르게 되는 것은 교육 현장이다. 그렇다고 해서 이런 교육개혁론을 아주 외면하게 되면 교육 현장은 미래 비전이 가져다줄 수 있는 활기와 생명력을 잃어버릴 수도 있다. 현실적으로 어려운 여건을 핑계 삼아 어쩔 수 없다는 상황 논리 속에서 허우적대기만 해서는 교육의 미래를 꿈꿀 수 없다. 발 밑의 도랑을 세심하게 살피면서도 큰 방향을 잃지 않도록 기회가 있을 때마다 태양의 위치를 확인하고 하늘의 별자리도 보아야 한다.

우리 헌법 제31조 제1항에 따르면, "모든 국민은 능력에 따라 균등하게 교육을 받을 권리를 가진다." 이는 교육에서도 자유주의와 평등주의의 조화를 추구하는 것이 헌법 정신이라는 것을 의미한다. 헌법은 능력에 따른 실력주의와 함께 교육 기회의 균등한 보장을 선언한 것이다. 이는 대입제도 개편을 포함한 교육 정책에서 우리 사회가 실력주의나 평등주의의 어느 한쪽 이념에 너무 치우치거나, 이념의 덫에 빠지지 않도록 주의를 환기시킨 것이다. 또한 대입제도를 둘러싼 거시적 담론과 극단적인 주장들이 언뜻 보기에는 문제 해결을 위한 '근본적인 대안'처럼 보일 수 있지만, 막상 실천 단계로 넘어가면 수많은 암초와 부딪칠 가능성이 크다. 우리가 대입제도를 다루면서 중용의 길을 가야 하는 이유다.

현실적으로 정부가 대입제도 개선 방안을 구체적으로 마련하는 단계에서 거시 담론을 논의하기는 쉽지 않다. 많은 경우 이러한 담론들은 교육적 차원을 넘어 국가, 사회 그리고 교육의 거시적 관계와 역할에 대한 철학적 논의로 이어지고, 정치적, 이념적 갈등까지 수반해서 어떠한 합의나 결론에 도달하기도 어렵다.

이런 점에서 앞으로 발족할 국가교육위원회의 역할을 기대한다. 세부적인 개별 교육 정책을 두고 토론하기보다 우리 교육정책이 지향해야 할 방향과 가치에 대한 거대 담론을 펼치기를 바란다. 깊이 있는 대화와 긴 토론을 통해 대입제도를 포함해서 우리 교육 제도 전체를 관통하는 국가 철학적 통찰을 찾아낼 수 있다면 그 이상의 중요한 역할은 없을 것이다.

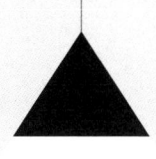

제
7
장

대입제도,
유독 우리나라만 문제인가?

교육 개혁과 외국 사례 본받기[6]

　교육은 개인의 삶에 무시하지 못할 영향을 미친다. 교육을 받은 정도는 개인의 영양(nutrition) 수준, 건강과 수명, 출산(fertility)에 영향을 끼친다. 경제적으로는 일자리와 소득 수준을 결정하고, 사회적으로는 거주 지역, 결혼 대상 찾기(marital selection), 문화의 향유 수준까지 두루 영향을 미친다. 무엇보다 교육은 일자리를 찾는 데 도움을 준다. 이런 이유로 과잉 교육(over-education)에 대한 비판도 있지만, 전 세계에 걸쳐 사람들의 교육 수준은 점점 높아지는 현상(educational upgrading)을 보인다. 그중에도 대학 진학률이 높아져서 어느덧 고등교육은 보편화(universalization of higher education) 단계로 나아가고 있다.

　누구나 대학에 가는 시대가 오더라도 변치 않는 사실이 있다. 그것은 사람들이 선호하는 대학이 있다는 것이다. 이러한 명문 대학의 존재는 한정된 입학 기회를 두고 치열한 경쟁이 생겨날 수 있음을 의미한다. 또한 어떻게 공정하게 학생을 선발할지에 관한 사회적 합의와 제도를 요구한다. 이런 이유로 모든 나라에서 대입제도나 정책은 국민적 관심이 쏠린다. 비

---

6) 이하 각 나라 사례는 다음 자료를 참고하여 작성하였다.
　　김선(2020). 교육의 차이. 서울: 혜화동
　　각국 교육부 및 관련 기관 홈페이지 발췌 자료

록 정도의 차이는 있을지언정, 정부와 대학들은 사회가 요구하는 방향으로 입시 제도를 혁신하기 위해 고민을 거듭해왔다.

정부가 교육 개혁을 추진할 때도 늘 빠지지 않는 것이 대입제도의 혁신이다. 왜냐하면 대입제도는 초·중등교육의 발전은 물론 개인 차원의 계층 이동과 국가적 차원의 국민 통합까지 영향을 미치기 때문이다. 또한 사교육의 확산이나 입시 스캔들처럼 입시와 관련해서 나타나는 사회적 병리 현상도 대입제도를 개선하라는 압력으로 작동한다.

정부가 교육제도를 개혁할 때 흔히 참고하는 것이 다른 나라의 사례이다. 때로는 교육 개혁을 위한 영감을 얻고, 때로는 정부가 추진하려는 정책의 방향에 대한 정당성을 확보하는 차원에서도 진행된다. 새로운 제도나 정책이 더 효과적이라는 사실을 국민에게 설명하고 이해를 구하는 것이 중요한데, 그 근거를 해외 사례에서 찾으려 하는 것이다.

미국 사례를 보자. 1983년 미국 레이건 행정부는 'Nation at Risk(위기의 국가)'라는 제목을 가진 보고서를 발간했다. 이 보고서는 "우리 국가는 위기에 처해 있다. 한 세대 전에는 상상할 수도 없었던 일이 벌어지기 시작했다. 다른 나라들이 미국의 교육적 성취를 따라잡거나 추월하고 있다"고 경고하면서, 미국 사회에 교육 개혁 열풍을 불러일으켰다. 특히 한국을 비롯한 다른 나라 교육 사례를 제시하면서 미국 교육이 근본적으로 개혁되어야 한다고 주장했다.

우리나라의 사정도 크게 다르지 않다. 1985년 이후, 역대 정부가 교육개혁을 위한 대통령 자문기구를 운용했다. 기관의 명칭도 교육개혁심의회, 교육정책자문회의, 교육개혁위원회, 새교육공동체위원회, 교육혁신위원회, 국가교육과학기술자문회의 등 다양했다. 이들은 대통령 임기 중에 추진할 교육개혁 방안을 제시해왔는데, 대입제도 개편 방안은 단골처럼 포함되었다. 이때 해외 사례를 제시하면서 정책의 필요성과 정당성을 뒷받침하는 경우가 많다. 또한 기존 제도의 문제점을 지적할 때에도 다른 나라 사례를 들어 비판하기도 한다.

교육은 거대한 사회 생태계 일부이다. 교육 제도는 각 나라의 사회적, 문화적, 역사적 맥락에 따라 만들어지고, 정치적, 경제적 배경에 따라 변화하기도 한다. 즉, 교육 제도는 역사의 산물이다. 그러므로 어느 나라든 교육 제도의 이면에 존재하는 사회적 배경이나 문화적 특성을 고려하지 않고, 그 제도만을 떼어내어 모방하거나 그대로 이식하려 한다면 실패로 끝날 가능성이 크다. 그것을 수입하려는 나라의 문화나 풍토와 충돌할 수 있기 때문이다. 여기서는 우리가 대입제도의 혁신을 논의할 때, 많이 거론되는 외국 사례를 살펴본다. 특히 그러한 제도를 만들고 운영하게 된 역사적, 사회적 맥락을 살펴봄으로써, 우리나라에도 그러한 제도나 정책의 적용이 가능한 것인지에 대한 시사점을 얻고자 한다.

200년 전통의 프랑스 바칼로레아

프랑스라는 나라를 생각하면, 많은 사람이 자유, 평등, 박애의 정신을 떠올린다. 대학 체제를 봐도 평등의 정신이 깃들어 있음을 알 수 있다. 대학 입시가 우리처럼 치열하지 않다는 것이 이를 뒷받침하는 사례로 소개되기도 한다. 한편, 프랑스 교육의 우수성을 소개할 때마다 단골처럼 등장하는 것이 있다. '바칼로레아'라고 불리는 대입 시험이 그것이다. 철학적 사유와 비판 정신을 요구하는 논술 시험으로서 정답이 없는 이 시험은 반드시 하나의 답을 찾아야 하는 우리의 수능 시험과 대비되곤 한다. 그런 이유로 수능 대비 문제 풀이 학습에 대해 부정적 시각을 가진 사람들이 대안의 하나로 제시하는 것이 바칼로레아이다. 관련해서, EBS의 한 프로그램은 바칼로레아 시험에 대해 다음과 같이 소개했다.

〈그림 4〉 바칼로레아 학위증

〈2013년 10월 3일 처음 방영된 EBS 지식채널e '시험의 목적'〉

- 프랑스 고등학생들이 대학에 진학하기 위해 치르는 시험, 바칼로레아, 프랑스의 대학 입학 자격 시험.
- 복잡한 지문 없이 짧은 한 문장으로 된 철학 시험 문제. 세 개의 질문 중 하나를 골라 4시간에 걸쳐 답을 작성해야 하는 수험생들, 철학 과목을 포함한 15개 과목 모두 주관식 논술로 이루어진다.
- 20점 만점에 10점 이상이면, 시험에 통과. 시험에 통과하면 점수에 상관없이 원하는 국공립대학에 입학할 수 있다. 10점 이상을 받은 합격자는 전체 수험생의 80% 이상.
- 시험의 목적은 못 하는 학생을 가려내고 탈락시키는 것이 아니라 더 학생을 합격시켜 더 많은 교육의 기회를 주는 것.
- 바칼로레아 철학 시험이 있는 날, 오늘은 어떤 철학 문제가 나왔을까? 중국의 천안문 사태가 있었던 1989년, "폭력은 어떤 상황에서도 정당화될 수 없는가?" 이민자 폭동이 사회적 문제가 되었던 2006년, "특정한 문화의 가치를 보편적으로 판단할 수 있는가?" 그리고 정치인의 탈세와 온갖 비리로 얼룩졌던 2013년, "정치에 관심을 두지 않고도 도덕적으로 행동할 수 있는가?"
- 1808년 이 시험을 만든 목적은 건강한 시민, 스스로 생각하고 행동하는 건강한 시민을 길러내는 것이었다.

출처: 김수현(2013.10.03.). EBS 지식채널e '시험의 목적'. https://jisike.ebs.co.kr/jisike/vodRep
layView?siteCd=JE&prodId=352&courseId=BP0PAPB0000000009&stepId=01BP0PAPB
0000000009&lectId=10155120

우리나라 대입제도를 지탱하는 세 가지 원칙은 공정성, 교육적 타당성, 대학의 자율성이다. 프랑스 바칼로레아는 그 중 교육적 타당성에 대해 많은 시사점을 제공한다. 이 시험은 탈교과적, 통합교과적으로 문제를 내고, 문제를 풀기 위해서는 융합적 관점, 문제해결력, 논리적 추론 등이 필요하기 때문이다. 최근 우리나라에서 수능 시험에도 서술형 문항을 도입하자는 주장이 있는데, 이와 무관하지 않다.

그러나 평등한 것처럼 보이는 대학 체제와 바칼로레아라는 독특한 시험을 넘어서서 프랑스 사회와 교육 체제의 내면을 좀 더 깊이 들여다보면, 다른 모습의 프랑스를 보게 된다. 시험과 결부된 능력주의 사회관과 '그랑제콜(Grandes Écoles)'을 중심으로 하는 거대한 학벌주의 풍토가 깊이 스며들어 있음을 알게 된다.

우선 대학의 학사 시스템부터 보자. 3년제로 운영되는 대학은 어느 정도 평준화되어 있고, 20점 만점 바칼로레아에서 10점 이상을 맞으면 어느 대학이든 입학할 수 있다. 예전과 달리 최근에는 전체 고교 졸업생의 80% 정도가 합격점을 받는다. 따라서 프랑스에서 대학에 입학하는 것은 그다지 어렵지 않다. 문제는 입학 후이다. 대략 1학년의 절반 이상이 2학년으로 진급하지 못하고 중도 탈락할 정도로 학사 관리가 엄격하다. 중등교육 단계에서 낙제를 받는 학생이 많지만, 고등교육 단계에서의 진급은 더 어려운 것으로 알려졌다. 그러므로 오직 평준화된 듯 보이는 대학 체제와 바칼로레아 시험의 외형만 보고, 프랑스의 고등교육을 평가하는 것은 타당하지 않다.

프랑스 사회와 교육 체제가 평등 정신만으로 움직이지 않는다는 것은 그랑제콜을 통해 더욱 첨예하게 드러난다. 일반적으로 프랑스 사람들은 그랑제콜을 엘리트 양성 기관으로 받아들인다. 여기에 입학하는 것은 우리나라 명문 대학 입학 이상으로 어렵다. 학·석사 통합 과정으로 볼 수 있는 그랑제콜을 졸업한 인재들은 정치, 행정, 경영, 금융, 공학, 군사 등 여러 분야로 진출해서 요직을 점한다. 민간 부문에서도 두각을 나타내며 조직의 상층부로 진출한다. 게다가 이들은 알게 모르게 서로 영향을 미치면서 도움을 주고받는 인적 네트워크를 형성하고 있다. 강력한 학벌주의가 물밑으로 작동하는 것이다.

출세의 관문이라 할 수 있는 그랑제콜에는 보통 바칼로레아에서 상위 5% 정도에 드는 학생이 2년의 준비반 과정을 거쳐 치열한 입시 경쟁을 뚫어야만 입학을 할 수 있다. 등록금은 거의 없는 셈이지만, 학생 1인당 교육비는 일반 대학과 비교해볼 때 서너 배 이상 많다. 외형상 엄격한 시험을 통해 학생을 선발한다고 하지만, 실상은 입학생의 상당수가 중·상류층 출신이기 때문에 '금수저 학교'라는 비판도 꾸준히 제기되고 있다. 그런 이유로 일부 그랑제콜은 논란이 있음에도 저소득층 학생을 특별 전형 방식으로 선발하기도 한다.

그랑제콜 중에서 최고의 지위를 누리는 것은 ENA(국립행정학교, Écoles Nationale d'Administration)이다. 여기에 입학하려면 시험(Concours externe exam)을 통과해야 한다. 이 시험에는 다른 그랑제콜인 Science Po(파리정치대학)를 졸업한 학생이나 일반 대학의 ENA 준비반을 거친 학생들이 많이 응시하는 것으로 알려졌다. 어렵사리 입학한 학생들은 다시 2년 정도 고강도 인턴 과정과 엄격한 시험을 거쳐야만 졸업을 할 수 있다. 성적이 최상위권인 졸업생은 프랑스 정부 '고위공무원단(grands corps)'에 편입되어 재무부나 외교부 등에 배치되고 정치와 행정의 지도자로 성장하게 된다. 그랑제콜 출신자가 사회 각 분야의 요직을 독점함에 따라 사회적 불만과 정치적 갈등도 크다. 마침내 2021년 3월 마크롱 대통령은 ENA를 2022년에 폐지한다고 전격 발표했다. 이러한 일련의 사태는 프랑스에서도 사회 엘리트를 충원하는 방식과 체제에 대해 적지 않은 논란과 갈등이 있음을 보여준다.

여기서 한 가지 주목할 사실이 있다. 그것은 프랑스의 교육 체제와 엘리트의 선발 및 양성과정에서 중요한 역할을 하는 것이 '시험'이라는 것이다. 그것도 논술식 시험이라는 것이다. 우리에게는 바칼로레아 시험이 널리 알려졌지만, 사실 대부분 초·중등학교에서도 시험은 논술식으로 치른다. 즉, 프랑스에서 시험이라 하면, 모든 이가 논술식 시험을 떠올린다. 이는 역사적으로 축적된 산물이고 쉽게 변하지 않는 사회 제도(social institution)와 같은 것이다.

이러한 논술식 시험에 운명처럼 따라다니는 것은 채점의 전문성과 공정성 문제이다. 특히 대입 시험인 바칼로레아가 그렇다. 프랑스는 이를 평소 논술식 시험의 평가에 익숙한 선생님들을 활용해서 해결한다. 200년에 걸쳐 논술식 시험이 발전해오면서 이를 채점하는 선생님들에 대한 사회적 신뢰도 쌓여 왔다. 다시 말해 프랑스에는 국민이 신뢰하는 채점관이 충분하고, 논술식 시험을 공정하게 채점하는 시스템도 발전해왔다. 더욱 중요한 것은 많은 프랑스 사람들이 이를 신뢰한다는 것이다.

이상에서 살펴본 프랑스 사례는 우리에게 여러 가지 시사점을 준다. 먼저 바칼로레아 같은 시험 체제만 보고, 프랑스 사회와 교육 체제를 평가하는 것이 타당하지 않다. 겉보기에 프랑스는 대학 평준화와 논술식 바칼로레아를 통해 대입 단계에서 경쟁을 크게 완화한 것이 사실이다. 하지만 입학은 쉬워도 진급과 졸업이 어려운 학사 관리, 그랑제콜을 향한 혹독한 입학 경쟁, 시험이라는 냉엄한 현실, 뿌리 깊은 능력주의 전통을 무시할 수 없는 것이다. 무엇보다 그랑제콜이라는 엘리트 충원 구조를 보면, 경쟁이 없거나 약한 사회가 결코 아님을 알 수 있다. 비록 논술식 시험이라고는 하지만, 결국은 '시험'일 수밖에 없는 치열한 경쟁을 통해 사회 엘리트를 선발하고 육성하는 교육 시스템이 깊이 자리 잡은 사회인 것이다.

이렇게 볼 때 교육 체제를 관통하는 역사적 맥락, 전통과 문화, 시민사회의 보편적 인식을 제대로 이해하지 않고, 교육 제도의 한 부분만 도입하려 하는 것은 타당하지 않을 수 있다. 바칼로레아라는 논술식 시험의 우수성을 인정할 수 있지만, 그것만으로 프랑스 대입제도를 모두 설명할 수는 없다. 논술식 시험의 출제 및 평가와 관련해서 꽤 오랫동안 축적해 온 지식, 사회가 가진 채점 역량, 채점의 전문성과 공정성에 대한 신뢰 문화가 오늘날의 바칼로레아를 만든 것이다.

독일에서는 왜 대입 경쟁이 치열하지 않나?

독일이라고 하면, 학벌보다 실력을 중시하는 사회를 떠올린다. 그 정점에는 사회적으로 존경을 받고, 경제적으로도 대접받는 '마이스터(Meister)'가 있다. 관련해서, 독일 교육을 돌아본 사람들은 이원적 직업 교육 체제(Dual System)에 대해 매력을 느낀다. 이원 체제란 직업 교육이 정규 학교와 전문 기업의 긴밀한 협력 아래 이루어지는 것을 말한다. 직업 역량에 대한 이론은 학교에서 배우고, 실무 능력은 도제식 작업 환경에서 함양하는 분업적 교육 체계를 의미한다. 이러한 교육 체제를 통해 배출된 유능한 인력은 오늘날 독일 경제가 높은 경쟁력을 유지하는 토대이다.

그래서인지 많은 나라가 독일의 이원적인 교육 체제에 주목하고 있다. 우리나라에서도 엄밀한 의미에서 이원 체제는 아니지만, 특성화고 중 일부를 '마이스터고'로 전환해서 기업과 협력하는 고품질 직업 교육 기관으로 육성해 왔다. 정부는 마이스터고의 성공을 위해 재정을 지원하고, 졸업자의 취업을 돕기 위한 노력을 다양하게 펼치고 있다. 대학 입학과 관련해서는 '선취업 후진학'이라는 제도를 도입해서, 학생들이 대학 입학에 구애받지 않고 직업 기술 역량을 충실히 배양하도록 지원한다. 그러나 이러한 노력에도 불구하고 그 성과는 기대에 미치지 못하는 것 같다. 대부분 학생이 대학에 입학하려 하고, 직업 교육은 이류(second class)로 취급받는 풍조가 있기 때문이다. 사회적으로도 능력보다 학력과 학벌에 따라 고용, 임금,

진급이 결정되는 관행이 여전히 유지되고 있다. 독일에서는 성공을 거두고 있는 직업 역량을 우선하는 문화가 우리 사회에서는 쉽사리 정착하지 못하고 있는 것이다. 그 이유는 개인 차원에서 능력과 학력의 관계, 직업 교육과 인문 교육의 위상 및 역할에 대해 독일 사회는 우리와 다른 이해와 문화를 가지고 있기 때문이다.

독일의 교육 체제를 좀 더 살펴보자. 독일에서는 통상 초등학교 4년 과정을 마친 뒤, 인문 계열 학교인 '김나지움(Gymnasuum)'과 직업 계열 학교인 '하우프트슐레(Hauptschule)'나 '레알슐레(Realschule)' 중에서 하나를 선택해서 진학한다. 이때 학생의 진로 결정에 영향을 미치는 것은 1학년부터 4학년까지 담임을 맡았던 교사의 권유 또는 추천이다. 학부모와 학생들은 오랫동안 학생의 적성, 흥미, 진로 희망을 관찰해 온 교사의 교육적 판단을 신뢰한다. 또한 개인이 가진 직업 역량을 중시하는 독일에서는 대학 진학을 목표로 하는 인문 계열 진학을 우선시하거나, 직업 계열 학교를 낮춰 보는 풍토가 없다. 반대로 직업학교로 진학해서 배우면, 이원적 직업 교육 체제에서 도제식 교육을 충실히 받아 취업하기가 쉽고, 기술자에 대한 사회적 인식과 경제적 대우도 좋은 편이다. 나아가 해당 분야 최고 전문가인 마이스터로 성장할 수 있고, 일정 조건에 부합하면 직업학교를 졸업 후 대학에 진학할 수 있는 길도 열려 있다.

역사적으로 중세 길드 조직에 뿌리를 둔 직업 교육은 질 높은 도제 교육의 전통을 발전시키면서 경쟁력을 유지해 왔다. 특정 산업 분야에서 사업을 펼치고, 경제적 부를 모아 중산층으로 진입하려면 일종의 '자격'이 필요했는데, 이는 충분한 도제 교육을 거쳤을 때 해당 분야 조합인 길드로부터 받을 수 있었다. 이후 직업 선택과 영업의 자유 차원에서 이러한 자격증 제도는 폐지되었다. 하지만 최근 12개 업종의 경우 해당 분야 자격증 소지를 개업의 요건으로 하는 법안이 의회를 통과했는데, 이는 도제 교육과 길드 전통이 독일 사회에 면면히 이어지고 있음을 보여준다.

　인문 학교인 김나지움에 진학하지 않고 직업 교육을 받아도 만족할 만한 생활을 영위할 수 있는 사회 환경은 대학 진학을 위한 과열 경쟁을 완화하는 요인으로 작용했다. 게다가 스승과 제자의 특별한 관계를 바탕으로 하는 도제 교육은 기술 교육뿐 아니라 인성 교육까지 수행한다는 점에 여전히 존중받고 있다. 무엇보다 이러한 도제 교육이 성공할 수 있었던 비결은 스승 역할을 하는 '마이스터' 집단을 두텁게 보유하고 있다는 사실이다. 이는 다른 나라가 독일의 이원적 직업 교육 체제를 쉽게 따라 할 수 없는 이유이기도 하다.

　한편, 인문 계열인 김나지움으로 진학한 학생은 2학년과 3학년 과정을 일정한 성적 이상으로 이수하고 시험에 합격하면, '아비투어(Abitur)'라는 자격을 얻는다. 이는 중등학교를 졸업하고 대입 시험에 합격했다는 것을 의미한다. 프랑스처럼 독일에서도 학사관리가 엄격하다. 중등학교와 대학 모두 엄격한 학사 관리가 적용되기 때문에 중도에 탈락하는 학생이 적지 않다. 이러한 사회적 경험이 축적되면서, 독일에서는 학문적 소양이 있고 학업과 시험이 주는 심리적 압박을 견딜 수 있는 학생들이 대학에 간다는 인식이 널리 퍼져 있다.

　일반적으로 대입 경쟁이 심한 것은 아니지만 그렇지 않은 분야도 있다. 의대처럼 정원에 제한이 있는 전공은 열띤 입학 경쟁이 벌어지기도 한다. 약간은 아비투어 점수를 바탕으로 선발하기도 하지만, 대부분은 추첨을 하거나 2, 3년 동안 대기하던 학생에게 입학의 우선권을 준다. 몇 년 동안 입학하기 위해 기다렸다는 것은 그만큼 그 분야를 배우려는 열의가 있다고 인정하기 때문이다. 이러한 방식의 대입 시스템은 대입 단계에서 벌어지는 경쟁을 완화하고, 입학 후 전공 공부에 흥미를 잃고 중도 탈락하는 학생을 줄이는 안전판 같은 역할을 한다.

한편, 독일에서는 박사학위를 받고도 대학, 연구소처럼 학문하는 곳이 아닌 다른 사회 분야에서 일하는 경우가 많다. 즉, 높은 수준의 학문적 훈련을 받은 사람들이 학계가 아닌 정치, 경제, 사회 각 분야에서도 두각을 나타내는 사례가 많다. 이런 사회 분위기에서 초등학교 담임교사가 학문보다 실용적인 문제에 관심이 있다고 생각하는 학생에게 직업학교 진학을 권유하면 부모들은 이를 받아들이는 편이다. 이렇게 보면 독일 사회는 중등 교육부터 대학원 교육까지 엄격한 학사관리 체제에서 상당한 스트레스를 견뎌내면서 학문적 소양을 기른 학생에 한해 석·박사 학위를 받고, 사회 각 분야의 엘리트로 성장하는 시스템을 갖추고 있다고 할 수 있다. 여기서 중요한 것은 단지 대입 단계뿐만 아니라, 상급 학교로 이어지는 모든 단계에서 반복적으로 선발 시스템이 작동한다는 것이다.

하지만 최근 독일에서도 직업 교육보다 대학 진학을 원하는 학생들이 점점 더 늘어나고 있다. 이는 정보통신기술이 발달하고 지식기반 경제가 성숙함에 따라, 도제 교육을 통해 인재를 양성하는 것에 한계가 있다는 인식이 퍼지고 있기 때문이다. 또한 사회경제적으로 성공하려면 대학에 진학하는 것이 유리하다고 생각하는 사람도 증가하고 있다. 그렇다고 해서 오랫동안 쌓아온 전통과 문화가 쉽게 변하지는 않을 것으로 전망된다. 앞으로 독일 사회와 교육 체제가 사회 환경과 국민 인식의 변화에 대해 어떻게 대응해갈지 두고 볼 일이다.

영국에서는 누가 Oxbridge에 입학하나?

옥스브리지(Oxbridge)란 옥스퍼드(Oxford) 대학과 케임브리지(Cambridge) 대학을 합성한 말이다. 어떤 경우에는 최고(最高)와 최고(最古)의 대학이란 의미로 쓰이지만, 어떤 경우에는 반대로 경멸이나 비난의 의미도 담고 있다. 두 대학은 영국 고등교육에서 독보적인 지위를 갖고 있는데, 두 대학은 대입 전형에서도 특별한 대접을 받는다. 보통 영국 학생은 5개 대학까지 복수로 지원할 수 있는데, 옥스퍼드 대학과 케임브리지 대학은 다른 대학보다 3개월 정도 먼저 원서를 접수해야 하고, 두 대학 사이에서는 복수 지원이 허용되지 않는다.

영국의 대입제도를 이해하려면, 식스폼과 A-Level 시험을 알아야 한다. 우선 학제를 보면, 11년의 초중등 교육과 3년의 대학 교육 사이에 2년의 식스폼(Sixth form)이라는 대학 준비 과정이 있다. 이를 우리나라 학제에 적용하면, 고교 3학년과 대학 1학년이 통합된 과정이다. 이 과정은 대부분 중등학교에 부설되어 있다. 학생들은 이 과정을 마치면서, A-Level(Advanced Level)로 불리는 시험을 본다. 대다수 대학은 A-Level 성적을 핵심 전형 요소로 사용한다. A-Level 과목은 영문학, 역사학, 철학, 정치학, 지리학, 사회학, 심리학, 경제학, 법학, 외국어, 수학, 물리학, 생물학, 화학 등 주로 대학에서 가르치는 기초 학문을 중심으로 구성되는데, 80여 개에 달한다. 학생은 자신이 전공할 분야와 관계가 깊은 3~4개 교과목을 선택해서 응시한다. 24개 주요 대학모임인 Russel Group은 전공 분야를 정하지 못한 학생들에게 영문학, 지리학, 역사학, 현대어(불어, 독어 등) 또는 고대어(라틴어 등), 생물학, 화학, 물리학, 수학 및 심화 수학 등 8개 과목 중에서 선택할 것을 권고하기도 했다. 고교 수준에서 이수하기 쉽지 않은 과목들을 추천한 것은 해당 과목이 나중에 선택한 전공과 직접 연결되지 않아도 대학수학을 위해 일반적으로 필요한 과목으로 인정받기 때문이다.

A-Level 시험은 5개 평가 전문기관이 관장한다. 성적은 과목별로 A⁺, A, B, C, D, E의 여섯 등급으로 매긴다. 만약 재수하려면, 종전에는 일부 과목을 재응시할 수 있었지만, 성적 인플레이션이 우려되면서 2018년부터 모든 과목을 다시 보는 것으로 바뀌었다. 종전에는 최대 40% 범위에서 내신 성적을 반영하기도 했으나, 2018년부터는 20% 범위에서 일부 교과목의 내신성적을 반영하고 나머지는 모두 최종 시험을 통해 성적을 산출한다.

대학 입학 지원은 대학별로 하는 게 아니라 모두 UCAS(Universities and Colleges Admission Service)라는 시스템을 통해서 이루어진다. 학생은 UCAS에 접속해서 입학 지원서를 한 번 제출한다. 이 시스템에 중등학교 이후에 거둔 각종 성적, 5개 이내의 지원 대학 및 전공 분야, 자기소개서 등을 탑재하며, 교장이나 교사의 추천서를 포함해야 한다. 학생의 지원서가 제출되면 UCAS는 이를 각 대학에 보내는데, 다른 대학에 지원한 사실과 내용은 통보되지 않는다.

많은 대학은 합격자를 결정하기 전에 학생을 대상으로 심층 면접을 본다. 특히 옥스퍼드 대학과 케임브리지 대학의 합격 여부는 면접에 좌우되는 편이다. 면접관인 교수는 지원 학생에 대해 면밀하게 검토하고 질문한다. 전공 지식이나 관심에 대해서도 묻지만, 어떤 경우에는 학생의 개인 특성과 관련된 질문을 던지기도 한다. 예를 들면, 일본계 영국인 학생에게 "르완다에 일본이 자위대를 보내는 것은 평화 헌법을 위배하는 것은 아닌가?"라고 묻거나, 한국 교포 학생에게 "남북통일이 되어야 한다고 생각하나? 왜 그런가?"를 물을 수도 있다. 학생의 답변을 듣고 나면, 더 깊은 질문이 진행된다.

심층 면접을 마치면 대학은 최종 입학 사정에 들어간다. 합격 여부는 통상 UCAS를 통해 전달하지만, 학생에게 직접 통보할 때도 있다. 이때 합격 통보는 보통 조건부 합격을 의미하지만, 가끔 합격을 확정해서 통보할 때도 있다. 조건부 합격이란 통상 합격 통보 뒤에 발표되는 A-LEVEL 성적과 관련된다. 예를 들면, A⁺AA로 조건부 합격을 통보하면, 응시한 세 과목 중 한 과목은 A⁺를 받고 나머지 두 과목에서 각각 A 이상 성적을 받았을 때 최종 합격할 수 있음을 의미한다.

여러 대학에서 합격 통보를 받으면, 학생은 최종적으로 진학할 대학을 결정해서 알리게 된다. 조건부 합격 통보를 받았지만, 나중에 발표된 A-LEVEL 성적이 조건을 충족하지 못할 수도 있다. 학생들은 이럴 때를 대비해서 예비 대학(Insurance Choice)을 선정하기도 한다. 매년 8월 어느 날 A-LEVEL 시험의 성적이 발표되는데, 대학 지원자에게 매우 중요한 날이다. 시험 성적이 조건부 합격의 조건을 충족하면, 입학이 확정된다. 조건을 충족하지 못했을지라도 예비 대학의 조건을 충족하면, 그 예비 대학으로 입학이 확정된다. 만약 두 대학이 제시한 조건을 모두 충족하지 못하거나 학생의 마음이 바뀌어 다른 대학에 가고자 하면, 즉시 미등록 충원 과정에 참여해서 가고 싶은 대학을 찾아야 한다. 미등록 충원은 원칙적으로 선착순이다. 따라서 최대한 빨리 정보를 확인해서 대학에 접촉해야 한다. 이를 위해 UCAS는 미등록 충원 대학과 전공에 관한 정보를 신속하게 제공한다. 학생들은 관심 있는 학교의 홈페이지나 SNS를 통해 정보를 수집하기도 한다. 미등록 충원 시에는 빠른 의사 결정이 필요하기 때문에 학생들은 미리 진학하고자 하는 대학과 전공에 대한 정보를 수집해서 살펴본다. 이렇게 해서 미등록 충원이 끝나면, 그해의 대입 전형은 종료된다.

영국에서도 어떤 학교가 옥스퍼드 대학과 케임브리지 대학에 합격자를 많이 배출하느냐는 관심의 대상이다. 두 학교에 학생을 많이 보내면, 명문 고교로 인정받기 때문이다. 2018년 12월 7일 자 BBC 뉴스에 따르면[7], 2015년부터 2017년까지 3년 동안 두 대학에 입학한 19,851명의 학생을 분석해보니 8개 Sixth form 학교가 1,310명의 합격자를 배출했다. 전체 학교의 4분의 3에 해당하는 나머지 2,900개 학교에서는 단지 1,220명의 합격자를 배출했을 뿐이다. 위의 8개 Sixth form 학교 중 6개 학교가 Eton College 같은 자립형 사립고였고, 오직 2개 학교만 공립학교였다. 이 결과를 발표한 민간재단은 옥스브리지 입학이 자립형 사립학교 학생들에게 유리했다고 주장하고, 균등한 교육 기회의 부여를 위해 정부와 대학이 좀 더 적극적으로 나설 것을 촉구했다. 실제로 영국 학생 중 자립형 사립고 학생은 전체 학생의 7% 정도에 불과하지만, A-LEVEL 응시자 비율은 전체 학생의 18%에 달하고, 옥스브리지 응시자의 34%와 최종 합격자의 42%가 자립형 사립고 출신이었다.

명문대인 옥스브리지 입학생 배출 학교의 불균형 문제는 영국 교육사와 관련이 있다. 역사적으로 영국은 공립학교보다 사립학교가 더 일찍 발전했다. 6세기에 이미 교회나 수도원 부설로 '문법학교(Grammar School)'가 설립되어 라틴어를 가르쳤는데, 이후 유능한 사제 양성을 위해 음악, 천문학, 수학, 법학 등을 교육과정에 포함하기 시작했다. 12세기 들어 옥스퍼드 대

---

7) 자세한 내용은 다음 자료를 참고하길 바란다.

Montacute, R. (2018). Access to Advantage: The Influence of Schools and Place on Admissions to Top Universities. London: Sutton Trust.

학과 케임브리지 대학이 설립되자 이들 문법학교는 두 대학으로 진학하기 위한 교두보처럼 여겨지기 시작했다. 특히 14세기경에는 Eton College 등 교회와 관련이 없는 기숙형 문법학교가 문을 열었고, 16, 17세기 무렵에는 귀족이나 부호들의 기부금으로 더 많은 문법학교가 설립되었다. 원래 가정 배경과 관계없이 우수한 학생에게 무상으로 라틴어와 고전을 가르치기 위해 설립된 문법학교는 19세기에 이르러 큰 변화를 맞았다. 대부분 높은 등록금을 받는 기숙형 학교로 바뀌었고 기초 학문뿐만 아니라 음악, 체육, 연극 등도 가르치면서 전인교육을 추구하는 교육기관으로 변한 것이다. 특히 1868년 공공학교법(Public School Act)이 만들어지면서 Eton, Harrow, Rugby, Shrewsbury, Winchester, Westminster, Charterhouse 등 7개 학교는 '공공학교(Public School)'로 인정받으면서, 엘리트 교육기관으로서 위치를 인정받게 되었다. 영국에서 공공학교는 공립학교를 의미하는 것이 아니라 비싼 등록금을 받으면서 독립적으로 운영되는 일부 사립학교를 말한다. 이를 공공학교라고 부르게 된 이유는 이 학교들이 지역, 종교와 관계없이 학생을 받아들여 훌륭한 인재로 양성한다는 공익적 성격과 일반 대중에 개방된 학교라는 것을 표방한 것과 관련이 있다. 최근에는 용어가 주는 혼동을 피하면서, 정부나 지역교육청의 재정지원을 받지 않고 독립적으로 운영하는 학교라는 의미를 확실히 하기 위해 '자립형 학교(Independent School)'의 범주에 포함하지만, 일부 사람들은 여전히 과거 명칭을 그대로 사용하기도 한다. 우리나라 맥락의 공립학교는 state school 또는 maintained school(정부 재정으로 유지·운영되는 학교)이라고 불린다. 대영제국 시기에 식민지로 파견된 고위 관리와 군인들이 자녀를 공공학교에 보내 엘리트 교육을 받게 하면서, 이 학교들의 명성은 더욱 높아졌다.

영국은 1944년에 이르러서야 국가가 재정을 부담하는 공립 중등 교육 체제를 완비했다. 1944년 교육법에 따르면, 공립 중등학교는 세 종류이다.

이는 학생들이 11세에 치르는 eleven plus 시험에서 상위 25% 수준의 우수 학생이 진학하는 '문법학교(Grammar School)', 과학기술 교육에 중점을 두는 '중등기술학교(Secondary Technical Schools)', 실용 교육을 강조하는 '중등 현대학교(Secondary Modern Schools)'이다. 이처럼 학교로 세 종류로 나누었다는 사실은 사실상 능력주의에 기반한 학교 체제를 운영한 것이고, 엘리트 양성을 중시하는 영국 사회의 전통을 이어받은 것이다. 이러한 교육 체제는 보수당 정부가 도입했지만, 당시 노동당도 동의했던 체제다.

그러나 이러한 3원 체제는 오래 가지 못했다. 제2차 세계대전 직후 재정난을 겪으면서 중등기술학교가 기대했던 목적을 달성하지 못했고, 문법학교에 입학한 학생은 우수 학생으로, 중등 현대학교에 입학한 학생은 열등 학생으로 낙인이 찍혔기 때문이다. 이런 상황에서 1964년 총선에서 승리한 노동당은 eleven plus 시험을 폐지하고, 관내 문법학교를 종합학교(Comprehensive school)로 전환하는 지역교육청에만 학교 신설 예산을 지원함으로써 3원 학교 체제를 사실상 폐지했다. 1974년 노동당이 재집권하고 1976년 교육법을 만들었다. 이 법에 따라 정부 재정 지원을 받는 학교들은 성적에 따른 학생 선발을 원칙적으로 금지했다. 이로써 3원 학교 체제는 공식적으로 막을 내렸다.

그렇다고 문법학교가 완전히 사라진 것은 아니다. 대부분 종합학교로 전환했지만 120개 정도는 시험을 통해 학생을 선발하는 자립형 사립학교로 전환했다. 일부 지역교육청도 정부 정책에 반대해서 160여 개 정도의 문법학교를 그대로 남겨 두고 있다. 따라서 현재 남아 있는 문법학교는 모두 시험으로 학생을 선발하는 공립학교다.

영국의 경우, 보수당 정부는 대체로 학생 선발 체제를 지지하고, 노동당 정부는 학교를 거주지 중심으로 배정하는 종합학교를 지지하는 경향이 강하다. 그러나 현재는 양당 모두 교육에서 급격한 변화를 추구하지 않고 있다. 왜냐하면 자립형 사립학교, 문법학교, 종합학교 모두 각각의 장점과 한계가 있다는 사실을 영국 정치권도 충분히 알고 있기 때문이다.

어쨌든 자립형 사립학교 학생, 특히 한때 공공학교로 불렸던 명문 자립형 사립학교와 문법학교에 다닌 학생이 일반 종합학교 학생보다 옥스브리지에 더 많이 입학하고 있는 것은 사실이다. 이에 따라 영국 의회에서는 노동당 의원들을 중심으로 두 대학의 대입 전형을 개선해야 한다는 의견이 자주 제기되고 있다. 두 대학도 이러한 불균형 문제를 개선하기 위해 노력하고 있다는 답변을 내놓고 있다. 하지만 아직까지 대입 문제는 정부나 정치권이 직접 나서기보다 대학 자율에 맡기는 것이 타당하다는 의견이 더 많은 듯하다.

한편 명문 자립형 사립학교가 옥스브리지에 입학생을 많이 배출하는 것은 이 학교들의 독특한 교수법과도 관련이 있다. 옥스브리지에서 교수들이 주로 사용하는 교수법이 개인 지도(Tutorial) 방식이다. 교수가 읽고 생각할 주제를 정해주면, 학생은 그것을 읽고 나서 에세이를 쓰거나 문답을 준비한다. 교수는 학생 1~3명을 불러서 내용을 확인하고, 심층 질문을 추가적으로 던짐으로써 학생의 이해 정도를 파악한다. 그리고 학생의 응답을 듣고 난 후 새로운 읽을거리나 더 공부할 과제를 내주기도 한다. 학생의 고차원적 사고력을 길러주기 위해서는 강의보다 개인 지도 방식이 더 효과적이라고 생각하기 때문이다. 그런데 많은 공공학교, 즉 명문 자립형 사립학교들도 이러한 개인 지도 방식을 택하고 있다. 이렇게 볼 때 영국의 명문 자립형 사립학교와 옥스브리지는 교육 방법의 면에서 엘리트 교육의 전통을 공유하고 있으며, 이것이 대입 과정에서 보이지 않는 역할을 하고 있는 것으로 생각된다.

　　　　　　　　　　　　•••

마지막 단계에서 서술형 문제 출제를 포기한
일본의 대입제도 개혁[8]

　　2012년 8월 일본 문부과학성은 '중앙교육심의회'에 '고등학교에서 대학으로의 순조로운 전환을 위한 방안, 대학입학제도 개혁에서 시작'이라는 주제를 주고 자문을 요청했다. 2014년 11월 '중앙교육심의회'는 이에 대한 답신으로 '새로운 시대에 부합하는 고교-대학 연계 실현을 통한 고등학교 교육, 대학 교육, 대입 전형의 일체적 개혁'이라는 개혁 방안을 제출했다. 문부과학성은 이를 수용하고 실천 방안을 마련하기 위해 '고교-대학 연계 제도 개혁 위원회'를 발족시켰다. 2015년 8월 동 위원회는 새로운 대입제도를 포함한 최종보고서를 발표했고, 2016년 3월 문부과학성은 이를 승인했다.

　　최종 개혁안에는 다음의 내용이 담겨 있다. 우선 문부과학성 주관으로 '고교 기초학력 진단 평가'를 2019년부터 시행하고, 이를 진학이나 취학 자료로 활용할 수 있도록 했다. 우리의 수능에 해당하는 '대학입시센터시험'을 폐지하고, 2020년부터 새로운 '대학입학공통시험'을 도입하기로 했다. 이를 위해 2022년부터 2024년까지 연차적으로 고등학교에 적용할 '신교육과정 가이드라인'을 시행하고, 대학들은 이에 맞추어 학위 인정 및 수여,

---

8) 일본 대입제도 개혁안에 대한 내용은 이찬승, 일본의 '교육 및 대입제도 대개혁'이 한국 입시 개혁에 주는 시사점(2017. 11.15), https://21erick.org/을 많이 참조하였다.

262 대입제도, 신분 제도인가? 교육 제도인가?

교육과정, 입학 전형 등 관련 제도와 정책을 바꾸어 달라고 요청했다. 물론 문부과학성도 이러한 개혁 조치를 뒷받침하기 위해 관련 규제와 행정 체제를 대폭 개혁하기로 했다.

문부과학성이 제시한 교육 개혁의 핵심은 대입제도의 개선이었다. 그동안 시행되어 온 대입제도는 국공립대와 사립대 사이에서 큰 차이가 있다. 국공립대학들은 주로 세 가지 방법을 활용해서 학생을 선발해왔다. '대학 입시센터시험' 성적을 기반으로 선발하는 방법, 센터 시험 성적에 논술, 면접 등 2차 시험 성적을 합산해서 선발하는 방법, 센터 시험 성적을 자격 기준으로 사용하고 대학별 지필 고사 성적을 기준으로 선발하는 방법이 여기에 포함된다. 반면, 사립대학에는 좀 더 자율성이 부여되었다. 학교 추천서를 바탕으로 선발하거나, 입학사정관 전형(AO)을 활용하거나, 대학별 지필 고사를 바탕으로 학생을 선발해왔다.

문부과학성은 기존 제도가 새로운 시대의 교육적 요구에 맞지 않는다고 생각했다. 무엇보다 현행 센터 시험이 유지되는 한, 주입식 암기 교육을 개선하기 어렵다고 보았다. 따라서 문부과학성이 발표한 대입제도 혁신 방안의 핵심은 기존 센터 시험을 대체하는 '대학입학공통시험'을 도입하는 것이었다. 특히 서술형 문항을 도입하겠다고 밝혔다. 2021년 시험부터 일본어와 수학 시험에 서술형 문항을 포함하고, 2024년 이후에는 지리, 역사, 윤리, 과학에도 도입을 검토할 예정이었다. 영어 시험도 혁신하기로 했는데, 읽기와 듣기만 평가하던 것을 2024년부터는 민간 기관을 참여시켜 말하기, 쓰기도 함께 평가할 예정이었다. 나아가 대학들이 학생을 선발할 때, 대학입학공통시험 성적뿐만 아니라 논술, 면접, 토론, 자기소개서, 교사 보고서 등 여러 전형 자료를 활용할 수 있도록 함으로써 학생 선발 시스템을 더욱 다양화하기로 했다.

이러한 개혁은 야심찬 것이었다. 처음에는 비교적 순조롭게 추진되는 것처럼 보였다. 하지만 막상 시행을 앞두고 큰 반발에 봉착했다. 우선 영어 시험을 민간 기관 시험으로 대체하는 것에 대해서 문제가 제기되었다. 특히 수험생의 거주 지역이나 경제적 능력에 따라 불리한 경우가 생길 수 있다는 지적이 많았다. 하지만 가장 큰 문제는 서술형 문항의 도입이었다. 답안의 채점을 민간 기관에 맡기는 방안에 대해 우려와 반발이 제기된 것이다. 게다가 서술형 답안을 채점하기 위해서는 1만 명 이상의 채점관이 필요한데, 아르바이트 학생을 활용한다는 것이 알려지면서 전문성과 공정성을 담보할 수 없다는 지적이 대두했다. 서술형 답안일지라도 기존 방식대로 짧은 기간에 같은 기준을 적용해서 효율적으로 채점하고자 했지만, 사회적 이해와 합의가 불발된 것이다.

전통적으로 일본 국민은 정부 시책에 대해 순응하는 편이다. 하지만 이번 개혁안에 대한 반발은 예상외로 컸다. 일본 정부도 부담을 느끼지 않을 수 없었다. 결국 2019년 11월 문부과학성은 영어 민간 시험의 도입을 연기하겠다고 발표했다. 12월에는 대학입학공통시험에 서술형 문항을 포함하는 것도 재검토하겠다고 밝혔다. 서술형 문제의 채점관을 충분히 확보할 수 없다고 판단한 것이다. 대신에 대학별 지필 고사에 서술형 문제를 적극적으로 활용해달라고 요청했다. 아울러 2020년 1월 '대학 입시의 방식 검토회의'를 구성하고, 1년 이내에 최종 방안을 도출하겠다고 발표했다.

하지만 여론은 여전히 우호적이지 않았다. 아사히신문은 2020년 2월 사설을 통해 대입제도 개혁 방안을 재검토하라고 요청했다. 학생의 해외 경험이나 학교 밖 경험을 대입 전형에 반영하는 것도 부유층 학생에게 유리할 수 있다는 문제를 제기했다. 정부에 대해서는 대학입학공통시험뿐만 아니라 대입제도 전체를 바라보면서 학생은 물론 가정이나 학교 현장에 과도한 부담을 주지 않는 공정한 선발 방식을 찾아달라고 촉구했다. 2021년 6월 NHK 방송은 문부과학성이 민간 영어 시험과 서술형 문제의 도입 방안을 포기하기로 했다고 보도했다. 정부가 영어 민간 시험의 경우, 시험 장소가 주로 대도시에 있고, 수험료를 내야 하므로 학생들이 거주 지역이나 경제적 사정에 따라 차별을 받을 수 있다는 점을 수용한 것이었다. 또한 앞서 설명한 대로 서술형 문제를 공정하게 평가할 수 있는 채점 인프라를 짧은 기간에 구축하기 어렵다는 점을 받아들인 결과였다.

우여곡절에도 불구하고 일본 정부가 추진하는 고교–대학 연계를 위한 교육 개혁은 어떤 방식으로든 다시 추진될 가능성이 크다. 다만, 민간 영어 시험과 서술형 문제의 도입 계획은 수정이 불가피해 보인다. 일본의 개혁 좌초 사례는 대입제도의 혁신이 교육적 타당성만으로는 추진하기 어려울 수 있음을 보여준다. 대입제도를 개혁할 때는 각기 다른 배경과 이익을 가진 정책집단이 어떻게 반응할지를 예상해야 한다. 특히 특정 집단에 불이익이 생길 수 있다면 이를 어떻게 보완할 것인지 깊이 숙고하고 철저히 준비한 후 추진해야 부작용을 줄일 수 있다.

자율성과 다양성을 통해 진화한 미국 대입제도

미국은 고등교육 강국이다. 대학이나 대학생 수에 있어 세계 최고 수준이다. 아이비리그(Ivy league)로 불리는 명문 대학들이 있고, 세계 각지의 학생들이 오고 싶어 한다. 강력한 주립대학 체제도 가지고 있다. 이들은 미국 고등교육의 중추로서 지역 주민을 위한 교육 기회 확대에 이바지하고, 학문적으로도 탁월한 경쟁력을 갖춘 경우가 많다. 유럽과 비교해서 미국 고등교육 체제가 가지는 특징은 사립대학이 많다는 것이다. 자유와 분권을 존중하는 미국 문화에서 사립대학들은 광범위한 자율을 보장받고, 교육과 연구에서 창의와 혁신을 이끌고 있다.

미국의 고등교육을 이해하기 위해서는 그들의 독특한 헌법 체제를 이해할 필요가 있다. 국가 체제 면에서 미국은 정치, 경제, 복지 등 다양한 영역에서 폭넓은 자율을 인정받는 51개 주(州)가 모여서 만든 연방제(united) 국가이다. 연방과 주 정부가 적절하게 권한을 나누어 견제와 균형을 추구한다. 연방 헌법에 제시되지 않은 사항은 주 정부 권한이다. 대표적인 것이 교육이다. 연방 헌법에는 '교육(Education)'이라는 단어 자체가 보이지 않는다. 따라서 주 정부가 교육에 관한 공적 권한을 가지고 규율한다.

원래 미국 전체를 대상으로 교육 문제를 다루는 연방 기관은 없었다. 1980년 레이건 정부에 들어서야 여러 부처가 담당하던 교육 기능을 통합한 연방 교육부가 만들어졌다. 현재는 대략 4천 명이 넘는 직원이 근무하고, 연간 68억 달러(약 78조 원)의 예산을 집행하는 거대 부처가 되었다. 연방 정부가 교육에 대한 공식적 권한을 갖지 못함에 따라 연방 교육부는 재정지원을 활용해서 교육 문제에 개입하는 전략을 쓴다. 예컨대, 미국 교육에 큰 영향을 미치고 있는 '낙오 학생 방지법(No Child Left Behind Act)'도 각급 학교나 주 정부의 교육 사무에 대해 어떠한 법적 권리를 창설하거나 의무를 부과하는 내용은 없다. 대신 연방 정부의 교육 개혁 정책에 보조를 맞추는 주 정부에 대해 재정을 지원하는 절차와 방식을 규정하고 있을 뿐이다.

교육에 관한 권한을 주 정부에 부여하는 헌법 체계와 사립대학의 자율을 존중하는 전통은 사립대학에 대한 정부 개입을 최소한에 그치는 사회 규범을 만들어 왔다. 나아가 사립대학의 자율은 연방대법원(Supreme Court)의 판결로도 보장받는다. 전문가들은 이러한 자율의 보장이 오늘날 미국 대학의 경쟁력을 높이는 원인이라고 설명하기도 한다. 광범위한 자율은 대학 입시에도 적용된다. 사립대학들은 헌법과 법률을 위배하지 않는 한 광범위한 자율을 누린다. 대표적인 것이 입학사정관 전형이다. 대학들은 대학의 비전과 철학을 구현하는 학생 선발 방법으로 입학사정관 제도를 활용한다. 입학사정관에 의한 질적 평가가 존중받는 이유는 대학의 자율을 보장하는 문화와 대학을 신뢰하는 사회 풍토가 있기 때문이다. 반면 주립대학의 사정은 조금 다르다. 이들은 설립 주체이자 재정 지원자인 주 정부와 의회의 영향을 많이 받는다. 우리나라 국립대학들이 정부의 정책을 존중하고 따르는 것과 비슷하다.

자율은 곧 책임을 수반한다. 대학은 특히 많은 자율을 보장받지만, 사회 통합과 발전을 위해서는 자율의 행사가 제한받기도 한다. 특히 법원의 판결로 자율권이 제한받는 경우가 많다. 초·중등교육 분야에서 대표적인 것은 '브라운 대 교육위원회(Brown vs. Board of Education)' 사건에 대한 연방

대법원 판결이다. 1953년 9월에 나온 이 판결은 '흑백 분리 학교(racially segregated public schools)'로 대표되는 '분리하지만, 평등하게(separate-but-equal)'라는 원칙을 폐지하게 되는 계기가 되었다.

대학과 관련된 연방대법원 판결로는 '다트머스 대학 대 우드워드(Dartmouth college vs. Woodward)' 사건이 있다. 1816년에 있었던 이 판결은 사립 대학인 다트머스 대학의 이사를 뉴햄프셔 주지사가 임명할 수 있도록 바꾼 주의 법이 '사적 계약의 의무를 방해한 것이므로 무효'라고 판시했다. 이는 미국에서 사립대학의 법적 지위와 자율성을 보장하는 기념비적인 판결이다. 대학은 원칙적으로 민간 기관이며, 정부 개입은 매우 제한적으로 이루어져야 한다는 것을 확인한 것이다. 이후 미국에서는 사회 여론이 매우 강력한 경우에만 정부가 사립대학의 문제에 개입하는 풍토와 관행이 만들어지고 있다.[9] 사립대학의 자율에 대한 법적 다툼은 학생 선발에서 많이 나타난다. 관련해서 연방대법원에 단골로 제기되는 것은 인종(race) 같은 응시자의 개인 특성이나 배경을 입학 전형의 고려 요소로 적용하는 '소수 집단 우대 정책(affirmative action)'의 정당성을 묻는 소송이다. 이 제도는 1970년대에 하버드 대학이 처음 도입했고, 이후 여러 주립대학이 채택하면서 미국 대학 전체로 확산했다. 성적이 조금 낮더라도 소외 집단을 특별히 합격시키는 제도로서 소수 인종이나 여성을 대상으로 시행되고 있다. 관련 판결은 1978년에 이루어진 '캘리포니아 대학 대 배키(Regents of the University of California vs. Bakke)' 사건이다. 연방대법원은 주립대학으로서 캘리포니아 대학이 인종에 따라 일정한 입학정원을 미리 할당하는 것은 헌법 정신에 어긋나지만, 전형 과정에서 인종을 고려하는 것은 가능하다

---

9) Karier, C. J. (1967). Man, Society, and Education a History of American Educational Ideas. Illinois, Northbrook: Scott Foresman.

고 판시했다. 하지만 이 제도 때문에 성적이 좋은 아시아계 학생들이 부당하게 역차별을 당한다는 주장과 함께 소송이 제기되고 있고, 소수집단 우대 정책에 대한 법적 다툼은 앞으로도 계속될 전망이다.

학생 선발과 관련해서 주립대학의 경우는 조금 다른 양상을 보인다. 일부 주(州)는 소수집단 우대 정책을 도입하지 못하도록 법률로 규정하고 있다. 반면, 어떤 주(州)는 상위 10% 등 일정 수준의 성적을 보인 학생이라면 누구나 주립대에 입학할 수 있도록 허용함으로써 소수 집단의 고등교육 기회를 우회적으로 보장하는 정책을 시행하기도 한다. 이처럼 주립대학은 사립대학과 비교해서 높은 수준의 통제를 받고, 특히 입학 전형은 주정부의 감사를 받기도 한다.

미국 대학에는 졸업생 자녀를 우대하는 정책(Legacy preference 또는 Legacy admission)'도 있다. 학부 졸업생 자녀로 국한하는 경우가 많지만, 대학원 졸업생의 자녀까지 포함하기도 한다. 자녀뿐 아니라 형제, 조카, 손자 또는 손녀까지 확대한 사례도 있다. 이 제도는 주로 사립대학이 운영하는데, 졸업생 자녀를 우대하는 명분은 졸업생의 애교심을 북돋고, 그들의 기부금도 유치하겠다는 전략이 깔려 있다. 이 정책은 수혜자가 주로 부유한 백인 집단이라는 점에서 비판의 대상이 되기도 한다. 하지만 이와 관련된 연방대법원 판결이 없는 것을 보면, 아직은 사회적 반향을 일으킬 만큼 심각한 문제로 여겨지고 있지는 않은 것으로 보인다. 이 정책을 시행하는 대학들은 기부금의 대가로 졸업생 자녀를 입학시키는 것이 아니라, 부모의 배경을 전형 과정에서 살펴보는 요소의 하나로 활용할 뿐이라고 강변한다.

소수집단 우대 정책은 우리에게도 여러 시사점을 제공한다. 첫째, 이러한 정책이 있다는 것은 대학들이 입학 전형 과정에서 특별한 대우가 필요한 집단이 있음을 인식하고 있다는 점에 의미가 있다. 전통적으로 노예 제도로 인해 강제 이주를 당한 흑인 집단이나 이민자 집단이 여기에 해당한다. 우리의 경우는 어떤 집단이 이에 해당할지 생각해볼 일이다. 둘째, 개인의 능력과 함께 학생의 배경까지 입학 전형에서 고려한다는 점이다. 개인의 자유와 권리를 천부 인권으로 생각하고, '능력주의' 또는 '업적주의' 전통이 강한 나라에서 어떤 집단을 특별히 대우하는 것은 큰 의미를 지닌다. 이는 자유와 권리 못지않게 '용광로 사회'로서 미국 사회가 다양성과 통합이라는 가치를 중요하게 여기고 있음을 말하고, 이를 대입 전형에 구체적으로 적용한 것이다. 우리나라의 경우는 대입 공정성 외에 어떤 사회적 가치를 대입 전형에 반영할 수 있을지에 대해서 숙의할 필요가 있다. 셋째, 미국 사회의 대입제도에 대한 사회적 신뢰와 연방대법원이라는 공적 영역에서 문제를 해결하는 전통에 주목할 필요가 있다. 미국 사회는 입학 사정관에 의한 질적 평가를 신뢰하고 소수집단 우대 프로그램을 운용하지만, 이에 대한 문제 제기를 얼마든지 허용한다. 또한 문제가 있다고 생각하면 소송이라는 제도와 절차로 해결하면서 새로운 사회 규범을 확립해 가는 것도 대입제도와 관련된 특징이다.

미국의 대입제도는 대학에 대한 자율의 허용 범위만큼 다양하다. 특히 사립대학은 공공의 이익에 반하지만 않으면, 입학 제도를 얼마든지 다양하게 설계해서 운영할 수 있다. SAT 같은 표준화 시험 성적과 고교 성적을 주요 기준으로 활용하지만, 소수집단 우대 프로그램이나 졸업생 자녀 우대 프로그램처럼 특별한 제도를 운용하기도 한다. 이러한 이유로 새로운 대입제도를 만들고자 할 때, 미국 대학 사례를 참고하는 때가 많다. 하지만 미국 대입제도는 노예 제도 같은 독특한 역사적 맥락이 반영된 것이다. 이에 대한 충분한 이해가 없이 미국 사례라고 해서 단순히 적용하게 되면, 우리 사회에 축적된 문화와 수입한 제도 사이에서 충돌을 가져올 수도 있다. 한 나라의 교육 제도는 그 사회의 역사적, 문화적 배경과 맥락을 반영하면서 발전해왔다는 점을 잊지 말아야 할 것이다.

입학사정관제의 기구한 운명[10]

입학사정관제는 미국 대학을 중심으로 발달해온 입학 전형이다. 우리나라에서 이 제도가 처음 등장한 것은 노무현 정부가 2004년 10월 발표했던 '2008학년도 이후 대학입학제도'에서였다. 정부가 발표한 대입제도의 일부로 포함되었지만, 논의의 시작은 당시 대통령 자문기구였던 '교육혁신위원회'의 김민남 선임위원(경북대 교수)이 제안한 '이력철 중심의 경로별 입시안'이다.

진보적 성향의 교육학자인 김 교수는 "성적, 석차는 교과 지도의 한 과정 혹은 교육 활동의 한 국면인데, 오늘의 현실은 성적, 석차를 교육의 전체로 생각하고 있는 탓으로, 이것이 우리 교육을 반교육적 교육 상황'으로 끌고 가는 제도적, 사회적 기제"라고 주장했다. 또한 그는 "이 문제를 해결하기 위해서는 성적, 석차를 교육 이력철 시스템으로 대체해야 한다"라는 논리를 펼쳤다. 그에 따르면 교육 이력철이란, "학교의 교육 기획, (교과 지도, 학생 지도에서) 교사의 전문성 발휘, 학교(교사) 평가를 가능하게 하는 기록"의 역할을 하고, "대학은…고교의 교육 이력철을 전형 자료로 활용해 (학생) 선발"을 할 수 있게 된다. 특히 대입 전형에서 이를 활용하기 위해서는 전문적인 입학 사정 체제가 만들

---

10) 노무현 정부의 대통령자문 정책기획위원회가 펴낸 정책보고서 "2008 대입제도 개선안"과 안병영의 "2008 대학입학제도 개선안의 정책 과정"(오석홍 외, 2008, pp.15-65)에는 '2008학년도 이후 대입제도 개선안'의 고위 결정 과정에 대한 상세한 내용들이 기술되어 있다. 주요 정책 결정 과정에서 대통령과 장관의 입장과 역할은 통상적으로 베일에 가려지는 경우가 일반적이다. 그런 가운데 이런 정책 자료를 체계적으로 정리해서 일반에게 공개하고 있는 노무현 정부와 교육부장관으로서 두 차례 국정 참여 경험을 논문과 저서로 정리해 후진들에게 남긴 안병영의 학문적 자세는 높이 평가받을 만하다. 대입제도 이야기 7과 11은 위 문헌을 참고하여 작성했다.

어져야 하며, 핵심은 입학사정관을 두는 것이라고 말했다.

노무현 정부의 '2008학년도 이후 대학입시제도'가 발표된 과정을 되돌아보면, 교육 정책을 둘러싸고 펼쳐진 한 편의 드라마 같다. 사실 교육혁신위원회가 강력하게 추진했던 '이력철 중심의 경로별 입시안'은 결과적으로 정책화되지 못했다. 하지만 그 방안에 포함되었던 입학사정관제만은 학교생활기록부 비중 확대와 수능 9등급제 도입을 골자로 하는 '2008학년도 이후 대학입시제도'의 일부로 살아남았다. 교육혁신위원회의 개혁안에 대해 부정적인 견해를 가졌던 안병영 교육부총리도 입학사정관제만은 대입제도의 장기적인 발전을 위해 필요하다고 보았기 때문이다. 안 부총리 역시 점수 중심 학생 선발이 고교 교육을 시험 위주로 몰아왔고, 합격선에 따라 대학을 서열화하는 부작용을 초래했다고 생각했다. 반면, 입학사정관제는 대학 행정 조직으로부터 독립된 입학사정관이 학생의 교과와 비교과 교육 경험 및 성취를 종합적으로 평가해서 잠재력을 판단하고 이를 바탕으로 학생을 선발하는 방식이라는 점에서 교육적으로 타당하다고 보았다. 정부는 이 제도가 제대로 작동하면 고교 교육이 정상적으로 운영되고, 당시 불거졌던 '고교 등급제' 같은 문제도 해결할 수 있다고 판단했다. 다만, 짧은 기간에 성과를 내기가 어려우므로 역량과 의지가 있는 소수 대학이 시범 운용해서 우수 사례를 축적할 수 있도록 하는 전략을 택했다.

2007년 6월 교육인적자원부는 '2008학년도 이후 대학입시제도'의 본격적인 시행을 앞두고, 입학사정관제 사업을 위해 20억 원 예산을 대학에 지원하겠다고 발표했다. 사업 공모 결과, 총 15개 대학이 참여했다. 엄격한 평가를 통해 국립대 2개교와 사립대 8개교가 선정되었다. 정부는 평가를 통해 우수한 성과를 보인 대학에 대해서는 3년 동안 2-3억 원을 추가로 지원하겠다고 밝혔다. 7월에는 한덕수 국무총리가 입학사정관제 예산을 대폭 확대하는 방안을 검토하겠다는 발표를 했다. 국무총리까지 나서서 예산 지원을 약속했다는 것은 당시 노무현 정부가 대입제도 혁신 방안으로서 입학사정관제를 높이 평가하고 있었음을 보여준다.

하지만 2007년 12월 19일 실시된 제17대 대통령 선거는 입학사정관제를 포함한 2008학년도 이후 대입제도 전반에 영향을 미치게 된다. 대통령 선거 과정에 새 대입제도를 둘러싼 여러 논란이 벌어졌는데, 그 중심에는 '고교 등급제'를 포함한 '3불 제도'가 있었다. 정부와 대학 사회는 '3불 제도'를 두고 대립했고, 이는 대통령 선거의 쟁점으로 떠올랐다.

'3불 제도' 폐지와 '대입 자율화'를 공약으로 내걸었던 한나라당 이명박 후보가 530만 표 이상의 압도적인 차이로 당선되면서, '2008학년도 이후 대학입시 제도'는 새 정부가 들어서기도 전에 사실상 '사망 선고'를 받게 된다. 2008년 1월 22일 대통령직인수위원회는 '대입 3단계 자율화 방안'을 발표했는데, 그 1단계 조치가 '2008학년도 이후 대입제도'의 핵심인 수능 9등급제를 2009학년도부터 폐지한다는 것이었다. 시행 1년 만에 새 대입제도는 역사의 뒤안길로 사라지게 된 것이다. 또한 대입 자율화 차원에서 교육부가 관장했던 대입 업무를 대학협의체인 한국대학교육협의회로 이양한다는 방침도 발표되었다. 다음 2단계 조치로는 수능 과목을 축소하고, 3단계 조치는 2012년 이후 대학의 학생 선발을 완전하게 자율화한다는 계획이 포함되었다. 그러나 3단계 방안은 실행으로 옮겨지지 못했다.

역설적으로 이명박 정부의 대입 정책은 입학사정관제의 확대를 중심으로 펼쳐졌다. 입학사정관제 예산은 2008년 158억 원이었던 것이 2009년 236억 원, 2010년 350억 원, 2011년 351억 원, 2012년 391억 원으로 계속 확대되었다. 입학사정관제 운영 대학과 입학정원도 2008년 40개 대학 4,476명(전체 입학정원의 1.3%)에서 2012년에는 125개 대학 43,138명(전체 입학정원의 11.5%)으로 대폭 확대되었다. 2009년 3월 이명박 정부가 본격적인 궤도에 올랐을 때, 당시 교육 정책을 주도했던 이주호 교육과학기술부 제1차관은 "대입 자율화의 핵심은 입학사정관제"라고 공언하기에 이르렀다. 나아가 이명박 대통령은 7월에 있었던 '대통령 정례 라디오 연설'을 통해 "대학들이 내년 입학시험부터 논술 없이 입학 사정을 통해 뽑고, 농어촌 지역 분담을 해서 뽑을 것이다. 임기 말쯤 가면, 상당한 대학들이 거의 100%에 가까운 입학 사정을 그렇게 하지 않겠느냐"고 말했다. 대학 사회는 대통령이 의지가 '100% 입학사정관제 도입'인지를 두고 술렁였다. 이에 대해 이주호 차관은 "대통령의 발언은 입학사정관제의 중요성을 강조한 것으로 해석해야 한다"라고 말하고, "100%라는 숫자에 너무 연연해하지 말라"고 진화에 나섰다.

입학사정관제는 이명박 정부의 강력한 의지와 지원에도 불구하고 뜻대로 순항하지 못했다. 당시 정부는 이 제도가 학생을 성적보다 학생의 잠재력과 창의력에 주목해서 선발하는 제도라고 강조했다. 하지만 일부 사립대학이 토플, 토익 같은 시험에서 높은 점수를 받은 학생을 선호하는 '글로벌 전형'을 실시하거나, '과학 특기자 전형' 같은 것을 입학사정관 전형의 한 유형으로 포함하면서, 사람들은 입학사정관제가 특목고 학생을 뽑기 위한 제도로 변질되었다고 비판하기 시작했다. '무늬만 입학사정관제'라는 것이었다. 또한 학생들이 자기소개서를 작성하기 위해 고액 컨설팅을 받는 등 부작용도 나타나기 시작했다. 무엇보다 많은 대학이 입학사정관을 비정규직으로 채용하고 있다는 보도가 나오면서 입학사정관의 전문성과 입학사정관 전형의 교육적 타당성에 의문이 제기되었다.

무엇보다 2012년 학생이 입학 서류를 조작해서 입학한 사실이 밝혀지고, 학교생활기록부를 무단 수정한 사례까지 알려지면서 이 제도에 대한 불신은 더욱 커졌다. 정부는 입시 감사를 통해 부정 입학 사례가 발견되면 특별한 조처를 하고, 대교협도 모든 입학사정관 전형 합격자의 서류를 확인해서 부정 사례가 발견되면 입학을 취소하는 등 엄격한 조치를 하겠다고 발표했다. 하지만 민심은 쉽게 수습되지 않았다. 입학사정관제의 원래 취지가 왜곡되었고 입시 제도로서 기능을 잃었으므로 폐지되어야 한다는 주장이 점차 힘을 얻었다. 물론 입학사정관제의 전면 중단은 점수 위주 선발로의 회귀를 의미하는 것이므로 이를 폐지하기보다 제도 도입의 속도를 조절하고 문제점을 보완하는 방향으로 개선해야 한다는 주장도 함께 제기되었다.

새롭게 들어선 박근혜 정부는 지난 정부가 추진했던 대입 자율화 정책의 영향으로 대입 전형이 지나치게 복잡해져서 심각한 문제를 낳고 있다고 진단했다. 2013년 8월 서남수 교육부장관은 그동안 제기된 문제점을 보완하는 방안으로 '대입 전형 간소화 및 대입제도 발전 방안(시안)'을 발표했다. 이 방안에서 교육부는 문제가 되었던 입학사정관 전형의 명칭을 학교생활기록부 종합 전형으로 바꾸었다. 이는 입학사정관제가 마치 학교에서 이루어지는 교육적 경험과는 무관하게 학생을 선발하는 제도처럼 이해되는 것을 불식하고, 그렇게 운영될 여지도 없애겠다는 의지를 표명한 것이다. 오히려 학생에 대한 평가는 학교생활을 체계적으로 기록한 학교생활기록부에 대한 양적, 질적 평가를 중심으로 이루어져야 함을 밝힌 것이다. 구체적으로 학교생활기록부에 학생의 교과 성적, 교과 발달 사항, 비교과 활동 등을 폭넓게 기재해서 평가받을 수 있도록 했다. 문제가 되었던 공인 어학시험 성적이나 외부 수상 실적 등은 제출을 금지하고, 자기소개서나 추천서 등 학교생활기록부에 기재한 사항을 확인 또는 보완하는 자료로만 허용하기로 했다. 아울러 새로운 대입제도를 지원하기 위해 '공교육 정상화 기여대학 지원 사업'을 만들었다. 이는 대학이 운영하는 입학 전형이 공교육에 미치는 영향을 평가해서 그 결과에 따라 대학에 예산을 지원하는 것이다.

박근혜 정부가 학교생활기록부 종합 전형을 도입하면서 입학사정관 전형을 내용상으로 완전히 폐기하지 않은 것은 입학사정관제가 교육적으로 긍정적인 면이 있을뿐더러 대입제도가 너무 자주 바뀌어서는 안 된다는 원칙도 유지하기 위한 것이었다. 특히 정부는 입학사정관제가 낙후 지역 학생들의 명문대 진학에 도움을 주고 있다는 사실에 주목했다. 또한 학교생활에 대한 평가가 이루어짐에 따라 면학 분위기 조성에도 기여했다고 판단했다. 그런데도 입학사정관제 또는 그것의 후속 제도로서 학교생활기록부 종합 전형에 대한 사회적 불신은 쉽게 수그러들지 않았다. 특히 일부 기재 항목이 학생 간 지나친 경쟁과 사교육을 유발하고, 학교나 부모의 영향에 따라 학교생활기록부 기재 내용에 차이가 날 수 있다는 비판이 계속 제기되었다. 이른바 '아빠 찬스'나 '엄마 찬스'가 작동하는 '금수저 전형'으로 전락했다는 것이다.

결국 문재인 정부는 칼을 빼들었다. 2018년 4월 김상곤 교육부총리는 대입제도에 관한 주요 사항을 국가교육회의에 이송하면서, 학교생활기록부 종합 전형의 공정성 제고 방안도 발표했다. 2022학년도부터는 학교생활기록부를 학교 안에서 이루어지는 정규 교육과정 활동을 중심으로 기재하도록 했다. 수상 경력과 동아리 활동 개수의 기재를 제한하고, 부모나 외부의 도움이 개입할 수 있는 소논문 작성 경험의 기재를 금지하고 교사추천서도 폐지했다. 학교생활기록부에 기재하는 성적을 조작하는 것과 같은 부정행위에 대해서는 처벌을 강화하겠다는 내용도 포함되었다. 이와 함께 입학사정관의 복수 평가와 자신과 관계가 있는 수험생에 대한 평가를 금지하는 회피 또는 제척 제도를 의무화하고, 자기소개서를 대필하거나 허위 작성할 경우에는 불합격 또는 입학을 취소하는 조치도 함께 내놓았다.

하지만 2018년 7월 모 여고 교무부장이 쌍둥이 딸들에게 학교 시험지를 유출했다는 의혹이 사건화되면서 학교생활기록부 종합 전형에 대한 사회적 시선은 더욱더 싸늘해졌다. 게다가 조국 전 법무부장관 자녀의 인턴 경력 등 스펙 조작

의혹을 언론이 집중적으로 보도하면서 학교생활기록부 종합 전형에 대한 불신은 더욱 커졌다. 이에 따라 2019년 11월 유은혜 교육부총리는 2024학년도부터 학교생활기록부 종합 전형에서 정규 교육과정에 포함된 비교과 활동만 기재하고 평가하도록 제한하고, 자기소개서와 고등학교의 프로파일도 폐지하는 것을 주요 내용으로 하는 '대입제도 공정성 강화 방안'을 발표했다. 이로써 학교생활기록부 종합 전형은 정규 교육과정의 범위에 속하는 교과 또는 비교과 활동만 포함하게 되었다.

입학사정관제는 진보 교육계의 제안으로 출발했다. 하지만 아이러니하게 보수 정부에서 전성기를 가졌고, 다음 정부에서는 이름을 바꾸면서 근근이 존속하다가, 다시 등장한 진보 정부에서 엄격한 제약이 가해지면서 이제는 거의 사라질 운명에 처하게 되었다. 다음 정부에서는 어떠한 변화가 있을 것인가? 입학사정관제같이 진보와 보수 정부를 오가면서 파란만장한 운명을 겪은 대입제도를 다시는 보기 어려울 것이다.

대입제도는 사회적 배경과 역사의 산물

대입제도는 거의 모든 나라에서 정책적 관심의 대상이다. 많은 나라가 대학 입학과 관련된 문제를 단순히 대학과 개인 사이에서 일어나는 문제로 생각하기보다는 공공의 영역에서 정책과 제도로 다루어야 한다고 생각한다. 왜냐하면 대학 졸업 여부 나아가 어느 대학을 졸업했는지는 개인의 삶의 질과 계층 이동은 물론 사회 통합과 발전에도 큰 영향을 미치기 때문이다.

어느 사회든 대학 졸업장의 사회적 영향력이 클수록 대입제도를 개선하라는 압력은 커진다. 부유층은 대학 교육을 통해 자신의 부와 사회적 지위를 자녀에게 대물림하려 하고, 소외계층은 교육 영역만이라도 부모나 가족의 영향력이 배제되어야 한다고 생각한다. 대학 입시에서만큼은 개인이 가진 실력에 따라 정당한 보상을 주어져야 한다는 주장이 있지만, 반대로 소외계층 자녀에게는 특별한 예외를 적용해야 한다는 주장도 나오는 것이 대학 입시의 장이다.

어떤 이유든 정부가 정책을 수정하거나 보완하고자 할 때는 여러 참고 자료를 활용한다. 여론 동향, 교육계 주장, 대학 집단의 이해 등이 그것이다. 여기에 하나를 추가한다면 다른 나라 사례이다. 특히 제도 혁신과 관련된 아이디어가 필요하거나, 혁신 방안에 대해 정당성을 부여하고자 할 때 다른 나라 사례를 보여주는 것은 유용한 전략이다. 문제는 정부나 일부 학자들이 다른 나라의 제도를 소개하면서, 그것이 만들어지기까지의 역사적 과정이나 문화적 토양을 고려하지 않고, 단순히 본받을 만하다고 주장하는 때이다. 또한 우리 제도가 탄생하고 진화되어 온 배경이나 변화 과정에 대한 이해 없이 해외 사례를 단순히 이식하려는 태도 역시 무모하다. 다른 나라에서 성공한 제도라고 해서 문화와 풍토가 다른 우리나라에서 성공하리라는 보장은 없다. 수입한 정책은 정부 예상대로 효과를 발휘할 수도 있지만, 예상하지 못한 결과를 가져오는 경우가 많다.

본 장에서는 프랑스, 독일, 영국, 미국, 일본의 고등교육 동향과 대입제도를 살펴보았다. 우리가 알 수 있었던 점은 모든 나라에서 대입제도는 그 사회의 독특한 역사나 문화적 배경과 관련이 깊다는 것이다. 오늘의 제도는 역사의 산물이고, 교육은 거대한 사회 생태계의 일부라는 것이다. 이렇게 볼 때 전혀 다른 역사적 배경과 사회 풍토를 가진 나라의 제도를 그대로 수입하는 것은 타당하지 않다는 결론에 도달하게 된다. 대입제도를 비롯해 교육 관련 외국 사례를 적용하려면, 우리나라는 물론 그 나라의 역사적 전통, 교육에 대한 이해, 사회 문화와 풍토에 대한 이해와 검토가 선행되어야 한다. 지금 우리가 운용하는 제도는 모두 나름의 이유를 가진 역사의 산물이기 때문이다.

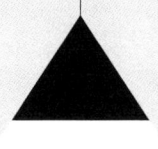

제
8
장

자사고, 특목고가
왜 문제인가?

평준화 정책과 대입제도

평준화 정책, 고교 등급제 그리고 학교생활기록부 성적

한국 교육의 가장 큰 문제는 누가 뭐래도 입시 위주 교육이다. 무엇이 이러한 고질병을 불러왔을까. 여러 요인이 복합적으로 작용한 결과다. 자녀를 명문 대학에 보내려는 부모의 마음, 우수 학생을 뽑고 싶은 대학의 욕심, 돈을 벌려는 사교육 기관과 그들이 알게 모르게 조장하는 공교육 교란 행위가 어우러져 만들어낸 것이다. 입시 위주 교육 풍토는 여러 문제를 낳는다. 선생님들이 펼치는 숭고한 교육적 노력을 무용지물로 만들 수 있다. 정부 정책도 입시 중심 교육이라는 강력한 자기장을 통과해야 살아남고 성과를 낼 수 있다. 따라서 정책 입안자는 치열한 대입 경쟁 구조에서 정책이 어떤 방식으로 작동하고, 그것이 가져올 효과와 파장이 무엇일지를 생각하면서 정책을 만들어야 한다.

이 장에서 다루려는 고교 평준화도 입시 위주 교육의 극복을 위한 정부의 노력과 무관하지 않다. 정부가 대학의 학생 선발에 개입한 이래 일관되게 유지한 것은 내신성적을 비중 있게 반영하라는 것이었다. 만약 수능 시험 성적이 큰 영향을 미치게 되면, 학교는 어쩔 수 없이 수능 시험을 준비하는 기관으로 전락한다. 학교가 이를 무시하면, 학생들은 학교 밖 사교육에 의지할 수밖에 없는 것도 냉엄한 현실이다. 그러므로 학교가 정상적인 교육과정을 운영하고, 교육의 중심축을 학교 안으로 끌어들이려면 대입에서 학교생활기록부의 영향력을 높이는 것이 최선인 셈이다.

하지만 일부 대학은 학교생활기록부에 따른 내신성적의 반영에 소극적이었다. 왜냐하면 학교 간 학력에 차이가 있다고 생각하기 때문이다. 학력 격차가 큰 상황에서 정부 말대로 내신성적을 큰 비중으로 반영하면 우수 학생들을 선발하기 어렵다고 본 것이다. 나아가 이를 강요하는 것 자체가 학생 선발권의 침해라고 생각할 수도 있다.

이런 배경에서 등장하는 것이 '고교 등급제'이다. '3불 정책'의 하나인 고교 등급제는 정부가 내신성적의 반영을 확대하도록 요구하자 일부 대학이 이를 '우회'하기 위해 생각해 낸 것이다. 정부 뜻대로 내신성적의 반영 비율을 높이더라도 출신학교별 성취 수준을 토대로 고교를 등급화해서 지원자의 성적으로 차등 반영하겠다는 것이다. 골자는 특목고와 비평준화 지역 우수 고교, 평준화 지역에서도 상대적으로 성적이 우수한 학교를 졸업한 학생을 우대하는 것이다. 대학들은 학교 간 실력 차이가 존재하는 상황에서 그 차이를 반영하는 것이야말로 합리적이고 공정하다고 생각할지도 모른다. 하지만 정부로서는 이를 허용할 수 없는 노릇이다. 고교 등급제는 평준화 정책의 기본 취지를 무력화할 수 있기 때문이다. 바로 이 지점에서 대입제도와 평준화 정책이 만나고 때로는 충돌하게 된다.

상대평가 방식으로 학교의 내신성적이 산출되고 고교 등급제가 허용되지 않으면, 특목고, 자립형 사립고 또는 비평준화 지역의 성적 우수 고교 출신이 불리하다. 반대로 농어촌 지역 학교나 평준화 지역 일반고 학생들은 상대적으로 유리하다고 봐야 한다. 이렇게 볼 때 고교 등급제를 허용하지 않으면 특목고, 자사고, 비평준화 지역 고교를 향한 진학 욕구가 낮아지고 중학생들의 치열한 입시 경쟁도 완화할 수 있다.

반면 고교 등급제가 시행되면, 평준화 정책은 심각한 위기에 직면할 가능성이 크다. 평준화 지역 일반고보다 특목고나 자립형 사립고, 비평준화 지역 고교 등으로 진학하려는 욕구가 커지기 때문이다. 또한 평준화 지역이라도 더 높은 등급으로 인정받는 학교로 배정되기를 희망하게 되고, 낮은 등급 학교에 배정받은 학생들은 반발할 수밖에 없다. 즉, 고교 등급제의 허용은 실질적으로 평준화 정책을 지속할 수 없는 상황으로 몰아간다. 고교 등급제가 대입제도의 일부라는 점에서 대입제도와 평준화 정책은 지표면 아래에서 서로 단단하게 연결되어 있는 것이다.

평준화 정책이란 무엇인가: 학교 선택권과 학생 선발권

평준화 정책의 핵심은 고교 입시 제도의 개혁과 교육 여건의 평준화이다. 하나는 일반계 고교의 학생 선발을 학교별 시험 선발에서 추첨 배정으로 바꾼 것이고, 다른 하나는 학교 시설, 교원, 재정 등 교육 여건을 평준화하는 것이다. 그런데 여기서 평준화 정책의 취지를 고교 입시 제도의 개선으로 볼 것인가, 아니면 학교 여건의 평준화로 볼 것인가에 따라 논점에 차이가 생긴다.

윤종혁은 교육 여건의 평준화에 초점을 두고, 고교 평준화 정책을 분석했다. 그에 따르면 평준화 정책은 학교 간 교육 조건을 평등화해서 교육 격차를 해소하고 교육에서 형평성을 실현한다는 의미를 지닌다. 이러한 평준화의 목적에 대한 이해의 부족과 재정지원의 부족으로 학교 간 교육 여건을 제대로 평등화하지 못한 상태에서 정책을 도입했고, 이 때문에 평준화 정책의 취지가 학생의 추첨 배정 제도라는 좁은 의미로 축소되었다고 해석한다.

그러나 평준화 정책이 도입되던 당시 상황을 들여다보면, 윤종혁의 해석은 평준화의 의미를 너무 확대한 것으로도 보인다. 우선, 평준화 정책이 도입되었던 당시 최대 교육 현안은 '중학생을 입시지옥에서 구출하자'였다. 또한 고교 평준화 제도는 1969년에 도입된 중학교 무시험 제도의 연장선에서 만들어졌다고 보아야 한다. 게다가 '평준화'라는 용어 자체가 관계 법령에 전혀 나타나지 않는다는 점까지 종합적으로 고려할 때, 평준화 정책의 핵심은 평등 교육의 실현보다 중학교 교육 정상화를 위한 고교 입시 제도 개혁으로 해석하는 것이 타당하다. 즉, 고교 평준화 정책은 '학생을 추첨으로 고교에 배정하고 이를 통해 고교 서열화를 방지하겠다는 목적으로 도입된 고교 신입생 선발 제도'라는 것이다.

이러한 고교 평준화 정책을 반대하는 이유 중의 하나는 이 제도가 학생의 학교 선택권을 박탈한다는 것이다. 학생의 학교 선택권은 존중될 필요가 있다. 학생은 통학 거리, 교육 환경, 대학 진학에 유리한 정도, 학교의 전통, 종교, 부모 출신학교 여부 등 다양한 이유로 특정 학교에 진학하기를 희망할 수 있다. 학생과 학부모의 희망을 최대한 반영해서 원하는 학교에 입학할 수 있게 한다면, 이는 민주주의 원칙에 부합할 뿐만 아니라 학교에 대한 만족도를 높여 교육적으로 바람직한 효과를 기대할 수도 있다.

이렇게 보면 평준화 정책을 도입하면서 학생의 학교 선택권을 배제하고 추첨 방식을 택한 것은 심각한 취약점이었다. 그러나 평준화 정책과 학교 선택권은 다른 차원의 문제이고, 또 반드시 충돌하지도 않는다. 즉, 평준화 제도에서도 학교 선택권은 존중될 수 있다. 학생의 학교 선택권을 존중하면서 시행할 수 있는 고교 배정 방식은 논리적으로 다음 세 가지가 있을 수 있다. 첫째, 현행 비평준화 지역처럼 지망한 학생 중에서 성적에 의해 선발하는 방식(학교별 선발제)이다. 둘째, 학교에서 가장 가까운 거주자 순으로 입학을 허가하는 근거리 배정 방식(근거리 배정제)이다. 셋째, 지망한 학생 중에서 추첨으로 학생을 배정하는 방식(추첨 배정제)이다. 따라서 학교별 선발제만을 학생에게 학교 선택권을 부여하는 것으로 해석하는 것은 옳지 않다.

위에서 제시한 세 가지 방법은 각각 장단점을 갖고 있다. 학교가 학생을 성적에 따라 선발하는 학교별 선발제는 학생의 학업 성취와 능력에 따라 진학 기회를 부여하는 것이므로 논리적으로 간명하고, 제도를 정당화하기도 쉽다. 과거제도를 포함해서 많은 교육적, 사회적 선발이 시험을 통해 이루어진 것도 바로 이러한 이유에서다. 그러나 이 방식은 한국 교육 현실에서 학교를 서열화하고 초·중학교 교육을 고교 진학을 위한 입시 위주 교육으로 이끈다는 심각한 문제점을 안고 있다. 이것이 고교 평준화 정책을 도입한 가장 큰 이유이기도 하다.

근거리 배정제도는 학생 거주지 인근 학교에 배정될 가능성이 크므로 원거리 통학에 따른 비용을 최소화하는 장점이 있다. 그러나 근거리 배정 원칙만을 강조하면, 학교의 선호도에 따라 인근 주택의 가격이 들썩거리는 부작용이 생길 수 있다. 또한 그 영향으로 지역 간 집값에 차이가 벌어지면, 학생들이 경제적 여유에 따라 분리(segregation)됨으로써 공교육의 사회 통합적 기능이 취약해지는 문제가 생긴다. 이른바 '강남 8학군' 논란이 이런 현상을 보여준다.

마지막으로 추첨 배정제도는 교육 기회를 최대한 균등하게 배분한다는 장점이 있다. 그러나 이 방식은 '운'에 의해 학교가 결정된다는 점에서 정서적 반감이 있을 수 있다. 학교 분포와 학생 분포가 크게 일치하지 않거나 학교 간 선호도에 차이가 큰 경우에는 배정 결과에 대해 불만이 제기될 가능성이 있다. 특히 추첨 배정제도가 도입되려면, 학생의 다양하고 복잡한 선택을 존중해서 배정하는 효과적인 배정 시스템 개발이 필수적이다. 1995년 '5·31 교육개혁'에 따라 시작되어 2010학년도에 들어와서야 서울시교육청을 포함한 전국 시도교육청이 '선지원 후추첨' 배정 방법을 시행하게 된 것도 이를 뒷받침하는 정보화 기술이 이 시절에 크게 발전되었기 때문이다.

이제 학교 선택권의 본질적 의미에 대해 좀 더 깊이 생각해보자. 학교 선택권의 의미를 학생이 진학할 학교를 학생의 지원을 바탕으로 결정하는 것으로 바라본다면, 너무 단편적이지 않을까? 단지 원하는 학교를 지원할 기회를 준다는 것만으로 진정한 학교 선택권을 보장한다고 할 수 있을까? 우선 학교 선택권이 자신이 진학하고 싶은 학교에 입학할 수 있을 때 실질적으로 구현된다는 점은 분명하다. 즉, 학교 선택권은 특정 학교에 대한 선호와 입학 경쟁이 있음을 전제로 한다. 이 경우 학교 선택권은 특정 학교에 대한 입학 경쟁이 있는 경우, 어떤 방식으로 누구에게 입학할 기회를 부여하느냐의 문제로 이어진다. 학교별 선발 제도에서는 성적 우수 학생에게, 근거리 배정제도에서는 학교 근처에 사는 학생에게, 추첨 배정제도에서는 운이 좋은 학생에게 선택의 기회가 주어진다. 그렇다면 세 가지 방식 중에서 어떤 것이 학생의 학교 선택권을 가장 폭넓게 실질적으로 허용하는 것일까? 하나씩 살펴보자.

학교별 선발제는 대부분 성적을 바탕으로 학생을 선발한다. 합격자의 대부분이 자신이 원했던 학교에 합격한 것이므로 외형상 학교 선택권을 매우 폭넓게 보장한 것처럼 보인다. 하지만 이에 대해서는 실질적인 학교 선택권 차원에서 문제를 제기할 수 있다. 왜냐하면 학생들은 이미 지원 단계부터 자기 성적 즉 합격 가능성을 생각할 수밖에 없으므로 정말 입학하고 싶은 학교보다는 합격할 가능성이 큰 학교에 지원하게 된다. 또한 학교별 선발제에서는 이미 학교 서열이 형성될 수 있고 이 경우 학생들이 가고 싶은 학교는 소수 상위권 학교에 집중될 수밖에 없으므로 학교 선택권을 실질적으로 가질 수 있는 학생은 소수의 성적 우수 학생에게 국한된다. 실제로 평준화 도입 초기에는 이른바 '5대 공립'이나 '5대 사립'처럼 학생들이 가고 싶은 극소수 '명문고'가 있었다. 2002학년도부터 평준화가 실시된 분당 지역에도 전체 20여 개 고교 중 학생과 학부모들이 진학하기를 희망한 학교는 3~4개 학교에 불과했다.

근거리 배정제도는 학교별 선발제와 비교해서 학생의 학교 선택권을 크게 확대할 수 있다. 가고 싶은 학교 근처로 이사를 하면 되기 때문이다. 문제는 경제적으로 여유가 있는 가정의 자녀들에게만 학교 선택권을 보장하는 결과를 초래할 수 있다는 것이다. 즉, 근거리 배정제도에서 학생들은 원하는 학교 근처로 이사하고 싶을 텐데 이 경우 선호도가 높은 학교 주변의 집값이 상승하고 해당 지역의 집을 구매할 수 있는 여력이 있는 가정의 학생들에게 학교 선택권이 우선해 주어지는 결과가 된다. 이렇게 볼 때 근거리 배정제도는 학교별 선발제보다 실질적인 학교 선택권을 더 잘 보장할 수는 있지만, 부모의 경제적 능력에 따른 교육 기회의 불균등 배분으로 귀결될 수 있다는 한계가 있다.

마지막으로 추첨 배정제도는 겉으로는 학교 선택권을 제약하는 것처럼 보인다. 하지만 생각해보면 가장 실질적으로 학교 선택권을 넓히고 교육 기회를 균등하게 배분하는 제도가 될 수 있다. 왜냐하면 추첨 배정제도가 정착하면 학교에 서열이 생길 가능성이 크지 않으므로 학생들은 거주지 인근 학교로 진학하려는 경향이 커지고 원하는 학교에 배정될 가능성도 커지기 때문이다. 이것은 2010학년도에 처음 실행된 서울 지역 고교 신입생 배정에서 전체 배정 학생의 84.7%가 자신이 지망했던 4개 학교(서울시 전역에서 2개 학교, 소속 학군에서 2개 학교) 중의 한 곳으로 배정되었다는 사실에서 알 수 있다. 다만, 지망하지 않은 학교에 배정된 학생도 15.3%에 달하므로 불만족도 생기고 이를 간과하기는 어렵다. 따라서 이 제도를 택하더라도 학교 분포와 학생 분포를 일치시키는 학교 재배치 계획을 수립해서 운영하고 비선호 학교를 좀 더 적극적으로 지원해서 학교 간 선호도 격차를 해소하는 방안이 추진되어야 한다.

평준화 정책을 반대하는 사람들은 추첨 배정제도가 학교 선택권을 인정하지 않았던 종전 제도와 비교해서 진일보한 제도라는 것을 인정하지만,

여전히 학생의 학교 선택권을 충실하게 보장하려면 학교별 선발제가 필요하다는 주장을 펼친다. 그들이 보기에는 비평준화 제도, 즉 학교별 선발제가 학교 선택권을 가장 확실하게 보장하는 제도이다. 이 제도는 누구나 원하는 학교에 지원할 기회를 제공한다는 점에서 형식적인 차원의 학교 선택권을 가장 잘 보장하는 것은 분명하다. 그러나 앞서 논의한 것처럼 학교별 선발제가 학교 서열화라는 부작용을 가져오고, 실제로는 소수 성적 우수자에게만 학교 선택권이 실질적으로 보장된다는 점에서 반론의 여지가 있다.

결국 평준화 반대론자들의 입장은 학교 선택권이 아니라 학교의 학생 선발권을 보장하는 것과 더 긴밀하게 연결된다. 실제로도 평준화 제도가 가진 문제는 학교, 특히 사립학교의 학생 선발권을 근본적으로 제약한다는 점이다. 특목고나 자율형 사립고 같은 고교 유형의 도입이 평준화 정책의 대안으로 끊임없이 제기되는 것도 학교의 학생 선발권을 어느 정도 인정하기 때문이다. 이런 점들을 종합해 볼 때, 평준화 정책은 학생의 학교 선택권보다 학교의 학생 선발권을 제한하는 제도라는 관점에서 바라볼 필요가 있다. 즉, 평준화 정책과 학교의 학생 선발권은 서로 상충 관계에 있다. 따라서 평준화 정책을 논의할 때, 학생을 선발할 수 있는 특목고나 자사고 문제를 살펴보지 않을 수 없다.

평준화 정책과 특목고 및 자사고 그리고 선발 효과 논쟁

1974년 도입된 평준화 정책은 역대 정부에 걸쳐 확대와 축소를 반복했다. 서울과 부산 지역부터 시작해서 1980년대 초까지 6개 특별시·광역시와 15개 시 지역으로 확대되었지만, 1990년대에는 축소되는 방향으로 움직여서 7개 시 지역의 평준화가 해제되었다. 2000년대 이후에는 다시 확대의 과정을 거쳐서 오늘날 특별시, 광역시, 특별자치시 전체와 도 지역 31

개 시에서 고교 평준화가 시행되고 있다. 특히 2000년대 이후에 이루어진 평준화 지역의 확대는 중앙정부가 주도한 것이 아니라 시·도 교육청이 지역 사회와 학부모의 의견을 들어 결정한 것이라는 점에서 큰 의미가 있다.

오늘날 평준화가 대세인 것은 분명하지만, 평준화 정책이 교육적 획일성을 초래하고 수월성을 간과했다는 주장과 특목고나 자사고를 확대해야 한다는 요구가 계속해서 제기되고 있다. 반대로, 설립 목적과 다르게 운영되는 특목고나 자사고의 수를 줄이거나 제도 자체를 폐지해야 한다는 주장도 만만치 않게 나오고 있다. 그 결과 2000년대 이후 평준화 정책을 둘러싼 논란은 사실상 특목고와 자사고의 존폐를 둘러싼 보수와 진보 교육계의 전쟁으로 전환되었다고 할 수 있다.

원래 평준화 정책을 보완하는 방안으로 도입된 특목고는 모든 과목에서 우수한 학생이 모인 전통적인 '일류고'를 폐지하는 대신 특정 분야 영재들을 모아 가르치는 학교로 출발했다. 과학, 예술, 체육, 외국어 같은 영역에서 영재성을 가진 학생을 대상으로 특화된 교육과정을 운영하는 학교로 도입된 것이다. 당연히 과학고, 외국어고, 예술고, 체육고 같은 특목고들은 그에 적합한 재능과 적성을 가진 학생을 선발할 수 있는 예외적 지위도 인정받았다.

그런데 문제는 특목고를 설립한 취지와 학부모나 학생이 학교를 선택한 이유 사이에 괴리가 있다는 것이다. 학부모나 학생의 관심사는 특화된 교육과정보다 대입에서 유리하다는 것이었다. 이러한 흐름과 맞물려 일부 특목고, 특히 외고는 교육과정을 변칙적으로 운영하기도 했다. 예를 들면 교과 시간표에는 독일어 시간으로 표시하고 실제로는 수학을 가르치는 식이었다. 게다가 외고 졸업자들이 외국어 전공을 선택하지 않고 법대나 상경대로 진학하는 예도 많았다. 과학고에도 과학자가 아니라 의사가 되려는 학생이 모여드는 현상이 나타났다. 특목고라는 제도가 대입 경쟁이라는 강력한 자기장을 거치면서 설립 목적과는 다르게 명문대 또는 특정 학과로 진학하기 위한 경로로 변해버렸다는 평가가 나오는 이유다.

자사고도 유사한 경로를 밟았다. 자립형 사립학교는 원래 5·31 교육개혁안에서 제시된 것이다. 종교계 학교처럼 독특한 건학 이념을 바탕으로 설립된 사립고에 대해 그들이 지향하는 교육 철학을 실천하는 사학으로 발전시키고자 한 것이다. 김대중 정부는 이러한 생각을 전격적으로 수용했고, 민족사관고, 상산고 등 6개 자사고가 출범했다. 이후 이명박 정부는 '고교 다양화 300 정책'을 통해 자사고를 대폭 확대하기에 이르렀다.

그러나 일부 학부모들은 학교가 내건 독특한 건학 이념과 교육 방향을 보고 자사고를 선택했지만 다른 많은 경우는 명문대 진학에 유리하기 때문에 자녀를 보냈다는 분석이 많다. 특히 이명박 정부에서는 성적 상위 50% 이상인 학생만 자사고에 지원할 수 있도록 했기 때문에 수평적 다양화가 아닌 수직적 서열화를 가져왔다는 비판도 제기되었다. 즉 일반고보다 우수한 학생을 선발해서 가르치는 학교 유형으로 자리 잡으면서 평준화 정책과 충돌하게 된 것이다.

교육의 수월성을 강조하는 집단은 특목고와 자사고가 일반고와 다른 양질의 수월성 교육을 통해서 우수한 졸업생을 배출했고, 이들이 명문대에 진학한 것이라고 주장한다. 반면, 평준화 정책 지지자들은 특목고와 자사고 졸업생의 명문대 진학은 단지 '선발 효과'에 불과하다고 반박한다. 이들 학교는 처음부터 성적 우수 학생을 받아들인 효과를 본 것이지, 성적이 우수한 졸업생을 배출한 것은 아니라는 것이다. 또한 이는 진정한 의미의 수월성이 될 수 없다고 말한다.

특목고 문제의 중심에는 외고가 있다. 과학고도 졸업생의 의대 진학 등 논란이 없지는 않지만, 일반적으로 과학고의 필요성에 대해서는 사회적 공감대가 형성되어 있다. 특목고 제도에 대해 비판적인 문재인 정부도 2025

년 외고와 자사고 폐지를 추진하면서 과학고나 예술고, 체육고에 대해서는 특별한 규제나 폐지를 언급하지 않고 있다.

사실 외고는 탄생부터 평준화 정책과 충돌할 여지가 많았다. 이는 노태우 대통령의 평준화 재검토 요구에 대해 교육부가 내놓은 절충안이었다. 고교 평준화를 완전히 폐지하기보다 일부 다른 유형의 학교를 만들어 평준화 정책의 문제를 보완하겠다는 생각이었다. 그러나 외고의 변칙적인 교육과정 운영은 계속해서 지적되었다. 졸업생의 20~30%만 어학 계열로 진학하고 있으므로 외국어 분야의 영재 양성이라는 설립 취지에 어긋난다는 것이다. 또한 학생에 대한 '선발 효과'를 바탕으로 명문대 입학을 위한 통로로 변했다는 지적이 많았다.

자립형 사립고 역시 두 개의 생각이 충돌하고 있다. 하나는 독특한 건학 이념을 가진 사학 육성이라는 취지가 퇴색하고, 외고와 마찬가지로 대입 명문 고교로 변했다는 주장이고, 다른 하나는 교육과정 운영의 자율성을 확대함으로써 교육의 수월성과 다양성 확대에 이바지하고 있다는 주장이다. 이러한 대립적 견해는 자사고의 교육적 기능과 제도적 장단점에 관한 견해의 차이로 설명하기 어렵다. 보다 근본적으로 평준화 정책을 둘러싼 교육관, 나아가 이와 관련된 정치적 이념의 차이에서 비롯한 것으로 보아야 한다. 따라서 외고와 자사고 문제에 대해서 보다 심층적인 이해를 하려면 교육 문제와 관련된 이념적 대립을 살펴볼 필요가 있다.

고교 평준화 정책에 관한 이념적 접근 :
기본 논리와 한계

평등주의적 관점

평준화 정책은 비교적 많은 학부모로부터 지지를 받는 정책이다. 2000년대 이후 평준화 정책을 시행하는 지역이 계속 확대되고 있다는 사실이 이를 뒷받침한다. 이 제도가 지지받는 이유에 대해서는 고교 서열화에 따른 부작용 예방, 입시 위주 교육 탈피와 중학교 교육 정상화, 집에서 비교적 가까운 학교 진학에 대한 선호 등이 꼽힌다. 주로 교육 정책적, 실용적 차원의 이유이다.

그런데 평준화 정책 주창자들은 고교 평준화가 필요한 이유에 대해서 좀 더 근본적인 이유를 든다. 이들은 평준화야말로 우리 사회가 지켜야 할 평등의 가치를 교육적 차원에서 가장 잘 구현하는 제도라고 생각한다. 그들이 제시하는 논리와 대입제도에 관한 생각은 다음과 같다. 첫째, 국가가 공교육 제도를 운용하는 이유는 부모의 경제 사회적 지위에 상관없이 모든 사람에게 균등한 교육 기회를 제공하기 위한 것이고, 평준화 제도는 이를 뒷받침한다. 교육 기회의 균등은 모든 국민을 평등하게 대우해야 하는 민주주의 사회의 책임이다. 만약 부모의 사회경제적 지위가 자녀의 교육 기회에 영향을 미치게 되면, 교육은 부모의 부와 지위를 대물림하거나 이를 정당화시켜주는 도구에 불과하게 된다. 평준화 정책은 각 학교가 가진 교육 여건의 차이를 크게 줄이고, 가정 배경과 관련이 없이 모든 학생이 양질의 교육을 받을 수 있도록 하는 데 이바지했다는 점에서 공교육의 사명과 민주주의 원리에도 부합한다.

둘째, 한국 교육이 안고 있는 심각한 문제는 서열화된 학벌 구조와 입시 위주 교육이다. 이러한 구조적 문제 때문에 한국의 공교육은 학생의 성장과 사회 통합을 도모하기보다 사교육과 무한 경쟁의 세계로 내몰고 있다. 평준화 정책은 이러한 고질적인 문제를 완화하는 데 이바지했다. 이를 폐지할 경우 고교 단계에서 학벌주의가 더욱 고착화하고 자연스럽게 '명문고' 입학을 위한 경쟁과 사교육이 더욱 심화할 것이다.

셋째, 평준화 정책이 내포하고 있는 문제는 정책 자체에 내재한 흠결보다는 이 정책을 제대로 추진하지 못한 데에서 찾아야 한다. 평준화 반대론자들이 제기하는 교육의 수월성은 학생을 여러 집단으로 나누고, 학생끼리 경쟁을 시킬 때만 얻을 수 있는 것이 아니다. 오히려 학생, 교원, 교육 여건 등을 평등하게 제공하고, 다양한 능력과 배경을 가진 학생들이 협력하며 서로에게 배울 수 있는 학습의 장을 만들 때 교육적 수월성을 달성할 수 있다. 학교의 교육적 사명은 다양한 학생들을 대상으로 각자의 꿈, 능력, 흥미, 진로에 따른 개별화된 '맞춤형 교육'을 시행함으로써 학생의 학습을 촉진하고 잠재력을 최대한 계발하는 것이다.

넷째, 평준화 정책이 성공하려면 대학의 서열 구조를 타파하고 대학까지도 평준화해야 한다. 대학 입시에서 낙후 지역 또는 가난한 학생들이 불이익을 받지 않게 '3불 정책'을 철저하게 시행하고, 궁극적으로 내신성적만으로 대학에 진학하는 대입제도가 마련되어야 한다. 학생의 거주지와 부모의 경제적 능력에 따라 차이가 나는 사교육의 영향을 최소화하고, 학교 공부만으로 원하는 대학에 진학할 수 있도록 해야 하고, 이를 위해 공교육 경쟁력 강화 정책과 함께 강력한 사교육 대책이 시행되어야 한다.

다섯째, 학교 간 성취 격차를 확인하는 일제고사의 시행이나 그 결과를 대중에게 공표하는 것은 학교 서열화를 초래하고 평준화 정책의 근본 취지를 해치므로 금지해야 한다. 학교 간 격차의 공표는 성적 부진 학교나 낙후된 학교를 개선하기보다 성적이 좋은 학교로 경제적으로 여유가 있는 학생들이 몰리게 하는 효과를 발휘할 것이고, 그 결과 학교 격차는 더욱 확대되고 고착화할 것이다. 학생의 학교 선택권이나 학교의 학생 선발권 확대도 비슷한 경로를 거쳐 학교 서열화를 더욱더 공고히 할 가능성이 있다. 평등주의자의 눈에 학교에 관한 정보공개, 학생의 학교 선택권, 학교의 학생 선발권을 확대하는 것은 무한 경쟁과 승자독식을 조장하고 정당화하는 신자유주의의 산물일 뿐이고, 상류층에게 유리한 교육 체제를 만드는 데 이바지한다.

이상은 평등 사회 구현을 위한 교육의 역할과 교육 기회균등의 중요성을 일깨워주는 것으로서 경청할 만하다. 평등주의 교육관은 근대국가와 공교육이 출현하면서 일부 귀족과 부유층 자녀들에게만 주어졌던 교육 기회를 모든 국민에게 확대하는 교육 발전의 역사와도 궤를 같이한다. 또한 모든 국민에게 균등한 교육 기회를 제공하는 것이 국가의 책무라는 복지국가론의 이념에도 부합한다. 고교 평준화 정책의 의미에 대해 이윤미 김동석은 아래와 같이 평가하고 있다.

고교 평준화 정책의 공(功)은 중등교육 팽창과정에서 특권주의를 해체하고 격차를 해소함으로써 교육 기회균등에 형식적으로나 내용적으로 기여했다는 것이며, 1990년대 신자유주의 개혁 이후 부활한 경쟁, 수월성, 특권화 담론에 대립되는 하나의 교육적 흐름으로 자리 잡아왔다는 것이다. 또한, 실질적 평준화를 이끌어내는 데는 한계가 있었다는 지적을 받아왔지만, 정책적 개입을 통해 당시의 극단적인 학교 간 차이를 줄이는 데 일정 정도 기여했음도 부정하기는 어려울 것이다(이윤미, 2018, p.23).

고등교육의 기회는 물론, 중등교육의 기회조차 제약되어 있고, 입시경쟁에 있어 사회 계층적 배경 등 교육 외적 요소가 큰 영향력을 행사하던 당시의 상황에서, 현실적으로 존재하는 학교 간 격차 자체를 제거하고 교사, 학생, 시설의 평준화를 시도한 정책은 교육적 의미를 지니고 있다. 평준화 정책은 학교 간 격차를 해소하고 균등한 교육 조건에서 중등교육의 기회를 확대함으로써 교육의 정상화를 달성하려는 평준화 이념은 교육적 가치와 사회적 정의에 부합되는 것으로 평가할 수 있고 다수 국민의 지지 속에 시행되었다(김동석, 2002, p.45).

그러나 위와 같은 평등주의 관점은 '교육 정책으로서 고교 평준화'의 의미를 지나치게 확대해서 '정치적 관점의 평등주의 이념'과 연계함으로써 교육적 논의가 필요한 사항을 이념 간 대립과 갈등으로 끌고 갔다는 비판을 면하기 어렵다. 평준화 정책이 평등주의 교육관과 어느 정도 맥락을 같이 한다는 것을 부인하기는 어렵다. 하지만 고교 평준화 정책은 고교 입시에 얽힌 과도한 경쟁과 여기서 파생되어 나오는 여러 교육적, 사회적 문제를 해소하기 위한 교육 정책이다. 정치적으로 '평등'이라는 이념을 구현하기 위해서 만든 정책으로 보는 것은 무리가 있다. 고교 평준화 정책을 도입하거나 확대했던 박정희 정부나 전두환 정부를 평등을 추구하는 '좌파 정부'라고 할 수는 없는 것과 마찬가지이다.

지나친 평등주의 교육관에서 나타나는 또 하나의 문제는 경쟁을 지나치게 죄악시한다는 점이다. 명문대 입학을 향한 지나친 입시 경쟁이 심각한 교육 문제를 불러온다는 것은 누구도 부인할 수 없다. 하지만 건전한 경쟁을 통해서 얻을 수 있는 교육적 가치와 성취도 무시하기는 어렵다. 건강한 경쟁이 가져오는 효용을 부인하는 것은 그동안 우리 경제와 교육을 발전할 수 있게 했던 핵심 요소를 부정하는 것과 같다. 실제로 우리나라를 방문한 개발도상국 학자나 공무원들이 부러워하거나 이해하기 어려워했던 것이 바로 '교육열'이다. 그들은 자기 나라에서 어떠한 정책적 노력을 펼쳐도 기대하기 어려운 것이 국민의 교육열과 학생의 학습 동기라고 토로하기도 한다. 우리가 당면한 과제는 비생산적 과열 경쟁을 줄이고 바람직한 수준의 교육적 경쟁으로 유도하는 것이다. 경쟁 그 자체를 없애려고 하는 것은 교각살우(矯角殺牛)의 잘못을 범하는 것이 될 수도 있다.

고교 평준화에 내재한 또 다른 한계는 학교 간 잘 가르치려는 경쟁을 약화할 수 있다는 점이다. 상대평가에 따른 내신성적 산출이 낙후 지역 학생의 대학 진학 기회를 높이고, 어느 정도 교육 기회의 균등화에 이바지한 것은 사실이다. 하지만 학생의 성적을 상대평가로 매기는 한, 학교 간 교육적 성취의 차이를 알기 어려울뿐더러 학교가 더 잘 가르치려고 노력하게 만드는 데도 한계가 있다. 게다가 입시 명문이 아니라 인성, 체력, 학력 등 모든 면에서 뛰어난 인재를 길러내는 진정한 '명문 사학'으로 발전하고자 하는 사학의 동기마저 약화시킬 수 있다.

사실 교육에서 평등이라는 가치를 고교 평준화라는 하나의 정책만으로 확보할 수는 없다. 그것은 교육 복지 확대, 낙후 지역 교육 여건 개선, 저소득층 학비 지원 등 다양한 정책 수단을 종합적으로 추구해서 달성해야 하며, 교육의 수월성 같은 다른 교육적 가치와 조화를 이루면서 추구해야 한다. 또한 평등을 다른 교육적 가치보다 절대적으로 우선시하는 교조주의적 접근이나 평등 교육을 지나치게 정치 이데올로기화하는 것도 문제가 있다. 이러한 교조주의적 함정에 빠지게 되면, 평준화 체제에서도 이루어질 수 있는 수준별 이동수업, 영재 교육, 고교 선택제와 같이 형평성과 수월성을 조화시키는 정책도 신자유주의 정책의 산물로 간주하고 깎아내리는 잘못을 범할 수도 있다. 나아가 이러한 극단적 평등주의 입장이 평등 교육이라는 소중한 가치에 대한 사회적 지지를 오히려 약화했다는 비판도 제기된다. 평준화를 '정책'이 아닌 '이념'으로 여겨서 과도하게 집착함으로써 평준화 정책의 안정적 추진을 어렵게 하고, 역설적으로 신자유주의라는 대립 이념을 부상하게 하는 계기를 제공하기도 했다는 것이다.

신자유주의적 관점

신자유주의는 인간의 천부 권리로서 자유와 자유가 마음껏 숨 쉬고 역할을 할 수 있는 시장(市場, market)의 역할을 중시한다. 19세기의 전통적인 자유주의가 경제 활동의 자유와 국가 개입 최소화에 초점을 두었다면, 20세기의 신자유주의는 경제 활동뿐만 아니라 교육, 복지를 포함한 공적 영역 전반에서 개인의 자유와 선택의 중요성을 강조하고, 시장의 원리를 통해 효율성과 수월성을 추구한다. 이를 신봉하는 사람들은 평등 이념이 과도하게 반영된 '큰 정부'나 '복지국가' 관점이 인간의 내면적 욕구에 비추어 비효율적이고, 성취 동기를 꺾어 생산성을 낮춘다고 비판한다. 이런 맥락에서 그들이 평등 교육 이념을 바탕으로 하는 평준화 정책에 반대하는 것은 자연스러운 일이다.

신자유주의 관점에서 보면, 평준화 정책은 한국 교육이 안고 있는 문제의 근원이다. 고교 평준화가 학생들의 입시 경쟁을 완화하거나 교육의 형평성을 보장한다는 믿음은 실제 상황에서는 구현하기 어려운 신화에 불과하다. 그들에게 평준화 정책은 학교의 교육적 경쟁력을 낮춰서 사교육 수요를 늘리고, 학교의 자유롭고 창의적인 노력을 가로막아 공교육의 발전을 저해하고 만족도를 떨어뜨린 주된 원인이다. 평준화 체제에서 이루어지는 획일화된 교육은 학생의 창의성과 발전 가능성을 말살하고, 국가발전을 위한 수월성 교육을 저해한다.

이들은 지금의 평준화 정책을 폐지하거나 근본적으로 수정해야 한다고 말하면서 다음과 같은 이유를 제시한다. 첫째, 평준화 정책은 교육의 '하향 평준화'를 가져왔다. 즉, 평준화 체제는 한국 교육의 경쟁력과 수월성을 약화하는 원인이다. 학생에게 학교가 얼마나 잘 가르치는지에 관한 정보를 제공하지 않고, 학교 간 잘 가르치기 경쟁을 원천적으로 봉쇄했기 때문이다. 학교가 특별히 노력하지 않아도 학생을 자동으로 배정받는 시스템, 즉 평준화야말로 공교육의 교육 경쟁력을 낮춘 핵심 원인이다.

둘째, 평준화 정책은 공·사립을 불문하고 학교 전체를 획일화하는 결과를 초래했다. 교육에서 자율성과 다양성은 중요한 가치이고 창의성의 원천인데, 평준화는 반대로 교육에서 획일과 균질만을 조장했다. 평준화 제도를 개선함으로써 학교가 학생의 다양한 교육 수요에 맞추어 교육과정을 다양하게 운영할 수 있도록 해주어야 한다. 이러한 학생 맞춤형 교육을 하는 것은 학교의 교육적 책무이기도 하다.

셋째, 평준화 정책은 교육 영역에서 학생의 자유로운 선택과 학교의 학생 선발에 관한 자율성을 심각하게 훼손하고 있다. 인간은 자유 의지를 가진 존재로서 자신의 책임 아래 선택을 할 수 있는 권리가 있고, 이는 천부적 인권이다. 교육에서도 이러한 권리는 보장되어야 하는데, 평준화는 이를 허용하지 않는 강압적 정책이다. 설령 선택의 결과가 좋지 않게 나타난다고 하더라도 자신의 책임 아래 행하는 선택이므로 스스로 받아들여야 한다. 이를 경험하는 것은 민주주의 원리에 부합하고 교육적으로도 타당하다. 이를 막는 것이 오히려 전체주의적 발상이고, 선택과 책임을 경험함으로써 성장할 수 있는 기회를 박탈하는 비교육적인 정책이다.

넷째, 대안은 학생과 학부모에게 학교 선택권을 돌려주고, 고교 입시와 대학 입시를 자율화해서 학교나 대학에 폭넓은 학생 선발권을 허용하는 것이다. 이렇게 하면 학교는 더 잘 가르치려고 노력하게 되고, 학교 간 건전한 경쟁이 일어나서 공교육 체제를 강화하는 선순환을 기대할 수 있다. 즉, 학생이 경쟁하는 것이 아니라 학교가 경쟁하는 시스템을 만들어야 한다는 것이다. 이렇게 하면 학생의 학교 교육에 대한 만족도가 높아지고 사교육 의존도 역시 줄일 수 있다.

이러한 신자유주의 교육관은 학교 교육의 획일화, 건전한 교육 경쟁의 약화 등 평준화 체제가 안고 있는 여러 문제를 지적하고, 교육 본질의 회복과 성과 제고를 위한 자율화와 다양화의 필요성을 부각했다는 점에서 의의가 있다. 나아가 교육의 수월성과 경쟁력 제고 등 평등주의 관점이 간과할 수 있는 다른 교육적 가치에 대한 정책적 관심을 높였다는 점에서도 평가를 받을 수 있다. 다음은 평준화에 대한 비판적 입장이 어떠한지를 잘 보여준다.

> 평준화 정책은 학생 선발의 평준화에서 시작해, 학교 운영과 교육과정에 대한 획일적 통제, 학교 재정지원의 평준화, 더 나아가 고교별 차이를 인정하지 않는 대학 입시에 이르기까지 점점 더 강하게 우리 학교를 옥죄고 있다. 따라서 우리가 평준화 학교라고 할 때는 평준화 지역의 고교만을 의미하는 것이 아니라 비평준화 지역의 고교는 물론 초·중등학교도 모두 포함된다. 평준화는 학생 선발 제도에만 국한된 것이 아니라 획일화된 학교 통제 방식과 고교 차이를 인정하지 않는 대학 입시까지 포괄하기 때문이다. 평준화는 우리의 학교들을 점령하였다(이주호 외, 2006, p.34).

그러나 교육에 관한 신자유주의 입장도, 평등주의 관점과 마찬가지로, 지나치게 이념 지향적이라는 비판에서 벗어나기 어렵다. 평준화 정책에 대한 비판도 구체적으로 정책의 내용을 지적하기보다는 평등주의라는 이념을 비판하는 데 초점을 두는 면이 있다. 평준화 정책의 어떠한 내용이 어떠한 교육적, 사회적 문제를 가져왔는지에 대해서 구체적으로 지적하고 대안을 제시하기보다 '평준화' 제도가 모든 교육 문제의 근원이라고 주장하기 때문이다.

교육에 적용한 과도한 평등주의가 교육의 수월성, 학교의 책무성, 학생의 선택권을 약화했다는 비판은 타당하고 경청할 만하다. 또한 교육에서 자율성과 다양성의 중요성은 아무리 강조해도 지나치지 않다. 그러나 교육에서 선택과 경쟁, 수월성의 가치를 지나치게 강조하면, 과도한 평등주의 못지않게 여러 교육적, 사회적 부작용을 가져올 수 있다는 것도 간과해서는 안 된다.

무엇보다 평준화 체제가 해체되어, 의도했든 의도하지 않았든 고등학교가 다시 서열화되면 과거 경험에 비추어 볼 때 중학교 교육, 나아가서는 초등학교 교육까지 입시 위주 교육으로 되돌아갈 가능성이 크다. 어린 나이부터 비교육적인 경쟁에 내몰리는 폐해가 늘어날 수 있다. 즉, 신자유주의를 신봉하는 관점은 평준화 정책을 도입하기 전에 우리 학교와 아이들이 겪었던 교육 고통과 사회적 문제에 대해 좀 더 깊이 바라볼 필요가 있다.

결론적으로 그것이 평등주의든 신자유주의든 교육 정책에 대한 이념적, 극단적 접근과 단편적 처방은 문제를 해결하기보다 상황을 더욱 악화시킬 가능성이 크다. 특히, 이데올로기는 교조주의화하는 내재적 속성이 있고, 한국의 정치 풍토에서 다른 의견이나 대안을 겸허하게 받아들이기보다는 적대시하는 경향이 있다. 즉, 이념 자체를 극단적으로 수용하고 과격하게 추진하려 할수록 합리적인 해결책이나 타협점을 찾으려는 노력까지 가로막으면서 어떤 종류의 의견도 받아들이지 않는 독단에 빠지기 쉽다. 그 어느 쪽이든 교육적으로 바람직하지 않은 결과로 이어질 수 있고 지금까지의 경험도 이를 잘 보여주고 있다.

특목고, 자사고 정책의 변천과 이념 전쟁
그리고 대입제도

박정희 정부 : 평준화 제도와 특목고 도입

　1974년 중학생을 입시 지옥에서 구하겠다는 정책 목표 아래 평준화 정책이 도입되었다. 그런데 평준화 정책은 도입과 함께 보완책을 요구받았다. 교육에서 형평성과 수월성은 모두 중요한 목표인데, 평준화는 형평성을 주로 고려한 정책이기 때문에 교육의 수월성도 함께 확보할 수 있는 방안이 필요하다는 것이었다.

　이에 따라 민관식 교육부장관은 1973년 평준화 정책에 따른 새로운 고교 입학 제도를 확정하면서, 삼육고, 성심고, 중경고 등 인문계 3개 학교, 국악고, 서울예고, 서울체고, 철도고, 부산해양고 등 예체능 및 직업계 8개 학교를 '학교별로 학생을 모집할 수 있는 특수목적고등학교'로 지정했다. 하지만 곧 해당 학교에 대한 특혜 시비가 일어났다. 이에 따라 교육부는 1977년 제도를 변경해 실업계 고교만을 대상으로 특목고를 지정하는 방향으로 정책을 전환했다.

전두환 정부 : 특목고의 확대와 과학고 설립

　전두환 정부는 영재 교육을 강화한다는 이유로 특목고를 확대했다. 1980년 이규호 문교부 장관은 "영재 교육을 위해 예술고, 체육고와 같은 과학고와 어학고와 같은 특수고를 신설하겠다"라는 방침을 공개했다. 이에 따라 1983년에는 경기과학고가 문을 열었고 이어서 각 특별시·광역시·도마다 과학고가 설립되었다. 다만, 외국어고를 영재 교육 기관으로 인정하는 것에 대해 비판 여론이 생기면서, 이를 '특목고'가 아닌 '각종학교'로 분류하는 방향으로 정책을 선회했다. 그 결과 1983년 대원외고, 1984년 대일외고, 1990년 한영외고가 각각 개교했다.

노태우 정부 : 외국어고의 특목고 편입

노태우 정부는 평준화 정책에 대해 부정적이었고, 대통령은 교육부에 평준화 정책을 개선하라고 지시했다. 이에 따라 교육부는 기초 연구와 여론 조사부터 시작했다. 그러나 현장 의견은 달랐다. 평준화에 대한 학부모의 지지가 반대 의견보다 훨씬 높았던 것이다. 이러한 사실을 확인한 교육부는 대통령의 지시를 그대로 받아들여서 평준화 정책을 전면 폐지하는 것이 곤란하다는 결론에 도달했다. 대신 교육부는 1992년부터 각종학교 대우를 받던 외국어고를 어학 영재를 양성하는 특목고에 포함함으로써 획일화된 교육을 조장한다는 평준화 제도를 보완하는 방향으로 정책을 설정하고, 외국어고의 신설을 인가하는 방안을 발표했다. 교육부는 평준화 제도의 기본 틀은 그대로 유지하면서 예외적으로 외국어고를 특목고 범주에 포함하는 방식으로 대통령의 정책 개선 지시를 이행하는 모양새를 갖춘 것으로 이해할 수 있다.

김영삼 정부 : 자사고 제도의 도입 검토

김영삼 정부의 대통령 자문 교육개혁위원회는 1995년 5·31 교육개혁안을 발표하면서 '재단의 건학 이념에 따라 다양한 인재를 키우는 학교'로 자립형 사립고를 지정 또는 설립하자고 제안했다. 또한 이미 설립한 특목고가 취지에 어긋나게 교육과정을 변칙적으로 운영하면 특목고 지정을 취소

할 것도 함께 제안했다. 이는 평준화 정책의 문제점을 보완하고 다양성과 수월성 교육을 함께 시행하고자 도입한 자사고와 특목고가 입시 위주 교육으로 흘러서는 안 된다는 점을 강조한 것이다.

하지만 자사고 제도의 도입은 곧 암초를 만났다. 자사고는 평준화 제도의 취지에 어긋나는 입시 위주 교육과정을 운영하는 학교가 될 수 있고, 높은 등록금으로 계층 간 위화감까지 조성하는 귀족학교가 될 수 있다는 문제가 제기되었다. 안병영 장관은 이와 연관해 "자사고 문제는 더 깊숙이 따져보아야 한다. 적어도 내 재임 기간 안에는 이 문제는 더 이상 구체화하지 않겠다"고 밝혔다. 이에 따라 자사고 제도 도입은 보류되었다. 이러한 일련의 움직임은 정부가 교육 정책으로 자율화와 다양화를 지향했지만, 평준화 정책의 기본 정신이 무너져서는 안 된다는 인식도 확고했음을 보여준 것이다.

김대중 정부 : 6개 자사고의 출범

김대중 정부 초기에는 평준화 정책에 관한 입장이 김영삼 정부와 크게 다르지 않았다. 자사고 제도에 대해서도 초기에는 소극적이었다. 하지만 2000년 대통령 자문기구인 새교육공동체위원회가 자사고 제도의 도입을 건의하면서 김대중 대통령도 관심을 보이기 시작했다. 이에 따라 교육부는 2001년 시·도교육청에 자사고 시범운영 희망 학교를 신청받으라는 공문을 보냈다. 교육부의 생각은 2003년부터 시범학교를 운영해본 후, 2005년 즈음 이를 공식적으로 제도화할 것인지 검토하는 것이었다. 신청을 받은 결과, 총 27개 학교가 자사고 시범학교를 신청했는데, 19개 학교가 서울 지역 고교였다. 그러나 서울 지역 자사고 심사선정위원회의는 교육부가 제시한 조건에 부합하는 학교가 없다는 결론을 내렸고, 서울에서 자사고 선정은 무산되었다. 이러한 결론에는 자사고에 반대하던 유인종 서울시교육감의 뜻이 영향을 미쳤을 수 있다.

　최종적으로 2002년부터 민족사관고(횡성), 포항제철고(포항), 광양제철
고(광양)가 자사고 시범학교로 운영을 시작했고, 2003년부터 부산해운대
고, 현대청운고(울산), 상산고(전주)가 시범학교에 합류했다. 이들은 모두
수도권 밖에 소재한 학교들이었다. IMF 구제금융 사태와 함께 출범했던
김대중 정부는 당시 세계를 풍미했던 신자유주의 영향에서 벗어날 수 없
었고, 자사고 제도의 도입은 교육 정책에서도 교육의 자율화와 다양화를
향한 발길을 조심스럽게 내디딘 것으로 해석할 수 있다.

노무현 정부 : 평준화 정책을 둘러싼 이념 전쟁의 시작

　평준화 정책을 둘러싼 이념 전쟁의 조짐은 노무현 정부에서 시작되었다.
다만 그 특징은 정부 내부에서 먼저 치열하게 전개된 후, 대통령 선거 과
정에서 정치적 쟁점으로 확대되었다는 것이다.

　뒤의 〈대입제도 이야기〉에서 상세하게 설명하겠지만, 2004년에 시작한
'2008학년도 이후 대입제도' 개편 방안의 논의 과정에서 교육혁신위원회와
교육부의 갈등은 매우 심각한 수준이었다. 평등주의 관점이 강했던 교육
혁신위원회는 교육 영역에서 경쟁과 서열화가 사라져야 한다는 주장을 강
력하게 피력했지만, 안병영 교육부총리는 중도적 입장에서 이를 조율하려
고 애썼다.

　교육부가 교육혁신위원회의 반대와 청와대의 불만을 극복하고 '2008학
년도 이후 대입제도'를 발표한 후, 상황은 거의 정반대로 흘러갔다. 정부 내
에서 표출되었던 갈등이 정부와 대학, 또는 정부·여당과 대학·야당 간의
갈등으로 전환된 것이다. 대학과 야당은 노무현 정부의 '2008학년도 이후
대입제도'가 대학의 학생 선발권을 지나치게 제약하는 제도라면서 반발했
다. 이에 정부가 평준화 정책의 기본 취지를 지켜야 한다는 입장에서 고교

등급제 금지를 포함한 '3불 정책'을 천명하고, 대학에 대해 학교생활기록부 성적 반영 비율의 확대를 요구했고 정부와 대학의 갈등은 더욱 깊어졌다. 이러한 움직임의 이면에는 대입제도를 통해 평준화 정책의 취지를 실현하겠다는 노무현 정부의 강한 의지가 깔려 있었다.

이 시기에 입시 명문고로 부상한 외국어고 문제도 대학의 고교 등급제 시도와 맞물리면서 교육적, 정치적 쟁점으로 부상했다. 급기야 2007년 청와대는 외국어고 폐지를 검토하도록 교육부에 지시했다. 그러나 교육부는 외국어고의 폐지가 시기적으로 무리라고 판단하고, 설립 취지에서 벗어난 외국어고 운영의 문제점을 개선하도록 지시하는 선에서 마무리했다.

한편, 2005년 한국교육개발원은 '자립형 사립학교 시범운영 평가 보고서'를 발간하면서 "자사고가 가능성은 보여주었지만, 제도의 취지가 충분히 실현되었는지는 판단하기는 어렵다"라고 결론지었다. 노무현 정부도 이를 수용해 자사고 정책에 대해서는 별다른 변화를 시도하지 않았다.

이명박 정부 : 신자유주의와 평준화 정책의 사실상 폐지 시도

이명박 정부는 노무현 정부와는 정반대의 정책 방향을 설정했다. 노무현 정부는 특목고의 문제점에 주목하고 이를 축소하고자 했지만, 이명박 정부는 자율화와 다양화를 앞세워 자사고를 대폭 확대했다.

신자유주의 성향이 강했던 이명박 정부는 사실상 평준화 제도의 해체를 추진했다고 볼 수 있다. 다만, 국민 여론의 지지를 받는 평준화 정책 자체를 폐지하는 대신 평준화 체제를 간접적으로 무력화하는 방안을 추진한 것으로 보인다. 우선 '고교 다양화 300 정책'을 통해 우수한 학생들이 진학할 수 있는 자율형 사립학교를 대대적으로 확대했다. 그것도 평준화 정책의 핵심인 서울 지역을 중심으로 시행했다. 자사고 정책은 표면상으로는 재정적으로 자립해서 정부의 지원을 받지 않고, 따라서 규제도 덜 받는 명문 사립학교를 만드는 정책이었다. 하지만 비교적 경제적으로 여유가 있고 성적이 우수한 학생들이 진학할 수 있는 명문 사립고를 100개씩이나 만들겠다고 한 것은 평준화 체제에 큰 균열을 가져오는 것이었다. 함께 추진했던 마이스터고 제도는 고교 유형의 수평적 다양화로 평가할 수 있다. 하지만 자사고의 경우는 교육과정의 특성화와 고교 유형의 다양화를 표방했지만, 고교의 수직적 다양화 또는 서열화로 이어질 수 있다는 평가가 나오는 실정이다.

이명박 정부는 교육과정 개정과 대입제도 개편을 통해서도 고교 평준화 정책의 변화를 추구했다. 수준별 교육과정과 수준별 수능을 시행하면서 학교생활기록부 성적을 절대평가제로 전환하고자 했고, 입학사정관제의 도입을 매우 강하게 추진했다. 일부 전문가들은 만약 대학의 입학사정관들이 학교 간 학력 차이를 대입 전형에 반영하게 되면 평준화 체제는 사실상 유명무실해질 수도 있다는 우려를 제기했다.

특히 이 시기에 확대된 자사고 제도는 양면성을 지니고 있다. 먼저 원래 정책 목표대로 교육과정의 특성화와 다양화가 진행되었다면, 고교 평준화 정책이 가진 가장 큰 약점인 교육의 획일화를 개선하는 방안이 될 수도 있었다. 실제로 일반고가 시도하기 어려운 다양한 교육과정을 훌륭하게 운영한 사례도 없지는 않았다. 하지만 많은 자사고가 정부의 공식적인 정책 목표와 달리 입시 위주 교육과정의 운영에 치중했다는 평가가 많다. 학부모가 높은 수업료를 내면서 자사고를 선택하는 이유는 자사고의 특성화된 교육과정도 있지만 대학 입시에서 유리한 교육과정의 운영에 대한 기대가 컸기 때문이다. 만약 이명박 정부가 추진한 대입제도 개편이 계획대로 실천되었다면, 특목고와 자사고에 대한 진학 수요는 더욱 급격하게 늘어났을 것이다. 이 경우 학생에 대한 선발권이 있는 특목고와 자사고는 입시 명문고가 되고, 추첨으로 학생이 진학하는 일반고는 2류 학교 취급을 받게되어 평준화 체제가 크게 흔들리는 상황에 처했을 가능성이 크다.

박근혜 정부 : 이념적 재균형화 시도

박근혜 정부는 같은 보수 정당에 뿌리를 두고 있었지만, 이명박 정부가 추진했던 교육 정책이 지나치게 신자유주의적이라는 인식을 하고 있었다. 이미 이명박 정부의 교육 정책에 대해서 비판적인 여론이 높았던 상황이었기에, 박근혜 정부는 정부 출범과 함께 정책 방향을 선회했다. 전체적으로 고교 평준화 정책의 기조를 유지하면서 일반고에 대한 지원을 확대하고 특목고와 자사고 정책을 점진적으로 합리화하는 방향이었다.

이와 함께 먼저 수준별 교육과정과 수준별 수능 제도를 몇 해에 걸쳐 점진적으로 폐지했고, 폐지 여론이 높았던 입학사정관제도 학교생활기록부 종합 전형으로 전환해 고등학교에서 학습과 체험 활동을 충실하게 이수한 학생을 선발하는 제도로 재정립하고자 했다. '성적 부풀리기'가 우려되고, 특목고와 자사고 학생에게 상대적으로 유리할 수도 있는 학교생활기록부 성적의 절대평가 전환도 연기했다.

박근혜 정부는 이전 정부가 자사고를 대폭 늘린 것에 대해서 부정적이었지만, 이미 운영 중인 자사고를 다시 폐지하는 것도 정책의 일관성 차원에서 바람직하지 않다고 생각했다. 이런 차원에서 특목고와 자사고에 대한 평가를 강화해서 이들 학교가 입시 준비를 위해 교육과정을 변칙적으로 운영하거나 입시 전형 관련 비리가 있는 경우 평가 결과에 따라 일반고로 전환하도록 제도화했다. 선발효과를 최소화하기 위해 자사고의 학생 선발도 우선 추첨으로 모집 인원의 1.5배를 선발하고 난 후에 면접을 통해 최종 선발하도록 바꾸었다.

문재인 정부 : 평등주의 부활과 자사고 제도의 폐지 예고

평등주의 성향이 강한 문재인 정부가 들어서면서 특목고와 자사고 정책은 다시 격랑에 빠졌다. 주민 직선으로 뽑힌 대다수 시·도교육감도 평등주의적 성향을 갖고 있었기 때문에 정부와 시·도교육청은 같은 방향에서 특목고와 자사고를 억제하기 시작했다. 자사고가 건학 이념에 따라 특성화된 교육과정을 운영하기보다는 입시 위주의 파행적 운영을 함으로써 전체 고교 교육에 부정적인 영향을 미친다는 인식이 강했기 때문이다.

이에 따라 2019년 시·도교육감들은 관련 법령에 따라 24개의 자사고를 대상으로 평가를 시행했고, 그 결과 서울 지역 8개교를 포함한 총 10개 자사고에 대해 지정 취소 처분을 내렸다. 그러나 이들 10개 자사고는 취소 처분이 부당하다는 소송을 제기했고, 평가 기준이 갑자기 변경되는 등 절차상 하자가 있었다는 이유로 1심 재판에서 10건 모두 시·도교육청이 패소하는 결과가 나왔다. 1심 판결에 대해 시·도교육청 모두 항소를 했지만, 항소심에서도 패소하거나 판결 이전에 항소를 취하함으로써 판결이 최종 확정 되었다. 절차를 무시한 무리한 평가와 지정 취소 처분이었다고 법원이 결론을 내린 것이다.

이러한 상황을 접한 문재인 대통령은 고교 서열화를 해소하도록 지시했고, 교육부는 외국어고와 자사고 모두 2025년 2월까지만 존속시키고 '고교학점제'가 시행되는 2025학년도부터는 제도 자체를 폐지하는 내용이 담긴 초·중등교육법시행령을 개정·공포했다. 이에 대해 자사고들은 헌법소원을 제기했지만 헌법재판소는 받아들이지 않았다. 다음 정부가 이 법령을 재개정하지 않는 한, 특목고는 과학고, 예술고, 체육고만 남게 되고, 외국어고와 자사고는 역사의 뒤안길로 사라지게 될 운명에 처해 있다.

교육에 관한 헌법적 가치로서의 중도와 균형

　평준화 제도와 특목고 및 자사고 정책의 역사적 흐름을 따라가다 보면, 교육에서 형평성과 수월성을 균형 있게 추구한다는 것이 얼마나 어려운 일인지를 실감할 수 있다. 그러나 교육 정책을 둘러싼 이념적 갈등은 어제오늘의 일이 아니고 우리나라에서만 나타나는 것도 아니다. 동서양을 막론하고 공교육은 평등주의와 자유주의 사이에서 긴장 관계를 맺으며 발전해 왔다. 하지만 교육의 형평성과 수월성 중 어느 하나를 완전히 무시하는 교육 정책이 성공한 사례는 찾아보기 어렵다.

　앞서 살펴본 것처럼 평준화 정책과 특목고 및 자사고 제도는 정부의 이념적 성향이 가장 두드러지게 반영되는 정책이다. 하지만 분명한 것은 평준화 정책을 도입했던 박정희 정부부터 김대중 정부까지는 정부마다 다소 차이가 있기는 했지만, 교육에서 평등과 수월성을 조화시키려는 노력을 지속했다는 것이다.

　하지만 평등주의 성향이 강했던 노무현 정부부터 교육 정책을 둘러싼 이념적 갈등이 수면 위로 표출하기 시작했다. 이어서 이명박 정부는 신자유주의 이념에 기초해서 평준화 정책을 위협할 정도로 자사고를 확대했고, 문재인 정부는 다시 평등주의 이념에 부합하지 않는다는 이유로 자사고와 외국어고의 완전 폐지를 추진했다. 정부 간 어느 정도의 이념적 성향에 차이가 있을 수 있고, 민주주의 체제에서 불가피한 면이 있다. 하지만 지나친 이념 충돌과 이에 따른 정책의 급격한 변화는 교육 현장에 부작용만 남길 가능성이 크고, 피해는 고스란히 학생에게 돌아간다.

이념으로 교육 문제를 해결하기 어렵다. 어느 정부도 인간, 사회, 교육에 대해 완벽한 지식을 가질 수 없고, 앞으로도 그럴 것이다. 교육 문제의 완벽한 해결을 추구하겠다고 나설수록 문제를 더욱 악화시킬 가능성이 크다. 어떤 정책이라도 그것을 강하게 반대하고 저항하는 집단이 있다면, 그들의 생각에 귀를 기울이는 여유를 갖는 것이 현명할 수 있다. 인간, 사회, 교육에 대한 우리의 이해는 계속 커지고, 시대의 상황과 정신도 늘 바뀌기 때문이다.

평준화 정책처럼 이념이 첨예하게 대립하는 경우에는 반드시 중도적 관점의 검토가 요청된다. 이와 관련해서 '중도'의 개념을 정확히 할 필요가 있다. 중도란 우유부단하거나 기회주의적인 태도가 아니고, 극단 사이의 중간점이나 어중간한 타협도 아니다. 이는 대립적인 가치나 이념들 사이에서 부분적으로는 서로 충돌할지라도 전체적으로는 조화와 균형을 이루는 원칙과 방안들을 찾아내려는 입장이다. 따라서 중도가 지켜야 할 가장 중요한 태도는 편향된 이념이나 가치의 극단적인 추구를 멀리하는 것이다. 아무리 중요한 가치라고 하더라도 다른 중요한 가치의 본질적인 부분을 훼손할 정도로 추구하는 것은 자제되어야 한다는 뜻이다. 교육의 수월성과 형평성 또는 자유와 평등의 가치는 한편으로는 서로 경쟁하지만 다른 한편으로는 서로 의지하는 상보적인 관계이고, 이는 오랜 교육사를 통해 입증되었다. 교육에서 수월성과 형평성은 모두 중시되어야 할 가치이지만, 만약 어느 한쪽을 추구하는 정책이 다른 한쪽의 가치를 본질적으로 훼손하거나 완전히 부정하는 경우는 모두 중도의 원칙에 어긋난다고 보아야 한다.

중도는 실사구시를 추구한다. 자유가 우선이냐, 평등이 우선이냐 같은 이념적, 추상적 논쟁이 아니라 오늘날 한국 교육의 맥락에서 무엇이 문제이며 어떤 방안이 최선의 해결책이냐에 초점을 둔다. 각국의 교육 정책은 그 나라의 특수한 역사적, 사회적 맥락을 배경으로 발전해왔다. 우리도 교육 정책이 정당성을 확보하려면 한국 교육이 가진 맥락과 특수성에 대한 이해와 문제의식이 전제되어야 할 것이다.

고교 평준화 정책을 둘러싼 갈등이 무엇보다 교육의 수월성과 형평성 사이에서 벌어진 긴장과 갈등이라면, 우리 헌법은 그것의 해결 방안에 대해 중요한 원칙을 제시하고 있다. 헌법 제31조 ①항은 "모든 국민은 능력에 따라 균등하게 교육을 받을 권리를 가진다"라고 규정하고 있다. 이 조항은 교육에서 평등과 수월성의 균형 및 조화를 선언한 것이다. 모든 국민에게 '균등하게 교육받을 권리'를 보장하되, 개인의 '능력에 따를 것'을 요구하는 것이다. 전자가 평등을 강조한 것이라면, 후자는 수월성을 말한 것이다.

이처럼 교육에서 평등과 수월성의 조화가 헌법 정신이라 해도 그것이 구체적으로 어느 정도의 균형을 의미하는지를 해석하는 단계에 들어서면 다시 이념 갈등이 전개될 수도 있다. 그럴수록 형평성과 수월성의 관계에 대한 헌법의 취지가 어느 하나라도 완전히 무시하거나 훼손하는 것을 피하라는 것임을 잊지 말아야 할 것이다. 다시 말하면, 어느 하나를 지나치게 강조한 나머지 다른 가치를 부정하거나 훼손하는 것은 용인하지 않는 것이 우리 헌법 정신이다.

국립교육평가원의 전격 폐지와 3년 이상 걸린
한국교육과정평가원 설립

1994년 12월 3일 김영삼 정부는 대대적인 정부 조직 개편안을 발표했다. '작지만 강한 정부 구현'을 기치로 경제기획원과 재무부를 재정경제원으로, 건설부와 교통부를 건설교통부로 각각 통합하는 등 정부 조직을 대폭 개편하고, 장관급 2, 차관급 3, 1급 4, 국장급 23명을 포함해 공무원 500명 이상을 감축하는 과감한 정부 개혁 방안이었다. 김영삼 대통령의 지시에 따라 극비리에 개편 작업이 진행되었기 때문에 발표할 때까지는 아무도 알지 못했다.

정부 조직 개편안을 긴급 안건으로 상정해 통과시킨 국무회의에서 돌아온 김숙희 장관이 전한 내용과 언론 발표를 듣고 부랴부랴 총무처를 통해 세부 개편안을 파악한 교육부 간부진은 큰 충격에 빠졌다. 교육부는 차관급이 원장인 산하 국립교육평가원이 폐지되고 1급 대학정책실이 국 단위로 축소되며 국장급도 5명이나 감축되는 등 조직 감축의 폭이 가장 컸기 때문이다.

연말에 영국으로 해외 연수를 떠나기로 되어 있던 서남수 대학학무과장에게도 불똥이 떨어졌다. 국립교육평가원이 폐지되면 대학수학능력시험을 어느 기관이 관장해야 할 것인가의 문제가 당장 현안으로 떠올랐다. 정부 개편안에는 한국교육개발원이 국립교육평가원 업무를 인수하는 것으로 되어 있었으나 한눈에도 현실성이 떨어지는 방안이었다.

원래 대학수학능력시험을 차관급이 원장인 국립교육평가원에서 담당하도록 한 것에는 그 나름대로 충분한 이유가 있었다. 시험의 출제와 인쇄, 배포, 보관, 실시, 답안지 회수, 이송, 채점, 결과 통보에 이르기까지 대학수학능력시험 관리는 군사 작전을 방불하게 하는 정도의 보안과 치밀함이 요구된다. 또 시험 당일의 교통 대책이나 듣기 평가 소음 방지 대책을 위해서는 교통부, 총무처, 재무부, 내무부, 경찰청, 기상청, 철도청, 항만청 등등 여러 부처와 수많은 정부기관들의 협조가 필요했다. 출제 위원이나 시험 감독관 차출을 위해서는 모든 교육행정기관과 각급 학교 및 대학의 협조가 필수적이었다. 이런 다양한 기관의 협조를 이끌어내기 위해 차관급 기관이라는 위상을 갖지 않고는 시험 관리를 해낼 방도가 없었다. 정부 조직이 아닌 한국교육개발원으로서는 감당하기 어려운 일이었다. 국립교육평가원이 폐지된 이래 지금까지도 대학수학능력시험을 교육부가 직접 관장하고 있는 것도 같은 이유이다. 이 외에도 국립교육평가원은 고교 입학 선발고사, 중학교 및 고등학교 입학 자격 검정고시, 국비 및 자비 유학 시험, 독학에 의한 학사학위 취득 시험 등등 여러 가지 시험의 관리도 담당하고 있었다.

서남수 대학학무과장은 즉각 검토 보고서를 작성해 이수종 국장, 이태수 대학정책실장을 거쳐 이천수 차관과 김숙희 장관에게 보고했다. 대학수학능력시험처럼 고도의 보안과 관리가 필요한 업무의 주관 기관을 이렇게 갑자기 폐지해서 만의 하나 시험 관리에 문제가 발생한다면 정부에 큰 부담이 될 것이고 조직 개편안 전체의 타당성에도 악영향을 줄 수 있다는 등의 문제점을 지적하면서 특히 대학수학능력시험의 채점이 진행되고 있는 시점에서 민간 기관으로 당장 이양하는 것은 매우 위험한 시도라는 것이 골자였다. 교육부의 보고를 받고 대통령비서실과 총무처도 문제의 심각성을 인식하기 시작했다. 다른 정부 조직 개편은 정부조직법 개정을 거쳐 연말 이내에 마무리할 계획으로 추진하고 있었지만 국립교육평가원 문제는 그렇게 처리할 수 있는 성질의 조직 개편이 아니라는 사실을 뒤늦게 이해하게 된 것이다. 결국 물밑에서 치열한 논의 끝에 국립교육평가원 폐지는 당초 방안대로 추진하되 2년간 유예하는 것으로 결론이 났다. 즉 국립교육평가원의 직제는 법령상 다른 조직 개편과 동시에 폐지되지만 부칙에 특별한 단서 규정을 두어 2년간은 종전과 같이 대학수학능력시험을 포함한 각종 시험 관리 업무를 수행하도록 한 것이다. 비록 한시적 조치이지만 급한 불을 끄게 됨으로써 서 과장도 예정대로 해외 연수를 떠날 수 있었다.

2년 뒤 해외 연수를 마치고 귀국한 서 과장은 교육정책총괄과장에 임명되었다. 임시 조직으로서 5·31 교육개혁을 지원하던 교육개혁추진단을 해체하고 정규 직제로 신설한 교육정책기획관실 소속이었다. 5·31 교육개혁과 관련한 여러 가지 후속 조치와 장·차관이 특별히 지시하는 정책 과제를 추진하는 부서였다. 몇 달 후 업무 파악이 어느 정도 되었을 무렵 안병영 장관이 서남수 과장을 불렀다.

"서 과장, 국립교육평가원 문제를 어떻게 하는 것이 좋겠나? 대학학무과장도 해 보았으니 교육부의 누구보다도 균형 있는 시각에서 판단할 수 있을 것 같은데?"

"네, 몇 가지 생각이 있기는 합니다만 시간을 조금만 주시면 정리해서 따로 보고드리겠습니다."

사실은 서 과장도 귀국하자마자부터 이 문제를 고민하고 있었다. 국립교육평가원 폐지가 2년간 존치에서 3년간 존치로 미루어진 채 미결 상태로 남아 있었던 것이다. 막후에서는 교육부와 총무처 간의 줄다리기가 계속되고 있었다. 교육부와 국립교육평가원 소속 공무원들은 국립교육평가원을 폐지하는 조직 개편안은 처음부터 잘못된 것이라고 보고 그 해결을 계속 미루고 있었다. 공무원 입장에서 보면 차관급 한 자리와 국장, 과장급 여러 자리가 달린 중대한 문제였다. 대학수학능력시험에서 사고라도 나면 어떻게 하려고 하느냐는 식으로 버티는 바람에 총무처도 어쩔 수 없이 유예 기간을 2년에서 3년으로 늘려준 상태였다. 총무처는 특별한 사정을 감안해서 금년 말까지만 유예해 준 것이고 더 이상의 유예는 불가하다는 완강한 입장이었다.

대학수학능력시험 관리를 떠맡을 수 없다는 한국교육개발원의 입장도 완강하기는 마찬가지였다. 매년 엄청난 시험 관리 부담을 안고서는 정책 연구·개발이라는 한국교육개발원 본연의 역할을 수행하는 것이 불가능하다는 것이었다.

교육개혁위원회는 5·31 교육개혁안을 통해 민간기관으로 교육과정평가원을 신설하는 방안을 제시한 상태였다. 사실 교육개혁위원회는 정부의 조직 개편안이 발표되기 훨씬 이전부터 교육과정평가원 설립 문제를 구상하고 있었다. 새로운 정보화·세계화 시대에 맞는 새로운 교육과정[11]을 연구·개발하고 그 성과를 평가해 다시 교육과정에 반영할 수 있으려면 이를 전문적으로 연구하는 독립적인 기관이 필요하다고 보았다. 교육개혁위원회는 이러한 논의가 진행되는 중에 정부 조직 개편안이 확정·발표되자 교육과정평가원 신설 방안을 5·31 교육개혁안에 포함시킨 것이다. 그러나 그 구체적인 방안은 모호한 상태였다. 특히 교육계 일각에서는 교육 평가에 학교 평가나 대학 평가까지 모두 포함해야 한다는 주장이 나오고 있었다.

교육과정평가원을 신설하는 것은 또 하나의 고개를 넘어야 했다. 당시 '작은 정부'의 기조 속에서 새로운 기관을 신설하는 것은 정부 내에서도, 국회에서도 부정적으로 보는 기류가 강했다. 교육과정평가원을 신설하려면 설치 근거가 될 법안의 국회 통과가 필수적이었는데 특히 야당은 규모가 작은 국립교육평가원을 폐지하면서 더 큰 규모의 교육과정평가원을 신설하는 것에 대해 매우 부정적이었다.

지시를 받고 몇 주 뒤 서남수 과장은 안병영 장관에게 한국교육과정평가원 설립 방안을 보고했다. 교육부로서는 국립교육평가원을 존치할 수만 있으면 그것이 최선이겠지만 조직 개편안을 확정·발표하고 이미 개편을 마무리한 현 정

---

11) 후에 7차 교육과정으로 명명되었다.

부의 임기 중에 그것을 되돌리는 것은 총무처나 청와대가 받아들이지 않을 것이므로 현실적으로 불가능할 것으로 판단했다.

무엇보다 교육적인 측면에서 교육과정평가원의 설립이 필요했다. 교육적 관점에서 보면 교육과정(教育課程)과 교육 평가는 떼려야 뗄 수 없는 관계에 있다. 교육과정은 특히 교육 내용과 방법에 관한 종합 설계도인데 학교에서 교육과정에 따라 학생을 가르치고 그 결과를 평가해서 그것을 교과서 개발이나 다음 교육과정을 설계할 때 반영할 수 있는 환류 시스템을 갖추는 것은 정책적으로 매우 중요한 과제였다. 서 과장은 우리나라와 같은 국가교육과정 체제 아래 교육과정과 교육 평가를 통합적으로 관리하는 학교교육과정평가원(SCAA, School Curriculum and Assessment Authority)을 설치해 운영하고 있는 영국의 사례를 상세하게 보고했다.

안병영 장관은 보고를 받고 바로 한국교육과정평가원 설립을 추진하도록 지시했다. 평소 우리 교육의 발전에 도움이 될 것인가 여부를 가장 중시하던 안병영 장관에게는 교육부의 관료적 이해관계나 다른 기관의 이견은 중요한 문제가 아니었다. 관계 부처나 청와대 및 국회에 대한 설득은 안병영 장관과 이영탁 차관 그리고 모든 실·국장이 맡고 실무적으로는 교육정책기획관실이 뒷받침하도록 역할을 분담했다. 이에 따라 정상환 교육정책기획관, 서남수 교육정책총괄과장, 이기봉 행정사무관은 "한국교육과정평가원, 왜 필요한가? 어떤 일을 하나?? 이런 문제들은 어떻게 되나???"라는 40여 쪽의 설명 자료를 만들어 간부들에게 제공하고 관계 기관 등에 배포했다.

갑자기 의외의 복병이 나타났다. 한국교육개발원이 강력하게 반대하고 나선 것이다. 교육과정에 관한 연구는 한국교육개발원이 그 창립 때부터 해 오던 일인데 정책 연구의 핵심인 교육과정 분야를 한국교육과정평가원으로 가져가면 한국교육개발원은 그 정체성마저 흔들릴 수 있다는 것이었다. 거의 모든 연구원이 나서서 반발했다.

한국교육개발원의 입장은 이해할 만했다. 거의 모든 교육 정책 연구는 교육 과정과 직·간접적으로 연결되어 있어서 핵심적인 교육과정 연구·개발 분야를 떼어내면 한국교육개발원의 기능과 역할이 약화되는 것처럼 비칠 수도 있었다. 사실 교육부가 주요 정책을 결정하면서 한국교육개발원의 도움을 많이 받았고 연구자들의 자부심도 컸는데 교육부가 핵심 부서를 떼어내는 방안을 만들어 추진하자 자존심이 많이 상한 것 같았다. 또한 교육과정 연구를 한국교육과정 평가원이 맡게 되면 그동안 한국교육개발원에서 교육과정을 연구하던 연구진 은 어떻게 되나 하는 불안감도 없지 않아 보였다.

서남수 과장은 직접 부딪치기로 했다. 한국교육개발원을 방문해 간담회를 열 고 연구원들과 직접 질의·응답을 나누었다. 서 과장이 7년여 전 한국교육개발 원에 파견되어 객원 연구원으로 근무한 적이 있었기 때문에 많은 연구원과 친 분이 있었다. 모든 현안에 대한 날카로운 질문이 쏟아졌고 솔직한 대화가 오갔 다. 서 과장은, 안병영 장관의 지침대로, 한국교육과정평가원이 출범해도 한국 교육개발원이 변함없이 교육 정책 연구의 중심이 되어야 한다는 것이 교육부 의 기본 입장임을 분명히 하고, 한국교육개발원 연구원 중 희망하는 사람은 한 국교육과정평가원 연구원으로 우선 임용할 방침이라는 것도 밝혔다. 또 다음 해에 본격적으로 시행할 학점은행제나 학교 평가도 한국교육개발원이 맡게 될 것이므로 한국교육개발원의 위상[12]저하는 걱정할 이유가 없다고 설명했다.

---

12) 한국교육개발원은 여러 교육 관련 기관들의 모태였다. EBS 교육방송도 한국교육개발 원 부설 기관으로 출발했고, 한국교육과정평가원, 한국직업능력개발원, 국가평생교육 진흥원 등도 모두 한국교육개발원이 수행하던 일부 기능을 확대하면서 독립 기관으로 설립되었다.

공개 면담을 계기로 반대 분위기는 많이 누그러졌다. 무엇보다도 연구원 대부분이 교육 전문가이기 때문에 교육과정과 교육 평가는 긴밀하게 결합되어야 한다는 측면에서 한 기관에서 함께 맡는 것이 교육적으로 바람직하다는 '교육적 논리'를 외면하기 어려웠던 것으로 보였다.

청와대, 총무처, 재정경제원도 이견이 없었다. 오히려 오래 묵은 숙제를 해결할 수 있어 환영하는 분위기였다. 정부 내 이견이 해소되자 교육부는 '한국교육과정평가원법(안)'을 만들어 국회에 제출했다. 쉽지는 않았지만 안병영 장관의 지시에 따라 교육부 실·국장이 총동원되어 여·야 의원들에게 적극적으로 설명한 결과 1997년 7월 30일 법안이 무사히 국회를 통과했다. 며칠 후 안병영 장관이 물러나고 이명현 장관이 부임했다.

8월 22일 한국교육과정평가원법이 공포되었다. 법에 따라 익년 1월 1일 한국교육과정평가원이 출범하려면 시간이 많이 부족했다. 교육부는 9월 1일 설립준비기획단을 출범시켰다. 대학수학능력시험 도입에 핵심적 역할을 했던 박도순 고려대 교수가 단장, 교육부에 파견 나와 있던 배우창 과장이 행정 지원을 담당하는 총괄준비반장, 한국교육개발원 최석진 교육과정연구본부장이 연구·개발 분야를 지원하는 연구기획반장을 맡았다.

설립준비기획단의 활약은 대단했다. 구성 후 불과 서너 달 동안 정관과 직제와 보수·복무 규정을 마련하고 예산을 편성하고 정부로부터 청사를 확보하고 인력 채용과 업무 인수인계 및 사무실 이전 작업까지 모두 마쳤다. 한국교육개발원의 연구직 36명과 일반직 11명 등 47명은 특채 방식으로 우선 채용하고 추가로 공개 채용 방식으로 50여 명을 채용했다.

한국교육과정평가원은 당초 276명의 정원으로 기획되었으나 모든 정부출연 연구기관의 정원 200명 상한선이 적용됨에 따라 일단 140명에서 출발해 점진적으로 200명까지 증원할 계획이었다. 그러나 그나마 개원을 얼마 앞두고 'IMF

구제금융 사태'가 터지면서 정부의 정부출연연구기관 정원 축소 및 현원 축소 운영 방침에 따라 겨우 110명의 직원만으로 출범할 수밖에 없었다.

마침내 1998년 1월 1일 박도순 초대 원장이 이끄는 한국교육과정평가원이 개원했다. 다만 너무 작은 규모로 출범하게 됨에 따라 한국교육과정평가원이 제 기능을 본격적으로 수행하게 되는 데에는 그 뒤 긴 시간이 걸렸다. 갑작스러운 국립교육평가원 폐지 발표로 촉발된 대학수학능력시험 주관 기관 문제가 3년 1개월 만에 마무리된 것이다.

고교 체제 개편과 대입 전형의 방향

　평준화 정책을 보완하기 위해 특목고와 자사고를 도입했다. 그러나 설립 목적과는 달리 명문 대학 입학을 위한 통로 역할을 해왔다는 지적이 뼈아프게 들린다. 다만 민족사관고 등 일부 학교는 입시 위주 교육 풍토에서도 건학 이념을 추구하면서 교육의 다양성과 수월성을 함께 추구할 수 있다는 가능성을 보여주었다. 이렇게 볼 때 모든 특목고와 자사고를 하나의 잣대로 바라보고 평가해서 극단적인 처방을 내리기보다는 다각적인 정책 대응을 통해서 이 학교들이 본래의 설립 취지대로 운영되도록 유도할 필요가 있다.

　특목고는 말 그대로 특별한 학교 설립 목적에 부합하도록 운영해야 하고, 이렇게 운영되는지를 엄격히 감독해야 한다. 논란의 대상에서 어느 정도 벗어나 있는 과학고도 단순히 명문대 입학이나 의대 입학의 통로가 되지 않도록 세심한 관리가 필요하다. 외국어고는 제도가 도입된 이후 계속해서 논란의 대상이 되어 왔다. 외국어 능력을 영재성으로 인정할 수 있느냐의 문제부터 교육과정의 변칙 운영 등 여러 문제점을 드러낸 것이 사실이다. 그러나 외국어 능력의 영재성을 적어도 부분적으로는 인정할 수 있고, 해외 거주 경험에 따라 이미 외국어를 습득한 학생이 그 언어 능력을 바탕으로 성장하려는 동기도 존중할 필요가 있다. 이런 점에서 외국어고 제도를 전적으로 폐지하기보다는 인가 요건이나 평가 기준을 대폭 강화해서 학교별로 존속 여부를 평가하는 것이 현명할 수 있다.

자사고는 평준화 정책에 대한 특별한 예외이다. 학교가 평준화 정책을 통해서는 구현하기 어려운 특별한 건학 이념을 갖고 있고, 이를 교육과정에 반영해서 얻을 수 있는 교육적 성과가 평준화 제도 전반에 미치는 부정적 영향보다 클 때, 자사고 제도는 정당성을 얻는다. 반면, 대입과 관련해서 단순히 '선발 효과'를 누리고자 하는 자사고는 제도의 취지에 부합하지 않는다. 이런 점에서 평준화 지역에서의 자사고 인가 요건과 평가 기준은 대폭 강화되어야 한다. 반면 비평준화 지역에서의 인가 요건과 평가 기준은 다소 낮게 유지할 수도 있다. 예를 들면, 수도권 평준화 지역은 90점, 수도권 비평준화 지역 또는 비수도권 평준화 지역은 80점, 비수도권 비평준화 지역은 70점 등으로 차등화해서 평가하는 것도 대안이 될 수 있다. 또한 이런 차등적 기준은 외국어고에도 적용할 수 있을 것이다.

특목고나 자사고 제도의 설립 취지는 학교 제도로만으로 완성되지 않는다. 대입제도가 그것을 뒷받침해야 한다. 많은 경우 특목고나 자사고를 선택하는 학부모와 학생은 학교의 특별한 교육과정 못지않게 그것이 대입에 얼마나 유리한지를 보고 진학한다. 특목고나 자사고 출신 학생이 대입 전형에서 지나치게 유리하게 되면, 이러한 학교 제도의 제도적 필요성이나 정당성보다 대입과 관련된 '선발 효과'만 부각될 수 있다. 이 경우 입학 경쟁이 지나치게 치열해지고, 또 다른 부작용을 낳게 된다. 결국, 특목고나 자사고는 제도의 취지와 학교의 설립 목적을 얼마나 달성하느냐를 엄격히 평가하는 것이 제도의 존속이나 학교의 지위를 결정하는 관건이 되어야 할 것이다.

지금까지 정부는 대입제도가 특목고와 자사고에 지나치게 유리하지 않도록 하는 대입제도를 만들어 왔지만, 실질적으로 큰 효과를 거두지는 못했다. 일부 대학이 다양한 방법으로 이들 학교 출신을 유치하려고 나섰기

때문이다. 따라서 특목고와 자사고가 설립 목적에 맞게 운영되려면 정부
는 물론 대학 사회의 협력도 필요하다. 대입제도를 잘 만드는 것과 함께 대
학의 협조를 끌어낼 수 있는 정부의 지혜와 정책이 필요하다.

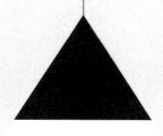

제
9
장

사교육을 근절할 수 있는
대입제도?

만연한 사교육 현상과 정부의 대응

 1980년 7월 30일 국가보위비상대책위원회가 전격적으로 과외 금지 조처를 내렸을 때, 경제기획원이 밝힌 1979년 초·중·고 과외 수업비는 823억 원이었다. 한국교육개발원도 사교육비를 추정했는데 좀 더 높은 1,190억 원 수준이었다. 따라서 당시 사교육비는 대략 1,000억 원 내외였다고 할 수 있다. 40년이 지난 2019년 통계청이 조사한 사교육비는 20조 9,970억 원 수준이다. 이는 같은 해 초·중등교육 예산 59조 원의 1/3이 넘는 수준이고, 40년 전과 비교하면 210배 이상 늘어난 셈이다.

 이러한 추세에서 엿볼 수 있듯이, 역대 정부의 골칫거리는 매년 증가하는 사교육비였고 이를 해결하기 위해 다양한 정책을 쏟아냈다. 사교육비는 사회적으로도 큰 관심사였다. 노동조합, 기업, 정부가 참여하는 '노·사·정 협의회'에서도 사교육비 경감이 의제로 나왔을 정도다. 하지만 사교육비는 매년 평균 14% 이상 증가했으니, 정부 정책이 효과를 발휘했다고 보기는 어렵다.

 그래서인지 학자들 사이에서는 사교육이 공교육의 뒤를 따라다니는 떼려야 뗄 수 없는 숙명적인 교육 활동이 되었다는 설명이 설득력을 얻고 있다. 마크 브레이(Mark Bray) 같은 학자는 이러한 특성을 간파하고, 사교육을 '그림자 교육(Shadow education)'이라는 용어로 설명하기도 한다. 어쨌든 사교육이 누구나 '당연하게(taken for granted)' 여기는 '제도화(institutionaliza-tion)' 단계에 접어들었음을 부인하기 어렵다. 이는 우리나라뿐만 아니라, 정도의 차이가 있을 뿐, 전 세계적으로 발견되는 추세이기도 하다.

한때 사교육비는 경제 부처가 추진하는 물가 관리 차원에서 다루어졌다. 하지만 지금은 공교육을 붕괴시키고 교육 양극화를 가져오는 주된 원인으로 지목되면서 공은 교육부로 넘어왔다. 물가정책에서 교육 정책으로 바뀐 것이다. 사교육 문제를 교육부가 전적으로 담당하게 된 배경에는 사교육의 고통을 받는 학생과 학부모가 교육부의 정책 대상이라는 점도 있지만, 더 큰 이유는 공교육의 경쟁력을 강화하면 사교육이 줄 것이라는 인식이 정부와 정치권에 널리 퍼져 있기 때문이다. 특히 사교육비를 줄이려면 대입제도를 손봐야 한다는 주장이 거셌고, 정부도 대입제도를 개편할 때마다 사교육비 경감을 주요 정책 목표의 하나로 제시했다. 그러나 이는 대체로 공염불이 되었다. 사교육비는 줄지 않았고, 사교육 시장은 정부 정책에 영리하게 대응하면서 규모와 영향력을 계속해서 키워왔다. 심지어 대입제도를 바꿀 때마다, 학원가의 유명 강사와 고액 입시 컨설턴트들은 더 바빠졌다. 이럴 바에는 차라리 바꾸지 말라는 말까지 나왔다.

정부의 피나는 노력에도 불구하고 사교육 시장은 규모 면에서 확대했고, 내용상 전문화되었다. 1980년 과외 금지의 대상이었던 것은 대학생 과외, 개인 과외, 영세 학원 정도였지만, 지금은 사정이 완전히 달라졌다. 학교생활기록부를 잘 포장해주는 컨설팅부터 고도로 체계화한 대형 입시학원과 기숙학원 그리고 프랜차이즈 학원까지 생겨났다. 시험 준비를 도와주던 차원에서 입시 컨설팅과 교재 출판업까지 시장이 확대되었고, '인강'으로 불리는 인터넷 교육 시장은 놀랄 만큼 커졌다. 일부 대형학원은 기업형 학원으로 발전해 증권시장에 상장되기도 했다. 서울 강남구 대치동 같은 곳에는 전국에서 학생이 몰려드는 학원가가 형성되었고, 부동산 전문가들은 강남 지역 아파트 가격이 높은 것은 '좋은 학원'이 많아서라는 분석까지 내놓았다. 안타까운 일이지만, 이제 사교육은 우리 교육과 학생의 삶에서 떼어낼 수 없는 일부가 되어 가고 있다.

사교육의 강점과 문제점

2000년 4월 헌법재판소는 과외 금지 법률에 대한 위헌 결정을 내렸다. 당시 쟁점은 부모의 자녀 교육에 관한 권리를 어디까지 인정할 것이냐였다. 이에 대해 헌법재판소는 부모의 자녀교육권에 대해 다음과 같이 밝히고 있다.

> 자녀의 양육과 교육은 일차적으로 부모의 천부적인 권리인 동시에 부모에게 부과된 의무이기도 하다. '부모의 자녀에 대한 교육권'은 비록 헌법에 명문으로 규정되어 있지는 아니하지만, 이는 모든 인간이 누리는 불가침의 인권으로서 혼인과 가족생활을 보장하는 헌법 제36조 제1항, 행복추구권을 보장하는 헌법 제10조 및 "국민의 자유와 권리는 헌법에 열거되지 아니한 이유로 경시되지 아니한다"고 규정하는 헌법 제37조 제1항에서 나오는 중요한 기본권이다. 부모는 자녀의 교육에 관하여 전반적인 계획을 세우고 자신의 인생관·사회관·교육관에 따라 자녀의 교육을 자유롭게 형성할 권리를 가지며, 부모의 교육권은 다른 교육의 주체와의 관계에서 원칙적인 우위를 가진다.

헌법재판소가 밝힌 바와 같이, 역사적으로 교육의 출발점은 부모의 양육이었다. 자녀 교육은 부모에게 부여된 천부적인 권리로 여겨졌다. 국가가 주도하는 공교육은 근대국가가 형성되면서 만들어진 제도이고, 우리나라에서도 광복 이후에야 국가가 책임지는 의무교육 제도가 도입되었다. 그

전에는 조선 시대 서당처럼, 교육은 본래 사적 영역에서 이루어지는 교육의 모습을 띠었다. 이렇게 볼 때 자녀에 대한 사교육은 역사적으로 그리 낯선 것만은 아니다. 하지만 학생들이 사교육 때문에 학교 교육을 소홀히 하게 되고, 교육적으로 바람직하지 않은 문제 풀이 위주 교육, 야간 학원, 기숙 학원 등의 형태까지 나타나면서 정부가 나서서 해결해야 할 문제가 된 것이다. 여기에 고액 사교육이 생겨나면서 계층 간 교육 불평등이 확대되고 사회 통합까지 저해함으로써 사교육은 교육 문제를 넘어 사회 문제가 되었다.

일반적으로 학교 교육은 국가교육과정의 틀에서 벗어날 수 없고 교육 활동에 대한 정부 규제도 많은 탓에 상대적으로 경직적이고 획일적인 모습을 띤다. 또한 다수 학생을 대상으로 하고, 형평성에 대한 부담도 크기 때문에 학생의 배경이나 특별한 교육적 요구에 맞는 맞춤형 학습과 진로 지도를 하기 어렵다. 학생은 정해진 시간표에 따라 수업을 들어야 하고, 자신의 사전학습과 숙달 정도를 고려한 학습계획을 구성하기 어렵다. 공교육의 장에서 교사는 교사대로, 학부모는 학부모대로, 학생은 학생대로 일정한 제약 조건에서 행동하고 상호작용을 할 수밖에 없다.

사교육은 이러한 공교육의 한계를 파고든다. 핵심에는 '수요자 중심'과 '유연함'이 있다. 정답을 빨리 찾는 연습을 시키고, 합격 가능성을 높일 수만 있다면, 심지어 교육적으로 바람직하지 않은 것이라도, 심적 부담 없이 제공한다. 비용만 제대로 낸다면, 대학 진학에 도움을 주는 정보와 조언을 자신이 원하는 시간에 친절하게 얻을 수 있다. 유명 강사나 컨설턴트는 자주 변화하는 대입제도에 정통하고 그동안 축적된 정보도 많아서 학부모나 언론으로부터 입시 전문가로 대우받는다.

학부모와 학생 편에서 생각해도 사교육이 편리한 면이 있다. 돈을 지불하고 활용하는 서비스이므로 큰 부담을 갖지 않고 자신에게 필요한 사항을 당당하게 요구한다. 과외 선생님은 언제든지 '고용'할 수 있고, 언제라도 끊을 수 있다. 한국 사회를 강타한 드라마 〈SKY 캐슬〉에서처럼 자녀의 학습은 물론 생활 관리까지 요청할 수도 있다. 이러한 심적 '편리함'과 '친절함' 때문에, 일부 학부모와 학생들은 학교 선생님보다 과외 선생님이나 학원 강사를 더 따르기도 한다. 하지만 그 관계의 본질이 '거래'인 것은 분명하고, 냉정한 '시장'의 원리가 작동하는 영역에서 벌어진다.

사교육의 강점은 반대로 여러 교육적 문제점을 낳는 원인이기도 하다. 학생의 진정한 성장이나 성숙보다 시험 점수와 합격 가능성을 높이는 것이 최대 목표이다. 반복적인 문제 풀이에 치중하기 때문에, 학습의 지적 호기심을 자극하지 못하고 자기 주도적 학습을 저해한다. 인간관계도 교육적이지 않다. 학생과 과외 교습자는 금전적 거래를 기초로 만나기 때문에 정서적 교감이나 내면의 성숙으로 이어지는 인간적 관계를 형성하는 경우는 드물다. 이른바 '일타 강사'들도 학생들 사이에서 유명세를 치르고 소득이 높을지라도 정신적 만족감과 직업적인 자긍심을 갖는 수준까지 이어지지는 못하는 경우가 많다. 이런 이유로 사교육이 하나의 문화가 되고 '제도화(institutionalization)'의 단계로 접어들었다고는 하지만, 아직까지 교육적 차원에서 '정통성(legitimacy)'까지 얻었다고 보기는 힘들다.

사교육 경감 대책의 내용과 한계

대입 정책을 수립하고 개선하는 과정에서 사교육 문제를 외면할 수 없는 이유는 그것이 교육의 기회균등이나 형평성과 관련되기 때문이다. 사교육, 특히 고액 사교육 참여는 부모의 소득 수준이나 거주 지역이 영향을 미친다. 학생의 사교육에 대한 의존도가 커지면 공교육에 대한 신뢰가 낮아지고, 이는 다시 공교육을 부실하게 만드는 악순환으로 연결될 수 있다. 이런 이유로 역대 정부는 사교육 의존도 또는 사교육비 경감 정책을 적극적으로 추진해왔다. 그동안 정부가 내놓았던 사교육비 경감 대책은 다섯 가지로 분류할 수 있다.

첫째, 공교육을 내실화함으로써 사교육을 줄이는 정책이다. 이는 가장 기본적인 정책이다. 정책의 배경에는 학교 교육으로 충족하기 어려운 교육적 요구가 있고, 학생들은 이를 해결하기 위해 비용을 치르면서 사교육에 참여한다는 인식이 있다. 예컨대, 학급당 학생 수가 너무 많아서 교사가 학생의 성취 수준에 따른 맞춤형 교육을 하기 어렵고, 학생은 부족한 부분을 보완하기 위해 사교육을 찾게 된다는 것이다. 이 문제를 해결하려면, 학급당 학생 수를 줄여서 학생의 수준에 부합하는 맞춤형 교육을 시행해야 한다는 결론에 도달한다. 공교육 내실화 정책이 최고의 사교육 대책으로 이해되는 이유이다.

하지만 공교육의 경쟁력을 강화함으로써 사교육 수요를 줄이는 것은 짧은 기간에 성과를 내기 어렵다는 한계가 있다. 사실상 모든 교육 정책이 공교육의 내실화나 경쟁력 강화를 목표로 한다는 점에서 모든 교육 정책이 곧 사교육 대책이라는 순환론에 빠질 수 있다. 무엇보다 다음 표에서 보는 바와 같이, 공교육의 환경과 여건은 계속 좋아졌지만, 국가 차원의 사교육비 규모는 줄지 않았다는 차가운 현실을 직시할 필요가 있다. 학생 1인당 교육비는 계속 늘어났고, 교사당 학생 수는 줄었지만, 사교육비는 계속 증가한 것이다. 역사적 교훈은 공교육 여건 개선만으로 사교육 문제를 해결하기 어렵다는 것이다.

둘째, 사교육을 줄이려면, 사회 환경과 학부모 인식을 개선해야 한다는 주장도 있다. 이러한 주장에 동조하는 사람들은 사교육을 유발하는 참된 원인은 교육 내부보다 교육 영역 밖에 있다고 말한다. 예컨대, 뿌리 깊은 학벌주의와 학력 간 임금 격차가 명문대 입학을 위한 경쟁을 부추기고 사교육 수요를 확대한다고 본다. 이렇게 보면 교육부와 교육계만 나서서는 사교육 문제를 해결하기 어렵고 정부의 모든 정책 역량이 총동원되어야 한다. 예컨대, 공공 영역에서 공무원이나 공기업 직원을 채용할 때 학력이나 학벌을 보지 않는 블라인드 채용과 고졸자의 채용을 장려하는 정책을 확대할 수 있다. 또한 막연한 불안감 때문에 자녀를 사교육에 내몰지 않도록 부모의 인식을 개선하고, 학생의 진로 지도를 강화하는 정책도 필요하다.

그러나 학력에 따른 임금 차이는 개인 차원의 '교육투자(human capital investment),' 기업 차원의 '인적자원관리(human resource management) 전략,' 노동시장의 임금 결정 메커니즘 등 여러 요인이 복합적으로 작용한 결과이다. 즉, 민간과 시장 영역에서 '교육투자 회수(return on investment)' 또는 이윤 극대화 차원에서 이루어지는 활동이라는 점에서 정부가 공적으로 개입할 수 있는 여지가 많지 않다. 마찬가지로 어떤 이들은 정부 기관 또는 공기업이 시행하는 블라인드 채용 정책도 노동시장에서 실질적인 변화를

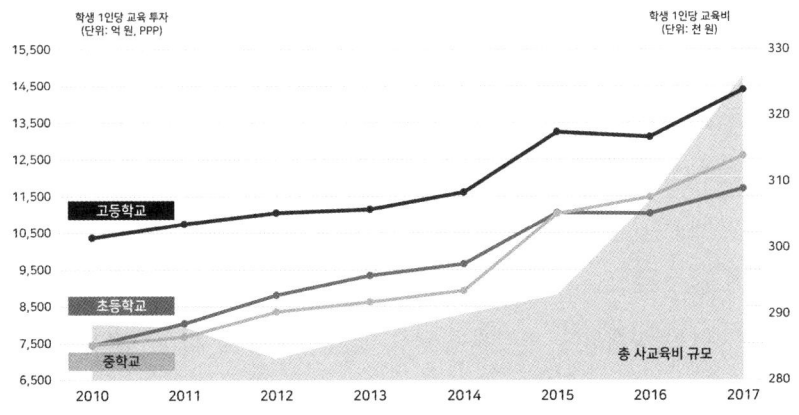

〈그림 5〉 학생 1인당 교육투자비용과 총 사교육비 규모

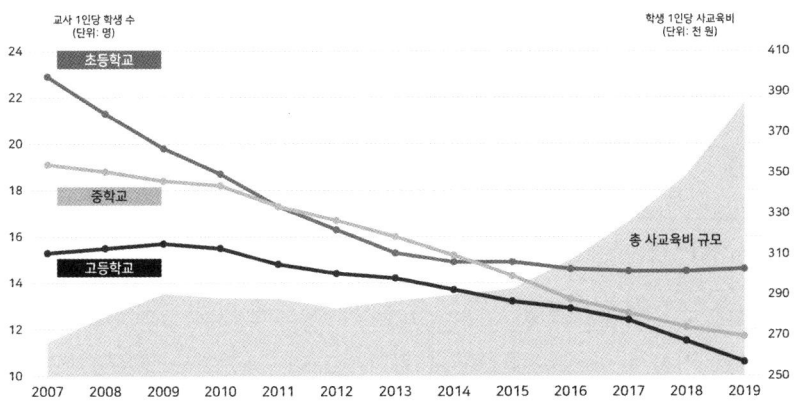

〈그림 6〉 교사 1인당 학생 수 변화와 총 사교육비 규모

일으키기보다 정부가 문제의 해결을 위해 '노력하는 모습'을 보여주는 상징적 정책에 불과하다고 평가하기도 한다. 학벌주의도 오랜 기간에 걸쳐 뿌리내린 사회 구조적 문제이기 때문에 정부가 나서서 짧은 기간에 변화를 끌어내기 어렵다는 한계가 있다. 그럼에도 불구하고 이러한 시각은 사교육을 일으키는 원인을 교육 영역 밖에서 찾고, 교육부는 물론 여러 관련 부

처와 사회 각계가 함께 노력해야 사교육 문제를 근본적으로 해결할 수 있다는 관점을 제시했다는 점에서 의미가 있다. 사교육 문제의 원인이 교육 영역 밖에 있는데 교육 정책만 손봐서는 이를 제대로 해결하기 어렵다는 것이고, 향후 사교육 정책이 어떤 방향으로 진행되어야 하는지에 대한 시사점을 제공한다.

셋째, 학생의 사교육 수요를 흡수하거나 대체하는 교육 서비스를 공적으로 제공하는 정책이다. 여기에는 교육 방송(EBS) 수능 강의, 인터넷 교육 서비스, 방과후학교 정책 등이 포함된다. 이러한 정책 방안은 학교 만능주의나 공교육 무한 책임론 같은 명분에 갇히기보다 공적 기관이 나서서 사교육 수요나 사교육비 부담을 실제로 줄일 수 있는 대책을 추진한다는 점에서 실용적이다.

이에 대해서는 학교 교육의 정상화를 위해 노력해야 할 정부가 오히려 앞장서서 '유사(類似) 사교육'을 부추긴다는 비판도 있다. 정부가 공교육 내실화에 더욱 힘써야 하는데, 오히려 학생에게 과외 공부 부담을 더 지운다는 것이다. 그러나 이러한 정책들이 사교육비의 감소에 실제로 영향을 미친 것은 분명하다. 또한 정부가 나서서 사교육 대체 서비스를 제공하는 것은 교육 격차 해소 측면에서도 그 의의가 크다. 과중한 사교육비 부담의 문제점은 그 경제적 부담 자체도 문제지만 경제적 능력이 있는 학생과 학부모에게 절대적으로 유리하게 교육 기회가 배분될 수 있다는 점이다. 그런데 만약 과외 금지와 같은 규제를 통해 사교육을 원천적으로 억제하는 것이 어렵다면 이와 같이 경제적 형편이 어려운 학생들에게 무료 또는 저가의 학교 밖 교육 기회를 제공함으로써 교육 기회의 불균등한 배분을 바로잡는 것이 실효성 있는 그리고 바람직한 대책이 될 수 있다.

넷째, 사교육 시장에 대한 규제를 강화하는 정책이다. 다른 정책이 사교육 수요를 줄이거나 대체하는 것을 목표로 한다면, 이 정책은 사교육

공급자를 규제하는 방안이다. 예를 들면, 학생의 건강과 안전을 이유로 심야 시간에 학원을 열지 못하게 규제하는 것이다. 학부모에게 불안감을 조장해서 사교육을 하게 만드는 과도한 마케팅을 규제하는 것도 여기에 포함된다.

다만 이러한 규제 정책을 제대로 시행하려면, 상당한 수준의 행정력을 동원해야 한다. 특히 소규모로 은밀하게 진행되는 고액, 불법 사교육은 그 특성상 행정력이 미치기 어려운 곳에 있다. 무엇보다 사교육 수요가 여전히 있는 상황에서, 사교육 공급을 통제하는 정책만으로 정책 효과를 충분히 거두기 어렵다는 한계가 있다.

다섯째, 정부의 사교육 대책으로 가장 많이 등장하는 것은 고교 입시와 대입제도를 개선하는 것이다. 하지만 이 정책은 다른 여러 정책과 맞물려 있고 집단별 이해관계도 복잡해서, 매우 정교한 정책 설계와 꾸준한 시행이 필요하다. 예를 들면, 중학생의 사교육을 줄이기 위한 고입 제도 개선은 특목고, 자사고 도입 또는 폐지 등 고교 체제 개편과 얽혀 있고, 이념적 갈등까지 수반한다. 정부가 바뀔 때마다 추구하는 이념에 따라 정책의 방향이 엎치락뒤치락했다.

온 국민이 사활을 거는 대입제도의 개선은 더 복잡한 게임이다. 대입제도를 바꾸면, 사교육비 부담이 획기적으로 줄어들까. 그러한 대입제도를 만드는 것이 현실 세계에서 실제로 가능할까. 또한 그런 정책이 다른 교육적 가치들과 충돌하지는 않을까. 이에 대해서는 좀 더 자세히 논의해보자.

대입제도, 어떻게 바꿔도 사교육은 사라지지 않는다

역대 정부는 여러 이유로 대입제도를 개편해왔다. 교육과정이 바뀌거나, 기존 제도의 맹점이 드러나 이를 해결하라는 여론이 높아지면 정부는 대입제도의 개편에 착수한다. 대입에서 학생 선발의 공정성을 강화하거나, 대학의 자율성 또는 책무성을 확대하라는 사회적 요구가 강력해져도 정부는 나설 수밖에 없다. 집권 세력이 자신의 교육적 이념을 구현하는 방편으로도 대입제도는 개편된다. 마지막으로 이 장의 주제인 사교육비 경감도 대입제도 개편 과정에서 자주 등장하는 정책 목표이다.

그런데 다음 그림에서 보듯이 역대 정부가 대입제도를 개편했음에도 불구하고, 사교육비가 줄었다는 증거는 거의 보이지 않는다. 대입 전형을 단순화해도, 학교생활기록부의 영향력을 높이거나 줄여도 사교육의 증가 추세는 꺾이지 않았다. 오히려 언론은 대입제도가 바뀔 때마다 사교육은 공교육보다 순발력 있게 대응하면서 성장을 하고 있다고 지적한다. 왜 이런 현상이 생겼을까?

대입제도는 대학이 학생을 선발하는 절차와 방법에 관한 원칙을 정한 것이다. 이를 어떻게 정해도 주도권은 대학에 있다. 실제로 대학은 특히 누구나 가고 싶어 하는 대학들은, 수능 시험 성적, 학생부 기재 사항, 논술이나 면접 고사를 활용해서 조금이라도 더 우수한 학생을 선발하려고 노력한다. 이 과정에서 학생들은 인생을 건 치열한 경쟁을 벌이는데, 사교육이 조금이라도 도움이 된다면 얼마든지 비용을 내고 참여할 의사가 있다. 이런 상황에서 대입제도가 바뀌면 어떤 일이 벌어질까. 사교육 기관은 특유의 정보력과 민첩성을 발휘해서 새롭게 도입된 제도를 학습하고 정보를 모아서 고객의 합격률을 높일 수 있는 전략을 마련할 것이다. 반면 대입제도가 바뀌면, 정보가 많지 않은 학생들은 더욱 불안해지고 학교 교육만으로 대입을 준비하기가 부족하다고 느낄 가능성이 크다. 사교육은 이러한 심리적 빈틈을 파고들게 마련이다. 학생은 새롭게 바뀐 제도의 틀에서 경쟁을 벌여야 하고, 친절한 안내서를 가지고 다가오는 사교육의 달콤한 유혹에 빠질 가능성이 크다. 이렇게 볼 때 사교육을 유발하는 진짜 원인은 대입제도나 선발 기준 자체라기보다는 합격을 위한 경쟁에서 조금이라도 유리한 위치에 가고자 하는 학생들의 욕구와 불안감이라고 보는 것이 타당할 것이다. 즉, '제도' 자체보다 '경쟁'과 합격을 원하는 '절실함'이 사교육을 구매하는 근본적인 원인이다.

한국 사회에 만연한 그리고 여러 세대를 넘어 지속되는 사교육 현상의 원인에 대한 이론가들의 설명을 좀 더 살펴보자. 먼저 교육경제학적

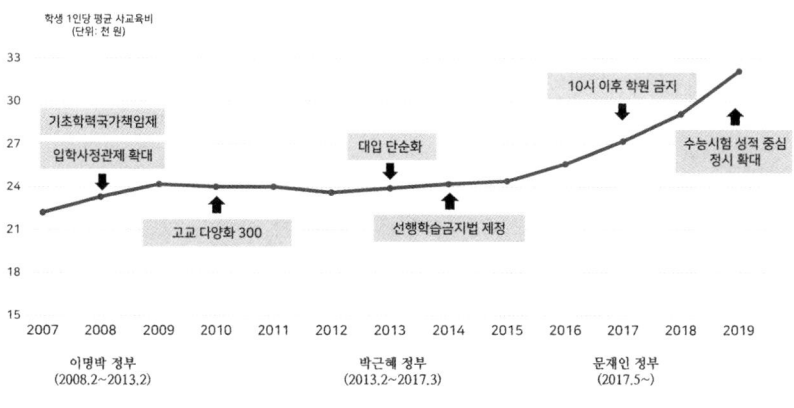

〈그림 7〉 역대 정부의 대입제도와 학생 1인당 평균 사교육비

(economics of education) 접근이다. 교육경제학자들은 학생이 상급학교, 특히 대학에 진학하는 이유를 금전적, 시간적 투자 대비 높은 기대 수익(expected earning)에서 찾는다. 즉, 대학 졸업장을 가지면 고졸인 경우보다 높은 임금을 받을 수 있을 것이라는 기대를 가지고 대학에 진학한다는 것이다. 이를 사교육에 적용하면, 학생은 사교육을 받으면 성적이 오르고 대학에 합격할 확률도 높아져서 여러 경제적, 사회적 이익을 기대할 수 있기 때문에 사교육에 참여하게 된다는 논리적 설명이 가능하다. 이 경우 사교육 참여는 고수익을 창출하는 주식에 투자하는 것과 같다.

다음은 교육사회학적(sociology of education) 설명이다. 이는 사교육 참여를 사회 구조적인 현상으로 바라본다. 교육 또는 학력(學歷)이 취업 경쟁력, 임금 수준, 사회적 지위, 결혼 상대와 거주지 선택에 이르기까지 다양한 경제적, 사회적 성과를 낳는다는 것은 많은 실증연구를 통해 밝혀졌다. 그런 이유에서 교육 기회의 사회적 배분은 중요한 정책 이슈이고, 정치적 갈등으로 발전하기도 한다. 교육 기회가 희소한 가치라는 것은 차별적인 분배가 가능하다는 것을 의미한다. 이러한 교육 기회를 가능한 공평하게 배분하려는 이유에서 근대 공교육(public schooling)이 탄생했고 공적 재원을 투자해서 누구나 질 높은 교육을 받도록 하는 것은 국가의 책무가 되었다. 반면 개인 입장에서는 공교육 체제에서는 교육 기회의 차별화가 어렵게 되고, 이를 가능하게 하는 것이 비용의 지불을 수반하는 사교육(private tutoring)이다. 비용을 지불할 수 있는 여력이 있는 가정의 자녀만이 사교육을 구매할 수 있고, 자녀에게 자신의 부와 사회적 지위를 물려주고자 하는 부모의 의지와 결합해서 사교육이 번성하게 된다는 설명이다. 즉, 사교육은 교육적 차별화(educational stratification)와 사회 재생산(social reproduction)을 향한 자연스러운 욕구의 합작물이다.

이와 관련해서, 안병영과 하연섭은 사교육 현상을 개인 또는 가족 차원에서 이루어지는 '지위 경쟁'의 산물이라고 규정한다. 그들에 따르면, 공교육의 부실이 사교육 현상을 낳은 게 아니라 사회에 퍼진 학벌주의와 지위 경쟁이 사교육을 확대해왔다. 사교육은 5·31 교육개혁 이후 정부가 추진해 온 교육에서의 자율과 경쟁의 확대 정책이 만들어 낸 산물로 본다.

마지막으로 만연한 사교육 현상을 신제도주의 관점(neo- institutionalism perspective)에서 설명하려는 시도가 많다. 특히 역사적 제도주의(historical institutionalism)에 따르면, 앞서 발생한 역사적 사건과 경험들은 앞으로 일어날 인간의 행동을 결정하는 힘을 가진다. 이를 경로 의존성(path depen- dence)이라고도 설명한다. 신제도주의 관점은 비록 정도의 차이는 있지만 지역이나 소득 수준을 막론하고 광범위하게 일어나는 사교육 현상을 바라보면서, 사교육에 참여하는 것을 학교에 가는 것과 마찬가지로 당연시하는 사회 풍조가 형성되었다고 설명한다. 즉 한국 사회에서 사교육 참여는 사회 규범(social norm)이 되었고, 더 이상 유별나거나 사회적 비난을 받는 행위로 비쳐지지 않고 당연한 것이 되었다. 이렇게 볼 때 대입제도를 개편해서 사교육을 절대적으로 줄이겠다는 것은 가능하지 않은 일이 된다.

물론 새로운 대입제도로 학생들의 입학 경쟁 자체를 줄일 수 있다면, 사교육비를 줄일 수 없는 것은 아니다. 예를 들어, 대학의 서열 구조를 완전히 폐지해서 평준화하거나, 추첨 방식으로 학생을 선발하는 방법이다. 하지만 이는 대입제도를 넘어서는 훨씬 거대한 교육과 사회 체제의 개혁 문제다. 이런 방안은 실천이 더 문제다. 논리적으로는 이상적으로 보이지만, 이해 당사자들의 동의와 폭넓은 국민적 공감대를 얻기가 쉽지 않고 오히려 이념 논쟁으로 빠져들기 쉽다. 이러한 방안은 효과보다 부작용이 커서 자칫하면 교각살우(矯角殺牛)가 될 수도 있다. 따라서 다양한 대안의 모색과 정책적 토론은 계속되어야겠지만, 이를 정책으로 채택하는 것은 기대효과와 부작용 등을 고려해서 신중하게 추진해야 할 것이다.

대학 입시는 기본적으로 제한된 자리를 두고 학생을 선발하는 것이므로 경쟁이라는 요소를 완전히 없앨 수는 없다. 다만, 불필요하거나 교육적으로 타당하지 않은 경쟁을 줄이는 방향으로 개혁이 이루어져야 하고, 이럴 때 빈틈을 파고드는 사교육을 줄일 수 있게 된다. 무엇보다 사교육 문제는 교육부와 학교가 교육 정책이나 대입제도의 개선만으로 감당할 수 있는 차원의 일은 아니다. 국가 차원에서 공교육의 질을 높이고, 대학의 서열 구조를 완화하며, 학벌주의, 학력에 따른 과도한 임금 격차 같은 사회구조적 문제를 해결하려는 노력이 필요하고, 대학도 사교육의 영향을 덜 받는 입학 전형을 적용하는 것으로 화답할 때, 학생과 학부모의 고통인 사교육도 조금씩 줄어들기 시작할 것이다.

'강남 8학군', 부동산 그리고 사교육

'강남 8학군'이란 말은 여러 가지를 상징한다. 상류층이 거주하는 지역, 명문대 합격률이 높은 지역 또는 '좋은 학원'이 밀집한 지역 등이 그것이다. 8학군의 시초는 서울시의 학군제에 따른 학생 배정제도에서 찾을 수 있다. 과거 서울시교육청이 학군제에 따라 학생이 진학할 학교를 배정했던 시절에 행정구역으로 강남구, 서초구, 송파구 지역이 '강남 8학군'에 속했다. 2010학년도부터 선지원 후추첨 방식으로 학생 배정 방법이 바뀌면서 '강남 8학군'은 역사의 뒤로 사라졌다. 하지만 뚜렷한 행정구역 구획이나 지리적 경계선은 없더라도 사람들의 뇌리에 강남 8학군은 '교육 특구'라는 상징적인 공간으로 남아 있다.

흔히 강남 8학군은 '사교육의 메카'로 불리는 지역을 포함하고 있다. 대입제도와 사교육 트렌드에 정통한 '대치동 엄마'나 '돼지 엄마'를 볼 수 있는 지역이다. 자녀를 'SKY 대학'에 보낼 수 있는 정보가 넘치는 지역이고, 드라마 〈SKY 캐슬〉에 나오는 주인공이 살고 있을 법한 곳이다. 사교육 프로그램의 최첨단을 달리고, 전국적으로 사교육의 진화를 선도하는 지역이기도 하다.

'강남 8학군'은 부동산 정책과 관련해서도 자주 언급된다. 비싼 아파트가 밀집해 있는 편이고, 부동산 가격의 상승을 주도한다는 오명도 있다. 언론에 따르면 높은 부동산 가격에도 불구하고 자녀 교육 때문에 이곳으로 이사를 온다는 사람이 많다. 자녀 입시에 도움이 된다고 생각하는 '좋은 학원'이 많다는 이유에서 그렇다고 한다. 그러나 실제로 사교육을 포함한 교육 환경이 부동산 가격 상승을 불러오는 것인지 아니면 다른 이유로 부동산 가격이 상승했음에도 '교육 여건' 때문이라고 둘러대는 것인지 정확히 알 수 없다. 어쨌든 이 지역의 아파트 가격이 급등하게 되면 교육 정책이나 대입제도를 바꿔서 강남 지역에 대한 수요를 줄이라는 압력이 정부 안팎에서 쏟아진다.

부동산 가격과 자녀 교육에 관한 열정이나 투자 행태를 연결하는 고리를 이곳에 거주하는 사람들의 특성과 행동 양식에서 찾아볼 수 있다. 이곳에는 경제적인 수준은 물론 직업, 학력 등의 면에서 상류층으로 분류되는 사람이 많이 거주한다. 이들은 다른 계층과 비교해서 자신들이 이룩한 부와 지위를 자녀들에게 물려주고 싶은 욕구가 더 많을 것으로 짐작되는 계층이다. 게다가 이를 가능하게 하는 경제적 여유(economic wealth), 사회 자본(social capital), 문화 자본(cultural capital)도 갖추고 있다. 언론은 할아버지의 재력과 어머니의 정보력이라고 풍자하기도 한다. 이들은 자녀의 미래 삶에서 학력과 학벌이 중요함을 경험에 비추어 알고 있고, 대학 입시와 관련된 정보를 주고받을 수 있는 인적 네트워크가 상대적으로 풍부하다. 다른 계층과 비교해서 고액 진학 컨설팅을 받을 수 있는 경제적인 여유가 있고, 정부가 제공하는 EBS 수능방송이나 방과후학교 프로그램보다 맞춤형 '일타 강사'를 선호할 가능성이 크다. 자녀의 명문대 입학에 도움이 된다면 어떤 대가도 지급할 수 있고, 나아가 어떠한 교육적 선택도 마다하지 않을 것이다. 자녀들을 대입에 도움이 된다고 알려진 특목고나 자사고에 보내려고 노력하고, 학원이 많고 면학 분위기가 좋은 동네라면 비싼 아파트에 살면서 일반고에 보낼 수도 있다. 어떤 사람들은 온갖 방법으로 자녀를 외국인학교에 보내기도 하고, 유학을 보내는 것은 마음먹기에 달려 있다.

한마디로 말하면, 이 지역에 사는 사람들의 자녀 교육을 위한 선택과 사교육 양상은 정부가 교육 정책이나 대입제도를 어떻게 바꾸어도 크게 바뀌지 않는다.

미워하면서 닮는다고 했던가? 학부모들은 언론에서 보도되는 이들의 행태를 비판적으로 바라보지만, 다른 한편으로는 내심 내 자식도 그럴 수 있으면 좋겠다는 선망의 눈길을 보낼 수도 있다. 자식에 대한 사랑이 넘치는 학부모들은 집안 형편만 되면 나도 그렇게 해주고 싶다고 되뇌며 부모로서 미안함을 느낄 수도 있다. 비싼 명품 가방이 낭비라고 생각하지만, 한편으로는 갖고 싶은 마음이 생기는 것과 다르지 않을 것이다.

이런 이유로 8학군 지역 학부모들의 교육적 선택과 사교육 행태는 그것이 긍정적이든 부정적이든, 언론에 자주 등장하고 전국적으로 영향을 미친다. 달리 말하면, '강남 8학군'은 교육과 관련된 여론을 형성하고 주도하는 지역이라고도 할 수 있다. 따라서 정부의 정책 입안자는 이곳에서 벌어지는 일에 관심을 두지 않을 수 없다. 특히 새로운 대입제도가 시행되면 강남 8학군과 이곳에 밀집한 학원가가 어떻게 반응하는지 정부도, 언론도 예의주시한다. 이럴수록 정부의 대입 정책 담당자들은 8학군 지역의 동향과 여론이 정책 형성 과정에 너무 큰 영향을 미치는 것은 아닌지 냉철하게 되돌아볼 필요가 있다.

우여곡절 끝에 시작한 'EBS 수능 방송'과
군사 작전 같았던 인터넷 강의 개통

2004년 4월 1일 새벽 2시, EBS 수능 강의가 인터넷으로 송출되기 시작한 역사적인 순간이었다. 당시 EBS 상황실에는 안병영 교육부총리, 진대제 정보통신부 장관, 고석만 EBS 사장 등 여러 관계자가 숨을 죽이면서 이를 지켜보고 있었다. 사람들은 일각에서 우려하던 '인터넷 대란'이 실제로 일어날지, 아니면 무사히 고비를 넘길 수 있을지 촉각을 세웠다. 결과는 성공이었다. 동시 접속자수를 기준으로 최대 10만 명에 대비해서 구축한 인터넷 시스템이 큰 무리 없이 작동한 것이다.

이에 앞서 2월 17일 교육부는 '사교육비 경감 대책'을 발표했다. 핵심 내용의 하나가 바로 EBS 채널 중 하나를 대학수학능력시험에 대비하는 강의 채널로 만들어 24시간 방송을 하고, 인터넷으로 송출한다는 것이었다. 당시 세계적으로 인터넷에 동시 접속할 수 있는 규모는 최대 2만 명 수준이었다고 한다. 하지만 우리나라가 불과 한 달 남짓한 시간에 10만 명이 동시에 접속할 수 있는 인터넷 시스템을 구축하겠다고 나섰던 것은 어찌 보면 무모한 도전을 했던 셈이다. 이를 성공시킨 것은 기적 같은 일이었고, 한국만이 할 수 있는 일이었으며 또한 수많은 사람의 열정과 땀 그리고 행운까지 뒤따랐던 덕분에 가능한 일이었다.

인터넷 수능 강의 출범은 1997년 시작했던 EBS TV 위성 교육 방송이 있었기에 가능했다. 이 위성방송을 시작하게 된 것도 당시 교육부가 발표했던 '과열 과외 완화 및 과외비 경감 대책'이었다. 그런데 2004년의 인터넷 수능 강의도 교육부의 '2·17 사교육비 경감 대책'에 따라 추진되었다. 모두 사교육비 경감

대책의 산물이었던 것이다.

국정 분야에서도 참으로 묘한 인연이라고 할 수밖에 없는 일들이 있다. 그 예가 1997년 EBS TV 위성 교육 방송을 시작할 때와 2004년 EBS 인터넷 수능 강의를 개시할 때, 모두 같은 사람들이 중심적인 역할을 했다는 것이다. 1997년에는 김영삼 정부의 고건 국무총리, 교육부 안병영 장관, 서삼영 교육정보화국장, 박경재 교육정보기획과장이 중심적인 역할을 했다면, 7년이 지난 2004년에는 노무현 정부의 고건 국무총리, 안병영 교육부총리, 서삼영 한국전산원장 그리고 박경재 국제교육정보화국장이 또다시 손발을 맞추었다. 다른 정부에서 같은 자리를 두 번씩 역임한 국무총리와 교육부 장관 그리고 이들을 도운 실무자까지도 같은 시기에 같은 일로 다시 모인 것이다. 우연일까, 필연일까? 안병영 장관은 이와 연관해 "제게 그런 기회가, 그것도 때맞춰 두 번이나 주어졌다는 것은 분명 하늘의 축복이었다고 생각합니다"라고 술회했다.[13]

1997년 EBS TV 위성 교육 방송이 개국할 때 가장 큰 어려움은 재원을 어떻게 확보하느냐였다. 1995년 '5·31 교육 개혁' 이후, 빠르게 진행되던 교육 정보화 사업으로 초·중·고교에는 이미 TV와 컴퓨터 교실이 확보되었지만, 통신 회선의 부족과 교사의 경험 부족으로 높은 수준의 교육 정보화는 실질적으로 이루어지지 못했다. 당시 교육부는 각 학교에 위성방송 수신 설비를 구축하고, EBS에서 수능 강의를 위성을 통해 송출하면 사교육 수요를 흡수해서 사교육비 부담을 크게 줄일 수 있고 교육 격차의 해소에도 이바지할 수 있다고 생각했다.

하지만 이를 추진하기 위해서는 막대한 재원이 필요했다. 대안은 교육 방송

---

13) 안병영(2013. 10. 16). EBS 수능과 관련하여 기억해야 될 이야기들.
   https://hyungang.tistory.com/262에서 추출.

에 광고를 도입해서 재원을 확보하고, 강의 교재를 판매해서 추가로 수익을 만드는 것이었다. 부족한 부분이 있으면, 국고를 지원해서 해결하겠다는 계획을 세웠다. 그러나 교육 방송에 광고를 허용하는 것은 허가권을 갖고 있던 공보처의 완강한 반대에 직면했다. 방송사를 관장하고 있던 공보처로서는 규모는 작아도 방송 광고 시장에 영향을 줄 수 있는 새로운 광고 허가를 그것도 교육부가 관장[14]하는 EBS에 내주는 것이 내키지 않았기 때문이다.

당시 공보처는 김영삼 정부 5년 내내 자리를 지킨 오인환 장관이 맡고 있었다. 이른바 실세 장관이었고 난공불락이었다. 안병영 장관은 비상수단을 동원했다. 사교육비 경감과 교육 격차 해소를 위해서는 위성 교육 방송이 매우 효과적인데, EBS에 광고 방송을 허용하는 문제로 난관에 봉착해 있다고 청와대의 다른 경로를 통해 김영삼 대통령에게 호소한 것이다.

어느 날 김영삼 대통령은 고건 국무총리와 청와대 주례 오찬을 하면서 당부했다.

"수능 과외 방송, 그걸 꼭 했으면 좋겠어요. 잘 좀 해보세요."

"네, 염려 마십시오. 반드시 성공시키겠습니다."

이와 연관해 안병영 장관은 그가 EBS를 도입한 것은 '사교육비 경감' 목적에 못지않게 한국 사회의 교육 격차의 해소와 교육 기회의 평등에 기여하려는 의도'였다고 말한다.

1997년 8월 25일 EBS 위성 교육 방송이 시작되었다. 김영삼 대통령은 영상

---

14) 1990년 12월 한국교육개발원 부설 교육방송으로 개국한 EBS는, 한국교육방송원법이 제정·공포됨에 따라 1997년 3월 한국교육개발원으로부터 분리되어 교육부 산하의 독립적인 방송기관이 되었다. 그 후 2000년 6월부터는 한국교육방송공사로 탈바꿈하면서 방송위원회가 관장하는 방송기관이 되었다.

으로 축하 메시지를 띄웠고, 고건 국무총리는 직접 개막식에 참석해서 축사를 했다. 대통령의 도움으로 EBS의 광고 방송도 9월 1일부터 시작되었다.

그러나 EBS 위성 교육 방송의 시작을 가로막은 어려움은 재원 문제만이 아니었다. 강의 내용을 수능 시험에 반영하는 문제를 둘러싸고 논란이 생겼고, 학원가의 '일타 강사'를 강사진에 포함하는 문제에 대해서도 말이 나왔다. 두 사안 모두 간단하게 넘길 수 있는 문제가 아니었다.

교육계 밖 특히 정치권에서는 EBS 수능 강의를 수능 시험에 대폭 반영해야 한다고 주장했다. 그렇게 하지 않으면 실제로 사교육 수요를 흡수할 수 없다고 생각했기 때문이다. 방송 교재 판매 수익에 큰 기대를 했던 EBS도 같은 생각이었다. 반면 교육계에서는 EBS 수능 강의 내용을 수능 시험에 대폭 반영하면 학교 교육이 위축되고 교육적으로도 바람직하지 않다고 문제를 제기했다. 국민의 과중한 사교육비 부담이 정치적 현안이 된 상황에서 정치권은 수능 강의를 시험 문제에 대폭 반영해서 사교육 수요를 EBS 수능방송으로 흡수해야 한다고 주장했지만, 학교 교육이 교육의 중심축이 되어야 한다는 교육계도 반대 주장을 누그러뜨리지 않았다.

고건 국무총리도 대폭 반영해야 한다는 편이었다. EBS 위성 교육 방송이 시작되기 몇 달 전, 고건 국무총리는 안병영 교육부 장관, 대학수학능력시험 출제·관리를 맡고 있던 국립교육평가원 김정길 원장, 출제위원, 고교 교사 등을 총리 공관에 초청해서 간담회를 했다.

"이 수능 과외 방송이 실제로 효과를 보려면 방송 내용이 수능 시험에 꼭 출제되어야 하는 것 아닙니까? 방송 내용 중에서 수능 시험을 60% 이상 출제하는 게 어때요?"

일부 참석자들은 고건 국무총리의 의견에 수긍했다. 그러나 안병영 장관의 생각은 달랐다. 방송 내용을 수능 시험에 일정 비율 이상으로 출제한다는 것을 공식화하면, 학교에서는 정규 수업 시간을 방송 시청으로 대체하거나 교과서 대신 방송 교재로 수업하는 등 교육적 부작용이 예상된다는 교육계의 우려를 가볍게 보아서는 안 된다고 생각했다.

안병영 장관은 "수능방송 프로그램은 사전 기획 단계부터 EBS와 한국교육과정평가원과 협조해서 제작하므로 양자 간의 연계는 분명합니다. 그러니 학교에서 성실히 공부하고, EBS 수능을 열심히 시청하면, 수능 시험은 걱정하지 않아도 됩니다"라고 의견을 여러 번 피력했다. 그러나 구체적으로 몇 퍼센트 연계한다는 표현은 가급적 피했다. 연계라는 개념이 모호할 뿐만 아니라 수능방송은 학교 교육을 지원하는 역할을 해야지 공교육을 대체할 수는 없다고 보았기 때문이다. 그렇지만 EBS는 매년 수능 시험이 끝나면, 시험 문제의 70%, 80% 이상이 수능방송 내용과 연계되었다고 홍보했고 방송 교재는 불티나게 팔려나갔다.

그 뒤에도 사교육비 부담 경감에 대한 학부모의 요구는 계속되었다. 2010년 3월 이명박 대통령은 EBS 수능방송만으로도 대학수학능력시험 준비가 가능하도록 하겠다고 선언했다. 이어 안병만 교육부 장관은 2011학년도부터 대학수학능력시험 문제와 수능방송의 연계율을 70% 이상으로 높이겠다고 발표했다.

이 대책은 사교육비 부담 경감에는 매우 효과적인 방안이라는 평가를 받았다. 또한 사교육 인프라가 거의 없는 농·어촌 지역 학생들도 EBS 수능 강의로만 시험 대비가 가능했다는 긍정적인 평가도 있었다. 다만, 교육계가 우려했던 것처럼 많은 학교에서 EBS 수능방송 교재로 수업을 진행하거나 문제 풀이식 수업이 확산하는 등 교육적 문제가 발생한 것도 사실이다. 심지어 일부 학생은 수능 대비를 위해 EBS 방송 교재에 나오는 영어 지문을 통째로 암기한다는 사례가 보도되기도 했다.

그 후에도 이러한 문제 제기가 계속되자 교육부는 2016학년도 대학수학능력시험부터 영어 영역은 방송 교재와 같은 지문을 사용하는 직접 연계를 폐지하고 간접 연계 방식으로 바꾸었다. 또한 2022학년도 대학수학능력시험부터는 모든 영역을 간접 연계 방식으로 바꾸고, 수능 방송과의 연계율도 50%로 낮추겠다고 발표했다.

수능 방송과 수능 시험의 연계 문제와 함께 1997년 EBS TV 위성 교육 방송을 시작할 때 제기되었던 또 다른 논란은 강사 문제였다. 사교육비 부담 경감이 시급하다고 보았던 집단은 학원가의 '일타 강사' 위주로 강사진을 꾸리자고 주장했다. 하지만 그렇게 될 경우 학교 선생님들의 사기가 크게 저하될 수 있다는 우려도 만만치 않았다.

이 쟁점에 관해 안병영 장관의 입장은 강고했다. 학교 현장에 미칠 영향을 우선해야 한다는 것이었다. 반면 정치권과 고건 총리 그리고 EBS는 '일타 강사'를 가급적 많이 내보내야 한다는 입장이었다. 결국 초기에는 유명 외부 강사가 많이 포함되었다. 다만 교육부의 강력한 요청을 받은 EBS가 열의 있고 우수한 현직 교사를 강사 요원으로 확보하면서 현직 교사에 의한 강의가 늘어났고, 현직 교사의 강의 수준이 '일타 강사'에 비해 크게 뒤지지 않는다는 평가를 받으면서 강사를 둘러싼 논란은 점차 가라앉았다.

2003년 12월 노무현 정부에서 교육부 장관을 다시 맡게 된 안병영 교육부총리는 취임하자마자 또다시 사교육비 경감 문제와 씨름하게 되었다. 2000년 헌법재판소의 과외 금지 위헌 결정으로 사교육 문제는 고삐가 풀린 상태였고, 노무현 정부 출범 당시에도 심각한 정책 현안으로 대두되었기 때문이다. 교육부는 2003년 5월부터 사교육비대책팀과 사교육비경감대책위원회를 구성하고 한국교육개발원에도 사교육비경감대책연구팀을 만들어 20회가 넘는 간담회와 정책 토론회, 그리고 5개 권역별 공청회를 열면서 대응 방안을 만들고 있었다.

안병영 교육부총리가 취임한 지 두어 달 지난 뒤에 교육부는 '2·17 사교육비 경감 대책'을 발표했다. 핵심 내용은 사이버 학습, 즉 e-learning 체제 구축과 방과후 수준별 보충학습을 통해 사교육을 흡수하겠다는 것이었다. 사이버 학습 체제의 중심에는 EBS 수능 교육 방송 내용을 인터넷을 통해 학생들이 언제 어디서나 자유롭게 들을 수 있도록 한다는 내용이 들어 있었다. 7년 전 시작한 EBS TV 위성 교육 방송은 방송 시간에 맞춰 강의를 듣거나 방송 수신 장비로 녹화를 해서 들어야 하는 불편함과 일방적인 소통이라는 한계에 직면해 있었다. 교육부 계획은 이를 인터넷을 통해 접근할 수 있도록 하면서 '사이버 선생님'이라는 이름으로 질의와 응답을 할 수 있는 쌍방향 구조로 전환하는 것이었다.

교육부가 이렇게 EBS 수능 방송과 인터넷 서비스에 정책적 비중을 크게 둔 것은, 한편으로는 사교육비 부담 경감이라는 목적이 있었고, 다른 한편으로는 미래 교육을 위한 e-learning의 가능성과 그것이 교육 격차 해소와 교육 소외 극복에 이바지할 수 있다고 생각했기 때문이다. 위성방송으로 전국의 36%에 이르는 난시청 지역의 문제를 해결했고, 인터넷 서비스를 시작하면서 소외 지역 학생과 저소득층 자녀에게 위성방송 수신기 지원, 케이블 시청료 인하, PC 또는 인터넷 통신비 지원, EBS 수능방송 교재 무상 지원, 장애우를 위한 점자 교재 개발 및 무상 지원 등 다양한 교육 복지 정책을 함께 추진할 수 있었기 때문이었다.

그러나 수능 교육 방송의 인터넷 서비스 역시 넘어야 할 산이 많았다. 이번에는 기술적 문제의 해결이 쉽지 않았다. 우선, 동시 접속자의 급격한 증가를 감당할 수 있는 서버를 확보하고, 이를 짧은 시간 안에 시스템으로 구축해야 했다. KT나 하나로통신을 비롯한 초고속 인터넷 사업자들도 인터넷 백본망 증설, 기간망 증설, 부하 분산, 가입자망 점검 등을 통해 특정 시간대 접속 폭증에 대비해야 했다. 모든 고등학교에 위성방송 수신기와 안테나를 설치하고, 학교의 인터넷 통신 속도 및 학내망 속도 증속과 저성능 컴퓨터 교체 또는 업그레이드 작업을 서둘러야 했다. 이를 체계적으로 시행하기 위해서 교육부는 EBS, 정보통신부, 한국전산원, KT, 하나로, 두루넷 등에서 나온 전문가 13명으로 T/F팀을 꾸리고 합동상황실을 설치해서 문제를 해결해 나갔다.

그런데 심각한 문제가 발생했다. 서버를 대폭 증설할 필요성이 제기된 것이다. 원래 최대 동시 이용자 2~5만 명 규모를 기준으로 설계했는데, 이것은 동시 이용자 중 2/3 이상을 에듀넷과 시·도교육청 서버에서 소화하는 것을 전제로 산출한 것이었다. 그런데 에듀넷과 시·도교육청 서버가 동영상이 아니라 텍스트와 정보 중심의 서버라는 사실이 뒤늦게 확인됨으로써, 자칫하면 EBS 수능방송의 인터넷 개통과 동시에 접속 폭증으로 인한 '인터넷 대란'이 일어날 수도 있다는 우려가 제기된 것이다.

만약 그런 일이 벌어지면 개통 예정일부터 보름 후인 4월 15일에 있을 국회의원 총선거에 심각한 악재가 될 수 있다는 '정무적 판단'이 추가되었다. 3월 2일 교육부의 종합 대책을 보고받은 노무현 대통령은 "인터넷 대란 대비책을 철저하게 세우라"고 지시했다. 국무총리실도 증설 필요성을 제기했다. 교육부는 이를 받아들이지 않을 수 없었다. 한 달도 남지 않은 시간 내에 엄청난 양의 추가 장비를 확보해야 하는 뜻밖의 일이 발등에 떨어진 것이다.

당시 국내에는 동영상 데이터 스트리밍에 필요한 CCN(Computer Communcation Network) 장비를 대량으로 가진 업체가 없었다. 따라서 외국에서 들여와야 하는데 시간이 문제였다. 외국 장비의 도입은 아무리 서둘러도 통상 두 달 이상 걸리기 때문이었다. 안병영 교육부총리와 진대제 정보통신부 장관이 직접 나서고, 시스템 구축 책임을 맡은 LG CNS도 그룹 차원의 지원을 받아 직원을 세계 최대 네트워크 장비 회사인 CISCO 본사에 파견하는 등 필사적으로 대

응했다. 우여곡절 끝에 본사에서 직접 공수한 마지막 장비가 인천공항을 통과

한 것이 3월 30일 새벽이었다. 이것을 하루 만에 세팅해서 4월 1일에 개통하게

된 것이다.

당일 최대 동시 접속자는 2만 명에 약간 못 미치는 것으로 최종 집계되었지

만, 관계자들은 마지막 순간까지 가슴을 졸일 수밖에 없었다. '인터넷 대란' 우

려를 보도했던 일부 언론도 이날 수능 방송의 인터넷 개통은 큰 성공이라고 평

가했다.

EBS 위성 교육 방송과 인터넷 서비스가 학부모의 사교육비 부담을 어느 정

도 줄인 것은 사실이지만, 항구적으로 대폭 줄였다고 말하기는 어렵다. 개통 후

얼마간 사교육비 부담이 줄어든 것으로 조사되었지만 다른 여러 요인 때문에

사교육비 규모는 그 이후 계속 늘어났다. 또한 수능 강의 방송이 공교육에 미

친 영향에 관한 논란도 가볍게 볼 일만은 아니었다.

그럼에도 불구하고 수능 강의 방송과 인터넷 연결은 성공적인 정책으로 평

가받을 만하다. 무엇보다 사교육비 경감 효과가 저소득층이나 지방 학생에게

더 크게 나타났다는 사실이다. 2004년 인터넷 개통 직후의 한 연구 조사에 의

하면, 서울 강남 지역의 사교육비 부담은 월 44만 원에서 월 38만 원으로 13%

정도 감소했지만, EBS 수능 강의 이용률이 가장 높았던 호남 지역의 경우에는

월 12만 원에서 월 6만 7천 원으로 44%나 줄었다. 또한 월 소득 300만 원 이

상 가구의 경우에는 10% 정도 줄어든 것으로 나타났지만, 월 소득 200만 원 미

만 가구에서는 50% 이상 절감 효과를 보인 것으로 조사되었다. 즉, 사교육비

총량의 경감에는 한계가 있었으나, 교육 격차 해소 차원에서는 그 성과가 작지

않았던 것이다.

아울러 인터넷 서비스를 제공하는 EBSi 회원 수가 개통한 지 100일이 되기

도 전에 100만 명을 돌파하고, 수년 내에 수백만 명에 도달했다. 이는 e-learning

의 새로운 장을 개척한 것으로 평가할 수 있다. 또한 IT 강국이기 때문에 가능했던 수능 강의의 인터넷 서비스 개통도 연쇄적인 효과를 통해 더 강한 인터넷 강국으로 나아가는 디딤돌이 되었다. EBS 위성 교육방송과 인터넷 개통을 계기로 컴퓨터와 인터넷 장비에 대한 특수(特需)가 일어나면서 우리나라 컴퓨터 사업, 가전 산업, 인터넷 통신 산업 분야의 성장과 동영상 처리 기술의 급속한 발달에 크게 기여했다는 평가도 나왔다.

이것은 우리나라에서 대입제도가 얼마나 큰 경제적, 사회적 파급 효과를 갖는지를 보여주는 사례라고 할 수 있다. 대입제도의 일부인 대학수학능력시험을 준비하는 강의를 무상으로 방송과 인터넷을 통해 제공하는 것 하나만으로도 교육적, 사회적, 산업적 파장이 매우 컸던 것이다.

사교육 대책의 방향과 과제

사교육은 학부모에게 경제적으로 부담을 줄 뿐만 아니라 학생의 바른 성장과 정상적인 학교 운영에도 지장을 주는 교육적 병폐다. 교육 불평등과 사회 양극화를 조장하는 사회 문제이기도 하다. 그러므로 효과적인 대책이 있다면, 적극적으로 시행해서 이를 억제해야 한다. 그러나 발열 현상이 질병의 원인이 아니라 증상(症狀)이듯, 사교육의 번창을 유발하는 근본적인 원인은 우리 사회에 만연한 학벌주의나 학력 간 임금 격차 등 교육 밖의 요인들에 의한 것이라 할 수 있다. 따라서 교육 내적인 대책만으로는 한계가 있을 수밖에 없다.

이러한 사실은 앞으로의 사교육 대책 수립과 관련해 두 가지 시사점을 제시한다. 우선, 사교육 부담을 효과적으로 줄일 수 있는 '실효성 있는 대책'을 마련하고자 한다면, 단편적이고 국지적인 대입제도나 교육 정책 차원의 해결을 넘어 보다 종합적이고 근원적인 접근이 필요하다. 이를 위해서는 우리나라가 이룩하고 경험해 온 국가 발전 모델에 대한 근본적인 성찰이 요구된다. 왜냐하면 사교육의 범람 현상은 급속한 경제 성장 과정에서 얻은 과실을 우리 사회가 누구에게 어떻게 배분해 왔느냐 또는 배분하는 것이 타당하다고 여기느냐와 관련이 있기 때문이다. 지금까지 우리 사회가 발전해오면서 거둔 열매 즉, 경제적 부, 사회적 지위, 문화적 혜택은 주로 대학 졸업자, 특히 명문대 졸업자에게 불균형적으로 더 많이 주어진 것이 사실이다. 이러한 상황은 학벌주의와 과도한 입시 경쟁을 유발했고, 이는 사교육을 촉발하는 근본적인 사회 구조적인 요인으로 작동했다. 따라서 사교육을 줄이기 위한 정부의 정책은 저출산 또는 사회 양극화처럼 오랜 세월에 걸쳐 우리 사회에 형성된 구조적 문제를 해결하는 것과 같이 큰 틀의 사회 혁신이나 거시적 시대 전환 차원에서 깊이 고민해야 할 과제다.

이를 위해서는 지성인 집단으로서 학계가 언론이나 경제계와 함께 우리 사회가 당면한 구조적인 문제와 근본적인 해법에 대해 활발한 토론과 대화를 펼칠 필요가 있다. 지금까지 우리 사회가 걸어온 방향으로 계속 가도 좋은가? 아니면 새로운 길을 모색해야 하는가? 잠시 걸음을 멈추고 차분하게 성찰할 필요가 있다. 만약 새로운 길을 모색하기로 합의가 이루어진다면, 다음은 정부와 정치계도 참여해서 함께 새로운 모습의 사회를 만들어가기 위한 정책을 만들어야 할 것이다. 이때 일자리, 사회복지, 노동, 주거 정책 등을 함께 포괄해서 함께 살펴보고 대안을 모색하는 총체적인 접근이 필요하고, 이 과정에서 대입제도나 교육 정책 패러다임도 근본적으로 재정립할 필요가 있다. 다시 말해, 정부와 사회는 교육적 처방만으로는 사교육 문제를 근본적으로 해결할 수 없다는 사실을 인식할 필요가 있다. 사교육 대책과 대입 정책은 교육 정책이면서 사회 정책이고, 어떤 면에서는 사회통합을 유도하고 계층 간 갈등을 해소하는 정치적 성격을 지닌 정책이기 때문이다.

사교육에 대한 '근본적인 대책'을 다른 사회 정책과 함께 수립하고 시행하는 데에는 시간이 걸릴 수 있다. 그렇다고 정부가 손을 놓고 있을 수는 없다. 비록 만족스럽지는 않을지라도 당장 학생과 학부모가 느끼는 사교육 고통을 조금이라도 덜어주기 위한 정책적 노력은 꾸준히 추진되어야 한다. 물론 앞서 살펴본 바와 같이, 오직 대입제도나 교육 정책을 바꾸면 사교육 문제가 해결될 것이라는 단편적이고 조급한 생각과 환상을 버려야 할 것이다.

　마지막으로 사교육비 경감에는 다소 효과가 있어도, 그것이 교육적으로 문제가 있다면 다시 생각해봐야 한다. 어떤 사교육 대책은 당장은 정치적으로 환영받을 수 있어도, 학생의 성장과 교육의 발전 면에서 볼 때는 타당하지 않을 수도 있기 때문이다. 반대로 학생의 성장과 발달에 이바지할 수 있는 대입제도가 단지 사교육 수요를 유발한다는 이유로 포기하는 것도 바람직하지 않다. 즉, 합리적인 사교육 대책은 사교육비 부담 경감 자체를 목적으로 해서는 안 된다. 사교육 대책도 교육 정책의 일부이다. 따라서 교육 정책으로서 정당성을 인정받아야 한다. 이를 위해서는 사교육비 부담 경감의 측면과 그로 인해 치러야 할 교육적 부작용이나 대가 사이에 비례의 원칙을 적용할 필요가 있다. 사교육 대책을 추진함으로써 얻을 수 있는 사교육비 경감이라는 가치가 이에 수반할 수도 있는 교육적 가치의 손실보다 현저하게 클 때만 그 정책이 정당성을 얻을 수 있다. 이러한 정책적 고려와 판단이 가장 많이 그리고 면밀하게 적용되어야 할 영역이 바로 대입제도 개편이다.

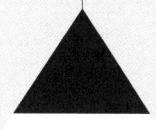

과외 금지는
왜 헌법에 위배되나?

7·30 교육개혁과 과외 금지

    1980년 7월 30일 국보위는 대입제도 개선과 과외 금지를 주요 내용으로 하는 '교육 정상화 및 과열 과외 해소 방안'을 발표했다. 이 방안에는 ① 대입 본고사 폐지, 내신성적과 예비고사 성적만으로 학생 선발 ② 교과목 수 축소를 포함한 교육과정 조정 ③ 졸업정원제 시행 ④ 전일제 수업 시행 ⑤ 대입 정원의 연차적 확대 ⑥ 교육 전용 방송 실시 ⑦ 방송통신대학 확충 및 교육대학 수업연한 연장 ⑧ 사회 지도층 인사 자녀의 과외 금지 ⑨ 교수 및 교사의 과외 지도 금지 ⑩ 과외교사 등록제 실시 및 과세 ⑪ 사설 학원의 재학생 수강 금지 ⑫ 과열 과외 추방을 위한 범국민운동 전개 등 광범위한 교육 개혁 방안이 포함되어 있었다.

    본고사를 폐지하고, 내신성적과 예비고사 성적만으로 학생을 선발하는 안은 매우 획기적이었다. 당시 서울대를 비롯한 주요 대학은 본고사를 위주로 학생을 선발했는데, 많은 지원자 중에서 우수 학생을 골라내야 했으므로 문제의 난도(難度)가 매우 높았다. 반면, 일반 학생을 대상으로 보통 수준의 수업을 해야 했던 교사들은 본고사 수준에 맞춰 수업을 운영할 수 없었다. 당연히 본고사에 도전하는 학생들은 사교육으로 몰려갈 수밖에 없었다. 이러한 상황에서 정부는 내신성적으로 학생을 선발하면 학생들이 학교 공부에 더 충실하게 임할 것이므로 공교육 정상화에 이바지할 것으로 기대했고, 국민에게 학교 공부만 열심히 하면 대학에 갈 수 있다는 믿음을 주고 싶었다. 여론도 긍정적이었다. 사교육이 과열되면서 학부모의 사교육비 부담이 늘어나고 계층 간 위화감을 조성하는 등 많은 부작용이 발생했기 때문이다.

하지만 과외 금지는 정상적인 정부 상태에서 내려진 정책이 아니었다. 초법적 성격이 강했다. 뒤에서 자세히 설명하겠지만, 7·30 교육개혁 방안은 교육전문가의 의견을 반영한 것이기는 하지만, 박정희 대통령의 서거에 이은 신군부 등장과 전두환 정부 탄생이라는 특별한 정치적 상황에서 단행된 조치였다. 특히 7·30 교육개혁의 발표문이 강조한 것은 공직자, 기업인, 의사, 변호사 등 사회 지도층 인사의 자녀가 과외를 받는 것을 금지한다는 것이었다. 이를 위반하면 명단을 공개하고 '사회 정화' 차원에서 공직에서 추방하거나 세무조사까지 받을 수 있다는 엄포를 놓았다. 정부의 강력한 정책은 여론의 지지를 받았다. 그래서인지 전격적인 과외 금지는 당시 군부 정권 탄생에 대한 국민의 불만을 완화하고 민심을 수습하려는 조치였다는 해석도 나온다.

과외 금지의 법적 근거와 그 한계

전두환 정부의 과외 금지 조치가 가진 한계는 뚜렷한 법적 근거가 없었다는 것이다. 이는 군부 정권에 의한 민심 수습이라는 정치적 목적과 '사회 정화'라는 명분으로 추진되었다. 처음에는 초정부적 권능을 행사한 국보위가 주도했지만, 나중에는 사회정화위원회가 주도하고 주무 부처인 문교부 외에도 경찰, 검찰, 국세청, 언론까지 총동원되어 국가 차원의 과외 추방 캠페인을 벌이는 방식으로 추진되었다.

정부는 법적 근거가 없는 과외 금지 조치의 한계를 느꼈다. 이에 따라 1981년 4월 '사설강습소에관한법률'을 개정해서 근거를 마련했다. 야학 같은 근로 청소년에 대한 교습이나 동일 호적에 있는 친족의 교습 등 특별한 경우를 제외하고 과외 금지를 원칙적으로 금지했고, 사설강습소는 등록제를 도입했고 과외 교습은 반드시 신고하도록 했다. 특이한 점은 과외 금지를 위반한 교습자에 대한 처벌 규정은 있지만, 과외 수업을 받은 학생이나 학부모에 대한 처벌 조항은 마련하지 않았다는 것이다. 정부로서는 사회적으로 문제가 있는 사교육이라도 '공부를 했다'라는 이유로 학생이나 학부모를 형사 처벌하는 것은 무리한 일이라고 판단했기 때문이다. 대신에 위반 학생은 학교에서 징계하고, 직장인 학부모는 면직하며, 기업인에 대해서는 세무조사를 시행하겠다고 경고했다. 사람들은 '시범적 처벌'에 걸리지 않으려고 노력했고, 너도나도 조심하는 사회적 분위기가 조성되었다.

하지만 사회정화위원회의 초법적인 활동과 강력한 경고에도 불구하고, '비밀 불법 과외'를 해서라도 자녀를 명문대로 보내겠다는 부모들의 열망을 완전히 잠재우지는 못했다. 시간이 지나면서 서울 강남 등 일부 지역을 중심으로 고액 비밀과외가 성행하고 있다는 소문이 나기 시작했다. 심지어 단속을 피해 학생과 과외 선생이 승용차를 같이 타고 가면서 교습하는 '차 안 과외' 같은 변칙 과외까지 등장했다. 여기에 가정 형편이 어려운 대학생들이 과외 교습을 할 수 없어서 학업을 지속하기 어렵다는 호소가 나왔고, 이에 대한 동정론도 생겨났다. 그러나 과외 금지 조치는 전두환 정부 내내 계속되었다.

노태우 정부에 들어와서 민주화의 물꼬가 터지면서 사회정화위원회가 폐지되었다. 정부는 1989년 '사설강습소에관한법률'을 '학원의설립·운영에관한법률'로 바꾸면서, 대학생의 과외 교습을 허용하고 재학생의 학원 수강도 허용하는 방향으로 정책을 전환했다. 하지만 이 경우에도 사교육에 대한 부정적 여론을 고려해서, 과외 교습행위를 원칙적으로 금지하는 조항은 그대로 유지했다.

1990년대에 발달하기 시작한 정보통신기술은 학교 교육뿐만 아니라 사교육 분야에도 여러 변화를 가져왔다. 1995년부터 '하누리교육'이라는 업체는 회비를 낸 가입자에게 PC통신을 이용해서 문제를 내고 질의와 응답을 하는 서비스를 개시했다. 문제는 과외 교습자가 회원의 집을 방문해서 지도한 것이었다. 검찰은 이것이 '학원의설립·운영에관한법률' 위반이라고 판단하고 1998년 '하누리교육' 대표를 기소했다. 이 소송을 진행한 재판부는 '학원의설립·운영에관한법률'이 헌법 위반의 의심이 있다고 판단했고, 법률의 위헌 여부를 묻는 심판을 헌법재판소에 제정했다. 여기에 더해 1998년 한국음악협회 이사장 등 음악인들은 음악에 재능이 있는 어린이들에 대한 과외 교습을 금지하는 '학원의설립·운영에관한법률' 제3조[15]와 처벌 규정인 동법 제22조 제1항 제1호[16]에 대해 헌법소원심판을 청구했다. 그러나 당시에는 이러한 위헌심판제청이나 헌법소원 제기가 큰 주목을 받지 않았다. 또한 과외로 인한 교육적, 사회적 폐해가 너무 크다는 공감대가 있었기 때문에 위헌 결정을 예상한 사람도 거의 없었다. 당사자인 교육부도 위헌 결정에 대한 대비책을 갖고 있지 않았다.

그러나 2000년 4월 17일 헌법재판소 전원재판부는 역사적인 결정을 내렸다(98헌가16, 98헌마429(병합) 사건 선고). '학원의설립·운영에관한법률' 제3조, 제22조 제1항 제1호가 헌법에 위반된다는 결정이었다. 헌법재판소가 내린 결정의 파장은 컸다. 간신히 막아왔던 사교육의 둑이 갑자기 터진 것을 의미했기 때문이다.

교육부는 고심 끝에 '학원의설립·운영에관한법률 개정안'을 만들었고, 2001년 4월 국회를 통과해서 7월부터 시행에 들어갔다. 우선 법률의 명칭이 '학원의설립·운영및과외교습에관한법률'로 바뀌었다. 과외 교습 신고제를 정비해서 대학생과 대학원생은 신고 대상에서 제외하고, 현직 교원의

---

15) 학원의설립·운영에관한법률 제3조(과외교습) 누구든지 과외교습을 하여서는 아니된다. 다만 다음 각호의 1에 해당하는 경우에는 그러하지 아니하다.

  1. 학원 또는 교습소에서 기술·예능 또는 대통령령이 정하는 과목에 관한 지식을 교습하는 경우

  2. 학원에서 고등학교·대학 또는 이에 준하는 학교에의 입학이나 이를 위한 학력인정에 관한 검정을 받을 목적으로 학습하는 수험준비생에게 교습하는 경우

  3. 대학·교육대학·사범대학·전문대학·방송통신대학·개방대학·기술대학 또는 개별 법률에 의하여 설립된 대학 및 이에 준하는 학교에 재적중인 학생(대학원생을 포함한다)이 교습하는 경우

16) 학원의설립·운영에관한법률 제22조(벌칙) ① 다음 각호의 1에 해당하는 자는 1년 이하의 징역 또는 300만원 이하의 벌금에 처한다.

  1. 제3조의 규정에 위반하여 과외교습을 한 자

과외 교습은 처벌을 명문화했다. 과외 교습에 관한 미신고 또는 허위신고에 대해 과태료 처분 규정을 만들고, 이를 지속해서 위반할 때는 형사 처벌을 할 수 있도록 했다.

　과외 금지에 관한 헌법재판소의 위헌 결정은 헌법과 헌법 재판의 중요성을 일깨워주었다. 헌법 재판이라는 것이 먼 이야기가 아니고, 자녀 교육과 같은 일상적인 삶에도 큰 영향을 미칠 수 있음을 알게 되었다. 행정적으로는 법치 행정의 의미를 되새기게 했다. 과외 금지처럼 사회적으로 지지받는 정책이라도 헌법에 합치되는 법적 근거를 갖춰야만 정책이 지속할 수 있다는 교훈을 남긴 것이다.

헌법재판소의 과외 금지 위헌 판결

전두환 정부가 단행한 과외 금지에 대해서는 지금도 의견이 분분하다. 일각에서는 사교육의 속성이 '죄수의 딜레마' 같아서 정부가 나서서 일률적으로 금지하지 않으면 근절할 수 없다는 점에서 어느 정도 타당했다고 생각한다. 그런데 헌법재판소가 내린 결정의 소수의견까지 읽어보면, 과외 금지라는 정책의 헌법적 타당성에 관한 판단을 넘어 우리 헌법이 교육 문제를 어떻게 바라보는지를 알 수 있다. 물론 헌법재판소의 이 결정이 모든 교육 문제에 대해서 최종적인 판단 기준을 제시한다고 말할 수는 없다. 그러나 이 결정은 교육 문제에 관한 법적 접근에 대해 부정적인 시각을 가진 교육계도 경청할 만한 논리를 제시하고 있다.

과외 금지 위반자에 대한 처벌을 규정한 '학원의설립·운영에관한법률'의 관련 조항에 대한 위헌 심판은 헌법재판관 전원이 참여한 가운데 6 대 3의 찬성으로 위헌 결정이 내려졌다. 재판관 김용준, 김문희, 이재화, 고중석, 신창언, 하경철은 찬성하고, 재판관 한대현과 정경식은 헌법불합치를, 재판관 이영모는 합헌을 소수의견으로 제시했다. 헌법불합치는 해당 법률이 위헌인 것은 맞지만 당장 위헌 결정을 내리면, 사회적 혼란이 크기 때문에 이른 시일 안에 국회 또는 행정부가 해당 법률을 개정하도록 요구하는 것이라는 점에서 사실상 압도적 다수가 위헌을 인정한 셈이다. 과외 교습을 금지한 '학원의설립·운영에관한법률' 제3조와 과외 교습에 대한 처벌을 규정한 위 법률 제22조 제1항의 위헌 결정 요지는 다음과 같다.

1. 자녀의 양육과 교육은 일차적으로 부모의 천부적인 권리인 동시에 부모에게 부과된 의무이기도 하다. '부모의 자녀에 대한 교육권'은 비록 헌법에 명문으로 규정되어 있지는 아니하지만, 이는 모든 인간이 누리는 불가침의 인권으로서 혼인과 가족생활을 보장하는 헌법 제36조 제1항, 행복추구권을 보장하는 헌법 제10조 및 "국민의 자유와 권리는 헌법에 열거되지 아니한 이유로 경시되지 아니한다"고 규정하는 헌법 제37조 제1항에서 나오는 중요한 기본권이다. 부모는 자녀의 교육에 관하여 전반적인 계획을 세우고 자신의 인생관·사회관·교육관에 따라 자녀의 교육을 자유롭게 형성할 권리를 가지며, 부모의 교육권은 다른 교육의 주체와의 관계에서 원칙적인 우위를 가진다.

2. 헌법 제31조 제1항은 "모든 국민은 능력에 따라 균등하게 교육을 받을 권리를 가진다"고 규정하여 국민의 교육을 받을 권리를 보장하고 있다. '교육을 받을 권리'란, 모든 국민에게 저마다의 능력에 따른 교육이 가능하도록 그에 필요한 설비와 제도를 마련해야 할 국가의 과제와 아울러 이를 넘어 사회적·경제적 약자도 능력에 따른 실질적 평등교육을 받을 수 있도록 적극적인 정책을 실현해야 할 국가의 의무를 뜻한다. 특히 같은 조 제6항은 "학교교육 및 평생교육을 포함한 교육제도와 그 운영, 교육재정 및 교원의 지위에 관한 기본적인 사항은 법률로 정한다"고 함으로써 학교교육에 관한 국가의 권한과 책임을 규정하고 있다. 위 조항은 국가에게 학교제도를 통한 교육을 시행하도록 위임하였고, 이로써 국가는 학교제도에 관한 포괄적인 규율권한과 자녀에 대한 학교교육의 책임을 부여받았다.

3. 자녀의 양육과 교육에 있어서 부모의 교육권은 교육의 모든 영역에서 존중되어야 하며, 다만, 학교교육에 관한 한, 국가는 헌법 제31조에 의하여 부모의 교육권으로부터 원칙적으로 독립된 독자적인 교육권한을 부여받음으로써 부모의 교육권과 함께 자녀의 교육을 담당하지만, 학교 밖의 교육영역에서는 원칙적으로 부모의 교육권이 우위를 차지한다.

4. 법 제3조에 의하여 제한되는 기본권은, 배우고자 하는 아동과 청소년의 인

격의 자유로운 발현권, 자녀를 가르치고자 하는 부모의 교육권, 과외교습을 하고자 하는 개인의 직업선택의 자유 및 행복추구권이다.

5. 과외교습을 금지하는 법 제3조에 의하여 제기되는 헌법적 문제는 교육의 영역에서의 자녀의 인격발현권·부모의 교육권과 국가의 교육책임의 경계설정에 관한 문제이고, 이로써 국가가 사적인 교육영역에서 자녀의 인격발현권·부모의 자녀교육권을 어느 정도로 제한할 수 있는가에 관한 것이다. 학교교육에 관한 한, 국가는 교육제도의 형성에 관한 폭넓은 권한을 가지고 있지만, 과외교습과 같은 사적으로 이루어지는 교육을 제한하는 경우에는 특히 자녀인격의 자유로운 발현권과 부모의 교육권을 존중해야 한다는 것에 국가에 의한 규율의 한계가 있으므로, 법치국가적 요청인 비례의 원칙을 준수하여야 한다.

6. 가. 사교육의 영역에 관한 한, 우리 사회가 불행하게도 이미 자정능력이나 자기조절능력을 현저히 상실했고, 이로 말미암아 국가가 부득이 개입하지 않을 수 없는 실정이므로, 위와 같이 사회가 자율성을 상실한 예외적인 상황에서는 고액 과외교습을 방지하여 사교육에서의 과열경쟁으로 인한 학부모의 경제적 부담을 덜어주고 나아가 국민이 되도록 균등한 정도의 사교육을 받도록 하려는 법 제3조의 입법목적은 입법자가 '잠정적으로' 추구할 수 있는 정당한 공익이라고 하겠다.

나. 수단의 적합성의 관점에서 보더라도 법 제3조가 학원·교습소·대학(원)생에 의한 과외교습을 허용하면서 그밖에 고액과외교습의 가능성이 있는 개인적인 과외교습을 광범위하게 금지하는 규제수단을 택하였고, 이러한 수단이 위 입법목적의 달성에 어느정도 기여한다는 점은 의문의 여지가 없다. 따라서 수단으로서의 적합성도 인정된다 하겠다.

7. 법 제3조는 원칙적으로 허용되고 기본권적으로 보장되는 행위에 대하여 원칙적으로 금지하고 예외적으로 허용하는 방식의 '원칙과 예외'가 전도된 규율형식을 취한데다가, 그 내용상으로도 규제의 편의성만을 강조하여 입법목적 달성의 측면에서 보더라도 금지범위에 포함시킬 불가피성이 없는 행위의 유형을 광범위하게 포함시키고 있다는 점에서, 입법자가 선택한 규제

수단은 입법목적의 달성을 위한 최소한의 불가피한 수단이라고 볼 수 없다.

8. 법 제3조와 같은 형태의 사교육에 대한 규율은, 사적인 교육의 영역에서 부모와 자녀의 기본권에 대한 중대한 침해라는 개인적인 차원을 넘어서 국가를 문화적으로 빈곤하게 만들며, 국가 간의 경쟁에서 살아남기 힘든 오늘날의 무한경쟁시대에서 문화의 빈곤은 궁극적으로는 사회적·경제적인 후진성으로 이어질 수밖에 없다. 따라서 법 제3조가 실현하려는 입법목적의 실현효과에 대하여 의문의 여지가 있고, 반면에 법 제3조에 의하여 발생하는 기본권제한의 효과 및 문화국가실현에 대한 불리한 효과가 현저하므로, 법 제3조는 제한을 통하여 얻는 공익적 성과와 제한이 초래하는 효과가 합리적인 비례관계를 현저하게 일탈하여 법익의 균형성을 갖추지 못하고 있다.

한편, 이 과정에서 세 명의 헌법재판관은 다음과 같은 소수의견을 제시했다.

재판관 한대현의 반대의견

이 사건 법률조항이 국민의 기본권을 과도하게 침해하는 위헌적인 규정이라는 점에서는 다수의견과 견해를 같이 하나, 우리 현실에 비추어 볼 때 아직까지는 과외교습을 전면 허용할 것이 아니고 일정부분 규제할 필요가 있다. 따라서 이 사건 법률조항에 대하여 바로 위헌선언을 할 것이 아니라 헌법불합치결정을 함으로써 입법자로 하여금 국민의 기본권을 가능한 한 적게 침해하면서도 과외교습을 둘러싼 폐단을 제거할 수 있는 새로운 수단을 마련하도록 하는 것이 타당하다.

재판관 정경식의 반대의견

이 사건 법률조항의 입법목적은 정당하고, 단속의 필요성도 인정되나, 이 법률조항의 위헌성은 과외교습의 규제방식이 기본권 제한 입법의 체계와 방식을 제대로 갖추고 있지 못한 데에 있는 것이며, 과외교습의 폐단이 여전히 극심하여 이를 규제하여야 할 필요성과 당위성이 인정되는 현재의 상황에서 이 사건 법률조항의 효력을 소멸시켜 과외교습을 전면적으로 허용하는 것이 곧 합헌적 상태를 실현하는 것이라 볼 수 없다. 그러므로 단순위헌결정을 하여 당장 그 효력을 상실시킬 것이 아니라, 입법자가 광범위한 국민적 합의를 거쳐 합리적인 범위에서 과외교습을 규제할 수 있도록 하고 과외교습이 전혀 규제되지 않는 상황을 피하기 위하여 새로운 입법이 이루어질 때까지는 이 사건 법률조항을 잠정적으로 적용하도록 하는 헌법불합치결정을 하는 것이 바람직하다.

재판관 이영모의 반대의견

과외교습은 학교교육에 종속된 보충교육으로서 학교교육의 공공성을 침해하는 경우 국가는 학교교육의 정상화를 위하여 재량적으로 이를 규제할 수 있고, 그 규제입법의 위헌심사기준은 입법형성의 합리성이다.

다수의견이 이를 금지함으로써 비례성 원칙에 반한다고 지적하고 있는 친척이나 이웃집 가정주부의 교습, 뛰어난 예술인의 개인 과외교습 등은 이를 허용할 경우 교습행위의 은밀성으로 인하여 입법목적 달성에 어려움이 있고, 그러한 개인교습이 학교교육의 공공성을 해하지 않는다는 보장도 없다. 과외교습 금지로 인한 공익을 고려할 때 이들이 개인 과외교습을 못함으로써 불이익을 받는다 하더라도 법익간에 균형을 잃는 것도 아니다. 초등학생의 학교 교과목에 대한 과외교습 금지는 그것이 초등학생에게 신체적·정서적·교육적으로 바람직하지 않은 영향을 미칠 수 있기 때문이다.

결국, 이 사건 법률조항은 국가와 학부모의 공동과제인 자녀의 학교교육과 학부모가 결정하는 사교육의 한 부분인 과외교습과의 조화를 꾀하기 위한 입법으로서 합리성을 벗어난 것으로 인정되지 아니한다.

이 사건 법률조항이 원칙적인 금지와 예외적인 허용이라는 규율형식을 취하고 있으나, 실질적으로 이 법에서 허용되는 과외교습은 학습이 부진한 학생들로 하여금 이를 보충하는 데 모자람이 없는 한편, 사회적 폐해의 소지가 현저하고 부작용이 보다 높은 개인의 과외교습에 한하여 금지되고 있을 뿐이다.

따라서 이 사건 법률조항은 입법목적의 정당성 및 수단의 합리성을 갖춘 입법으로서 과외교습자와 학부모, 학습자의 기본권의 본질적인 내용을 침해하는 것이 아니므로 합헌이다.

헌법재판소가 이런 결정을 내린 이유를 정리하면 다음과 같다. 우선, 자녀의 교육에 대해 부모가 가지는 권리는 원칙적으로 다른 주체가 가지는 권리보다 우선한다. 사회통합을 추구해야 하는 국가는 학교 교육을 비롯한 공교육 전반에 대해 포괄적인 권한을 가진다. 하지만 학교 밖에서 이루어지는 교육에 대해서는 부모의 권리를 존중할 필요가 있다. 이러한 결정은 자녀의 교육 문제에 관해 국가와 부모의 교육권이 어떻게 조화를 이루어야 하는지를 보여준다.

과외 교습의 금지는 사교육이 끼치는 교육적, 사회적 폐해에 비추어볼 때 정책의 목적이 정당하다고 할 수 있다. 하지만 '학원의설립·운영에관한법률' 제3조가 과외 교습을 '일반적으로' 금지하고 '예외적으로' 허용하는 것은 국민의 기본권에 대한 최소한의 개입이라는 헌법 원칙에 어긋난다. 동 법률을 통해 얻는 공익과 광범위한 정부 규제가 초래하는 부정적 효과가 합리적인 비례관계를 벗어나 법익의 균형성을 갖추지 못했다고 할 수 있다. 요컨대, 헌법재판소의 결정은 법률에 따른 과외 교습의 일반적인 금지가 법치국가가 따라야 하는 비례의 원칙에서 벗어났다고 보는 것이다.

헌법은 국가의 통치 체제와 국민의 기본권을 규정하는 최고 규범이다. 헌법의 각 조항은 그 자체로 중요한 의미를 담고 있지만, 전체 조항은 유기적으로 연결되어 있다. 즉, 헌법은 전체가 하나의 통일된 가치 체계를 이룬다. 우리 헌법에서 교육에 관해 직접 규정한 것은 제31조[17]이지만, 헌법재

---

17) 제31조 ① 모든 국민은 능력에 따라 균등하게 교육을 받을 권리를 가진다. ② 모든 국민은 그 보호하는 자녀에게 적어도 초등교육과 법률이 정하는 교육을 받게 할 의무를 진다. ③ 의무교육은 무상으로 한다. ④ 교육의 자주성·전문성·정치적 중립성 및 대학의 자율성은 법률이 정하는 바에 의하여 보장된다. ⑤ 국가는 평생교육을 진흥하여야 한다. ⑥ 학교교육 및 평생교육을 포함한 교육제도와 그 운영, 교육재정 및 교원의 지위에 관한 기본적인 사항은 법률로 정한다.

판소가 참조한 조항은 헌법 제10조, 제15조, 제34조 제1항, 제37조 제1항 및 제2항, 제107조 제1항, 제111조 제1항 제1호 등 여러 조항이었다. 이렇게 보면, 헌법재판소가 위헌 결정을 내릴 때는 교육적인 측면뿐만 아니라 국민이 가지는 다른 헌법적 권리와 이를 보장할 국가의 책임, 기본권 제한과 관련된 헌법 원칙 등 여러 측면을 함께 고려하고 있음을 알 수 있다.

만약 대입제도와 관련해서 헌법소원이 제기되거나, 사법부가 위헌 심판을 제청하면 헌법재판소는 어떤 판단을 어떻게 내릴 것인가? 헌법재판소는 관련 법령이 헌법이 정하는 가치와 원칙에 부합하는지를 살펴볼 것이다. 이렇게 볼 때 우리는 대입제도가 어떤 법적 근거 아래 운영되는지 확인해볼 필요가 있다.

대입제도의 법적 근거

법치국가란 국가가 제도를 창출하고 운영할 때는 법률에 따라야 함을 의미한다. 대입제도 역시 예외가 아니다. 그렇다면 대입제도는 어떤 법적 근거 아래 운용되는가.

우선 헌법에 근거가 있다. 헌법 제31조 ⑤항은 "학교 교육 및 평생교육을 포함한 교육 제도와 그 운영, 교육재정 및 교원의 지위에 관한 기본적인 사항은 법률로 정한다"라고 규정한다. 대입제도 또한 교육 제도이므로 법적 근거가 필요하다. 국가가 대입제도를 만들 때는 법적 근거가 필요하다는 뜻이다. 또한 정부가 대입제도를 개편할 때는 헌법 제31조 ④항에 따라 대학의 자율성을 존중하고, ①항 규정에 따라 모든 국민이 균등하게 교육을 받을 권리를 보장하는 방향으로 제도를 개선해야 한다.

대입제도와 관련된 헌법 조항은 제31조에 그치지 않는다. 제10조(행복추구권), 제11조(평등권), 제15조(직업선택의 자유), 제37조(기본권 제한의 한계) 등도 관련된다. 예를 들면, 대입 특별전형이나 기여입학제 같은 제도는 제11조 평등권 조항과 상충하지 않도록 세심한 주의를 기울여야 한다. 또한 헌법 조항들은 통일된 가치 체계 아래 서로 유기적으로 연결되어 있다는 점에서 대입제도는 사실상 모든 헌법 조항과 관련된다고도 할 수 있다. 이는 과외 금지에 관해서 헌법재판소가 헌법의 여러 조항을 인용하면서 내린 결정 사례에서도 볼 수 있다.

대입제도와 직접적으로 관련된 법률은 고등교육법이다. 주로 관련된 조항은 제33조(입학자격), 제34조(학생의 선발방법 등), 제34조의2(입학사정관 등), 제34조의3(입학사정관의 취업 등 제한), 제34조의4(입학전형료), 제34조의5(대학입학 전형계획의 공표), 제34조의6(입학허가의 취소), 제34조의7(외국인 학생의 선발 등), 제34조의8(사회통합전형의 운영) 등이다. 고등교육법 시행령(대통령령)도 중요한 법적 근거이다. 특히 제31조부터 제42조의5까지가 대입제도의 골간이다. 제36조는 교육부장관의 대학수학능력시험 기본계획의 작성 및 공표에 관한 내용을 규정하고 있고, 행정 권한의 위임 및 위탁에 관한 규정(대통령령) 제45조 ③항과 제22조 ①항은 대학수학능력시험의 출제·인쇄·채점·성적통지 등에 관한 권한과 시험 문제지의 인수·운송·관리 등에 관한 권한을 한국교육과정평가원장과 시·도교육감에게 각각 위임하고 있다. 따라서 대입제도가 대폭 바뀌면 관련 법령 조항들도 함께 개정해야 할 것이다.

초·중등교육법도 중요한 법적 근거이다. 동법 제25조(학교생활기록)와 동법시행령 제10조(학생의 평가) 및 시행규칙, 그리고 이에 따른 학교생활기록부 작성 및 관리 지침(교육부 훈령)은 대입 전형 자료로 활용되는 학교생활기록부의 기재 내용과 작성, 관리, 보존 등에 관한 근거와 내용을 담고 있다.

대입제도와 법원 및 헌법재판소

　법원도 대입제도와 관련해서 가끔 중요한 판결을 내린다. 예를 들면, 2003년 9월, 2003학년도 수능 시험 응시자 6명이 한국교육과정평가원장을 상대로 "2003학년도 대학수학능력시험의 원점수 총점 기준 석차와 변환점수 총점 기준 석차 등을 공개하라"라는 '정보공개청구 거부 취소 청구 소송(2002구합42619)'을 제기했다. 이는 한국교육과정평가원이 "대학 서열화를 방지하기 위해 수능 시험 성적 총점을 공개하지 않기로 한 교육인적자원부의 방침에 어긋난다"라는 이유로 수능 시험의 원점수 총점 기준 석차와 변환점수 총점 기준 석차를 공개하지 않자 제기된 소송이다. 이에 대해 서울행정법원은 원고(수능 응시자)의 손을 들어주었다. 다만 이 판결은 이미 대입 전형이 종료된 후였기 때문에 큰 파장으로 이어지지는 않았다. 또한 2005학년도 대입에서 불합격한 응시자 3명이 "2005학년도 수능 시험에서 정수화된 표준점수와 백분위로 변환된 수능점수로 인해 불합격했다"라며 한국교육과정평가원장을 상대로 낸 '2005학년도 수능점수 산정 처분 취소 소송(2005구합173)'에서 법원은 "성적 산정 방법의 부당성은 인정하지만 위법하다고는 볼 수 없다"라고 판시하며 원고의 주장을 받아들이지 않았다.

　최근 서울행정법원은 2021학년도 대학수학능력시험 과학탐구영역 생명과학Ⅱ 20번 문항의 정답 취소 소송에서 원고의 주장을 받아들여 정답을

5번으로 결정한 한국교육과정평가원의 처분을 취소했다. 재판부는 본안 판결에 앞서서 채점에 대한 집행정지를 결정해 생명과학Ⅱ를 선택한 학생들의 수능 시험 성적 확정이 늦춰지기도 했다. 교육부가 이 판결을 받아들여 항고하지 않음으로써 재판 결과가 확정되었고 한국교육과정평가원장이 책임을 지고 사퇴했다.

대입제도와 관련된 소송은 대법원까지 이어지기도 한다. 2003학년도 대입 전형에서 불합격한 수험생 2명이 "수능 시험에서 한국교육과정평가원이 교육인적자원부의 대입제도 정책에 따라 소수점 이하에서 반올림한 점수를 각 대학에 통보해 이를 입학 전형에 사용하도록 한 것은 위법하다"라고 국가와 한국교육과정평가원을 상대로 낸 '손해배상 청구 소송(2005다66770)'에서 대법원은 원고의 주장을 받아들였던 서울고등법원의 판결을 파기 환송했다. 이 소송에서 대법원이 원심대로 원고의 주장을 받아들였다면, 교육인적자원부는 수능 시험의 점수 산정 방법을 바꾸는 등 대입제도 개편에 나설 수밖에 없었을 것이다. 대법원의 판결은 다음과 같다.

수능 시험의 시행 및 관리와 관련하여 교육인적자원부 장관 및 한국교육과정평가원은 대학 교육에 필요한 수학 능력을 측정하고 고교 교육 정상화에 기여하면서 창의적인 인재를 양성하자는 정책 목적을 달성하기 위하여 그 출제, 배점, 성적의 평가 및 통지 등에서 고유의 전문성 및 정책적 판단에 기한 폭넓은 재량을 갖는다고 볼 것이며, 이러한 측면에서 '반올림에 의한 소수점 폐지' 정책 및 그에 따라 반올림된 점수를 대학에 통보한 행위는 수능 시험과 관련된 피고들의 재량 범위에 속하는 업무처리이고 그 과정에서 권한을 남용하였다고 볼 수 없다.

2010년 2월 대법원은 '학교를 사랑하는 학부모 모임(학사모)'이 2008학년 수능 시험 원점수를 공개하라며 교육과학기술부 장관을 상대로 낸 '정보 공개거부 처분 취소 청구 소송' 상고심에서 "개인 인적 사항을 제외한 나머지 정보를 공개하라"는 취지로 원고 승소 판결을 내렸다. 또한 대법원은 조전혁 한나라당 국회의원 등이 교육과학기술부 장관을 상대로 제기한 "정보공개거부처분 취소 등(2007두9877)" 사건에 대한 판결에서 수능 시험 및 학업성취도 평가 결과를 공개토록 한 원심판결 대부분을 받아들였다. 다만, 원고는 '연구 목적으로 활용'할 정보를 교육과학기술부가 공개하지 않는다는 것에 대해 소송을 제기했고, 교육과학기술부가 70여 명의 연구자에게 관련 정보를 제공함에 따라 학교별 학력 격차의 공표 등 사회적 파장은 크지 않았다. 이러한 판결에는 당시 조전혁 의원 등이 학교별 격차를 보여주는 수능 시험 관련 정보를 대법원판결 전에 이미 일방적으로 공표한 것에 대해 사회적 비판 여론이 조성되었던 것도 작용했다고 볼 수 있다.

과외를 금지한 법률에 대한 위헌 결정 사례에서도 확인했지만, 대입제도에 관한 헌법재판소의 역할도 간과할 수 없다. 특히 최근에는 헌법소원이 대입제도에 영향을 주기도 한다. 예컨대, 1992년 10월 헌법재판소는 서울대학교가 인문계열의 대학별 고사 선택 과목에서 일본어를 제외한 것에 대한 "1994학년도 신입생 선발 입시안에 대한 헌법소원(92헌마68,76)" 심판에서 동 입시요강이 헌법에 어긋나지 않는다고 결정했다. 또한, 2008년 9월에는 고교 1학년 학생이 제기한 "학교 교육 정상화를 위한 2008학년도 이후 대학입학제도 개선안 위헌 확인(2007헌마376)"을 위한 헌법소원에서 동 개선안은 비구속적 행정 계획안에 불과하며 법령에 따라 실시될 것이 확실하지 않다는 이유로 각하 판결을 내렸다. 2017년 12월 헌법재판소는 대안학교를 졸업하고 고등학교 졸업 학력 검정고시를 통해 고교 졸업 자격을 취득한 학생 2인이 수시모집에서 검정고시 출신자의 응시를 인정하지 않은 서울교육대학교 등의 '2017학년도 수시모집 입시요강 위헌 확인

(2016헌마649)'에 관한 헌법소원 사건에서 서울교육대학교의 입시요강은 청구인들의 헌법상 교육을 받을 권리를 침해했다고 판결했다. 헌법재판소는 해당 수시모집 요강이 헌법에 위반되므로 취소해야 하지만, 2017학년도 신입생 합격자가 이미 발표된 상황이므로 선언적 의미에서 위헌임을 확인한다고 밝혔다.

이상과 같이, 대입제도가 자신에게 불리하거나 불공정하다고 생각하는 사람이나 집단은 법원이나 헌법재판소에 소송 또는 헌법소원 등을 제기할 수 있다. 따라서 정부와 대학이 대입제도 또는 입시요강을 결정할 때는 법적 측면도 세밀하게 검토해야 한다. 또한 법원과 헌법재판소의 판결은 이후에도 정부의 대입제도나 대학의 입시요강을 결정하는 과정에서 중요한 검토 요소가 된다.

국가보위비상대책위원회의 과외 금지 조치 [18]

　퇴근 시간이 지난 1980년 6월 4일 오후 6시 30분경 문교부 정태수 대학교육국장은 한 통의 전화를 받았다. 자신을 김 대령이라고 밝힌 상대방은 정 국장의 직책과 성명을 확인하고 나서 "국가보위비상대책위원회 문교공보분과위원회의 분과위원으로 근무하게 결정되었으니 내일 오전 8시에 출근하기 바란다"는 요지였다. 대학교육국장 발령을 받은 지 불과 8일밖에 되지 않았던 정 국장으로서는 당황하지 않을 수 없었다. 떠오르는 대로 몇 가지 의문을 질문했지만 "발령장은 추후 주어질 것이고, 상설기구이므로 상근해야 하며, 현 직책은 명목만 그대로 유지하게 될 것이니 지금 당장 장관에게 보고하고 내일 아침부터 출근해야 한다"는 부드럽지만 단호한 대답이 돌아왔다.

　당시 국내 정치 상황은 매우 급박하게 돌아가고 있었다. 1979년 10월 26일 박정희 대통령이 서거하고, 12월 12일 신군부가 실권을 장악했다. 1980년 봄부터는 민주화를 요구하는 대학가의 시위가 격화되었다. 5월 17일 비상계엄이 전국으로 확대되었다. 18일부터는 광주에서 민주화를 요구하는 시위대와 이를 진압하는 계엄군이 충돌하면서 많은 인명이 희생되었다. 24일 전면적인 개각이 단행되어 교육부는 김옥길 장관이 물러나고 이규호 장관이 취임했다. 31일 국

---

[18] 이 이야기는 정태수(1991)에 나오는 내용과 당시 언론 보도 내용 및 공저자 서남수가 교육부에서 경험하고 들은 내용을 토대로 재구성한 것이다. 문교부 차관과 대진대학교 총장 등을 역임한 정태수는 이 책에서 전두환 국보위 상임위원회 위원장, 이규호 문교부 장관 등이 직접 사인한 결재 문서 사본까지 첨부하여 당시 상황을 상세하게 기술하고 있다. 서남수는 '7·30 교육개혁' 당시 서울특별시교육위원회 기획계장으로 근무 중이었고 수개월 후 인사 발령을 받아 문교부 근무를 시작했다.

가보위비상대책위원회(이하 '국보위')가 설치되었다.

국보위는 형식상으로는 의장이 대통령인 대통령 자문 기관이었다. 그러나 실제로는 국보위의 위임을 받은 사항을 심의·조정하기 위해 둔다는 명목으로 설치한 상임위원회가 실권을 행사했다. 국보위 상임위원회는 전두환 보안사령관이 위원장을 맡고 군 장성과 주요 부처 장관 등 30명 이내의 위원으로 구성되었으며, 행정과 사법 영역 전반에 걸쳐 초법적 지위에서 각 부처의 주요 업무를 지휘·감독·통제·조정하는 실권을 행사했다.

6월 5일 국보위로 출근해서야 정태수 국장은 비로소 전후 사정을 어느 정도 이해할 수 있었다. 정 국장이 위원으로 소속된 문교공보분과위원회는 오자복 육군 소장이 분과위원장을, 김상준 대령(뒤에 중장, 1군사령관)이 간사를 맡았고, 허문도(뒤에 공보부 장관) 등 주로 공보 분야의 전문가들로 구성되었다. 문교공보분과위원회가 약칭으로 문공분과위원회로 불리면서 당초 공보 분야 인사를 중심으로 구성했고 교육 분야 인사가 포함되지 않았다. 일차 구성 뒤에야 문공분과위원회가 교육 분야도 함께 관장해야 한다는 사실을 확인하고 당시 대학 문제가 초미의 관심 분야라는 점을 감안해 문교부 대학교육국장을 추가로 위원에 위촉한 것이다. 문공분과위원회는 문화공보반과 교육반으로 나누어 운영되었는데, 교육반은 김행자 이화여대 교수(정치학 전공, 후에 국회의원)와 정태수 위원이 맡았다.

문공분과위원회가 추진해야 할 우선 과제는 과열과외 근절 대책이었다. 신군부 세력은 큰 사회적 이슈로 등장한 과열과외를 눈에 보이게 해소해야 할 정치적 필요성을 강하게 느끼고 있었다. 이 과제를 39세의 김행자 위원이 담당하게 되었는데 일이 진행되면서 점점 행정 경험이 많은 정태수 위원의 지원과 참여가 늘어났다.

정태수 위원은 김행자 위원에게 우선 교육부와 한국교육개발원을 적극 활용하도록 권유했다. 한국교육개발원이 이미 1980년 1월부터 연구에 착수해 2월에는 '과열 과외공부 해소대책'이라는 6쪽짜리 임시 보고서를 만들 정도로 연구가 진행되었고, 교육부도 3월 초 '과열과외 해소대책 연구 추진계획'을 수립해 대처 방안을 강구하고 있다는 사실을 알고 있었기 때문이었다.

6월 중순부터 문공분과위원회가 본격적인 과열과외 해소 대책 수립에 나섰다. 우선 한국교육개발원에 연구 추진 계획을 보고하도록 지시했다. 이영덕 원장은 7월 4일 '학교교육 정상화를 위한 과열과외 공부 해소 대책 연구'라는 보고서를 국보위에 제출했다. 이 보고서에는 나중에 7·30 교육개혁의 골자가 상당히 많이 포함된 대담한 개혁 방안을 담고 있었다. 다만 연구 계획은 2월부터 12월까지로 되어 있어 활동 기간이 길지 않았던 국보위가 그 연구 결과를 기다릴 수는 없었다.

오자복 분과위원장은 7월 11일 '과열과외 해소 방안 세미나'를 개최했다. 이영덕 한국교육개발원 원장이 사회를 보고, 고교 교장, 교사, 대학 교수, 학부모, 연구원, 교육부 장학관 등이 토론에 나섰고 국보위 각 분과위원장과 위원 등 40~50여 명이 참석했다. 김행자 위원은 한국교육개발원 보고서가 제안한 대학 입학 정원 확대, 대학 학년별 유급제 강화, 국·사립 대학 간 등록금 차액 축소, 국·공립 대학 교수 순환제 의무화, 고등교육의 개방화, 인력활용세 또는 교육목적세 신설, 대학입시 전형 제도 개선 등 다양한 방안을 검토 내용으로 제시했다. 대학입시 전형 제도 개선 방안에는 대학 평준화안, 고교 입시 부활 및 고교 평준화 폐지안, 대학별 본고사 폐지안까지 검토 대상이 되었다.

이후 한국교육개발원 연구팀(연구책임자 김영철 연구실장)은 집중 작업을 통해 개혁 방안을 다듬는 역할을 맡게 된다. 국보위에서도 오자복 분과위원장을 비롯한 위원들이 수시로 방문해 진행 상황을 듣고 요구 사항을 전달했다. 그 결과 7월 19일 '학교교육 정상화를 위한 과열과외 공부 해소 대책 연구(중간보고)'

라는 17쪽 보고서가 마련되었다. 특징은 과외 발생 원인을 교육적 측면에 국한하지 않고 정치·경제·사회·문화적 영역까지 확대해서 분석했으며, 연구 내용도 교육 영역을 넘어 취업 기회와 고용 조건, 사회 구조, 경제 구조, 사회 의식 구조와 가치관 영역까지 확대해 장·단기 대책을 강구했다. 대입 전형도 본고사는 폐지하고 예비고사 성적, 내신성적 및 면접에 의한 사정으로 전환하는 것으로 구체화했다. 다만 이때까지 졸업정원제의 구체적인 내용은 확정되지 않았다.

이 연구는 이제 한국교육개발원 연구 과제나 교육부의 정책 과제를 넘어 국보위 정책을 뒷받침하는 연구 과제로 격상된 것이다. 이를 바탕으로 7월 22일 세종문화회관에서 '교육정상화 및 과열과외 해소를 위한 공청회'가 국보위 주최로 열렸다. 수백 명이 참석한 이 날 공청회에서는 토론자 대부분이 과열과외 추방 필요성에 동의하면서 이 문제에 대한 상당한 공감대가 조성되었다.

한국교육개발원 연구팀의 연구 결과와 이를 바탕으로 한 국보위 내부 검토 과정을 거쳐 최종적으로 수립된 방안이 7월 29일 국보위 회의실에서 상임위원회 전두환 위원장과 모든 분과위원장이 참석한 가운데 보고되었다. 전두환 위원장은 질문도 하면서 관심 있게 경청하고는 "오늘 보고한 개혁 방안은 그대로 다 좋다. 지체 없이 실행에 옮겨 과외 문제를 발본색원하라"고 지시했다. 이에 따라 7월 30일 국보위 오자복 문교공보분과위원장은 '교육정상화 및 과열과외 해소 방안'을 발표했다. 여론 반응은 매우 긍정적이었다. 발표 내용이 과외 금지에 그치지 않고 교육 전반에 걸친 개혁 내용을 담고 있었기 때문에 언론에서는 이를 '7·30 교육개혁안'이라고 명명했다.

주목할 것은 '7·30 교육개혁안'에 포함된 당시의 과외금지 조치는 교육 정책 차원을 크게 뛰어넘는 초정부적이고 초법적 조치였다는 점이다. "지도층 인사들의 위반에 대한 강경 경고성 발표문을 내라"는 전두환 위원장의 지시에 따라 오자복 분과위원장이 발표한 발표문에는 "국영기업체 임직원을 포함한 모든 공직자와 기업인, 의사, 변호사 등 사회 지도층 인사들은 솔선수범해 자녀에 대한 어떤 형태의 과외 공부도 금해 주시기 바랍니다. 이를 위반하는 공직자는 사회 정화의 차원에서 공직에서 물러나게 할 것이며, 기타 지도급 인사에 대해서도 적절한 조치를 취할 것입니다. … (중략) … 앞으로 이를 위반하는 경우에는 중과세, 형사입건 등 강경 조치도 불사할 것"이라는 엄중한 경고가 포함되었다. 이미 국보위의 '공직자 숙정 계획'에 따라 공무원, 금융기관, 국영기업체, 정부산하단체 임직원 등 8,600명을 퇴직시키고, '사회 정화'와 '사회악 일소 특별 조치'라는 명목으로 5만 명 이상을 영장 없이 체포해 군사재판에 회부하거나 '삼청교육대'로 보내던 당시 상황에서 이러한 경고는 단순한 엄포가 아니었다. 실제로 과외금지 단속은 전두환 정부 내내 국무총리 직속으로 발족한 사회정화위원회가 주도하고 경찰, 검찰, 국세청과 함께 문교부가 보조하는 방식으로 강력하게 추진되었다.

앞에서 언급한 것처럼 당초 신군부 세력의 관심은 과외 금지를 통한 정치적 지지 기반 확대에 있었다. 그런데 이러한 정치적 관심이 한국교육개발원의 정책 연구와 연결되면서 종합적인 교육개혁 차원으로 발전해 나간 것이다. 이런 점에서 '7·30 교육개혁'을 신군부 세력이 고질적인 교육 문제 해결을 통해 지지 기반을 확대한 조치로 볼 것인지, 문교부와 한국교육개발원을 중심으로 한 교육 전문가 집단이 교육 외부의 세력을 이용해서 교육 정책적 난제를 해결한 과정으로 볼 것인지, 또는 새 정치 세력과 교육 전문가 집단의 협동에 의한 교육 개혁인지에 대한 토론이 벌어지기도 했다.

당초 과외 금지 문제에만 관심이 있었던 신군부 세력에게 과열과외 문제는 현상적 차원이 아니라 교육 개혁 차원에서 접근해야 한다는 점을 인식시킨 것은 한국교육개발원과 정태수 위원의 공적으로 평가할 수 있다. 또한 교육세 신설 등 '7·30 교육개혁안'의 일부 내용은 평상시라면 관계 부처의 반대로 실현되기 어려웠을 것이라는 점에서 '7·30 교육개혁'은 적어도 부분적으로는 교육 전문가 집단이 신흥 정치 세력을 이끌어들여 추진한 교육 개혁의 성격을 갖고 있는 것이 사실이다.

그러나 전체적으로 '7·30 교육개혁'은 새로운 정치 권력으로 부상한 신군부 세력이 취한 정치적 행위의 일부라고 보는 것이 합당할 것이다. 그 이유는 '7·30 교육개혁안'의 핵심 중의 하나인 졸업정원제와 관련한 정태수의 진술[19]에서도 확인할 수 있다.

정태수에 의하면, 실무진에서 성안한 졸업정원제의 당초안은 정원의 150%를 모집해 그 중 50%을 탈락(탈락률 33%)시키는 방안이었다. 이에 대해 당시 서울대의 자연탈락률이 7% 정도였던 점을 감안해 정태수 위원은 오자복 분과위원장에게 110% 모집, 10% 탈락안(탈락률 9%) 또는 115% 모집, 15% 탈락안(탈락률 13%)을 적극 건의했으나, 그 타당성을 긍정적으로 이해하면서도 오자복 분과위원장은 졸업정원제 시행 1차년도에는 130% 모집, 30% 탈락안(탈락률 23%)으로 하되 2차년도 이후에는 원안인 150% 모집, 50% 탈락안(탈락률 33%)[20]으로 최종 결정했다. 이 사례에서 보듯 신군부 세력은 교육계의 의견을 일단 경청하되 최종 결정권은 확고하게 자신들이 보유하고 행사했다.

졸업정원제 실시 후 2년이 지난 1983년 대통령에게 연두 업무보고를 하면서 이규호 문교부 장관은 졸업정원제에 따른 모집인원을 졸업정원의 110~130% 범위 내에서 대학이 자율적으로 정할 수 있도록 허용하는 내용을 포함했다. 그

---

19) 정태수(1991). 앞의 책, pp. 67-68

20) 다만 졸업정원제 시행 2차년도인 1982년에는 국보위가 해체되고 졸업정원제 시행은 문교부 책임이었던 상황에서 문교부 차관으로 승진해 일하고 있던 정태수 차관의 주장이 관철되어 2차년도 이후에도 1차년도와 같이 130% 모집, 30% 탈락안을 유지했다.

러나 이규호 장관을 각별하게 신임했던 전두환 대통령은 다른 업무보고 내용에 대해서는 만족을 표명하면서도 대학이 졸업정원제를 융통성 있게 운영할 수 있도록 하자는 건의는 끝내 받아들이지 않았다. 어떤 교육적 필요성이나 논리에 앞서서 대학생들을 학업에만 전념하도록 제도적으로 통제함으로써 대학이 정치적 불안의 진앙지가 되지 않게 해야 할 필요성이 절실했던 신군부 세력의 기본 인식을 짐작할 수 있는 대목이다.

'7·30 교육개혁'이 진정한 교육개혁이기보다 국민 지지를 확보하기 위한 정치적 결단으로 보아야 하는 이유는 그 후 전개된 신군부 세력의 정치적 행보를 보면 더 쉽게 이해할 수 있다. 7월 30일 '교육정상화 및 과열과외 해소 방안' 발표 이후, 8월 4일 국보위의 '사회악 일소를 위한 특별 조치' 및 불량배 일제 검거에 대한 계엄 포고령 발표, 8월 12일 문교부 – 내무부 – 국세청 합동 37개 과외단속반 활동 개시, 8월 16일 최규하 대통령 하야, 8월 21일 전군 주요 지휘관 회의에서 차기 대통령에 전두환 국보위 상임위원장 추대 결의, 8월 22일 전두환 국보위 상임위원장 육군 대장 전역, 8월 27일 통일주체국민회의에서 전두환 제11대 대통령 선출, 9월 1일 전두환 대통령 취임 등 불과 한 달여 만에 신군부는 신속하고 일사불란하게 정권을 장악했다. 나아가 그 뒤에도 9월 29일 제5공화국 개헌안 발의, 10월 22일 개헌안 국민투표 실시 및 통과, 10월 27일 새 헌법에 따라 국회 및 정당 자동 해산, 10월 28일 국회를 대신할 국가보위입법회의 의원 임명, 1981년 2월 25일 대통령선거인단 투표에서 전두환 후보 대통령 당선, 3월 3일 제12대 전두환 대통령 취임으로 이어진 것이다.

과외금지가 처음 취해질 당시에는 국보위에 의한 초법적 조치였으나 장기적으로 지속할 수 있는 행정 행위가 되기 위해서는 그 법률적 근거가 필요했다. 이에 따라 전두환 정부는 1981년 4월 사설강습소에관한법률을 개정해 그 법적 근거를 마련했다. 그 후 노태우 정부에서 1989년 대학생 과외교습 허용 및 재학생 학원 수강 허용 등 과외금지 조치를 일부 완화하고, 법률 명칭도 사설강습소에관한법률에서 학원의설립 · 운영에관한법률로 바꾸었다. 다만 과외 교습 행위에 대한 원칙적 금지 조항은 그대로 유지했다. 이 조항과 처벌 조항에 대해 2000년 4월 헌법재판소가 위헌 결정을 내린 것이다. 1980년 초법적 차원에서 내려진 과외금지 조치가 20년이 지나 2000년 헌법재판소의 위헌 결정으로 역사의 뒤안길로 사라지게 되었다. 이 위헌 결정은 법치국가와 법치행정의 원리에 따라 교육 행정에서도 그 법적 측면을 경시하지 않아야 하는 이유를 교육계에 새삼 상기시켰다.

최근 중국도 과외금지 정책을 시행했다. 어쩌면 학력주의가 지배하는 사회에서 급격한 소득 증가에 따른 사교육의 팽창은 자연스러운 현상일 수 있다. 다만 그것이 빈부격차 확대와 결합해 만들어내는 교육적, 사회적 불평등 문제의 심각성은 이 난제에 대한 교육적 대응의 어려움과 한계를 잘 보여준다. 또한 공익을 이유로 개인의 자유를 심각하게 제한하는 과외금지 정책은 국가 권력의 한계, 나아가서는 전반적으로 교육과 국가와의 관계에 관한 많은 철학적 질문을 제기한다. 우리가 직접 겪은 경험의 언덕 위에 서서, 중국의 과외금지 정책은 또 어떻게 흘러가는지 지켜보는 것도 흥미로운 일이다.

대입제도와 비례의 원칙 :
대학의 자율성과 공공 이익의 균형

법치국가의 원리인 '비례의 원칙'은 헌법 제37조[21] 규정과 대법원 및 헌법재판소의 판례를 통해서 모든 행정 행위에 적용해야 하는 원칙으로 정립되었다. '과잉 금지의 원칙'이라고도 불리는 이 원칙은 행정기본법[22]에도 내용이 있다. 구체적으로 국민의 기본권을 제한하는 법률이나 행정 행위를 할 때는 ① 목적의 정당성 ② 방법의 적절성 ③ 피해의 최소성 ④ 법익의 균형성이라는 요건을 갖추어야 한다는 것이다. 앞서 다룬 과외 금지에 대한 헌법재판소의 위헌 결정도 관련 법령이 이러한 '비례의 원칙'에 부합하지 않기 때문에 내려진 것이었다.

'비례의 원칙'은 자유주의적 전통을 가진 영미 국가에서 발달한 법치 행정의 기본 원리이다. 전통적으로 자유주의는 개인의 이기심이 가져오는 해

---

21) 헌법 제37조 ① 국민의 자유와 권리는 헌법에 열거되지 아니한 이유로 경시되지 아니한다.
　② 국민의 모든 자유와 권리는 국가안전보장·질서유지 또는 공공복리를 위하여 필요한 경우에 한하여 법률로써 제한할 수 있으며, 제한하는 경우에도 자유와 권리의 본질적인 내용을 침해할 수 없다.

22) 행정기본법 제10조(비례의 원칙) 행정작용은 다음 각 호의 원칙에 따라야 한다.
　1. 행정목적을 달성하는 데 유효하고 적절할 것
　2. 행정목적을 달성하는 데 필요한 최소한도에 그칠 것
　3. 행정작용으로 인한 국민의 이익 침해가 그 행정작용이 의도하는 공익보다 크지 아니할 것

악만큼 국가가 권력을 남용해서 발생하는 사회적 위험도 크다고 보았다. 공익이라는 것이 따로 있는 것이 아니라, '최대 다수의 최대 행복' 즉, 개인의 이익을 극대화하는 것이 공익에 부합하는 것이라고 해석한다. 이 관점에 따르면, 사익과 공익은 공존할 수 있고, 나아가 상생할 수도 있다. 국가를 공익을 추구하는 유일한 주체로 보지 않고, 개인 또는 시민사회도 국가와 함께 때로는 경쟁적으로 공익을 추구할 수 있다고 보았다. 이런 상황에서 국가는 개인의 자유를 침해할 수도 있는 '거인(Leviathan)'이기 때문에 적절한 견제와 감시를 할 필요가 있다. 특히 국가가 국민의 자유를 제한하는 법률을 제정하거나 행정 행위를 할 때는 그것의 타당성을 '비례의 원칙'에 따라 엄격하게 따져봐야 한다.

반면, 유교적 전통이 강한 우리나라와 동양 사회에서는 전통적으로 개인의 이익보다 공공 이익을 우선하는 경향이 있다. 선공후사(先公後私), 심지어는 멸사봉공(滅私奉公)의 가치를 앞세우기도 한다. 이러한 관점에서 보면, 사익은 개인의 이기적 목적을 반영하는 것이기 때문에 공익과는 상충 관계에 있을 수 있다고 본다. 개인은 본질에서 사익을 추구하고, 국가는 공익을 추구하는 주체로 여긴다. 하지만 이때 공익을 추구하는 정부는 '국가주의'에 매몰될 가능성이 있다. 또한 정부에 일하는 사람들이 도덕적 우월감에 빠질 수도 있다. 더 심각한 것은 일반 국민까지도 이러한 인식을 그대로 받아들이는 경우이다. 개인의 자유를 심각하게 침해할 수 있는 과외 금지 조치에 대해 여론의 지지가 컸던 사례에서도 이런 경향성을 엿볼 수 있다.

대입제도와 관련해서도 이러한 관점을 적용할 수 있다. 정부는 대입제도를 만들거나 개편하면서 학부모의 사교육비 부담 경감이나 학교 교육의 정상화 같은 공익을 전면에 내세우는 경우가 많다. 그러면서 대학에 대해서는 우수 학생 확보만을 추구하는 '이기심'을 발휘하는 집단으로 여기기도 한다. 그러나 이와 같은 이분법적 사고를 받아들이게 되면, 대학의 자율성이 설 자리가 없어진다.

헌법상 교육받을 권리는 국가 권력의 개입을 최소화함으로써 보장되는 '자유권적 기본권'과 달리 국가가 적극적으로 관여하고 지원함으로써 보장하는 '사회권적 기본권'에 속한다. 따라서 개인의 자유를 보호하기 위한 정립된 '비례의 원칙'을 적용하는 것과는 다소 거리가 있을 수도 있다. 그러나 헌법 34조 ④항은 교육의 자주성·전문성·정치적 중립성과 함께 대학의 자율성 보장을 선언하고 있다. 헌법이 이처럼 대학의 자율성 보장을 선언한 것은 대학과 정부와의 관계에서 국민의 자유권적 기본권을 보장한 헌법 정신과 일맥상통한 것으로 볼 수 있다. 이렇게 보면, 대입제도와 관련해서 대학의 자율성과 정부의 규제가 충돌할 때도 '비례의 원칙'을 확장해서 적용할 필요가 생긴다.

결론적으로 정부가 대입제도를 결정하면서, 대학을 규제하고자 할 때는 몇 가지 질문을 스스로 던질 필요가 있다. 대학에 대한 규제는 '목적이 정당한가(목적의 정당성)?', '방법은 적절한가(방법의 적절성)?', '규제로 인한 대학의 자율성 침해가 최소한에 그치도록 했는가(피해의 최소성)?', '규제로 인해 얻어지는 공익적 효과가 그로 인해 대학이 감당해야 할 비용보다 현저하게 크다고 할 수 있는가(법익의 균형성)?' 정부가 이러한 질문에 대해서 모두 긍정적으로 대답할 수 있을 때, 대입제도와 관련된 정책은 장기적으로 대학의 자율성과 조화를 이루어갈 수 있을 것이다.

물론 대학이 담당할 몫도 있다. 지나친 대입 경쟁으로 생기는 학생과 학부모의 고통을 해결하는 것은 정부만의 과제가 아니다. 대학은 사회 양극화를 극복하고 사회 통합에도 이바지하는 공정한 학생 선발을 앞장서서 추구할 책임이 있다. 사회경제적으로 어려운 여건에서 미래를 꿈꾸는 학생에게는 희망을 줄 수 있어야 한다. 이처럼 대학들이 사회적 책무성을 발휘하기 위해, 즉 공동체의 가치와 이익을 실현하기 위해 노력하고 정부와 치열하게 경쟁할수록 대학의 자율성은 오히려 확대될 수 있다. 학생 선발에 대한 규제가 없는 미국의 여러 사립대학들이 '소수집단 우대 정책(Affirmative Action)'을 앞장서서 도입한 것은 정부의 강요나 권유가 아니었다. 그것은 세계적 명문 대학으로서 자율성의 산물이었다.

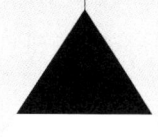

제
11
장

대통령은 왜
정시 모집 비율을 높이라고
지시했나?

"국민들께서 가장 가슴 아파하는 것이 교육에서의 불공정입니다. 최근 시작한 학생부종합전형 전면 실태조사를 엄정하게 추진하고, 고교 서열화 해소를 위한 방안도 강구할 것입니다. 정시 비중 상향을 포함한 입시제도 개편안도 마련하겠습니다."

(문재인 대통령의 2020년도 예산안에 대한 국회 시정 연설, 2019. 10. 22.)

대통령 시정 연설에서 드러난 '공개된 비밀'

대한민국 헌법 제81조에 따라 대통령은 국회에 출석해서 발언하거나 서한으로 자신의 의견을 표시할 수 있다. 특히 정부가 다음 해 예산안을 편성하게 되면, 대통령은 국회에 직접 출석해서 정부가 편성한 예산안의 취지와 주요 내용을 설명하는 시정 연설을 하는 것이 관행이다. 이 기회를 빌려서 대통령은 자신이 구상하는 국정의 운영 방향을 설명하고, 이해를 구하기도 한다.

2019년 10월 문재인 대통령은 정부의 예산안을 제출하면서 국회 정기회에 출석해서 시정 연설을 했다. 마침 조국 전 법무부장관 자녀의 대학 입학과 관련해서 여러 의혹이 제기되던 참이었다. 당연히 대통령의 입에서 무슨 말이 나올지 이목이 쏠렸다. 예상대로 대통령은 교육 문제를 언급했다. 대학 입시에서의 불공정 문제를 해결하기 위해 학교생활기록부 종합전형의 실태조사를 추진하고, 고교 서열화를 해소하는 방안과 함께 대학 입시제도의 개편 방안을 마련하겠다고 밝혔다. 이 정도 수위의 발언은 어느 정도 예상할 수 있는 내용이었다. 그런데 대통령은 예상을 뒤엎고 여기서 한 발짝 더 나갔다. 대학 입시에서 '정시 모집 비중 상향'을 포함한 입시제도 개편안을 검토하겠다는 깜짝 발표를 했던 것이다.

행정부 수반으로서 대통령은 국민이 궁금해하는 대입제도의 개선 방향에 대해 얼마든지 발언을 할 수 있다. 거의 모든 대통령이 대입제도와 관련된 자신의 구상을 여러 기회를 빌려 발표하곤 했다. 그러나 문재인 대통령이 발표한 '정시 모집 비중 상향' 같이 매우 구체적인 사항을 직접 언급하는 일은 매우 드문 일이다.

더 놀라운 것은 비록 추론이긴 하지만, 대입 정책을 담당하는 교육부조차 대통령의 연설 내용을 사전에 알지 못했다는 것이다. 대통령의 국회 연설을 하루 앞두고 교육부는 국회 교육위원회의 국정감사를 받았다. 당연히 조국 전 장관 자녀의 입시 부정 의혹과 관련해서 여당과 야당 사이에서 날선 공방이 오갔다. 여·야를 막론하고 국회의원들은 정부를 향해 대입에서 공정성을 높이는 방안을 마련하라고 주문했다. 어느 여당 의원은 좀 더 구체적으로 정시 모집 비율을 상향 조정하는 방안을 주문하고, 이에 대한 교육부의 생각을 물었다. 그 자리에서 유은혜 장관은 사회적 논란이 있는 학교생활기록부 종합전형에 대해 엄격한 실태조사를 진행하고 있다고만 강조하면서 정시 모집 비율의 조정 문제에 대해서는 가급적 답변을 회피했다.

당시 국정감사장에서 정시 모집 비율을 높이라는 거센 요구에 대해 교육부장관이 즉답을 하지 못한 이유는 이해할 만하다. 불과 1년 전에 대학의 반발과 여러 교육적 논란에도 불구하고, 정시 모집 비율을 30% 이상으로 높이기로 정했기 때문이다. 안정적이고 예측 가능한 대입제도를 운용하겠다고 공언해온 교육부로서는 얼마 전에 바꾼 대입제도를 다시 손보겠다고 하는 것은 참으로 부담스러운 일이었을 것이다. 이러한 여러 정황을 살펴볼 때, 다음날 이루어진 대통령의 시정 연설 내용은 대입 정책을 담당하는 교육부와 사전 조율 없이 확정되었을 가능성이 있다. 실제로 당시 언론 보도와 주변 사람들의 말을 종합해보면, 대통령의 연설 직후 교육부는 여러모로 곤혹스러워했다고 한다.

그렇다면 대통령은 왜 주무 부처인 교육부와 사전 논의를 하지 않고 정시 모집 비율을 높이겠다는 깜짝 발표를 하게 되었을까? 그 이유에 대해서는 청와대가 스스로 밝히지 않는 한 알기 어렵다. 다만, 몇 가지 추측을 해볼 수는 있다.

우선 대입제도의 개편과 관련해서 교육부와 청와대 사이에서 충분한 소통이 이루어지지 않았거나, 정책의 방향에 대해 이견이 있었을 가능성이 있다. 정책적 타당성을 중시하는 정부 부처와 정치적 상황을 고려해야 하는 청와대는 서로 다른 의견을 가질 수 있다. 정시 모집 비율의 상향 조정과 관련된 대통령의 발표도 그랬을 가능성이 있다.

대입 정책과 관련해서 교육부와 청와대가 다른 생각을 하고 있다는 것은 정권 초기였던 김상곤 장관 시절부터 어느 정도 감지할 수 있었다. 대입과 관련된 정책들이 뚜렷한 이유 없이 일관성 있게 추진되지 못했기 때문이다. 그때의 정황을 잘 알고 있는 사람들의 설명에 따르면, 김상곤 장관과 청와대비서실 사이에서 대입 정책을 둘러싼 상당한 이견이 있었고 그런 상황이 김상곤 장관 시절의 대입 정책이 자주 흔들리는 것처럼 보인 근본 이유라는 것이다. 예를 들면, 문재인 정부 초기였던 2017년 8월 10일, 교육부는 수능 성적의 일부 또는 모든 영역에 절대평가를 도입하는 내용을 담은 수능 시험 개편안을 발표했다. 하지만 이 방안은 불과 한 달도 되지 않아 철회되었다. 대신 교육부는 2022학년도 대입제도 개편 방안의 확정을 1년 정도 미루고, 국가교육회의가 주관하는 공론화 과정을 거쳐 국민의 의견을 수렴한 후에 최종적으로 확정하겠다고 입장을 바꿨다.

당시 김상곤 장관의 정치적 위상을 볼 때, 교육부와 청와대의 의견 불일치는 쉽게 이해되지 않는 면이 있다. 그는 새정치민주연합이 2015년 재·보선 참패와 당내 갈등으로 어려움을 겪던 시절, 당시 문재인 당 대표에 의해 혁신위원장으로 추대되었던 인물이다. 또한 제19대 대통령 선거에서는 선거 캠프를 이끈 공동 선대위원장 중의 한 사람이었다. 이처럼 적어도 겉으로 보기에는 대통령과 매우 가까운 장관이었음에도 불구하고, 김상곤 장관과 청와대가 정책에서 엇박자를 보인 것은 대입제도에 관한 대통령의 생각이 교육부 입장과 달랐을 수 있었겠다는 추측을 불러일으킨다. 사실 교육부장관이 공식적으로 발표하고 또 학부모의 관심이 집중되는 대입제도 정책을 철회한다는 것은 쉽지 않은 일이다. 이를 밀어붙일 정도의 힘은 청와대가 아니고서는 불가능한데, 대통령 비서진이 대통령의 의사를 확인하지 않고 이러한 중요한 결정을 내릴 가능성은 거의 없다.

이처럼 대통령의 생각은 정부 정책에 큰 영향을 미친다. 대통령은 국민이 선거를 통해 뽑은 국기 원수이자 행정부 수반이고, 국무총리와 각부 장관에 대한 임명권을 갖고 있다. 대통령과 장관의 관계는 수평적 동지 관계가 아니다. 특히 '제왕적 대통령제' 아래에서 장관은 대통령의 구상을 실천하는 '창'이나 '방패'가 되는 경우가 많았다. 창이 무디어지고 방패가 깨지면, 수시로 새 창과 새 방패로 바뀌었다. 대통령의 인사권은 대통령 리더십의 핵심이다. 그렇다고 해서 장관이 대통령의 뜻만을 좇아 정책을 결정하지는 않는다. 하지만 장관이 대통령의 생각을 거스르면서 자신의 의지를 관철하기란 정말 쉽지 않은 일이다. 김상곤 장관은 1년 동안 진행된 공론화와 의견 수렴 과정을 거친 후, 2018년 8월 수능 시험의 절대평가 전환 계획을 포기하고 정시 모집 비율을 30% 이상으로 확대하는 2022학년도 대입제도 개편안을 발표했다. 그 얼마 후 그는 대입제도 개편 방향의 혼선에 대한 여론의 비판이 고조된 가운데 교육부장관 자리에서 물러났다.

마찬가지로 유은혜 장관도 2019년 10월 대통령의 시정 연설을 듣고 곤혹스러웠을 것이다. 정시 모집 비율을 30% 이상으로 올리겠다고 발표한지 불과 1년 만에 다시 그 비율을 확대해야 했기 때문이다. 대학의 반발이 예상되었지만 교육부장관으로서 대통령이 국회, 즉 국민의 대표 앞에서 발표한 내용을 따르지 않을 수 없었을 것이다. 결국, 교육부는 11월 서울의 16개 주요 대학 정시 모집 비율을 40%로 확대하는 내용이 포함된 '대입제도 공정성 강화 방안'을 발표했다.

이것도 이례적이었다. 역사상 정부가 특정 대학의 정시 모집 비율과 같은 세부적인 내용에 공개적으로 또 직접적으로 관여한 사례는 없었기 때문이다. 정부의 대입제도 정책은 모든 대학이 따라야 할 대입 전형에 관한 기본 원칙과 방향을 정하고, 세부적인 전형 요강은 대학이 정하는 것이 오랜 관행이었다. 하지만 이번에는 교육부가 일부 대학에 대해서는 모집 요강으로 정하는 수준까지 구체적으로 간여한 셈이고, 이는 대입제도 정책 역사상 처음이었다.

정시 모집 비율을 30% 이상으로 높였던 '2022학년도 대입제도 개선안'이나, 16개 대학의 정시 비율을 40% 이상으로 높이는 '대입제도 공정성 강화 방안'이 발표되었을 때, 예상대로 진보 교육계는 반발했다. 그들의 오랜 주장은 학교 교육을 정상화하기 위해서는 수능 시험의 영향을 줄이는 것이었다. 그들은 학교생활기록부 종합전형이 학교 교육의 정상화에 기여하고 있고, 낙후 지역이나 농·어촌 지역 출신 학생들의 명문대 진학에도 유리하게 작동한다는 사실을 정부가 애써 외면하고 있다고 비판했다. 문재인 정부의 반대층이 아니라 지지층에서 반발한 것이다.

그렇다면 대통령은 왜 그런 결정을 내렸을까? 정확한 이유를 확인할 길은 없다. 아마도 흔히 '정무적 판단'이라고 부르는 고도의 정치적 고려가 작용했을 가능성이 크다. '공정'과 '개혁'을 강조했던 대통령의 시정 연설은 조국 전 장관이 사퇴한 지 8일 뒤, 22대 국회의원 총선을 불과 6개월 정도 남긴 시점에서 이루어졌다. 당시 정치적 상황은 조국 전 장관 자녀의 대학 입시 문제로 정부와 여당에 대한 여론이 아주 좋지 않은 상황이었다. 학교생활기록부 종합전형은 '아빠 찬스'나 '엄마 찬스'가 끼어들 소지가 있다는 이유로 여론의 뭇매를 맞고, 수능 점수로 선발하는 정시 모집이 공정하다는 생각이 널리 퍼져 있었다. 대통령비서실도 이러한 여론 동향을 모르지 않았을 것이다. 게다가 야당 쪽에서 몇 달 뒤에 있을 22대 총선에서 수능 점수 위주 정시 모집을 50% 이상 확대하겠다는 공약을 검토하고 있다는 언론 보도도 있었다. 이러한 상황에서 학교생활기록부 종합전형이 교육 정상화와 기회균등에 기여하고 있다는 교육부의 '교육적 판단'은 청와대의 '정무적 판단'에 묻혀버렸을 가능성이 있다.

다른 한편으로는 정시 모집 비율을 높이겠다는 대통령의 선언은 큰 무리 없이 16개 대학의 정시 모집 확대를 이루어내는 데 적지 않은 역할을 했을 것으로 생각된다. 만약 청와내가 '은밀하게' 교육부에 지시해서 교육부가 '총대'를 메고 추진했다면 여론과 대학의 강력한 반발을 이겨내기가 쉽지만은 않았을 것이다. 결국 대통령이 '직접' 그리고 '공개적으로' 정시 비율 확대 방침을 천명했기 때문에 교육부로서는 감당해야 할 정치적 부담을 상당히 덜 수 있었던 셈이다.

대통령의 연설을 통해 정시 모집 비율이 상향 조정되었던 이 사례에서 대입 정책의 결정 과정의 '공개된 비밀'을 다시 확인할 수 있다. 정부 정책에 관한 최종 결정권은 대통령에게 있으며, 대입제도 역시 예외가 아니라는 것이다. 일반적으로는 법령에 따른 권한과 위임에 따라 주무 부처의 장관이 정책을 결정하고 집행하는 것이 원칙이다. 하지만 정치적으로 민감한 사안이나 국민의 삶에 큰 영향을 미치는 정책의 경우는 대통령이 핵심적인 내용과 방향을 결정하기도 한다. 물론 대통령은 장관이 판단해서 정책을 이끌어가도록 믿고 맡길 수도 있다. 하지만 대통령이 직접 결정할 것인지, 특정한 일부 문제에 대해서는 영향력을 행사할 것인지, 아니면 장관에게 전적으로 맡길 것인지를 결정하는 주체도 대통령이다. 과거 김영삼 대통령은 정치적으로 특별히 중요하지 않은 일들은 대부분 장관이 알아서 결정하도록 했고 대통령은 그 총체적인 결과를 보면서 장관 인사에 반영했다. 모든 대통령이 다 그런 방식으로 리더십을 발휘하는 것은 아니다.

대입제도는 초·중등 교육과 고등교육 전반에 영향을 미치는 정책이고, 온 국민이 관심을 두는 정책이다. 정치적인 파급력도 크다. 따라서 교육부 장관이 대입 정책을 결정할 때는 무엇보다 그 교육적 효과를 최우선으로 염두에 두지만, 특별한 경우에는 정치적 판단이 영향을 미치는 경우가 있다. 국민으로부터 직접 권한을 위임받은 것은 대통령이고 그래서 국정에 대한 최고 권한과 책임은 대통령에게 있다. 이 때문에 대입제도를 포함해서 어떤 정책이든 대통령의 정무적 판단이 개입할 가능성은 항상 열려 있다고 보아야 한다.

누가 대입제도 정책을 결정하나?

대입 정책을 관장하고 제도를 운용하는 주무 부처는 교육부다. 그러나 정책이라는 것은 다양한 주체가 긴밀히 상호작용하면서 활동하는 생태계에서 만들어지고 변화한다. 정책은 진공 상태에서 나오지 않는다. 대학 입시와 관련해서 대표적인 정책 주체는 대통령과 대학이다. 그 외에도 국무총리와 관계 부처, 국회와 정당, 법원, 언론, 교원·학부모·시민 단체, 교육학계, 연구기관, 사교육 시장도 직접 또는 간접적으로 대입 정책의 형성과 개편에 영향을 미친다.

교육부

교육부는 정부 조직의 하나이고, 장관은 교육부라는 정부 조직을 대표해서 정책을 결정하는 주체이다. 즉, 교육부라는 조직은 결국 장관의 이름으로 정책을 발표하고 시행한다. 따라서 대입제도와 관련된 정책을 결정하는 일차적인 주체는 교육부 장관이다. 하지만 정책이라는 것은 어떠한 계기를 만나서 생성되고 변화한다. '정책흐름모형(policy stream model)'을 창안한 킹던(Kingdon)에 따르면, 정부 정책은 사회적 문제의 흐름, 대안의 흐름, 정치의 흐름이 각기 돌아다니다가 어떠한 정치적, 사회적 계기를 만나면서 구체적인 정책으로 태어난다. 그는 이러한 계기를 '정책의 창'이라고 명명했다. 대입제도의 경우도 교육부가 나설 수밖에 없는 상황이 있다. 여론의 주목을 받는 사건이 발생하고 이를 지켜보던 대통령이나 국회 등이 제도 개선을 지시하거나 요청하면, 교육부로서는 움직일 수밖에 없다. 교육부의 의지와 관계없이 '정책의 창'이 열리기도 하는 것이다. 정책을 바꿀 수 없는 상황에서 공을 넘겨받은 교육부는 정책을 수정하거나 재설계하는 작업에 착수하고, 이를 진두지휘하는 것은 교육부 조직을 이끄는 장관이다.

김대중 정부의 이해찬 초대 교육부장관은 1998년에 발표한 '2002학년도 대학입학제도'의 정책 결정을 주도했다. 당시 이해찬 장관이 대입제도에 손 댈 수밖에 없는 배경에는 김대중 대통령의 취임 연설이 있었다. 김대중 대통령이 취임사에서 대입제도를 개선하겠다고 국민에게 약속했기 때문이다. 이후 김 대통령은 장관을 통해 추진 상황을 보고받기는 했지만, 대체로 이해찬 장관을 믿고 맡기는 편이었다. 이해찬 장관은 여러 차례 직접 정책토론회를 주재하면서 대입제도 개편안을 만들어 나갔다. 실무진이 일차 검토한 내용을 발표하도록 하고 교육학자 등 전문가들의 의견을 들어가며 중간 결론을 맺고 다음 과제를 제시하는 방식이었다. 최종안도 정책토론회를 통해 점검하고 확정했다. 이런 점에서 '2002학년도 대입제도'는 김대중 대통령에 의해 촉발되었고 이해찬 장관이 구체적인 개편안을 만들었다고 할 수 있다.

노무현 정부에서는 안병영 장관이 대입제도 개편에 주도적 역할을 했다. 이 개편 작업은 2003년 말 노무현 대통령이 교육혁신위원회에 새로운 대입제도 마련을 요구하면서 시작되었다. 그 직후 취임한 안병영 장관은 처음에는 교육혁신위원회의 활동 상황을 지켜보는 입장이었다. 하지만 위원회의 논의가 지지부진하고 기본 방향에도 문제가 있다고 판단하면서 점점 깊이 관여하기 시작했다. 이 과정에서 위원회와 교육부 사이에 적지 않은 갈등이 있었다. 결국 노무현 대통령은 위원회의 급진적인 개혁안 대신 현실적 여건을 반영한 안병영 장관의 개편안을 받아들였다. 그 결과 탄생한 것이 '2008학년도 이후 대입제도 개선안'이다.

이명박 정부에서는 이주호 교육과학기술부 장관이 대입제도 개선에 적극적이었다. 이 장관은 이명박 대통령이 후보 시절부터 교육 정책에 대해 조언을 했고, 공약 개발 과정에도 깊이 참여했던 것으로 알려졌다. 대통령직인수위원회 사회교육문화분과위원회 간사로 활동하면서, 새 정부가 들어서기도 전에 대입제도를 바꾸는 여러 결정을 내렸다. 대표적인 것이 수능 점수의 표기를 등급제로 하는 방안을 폐지한 것이었다. '대학 입시 3단계 자율화 방안'을 만드는 데도 핵심적인 역할을 했다. 정부가 들어선 후에는 교육과학문화수석비서관, 교육과학기술부 제1차관, 교육과학기술부 장관을 역임했고, 재임 중에 크고 작은 대입제도의 개편을 주도했다. 입학사정관제 확대, 수능과 EBS 수능방송의 연계, 수준별 교육과정과 수준별 수능 도입에도 영향을 미친 것으로 보인다.

박근혜 정부의 서남수 초대 교육부장관은 2013년 발표한 '대입 전형 간소화 및 대입제도 발전 방안'을 만드는 데 중심적인 역할을 했다. 대입 전형 유형을 간소화하고, 수준별 대학수학능력시험을 단계적으로 폐지했으며, 입학사정관제를 학교생활기록부 종합 전형으로 바꿨다. 교육부 공무원 출신으로서는 첫 교육부장관이었고 여러 차례 대입 실무 경험이 있던 서 장관은 대입제도 개편과 교육과정 개정은 동전의 양면 같아서 함께 추진되어야 한다고 생각했다. 이런 신념에서 '문·이과 통합형 교육과정과 대학수학능력시험 체제 개편'에 착수했으나 마무리하지 못하고 자리에서 물러났다.

문재인 정부의 김상곤 초대 교육부장관도 대입제도 개편을 추진했다. 그는 '2015 개정 교육과정' 도입에 따른 대입제도 개편을 마무리하고자 노력했다. 그 결과로서 2018년 '2022학년도 대학입학제도 개편 방안 및 고교 교육 혁신 방향'을 발표했다. 전체적으로는 이 대입제도 개편을 이끌었으나, 개편안의 핵심이었던 정시 모집 비율 확대는 그의 판단보다 대통령비서실의 강력한 요구를 수용한 것이었다는 점에서 김 장관의 정책 주도력에는 일정한 한계가 있었다.

교육 정책을 누가 결정하느냐의 문제와 관련해서 짚고 넘어갈 것이 있다. 교육부에 대해 부정적인 시선을 가진 사람들은 외부에서 들어간 장관보다 오랫동안 자리를 지켜온 교육 관료들이 정책을 주무른다고 말하는 경우가 있다. 그도 그럴 것이, 특정 정책에 대해 비판적 입장을 가졌던 사람이 장관이 되면 사람들은 그 정책의 변화를 예상하는데 실제로는 그렇게 되지 않은 사례도 많았기 때문이다. 이런 사례를 보면서 사람들은 교육 관료들이 막후에서 장관을 길들이고 정책 기조의 변화를 막는다고 추측할 수 있다. 물론 관료 집단은 정책의 배경과 맥락을 잘 알고 또 전문성도 갖췄기 때문에 정책 문제의 분석, 대안 마련, 의견 수렴 등 여러 정책 결정 과정에서 중요한 역할을 담당한다. 실제로 교육 관료의 전문적인 보좌 없이 장관 역할을 제대로 수행하기는 어려운 것도 사실이다. 그러나 교육부 관료 집단은 교육 정책의 주도자가 아니라 교육부장관의 정책 결정을 보조하는 집단이고, 이 보조 집단을 어떻게 활용하느냐의 문제는 전적으로 장관의 리더십에 달려 있다. 실제로 장관은 인사권을 통해 관료를 얼마든지 움직일 수 있다.

관료 집단이 개혁보다는 비교적 현상 유지를 원하고, 하나의 생명력을 가진 유기체 조직의 구성원으로서 조직의 이익을 지키고자 하는 속성을 지니고 있음을 부인하기는 어렵다. 정책의 변화와 혁신을 원하는 장관은 이러한 조직 문화와 풍토를 이해해야 하고, 때로는 명령하고 때로는 설득하고 때로는 타협하면서 리더십을 발휘해야 한다.

대통령, 대통령비서실, 대통령 자문기구

우리나라는 대통령제 국가이고, 대통령은 국가 원수이면서 행정부의 수반이다. 정치적으로도 권력의 정점에 있다. 그러므로 대통령은 법적으로 또한 정치적으로 정부가 추진하는 모든 정책에 대한 최고 결정권자이다. 대통령은 중요한 정책의 경우는 사전에 기본 방향을 지시하기도 하고, 각 부처가 만든 정책을 검토해서 최종적인 결정을 내린다. 대입제도 개편처럼 사회적 파급력이 큰 정책은 대통령에게 보고해 최종 승인을 얻어 확정한다. 대통령의 강력한 지시가 담긴 정책이나 제도 개편안은 그만큼 집행력도 커진다.

우리나라에서는 대입제도처럼 사회적 관심이 큰 정책에 대해서 행정부 수반이자 정치적 지도자로서 대통령이 직접 나서달라는 사회적 요구를 받기도 한다. 대통령이 스스로 교육 개혁에 대한 강한 의지를 갖는 경우도 있다. 그런 이유로 역대 대통령들은 교육부와 분리된 대통령 자문기구를 설치하고 교육 개혁 방안을 마련해달라고 주문했다. 전두환 정부의 교육정책자문회의, 노태우 정부의 교육개혁심의회, 김영삼 정부의 교육개혁위원회, 김대중 정부의 새교육공동체위원회, 노무현 정부의 교육혁신위원회, 이명박 정부의 교육과학기술자문회의가 대표적인 사례다. 특히 김영삼 정부의 교육개혁위원회가 수립한 '신교육체제 수립을 위한 5·31 교육개혁안'은 대입제도를 포함해 우리나라 교육 정책에 가장 큰 영향을 끼친 개혁안으로 평가하는 사람들이 많다.

대통령이 어떤 유형의 리더십을 발휘하느냐도 정책에 영향을 미칠 수 있다. 어떤 대통령은 장관에게 포괄적으로 위임하고, 어떤 대통령은 강력하게 주도하며, 어떤 대통령은 내밀하게 영향을 미친다. '2008학년도 이후 대입제도'의 결정 과정을 상세하게 담은 보고서를 공개한 노무현 정부를 제외하고는 대부분 그 내막을 알기 어렵다.

대통령과 교육부장관은 '독대'를 통해 주요 정책 현안에 대해 의견을 나누기도 한다. '독대'라고 하지만 수석비서관 등이 배석하는 경우가 대부분이다. 대통령은 주요 현안에 대한 의견을 비서실을 통해 비공개적으로 교육부에 전달하기도 한다. 역대 정부는 대통령비서실에 교육 문제를 담당하는 차관급 수석비서관이나 실장급 교육비서관을 두었다. 따라서 교육부는 수석비서관이나 비서관 채널을 통해 간접적으로 대통령과 소통할 수 있다. 이때에도 수석비서관의 성향이 중요한 데, 어떤 수석비서관은 대통령의 지시를 넘어 자신의 판단에 따라 너무 세세한 부분까지 간여한다는 인상을 주기도 했다.

대학과 한국대학교육협의회

대학은 대입 정책의 핵심 당사자이다. 그래서 대입제도의 형성과 운영 과정에 직접 참여하고 큰 영향을 미치는 주체가 된다. 정부가 어떤 대입제도를 만들어도 결국은 개별 대학의 입학 요강을 통해 구체화할 수밖에 없다. 따라서 정부의 대입제도 개편은 대학의 적극적인 협조가 뒤따를 때 성공할 수 있다. 그러나 대부분의 대입제도는 학생 선발에 대한 규제를 포함하기 때문에 대학의 동의와 협조를 끌어내기란 그리 쉽지 않다. 특히 대학 중에서도 서울대 등 주요 대학의 입학 요강이 정부가 추진하는 대입제도 개편의 취지를 얼마나 반영하느냐가 개편된 대입 정책의 성공 여부를 사실상 결정한다.

대학 내부에서는 '입학처'가 대학의 입학 전형을 주관하는 부서이다. 1990년대 중반까지는 교무처가 그 역할을 담당해왔지만, 점차 대입 전형과 관련된 절차와 기준이 복잡하고 다양해지면서 대부분 대학이 입학처를 별도로 운영하고 있다. 대학에서 신입생을 어떻게 뽑을지는 매우 중요한 결정 사항이다. 따라서 대입 전형은 대학의 최고 의사결정 기구인 교무회의를 거쳐 확정한다. 매년 입학 사정 결과도 마찬가지이다. 대학의 문화에 따라 교수 사회가 대학의 학생 선발 방침에 갖는 관심의 정도가 다르다. 서울대 같은 경우는 대학이 학생 선발 방침을 결정하는 과정에 교수들이 큰 관심을 보이지만, 대개 일반 교수들은 대학의 입학 전형에 대해 그렇게 의미 있는 개입을 하지 못한다. 이에 대해서는 여러 가지 해석이 가능하다. 무엇보다 대입 전형은 생각보다 복잡해서 입시를 앞둔 자녀가 없다면 이를 이해하기조차 힘들다. 또한 대학들은 학생 선발 방식이 대학의 평판과 발전에 큰 영향을 미치는 중요한 사안이라고 생각하고 매우 전략적인 접근을 한다. 더구나 대학의 입학 정책은 다른 대학의 전략을 고려할 수밖에 없는 '상대가 있는 게임'이라는 점에서 오랫동안 입시 문제를 다루어 온 소수의 직원, 보직 교수, 대학 경영진을 중심으로 의사결정이 이루어지는 경우가 많다.

2008학년도 이후 많은 대학에서 입학을 담당하는 인력의 면에서 큰 변화가 일어났다. 입학사정관의 등장과 확대가 그것이다. 대체로 입학사정관은 전문직으로 임용하는 경우가 많은데 대학에 따라 교수를 겸직시키기도 한다. 일부 대학은 대입의 공정성을 위한 대학의 노력을 보여주기 위해 외부 입학사정관을 두는 예도 있다.

대학 총장 협의체인 한국대학교육협의회는 대입제도를 운용하는 과정에서 중요한 역할을 담당한다. 특히 한국대학교육협의회의 영향력은 이명박 정부가 '대입 자율화'를 추진하면서 더욱 커졌다. 모든 대학이 준수해야 하는 '대학입학전형 기본사항'을 수립하는 법적 주체가 되었기 때문이다. 다만 대교협이 발표하는 '대학입학전형 기본사항'은 정부가 발표한 대입제도를 바탕으로 한다는 한계도 있다.

한국대학교육협의회에서 대입 전형을 다루는 기구는 정관에 따라 구성한 '대학 입학 전형위원회'이다. 여기에는 대학 총장, 고등학교 교장, 학부모, 법률 전문가 등이 참여한다. 각 대학은 '대학입학전형 기본사항'을 바탕으로 대학별 '대학입학전형 시행계획', 즉 '입학 요강'을 만든다. '대학입학전형위원회'는 대학의 입학전형을 살펴보고 필요한 경우에는 협의 또는 조정하기도 한다.

시·도 교육감과 초·중·고등학교

시·도교육감은 광역자치단체에서 교육에 관한 사무를 총괄하고, 관할 지역에 있는 유치원, 초등학교, 중학교, 고등학교에서 일어나는 일을 지휘하고 감독한다. 대입제도와 관련해서는 초·중등학교의 입장을 대변하는 입장에 선다. 이들은 전국시·도교육감협의회를 구성해서 공동의 관심사에 대해 교육부에 의견을 제시하고 협의를 한다. 대입제도 개편과 관련해서는 교육부가 '학교 교육의 정상화'를 기본적인 정책 방향으로 삼는 까닭에 시·도교육감과 충돌하는 경우는 많지 않다.

초·중등학교 특히 고등학교의 교육과정 운영은 대입제도의 영향을 받지 않을 수 없다. 따라서 새로이 대입제도를 만들거나 기존 제도를 개편하는 과정에서 그것이 고등학교 교육에 어떠한 영향을 미칠지를 사전에 검토하는 것은 매우 중요하다. 대입제도가 현장에서 적용되는 과정에서 문제가 생기면, 교육부의 정책 실무자는 여러 경로를 통해 대입제도가 고등학교에 미치는 영향을 살펴보고, 학교의 의견을 청취한다. 이때 의견을 요청받는 교장이나 교사는 공식적인 행정 절차에 따라 의견을 제시하게 되지만, 개인적으로 언론 기고나 도서 저술을 통해 자신의 관점을 드러내는 경우도 있다. 한편, 교사들은 교원 단체를 통해서 의사를 표명하기도 한다. 특히 각 학교에서 진학지도를 담당하는 교사의 모임인 '전국진학지도교사협의회'는 대입제도를 두고 정부와 학교 현장이 소통하는 창구 역할을 해왔다. 다만, 고등학교의 경우도 입시 문제와 관련해서는 공립과 사립학교, 수도권과 비수도권 학교, 대도시학교와 농어촌학교, 일반고와 특목고 또는 자사고의 입장이 다르기 때문에 언제나 한 목소리를 내는 것은 아니다. 즉, 대입제도는 각자의 처지에서 유리하거나 불리한지를 따져보기 때문에 정책 담당자는 여러 경우의 수를 확인해야 하는 퍼즐이라 할 수 있다.

국무총리와 관계 부처·기관

국무총리는 헌법에 따라 대통령의 명을 받아 행정 각부를 통할한다. 따라서 대입제도를 포함한 교육 정책의 수립과 시행에 관해서도 개입을 할 수 있는 법적 권한과 책임이 있다. 다만, 국무총리가 행정 각부의 정책 결정 과정에 어느 정도 관여하는지는 대통령의 신임 및 실질적 권한 부여 정도와 총리 개인 성향에 달려 있다. 흔히 '실세 총리'라 불리는 경우, 비교적 적극적으로 정책 결정 과정에 참여하지만 역대 총리들은 대체로 장관의 권한과 책임을 존중하는 편이었다. 의견을 제시하는 경우도 국무회의와 같은 공식 회의에서의 발언이나 총리 소속 국무조정실의 교육 정책 담당 공무원을 통해 내부적으로 의견을 제시하는 경우가 많았다. 교육부장관은 국무총리가 명시적으로 의견을 제시한 경우, 큰 무리가 없는 한 이를 반영하기 위해 노력을 하는 편이다.

역대 정부에서 국무총리가 대입제도에 대해 명시적으로 의견을 표명하는 경우는 많지 않았다. 하지만 교육부 수준을 넘어 정치적 파장이 예상되고 국정 기조와 관련이 되는 경우 국무총리가 전면에 나서는 때도 있었다. 예컨대, 2017년 8월 김상곤 교육부총리가 수능의 성적 표기에서 절대평가 방식을 확대하겠다고 밝히자, 이낙연 국무총리가 나섰다. "수능 절대평가를 전면 도입해야 학교 교육이 정상화되고 입시 경쟁이 완화될 것이라는 생각이 있지만, 절대평가를 급히 확대하면 교육 현장에서 혼란과 불신이 늘어날 것이라는 우려도 있다"라고 공개적으로 말한 것이다. 이러한 발언은 교육부가 정책의 추진에 신중을 기해달라는 요청으로 해석되었다. 이후 교육부는 수능의 절대평가 전환 확대를 1년 유예했다가 결국 포기했다. 당시 국무총리의 공개적인 의견 표명은 청와대와 사전에 공감대가 있었거나 청와대의 주문에 의한 것이었을 가능성이 있다.

정부 부처들이 다른 부처의 업무에 대해서 의견을 제시하는 경우는 그리 많지 않다. 특히 대입제도 같이 민감한 정책은 전문성도 부족하고, 말해봐야 손해라는 인식도 있을 것이다. 다만, 부동산 가격이 폭등하는 상황에서 국토교통부가 강남 지역 부동산 가격에 영향을 미칠 것으로 판단되는 대입제도나 특목고 문제에 대해서 비공식적으로 의견을 제시하거나, 공식적으로 문의하는 정도의 의견 표명은 있을 수는 있다. 경제 부처가 물가 관리 차원에서 새롭게 추진하는 대입제도가 사교육비에 미치는 영향에 대해 우려를 표명할 수도 있을 것이다. 하지만 대입제도는 워낙 현장 파급력이 크고, 정책의 역사적 맥락과 전문성이 고려되어야 하므로 관계 부처가 제시하는 의견이 큰 영향을 미치지는 않는다.

국회와 정당

국회는 법률을 제정하고 정부가 제출한 예산을 확정하는 권한을 가지고 있다. 또한 상임위원회나 본회의를 통해 장관에게 정책 자료를 요청하고 현안 사항에 대해 질의를 하며, 때로는 적극적으로 정책의 수정이나 개선까지 요구할 수 있다. 따라서 국회가 정책에 미치는 영향력은 크다고 보아야 한다. 심지어 어떤 정책은 원활한 정책 집행을 위해 사실상 국회의 동의가 필요하기도 하다.

대입 정책은 법률의 개정이나 예산 확보가 필요한 경우가 많지 않다. 하지만 대입제도는 온 국민의 관심사이고 집단별로도 이해가 다르다는 점에서 국회의원들은 상임위원회나 본회의에서 다루는 경우가 많다. 특히 수시로 열리는 교육위원회의 경우는 대입제도의 형성과 집행에서 상당한 영향력을 발휘한다. 국회의원들은 교육부로부터 정책 현안에 대한 보고를 받을뿐더러 장관에 대한 질의를 통해 의견을 개진할 수도 있기 때문이다.

특히 야당은 교육위원회는 물론 매년 열리는 국정감사를 통해 정부와 여당이 추진하는 대입제도 개편 방안에 대해 날카로운 비판과 함께 정책 대안을 촉구하고, 때로는 정치적 공세를 펼치기도 한다. 교육부로서는 이러한 과정이 일반에게 공개되고, 여론을 조성한다는 점에서 국회의 움직임에 민감하게 반응할 수밖에 없다. 나아가 국회의원들을 찾아가서 대입 정책을 적극적으로 설명하고 이해를 구하는 노력을 한다. 이렇게 보면 야당이라도 국회의원은 대입 정책에 대해서 간접적인 영향력을 발휘한다고 할 수 있다.

반면, 여당의 영향력은 매우 크다. 정부의 주요 정책은 통상 당정 협의라고 하는 과정을 거쳐 의견을 수렴하고 정치적 파급 효과도 내부적으로 검증하게 된다. 그런 이유로 대입 정책은 대부분 여당의 동의와 협조를 거쳐 추진된다.

법원과 헌법재판소

대입 정책도 다른 정부 정책과 마찬가지로 다양한 법적 측면을 보아야 하고, 때에 따라서는 사법 심사의 대상이 될 수도 있다. 즉, 대입제도가 위법하거나 불공정하다고 생각하는 사람은 누구나 법원이나 헌법재판소에 소송이나 헌법소원을 제기할 수 있는 법적 권리가 있다. 예컨대, 수능 시험과 관련해서 2003학년도와 2005학년도 수능 시험의 석차 공개 청구 거부 취소 청구 소송, 수능 점수 산정 처분 취소 소송, 소수점 이하 반올림한 점수 사용으로 인한 손해배상 청구 소송, 2002학년도부터 2005학년도 수능 시험의 원 데이터 정보공개 거부처분 취소 청구 소송 등 여러 소송이 있었다.

헌법은 우리나라 최고의 법 규범이다. 어떠한 정부 정책이 헌법에 어긋나는지에 대해서는 헌법재판소가 최종적인 판단 권한을 가지고 있다. 대입 정책도 마찬가지이다. 2017년 12월 헌법재판소는 '서울교육대학교 등 2017학년도 수시모집 입시 요강 위헌확인(2016헌마649)'에 대한 판결에서 서울교육대학교의 입시 요강이 청구인들의 헌법상 교육을 받을 권리를 침해했다고 결정했다. 당시 서울교대의 입시 요강이 내신성적을 필수화함으로써 검정고시 합격자가 응시할 수 있는 길이 없었기 때문이었다. 이 판결 이후 다른 대학들도 입시 요강을 만들 때, 특정 집단이 배제될 가능성이 있는지 꼼꼼히 따져보게 되었다. 물론 정부가 대입제도를 만들 때도 그렇다. 이런 점에서 법원이나 헌법재판소 역시 대입제도를 결정하는 과정에서 영향을 미치는 중요한 주체임을 알 수 있다.

언론

새로운 대입제도의 도입이나 현행 제도를 운영하는 과정에서 언론이 미치는 영향은 매우 크다. 여론을 형성하거나 주도할 수 있기 때문이다. 최근에는 다양한 인터넷 매체가 등장하면서 신문이나 방송의 영향력이 상대적으로 줄어든 면이 있다. 하지만 주요 신문이나 방송 매체의 영향력은 여전히 크다.

교육부를 포함한 정부 각 부처에는 주요 언론사 '출입 기자'가 상주하는 기자실이 있다. 교육부 기자실에는 주요 언론사에서도 가장 뛰어난 기자가 배치된다. 특히 대입제도 관련 기사는 '열독률'이 높아서 언론사 차원에서도 관심이 높다. 이들 중에는 주요 교육 정책, 특히 대입제도에 관해서는 전문가 수준 이상으로 많이 알고 있는 유능한 기자가 많다. 이들은 대입 정책과 관련해서 교육 현장에서 실제로 벌어지는 일과 문제점도 잘 알고 있다. 따라서 대입제도를 담당하는 공무원은 기자의 예리한 질문에 대답할 준비를 하고 있어야 한다.

대입제도와 관련된 언론 보도는 전반적인 정책 결정과 환류 과정에서 중요하고도 긍정적인 역할을 한다. 정책 결정자가 간과한 문제점을 지적하기도 하고 다양한 지역과 교육 현장의 반응을 제공함으로써 제도의 보완과 발전에 크게 기여한다. 다만 때로는 사교육 시장이 고도로 발달하고 고소득 고학력 학부모가 많이 거주하는 서울 강남 지역의 반응이 지나치게 자주 또는 큰 비중으로 보도되기도 한다.

대입제도도 정부와 언론이 건강한 긴장 관계를 맺고 있을 때 순조롭게 발전할 수 있다. 정부와 언론이 너무 적대적으로 대립하는 상태에 있거나 너무 긴밀한 협조 관계를 맺는 것은 정책 발전 측면에서 바람직하지 않다. 모든 정부 정책은 긍정적, 부정적 양 측면을 갖게 마련인데 그 부정적인 부분이 지나치게 강조되면 제도의 안정성이 지나치게 흔들리고 그 긍정적인 부분만 부각되면 구조적인 문제를 미리 보완할 기회를 놓쳐 종국적으로 큰 대가를 치르게 되기 때문이다. 대입제도가 특히 그렇다.

교원단체

한국교원단체총연합회(교총)와 한국교직원노동조합(전교조)은 우리나라 교원을 대표하는 양대 조직이다. 정부 정책과 관련해서 교총은 상대적으로 보수적 성격을 띠고, 전교조는 진보적 색채가 강하다.

교총은 전신인 대한교육연합회(대한교련) 시절부터 보수적인 교원 사회를 대변했다. 출범 당시 평교사 외에 교장, 교감, 장학직, 대학 교수 등도 회원이 될 수 있었고, 이들이 대부분 조직의 주요 직책을 맡았던 것이 영향을 미쳤다고 할 수 있다. 과거에는 유일하게 교육계를 대표하는 지위를 갖고 있었고 현재도 회원 수에서는 가장 큰 교원단체이지만 전교조가 합법화되면서 교육계도 양분되어 그만큼 영향력이 약화되었다. 대입제도와 관련해서는 정부 정책에 대해 비교적 중립적인 입장을 취하면서 사안별로 교육 현장의 비판적 의견을 대변한다.

전교조는 1980년대 활발했던 교육 민주화 운동의 산물이다. 법적으로는 노동조합 성격을 가지고, 전국민주노동조합총연맹(민노총)에 가입되어 있다. 진보적 성향이 뚜렷하고, 정부 정책에 대해서 비판적 입장을 견지하는 경우가 많다. 활동 범위는 교사의 지위 향상과 근무조건 개선뿐만 아니라, 정부의 정책 수립 과정에도 적극적으로 개입해서 견해를 밝힌다. 때로는 집단적인 행동도 한다. 과거보다 회원 수가 많이 줄어들었고 정치적 편향성에 대한 비판도 제기되고 있으나, 정부와 교육계에 미치는 영향력은 여전히 크다. 특히 2014년 시·도교육감 선거에서 전체 17개 시도교육청 중에서 13곳에서 전교조와 직접 또는 간접적으로 관계를 맺은 교육감이 당선되었다. 따라서 전교조의 정치적 위상과 영향력은 과거 어느 때보다 큰 상황이다. 대입제도와 관련해서는 주로 평등주의적 입장에서 학교생활기록부 교과 전형 확대, 기회 균등이나 지역 균형 선발 확대, 수능 시험 위주 정시 전형 축소, 절대평가 도입 등을 적극적으로 주장한다.

2017년에는 젊은 교사들이 주축으로 교사노동조합연맹(교사노조)이 결성되었고, 한국노동조합총연맹(한국노총)에 가입했다. 이들은 정치적 쟁점보다는 교사들이 피부로 느끼는 문제들에 더 많은 관심을 두고 있다는 평가를 받는다. 대입제도와 관련해서 두드러진 입장은 없고, 교육계에서의 위상이 아직은 크지 않은 편이다.

한편 최근에는 실천교육교사모임, 좋은교사운동 등 다양한 교사단체가 생겨났고, 현장 중심의 교육개혁 운동을 펼치고 있다. 정부 정책에 대해서도 의견 개진을 활발히 한다. 이들은 교총이나 전교조와 같은 집단적인 행동보다는 소셜 네트워크를 활용한 의견 수렴이나 언론 인터뷰를 통한 의견 표명에 주력하는 편이다.

교육학계

대입과 관련된 교육적, 사회적 현상은 교육학계의 중요한 연구 주제이다. 개별 학자의 학술 연구 결과가 정책의 수립 및 집행에 대하여 직접적인 영향을 미치는 경우는 많지 않다. 하지만 교육부가 요청한 정책 연구나 한국교육개발원과 같은 정책 연구 기관의 연구물은 정부의 정책 결정 과정에서 중요한 자료로 활용된다. 또한 대통령 직속 교육개혁위원회나 교육부장관 정책자문위원회와 같은 기구에 위원으로 참여한 학자들이 공식회의 또는 비공식 의견 수렴 과정에서 행한 발언이나 주장이 교육부의 정책 결정에 영향을 미치는 경우도 있다.

대체적으로 말하면 1990년대까지는 대입제도와 관련된 정부의 정책 결정 과정에 교육학자의 참여가 활발했고, 그들의 의견이 정책에 많이 반영되는 편이었다. 1991년 발표된 '새 대입제도'와 1998년에 확정된 '2002학년도 대학입학제도'가 대표적인 사례다. 반면, 2000년대 이후에는 대입정책의 결정 과정에 정치적 판단이 적지 않게 개입하게 되면서 상대적으로 교육학자들의 정책 참여와 영향력은 줄어들었다고 할 수 있다. 노무현 정부가 2004년 확정해서 발표한 '2008학년도 이후 대입제도', 이명박 정부의 '대입 자율화 정책', 문재인 정부의 '2022학년도 대학입학제도 개편 방안'과 '대입제도 공정성 강화 방안' 등이 이에 해당한다.

정부출연 연구기관 : 한국교육개발원과 한국교육과정평가원

한국교육개발원은 교육과 관련된 정책 연구를 전문적으로 수행하는 정부출연 연구기관이다. 기관이 창립된 이래 대입제도를 비롯한 많은 정책에 관한 연구를 수행함으로써 정부의 정책 결정을 지원해 왔다. 한국교육방송(EBS), 한국교육과정평가원, 한국직업능력개발원, 국가평생교육진흥원 등 중요한 연구기관들이 모두 한국교육개발원에서 독립되어 나왔다는 사실에서도 이 기관의 연구 분야가 얼마나 방대했는지를 짐작할 수 있다.

한국교육개발원의 영향력은 1980년 7월 국보위가 발표한 '7·30 교육개혁안', 즉 '교육 정상화 및 과열과외 해소 방안'에서도 찾을 수 있다. 1980년 당시 한국교육개발원은 연구 과제의 하나로 '과열과외공부 해소 대책'을 수행했는데, 그 연구 결과가 '7·30 교육개혁안'에 대폭 반영되었다. 노무현 정부가 발표한 '2008학년도 이후 대입제도' 역시 2003년 10월 한국교육개발원이 제안한 '사교육비 경감 방안(초안)'을 토대로 하고 있다. 당시 연구팀이 제시했던 방안에는 수능 시험의 영향력을 축소하기 위해 점수제를 폐지하고, 성적을 20~30등급으로 나누는 등급제 방안이 포함되어 있었다. 당시 등급제에 대한 여론은 부정적이었지만 노무현 대통령으로부터 새 대입제도를 만들라는 지시를 받은 '교육혁신위원회'는 5등급제 도입을 제안했다. 하지만 안병영 교육부장관이 이를 수정해 9등급제로 바꾸어 '2008학년도 이후 대입제도'가 완성되었다. 이러한 사실들은 대입 정책의 설계와 결정 과정에서 한국교육개발원의 연구 결과가 작지 않은 영향력을 발휘했음을 보여준다.

한국교육과정평가원은 한국교육개발원의 교육과정 연구 기능과 국립교육평가원의 평가 기능을 통합해서 신설되었다. 구체적으로 한국교육과정평가원은 교육부로부터 수능 시험의 출제, 인쇄, 배포, 채점, 점수 통보까지 위탁을 받아 수행하고 있다. 또한 교육부가 교육과정을 개정하거나 대입제도를 개편하고자 할 때도 정책 연구, 의견 수렴, 대안 제시 등을 통해 교육부를 지원한다. 교육과정의 개정은 대입제도의 개편으로 연결된다는 점에서도 한국교육과정평가원의 영향력은 크다. 다만, 교육과정과 교육 평가를 같은 기관에서 담당하게 함으로써 양자의 유기적 연계를 도모하고자 했던 설립 취지가 제대로 구현되고 있는지에 대해서는 만족스러운 평가가 내려지지 않고 있다.

시민단체

교육 분야에서 대입제도와 관련해서 가장 활발하게 활동하는 시민단체는 세 곳 정도를 들 수 있다. 우선 '사교육걱정없는세상'이다. 이 단체는 대입 문제와 관련해서 전문성을 갖추고 체계적으로 운영되어 온 시민단체로 꼽힌다. 단체의 명칭에서 알 수 있듯이 주된 관심은 국가 차원에서 사교육을 줄이기 위해서 이와 관련된 교육적, 사회적 현상을 분석하고 정책 대안을 제시하려고 노력한다. 사교육 문제를 다루다 보니 자연스럽게 대학 입시 문제에도 많은 관심을 두고 활동하는 편이다. 어떤 대입제도와 입학 전형이 어떠한 경로로 사교육을 유발하는지에 대해 비교적 깊은 수준으로 분석해서 대중에게도 알리는 작업도 해왔다. 이 단체는 오랜 기간 이 분야를 끈질기게 다루었고, 현장 반응에도 정통하기 때문에 대입 문제와 관련해서 상당한 수준의 전문성을 갖추었다는 평가를 받고 있다. 그래서인지 언론도 이 단체의 분석 결과와 주장을 자주 인용하는 편이다. 정부도 이 단체가 제기하는 문제와 대안을 경청하고 정책 결정 과정에 참고하는 경우가 적지 않다. '사교육걱정없는세상'의 활동 범위는 정부를 대상으로 하는 정책 활동에 그치지 않는다. 직접 학부모, 교사, 정치권을 대상으로 사교육이나 대입제도와 관련된 정책 정보를 제공하고 문제점을 환기하며 관련 정책의 수립을 요청하기도 한다. 전문성만큼이나 열정도 인정받고 있으며 모범적인 시민단체로 인정받고 있다.

학부모 단체로는 '참교육을 위한 전국 학부모회'가 꾸준히 활동하고 있다. 대입 문제와 관련해서 이 단체가 제기하는 문제의식과 대안을 보면,

이념적으로 전국교직원노동조합과 비슷한 경향성을 보인다. 정부의 주요 정책에 대해 논평을 하고, 관련 정부 위원회에 시민단체 자격으로 참여하는 경우가 많다.

시민단체 '교육을 바꾸는 사람들'도 주목을 받을 만하다. 이 단체는 활동의 내용에 있어서 독특하다. 다른 시민단체와 달리 우리나라의 교육 제도를 개선하기 위해 외국의 교육 혁신 사례를 소개하고, 관련 학계의 참신한 견해나 주장을 발굴해서 소개하는 활동을 주로 한다. 따라서 활동하는 방식도 주로 관련 서적을 출판하거나, 워크숍, 토론회, 좌담회, 포럼 등을 개최해서 정보를 공유하는 방식으로 움직인다.

학원 등 사교육 기관

학원으로 대표되는 사교육 기관은 정부의 대입 정책에 대해 가장 민감하게 반응하는 집단이다. 학교 수업을 따라가지 못하는 학생들을 대상으로 부족한 부분을 채워주는 보충 학습 기능을 담당하는 소규모 학원이나 과외 교사도 있지만, 대입과 관련해서 학생들의 수능 문제 풀이나 학교 생활기록부 스펙 갖추기를 도와주는 기관이 많이 생겨났다. 요즘은 대입 제도가 다양하고 복잡해짐에 따라 대학별 입학 요강과 관련된 정보를 수집하고, 과거 수험생 사례를 바탕으로 학생별 최적의 입시 전략과 '묘책'을 컨설팅하는 기관도 늘어나는 추세이다. 심지어 학생의 내신성적을 전반적으로 관리해 주거나 소논문 작성, 봉사 활동 실적 수집 등을 전문적으로 도와주는 입시 컨설턴트도 생겨났다. 2018년 말부터 한국 사회를 뜨겁게 달구었던 드라마 〈SKY 캐슬〉의 주인공인 대입 코디네이터 '김주영'이 이를 극화한 사례이다. 그는 학교생활기록부 종합 전형을 대비하기 위한 내신 관리부터 이른바 '자동봉진'이라 불리는 자율학습, 동아리 활동, 봉사 활동, 진로활동을 직접 챙기고, 심지어 학생의 교우 관계, 심리, 건강,

수면까지 '간섭'하는 허락받은 '개인 생활 통제자'로서 역할까지 했다. 이들은 어려운 처지에 있는 수험생을 도와준다고 항변할 수도 있으나, 사실 대입제도를 활용해서 이익을 챙기는 집단이라는 점은 부인할 수 없고 건강한 대입제도 발전을 막는 장애물이라 할 수 있다. 다른 나라에서는 찾아보기 어려울 정도로 크게 성장한 사교육 산업은 정부가 통제하기 어려운 정도까지 성장했다. 사교육에 종사하는 사람도 매우 늘어나서 하나의 이익 집단이 되었다. 정부가 새로운 정책을 내세우면, 이를 분석해서 대응책을 만들어 홍보하고, 때로는 정부 정책에 알게 모르게 '무력화'하려는 시도까지 한다.

일부 대형 사교육 기관과 입시 컨설턴트들은 학부모와 일부 언론으로부터 전문가 대접을 받으면서 영향력을 키우고 있다. 예를 들어, 수능 시험이 끝나면 관행적으로 일부 언론은 사교육 기관 종사자를 인터뷰해서 출제 경향을 보도한다. 정부, 한국교육과정평가원, 대규모 출제위원과 검토위원들이 장기간 고심해서 낸 수능 시험의 타당성과 난도(難度)가 그들의 평가를 받는 상황이 된 것이다. 나아가 대입 사교육 분야에서 잔뼈가 굵은 일부 종사자는 '대입제도 전문가'로 인정을 받아 TV 뉴스 출연이나 신문 기고 등을 통해 정부의 대입 정책을 비평하는 사례도 늘고 있다. 매년 입시가 진행되면 일부 대형 사교육기관은 그 결과를 분석하여 보도자료를 배포하고, 그것이 학부모의 관심을 끌만 하다고 판단되면 언론들도 대대적으로 보도하기도 한다. 2022학년도 대입전형에서 이른바 이과생의 '문과 침공' 현상에 대한 보도가 이에 해당한다. 이 과정에서 일부이기는 하지만 어떤 사람들은 수능 시험 점수 중심의 정시 입학 제도야말로 가장 객관적이고 '공정한' 평가라는 '신화'를 전파하는 역할을 한다. 일부 교육 전문가들은 이러한 주장을 펼치는 사람들이 주로 수능 시험 같은 표준화 시험의 대비에 최적화된 사교육 기관에 종사하고 있다는 사실에 주목할 필요가 있다고 말한다.

어쨌든 정부로서는 대입제도의 수립, 운영 그리고 정착의 관점에서 볼 때, 사교육 기관의 역할과 영향력을 무시할 수는 없다. 그들은 입시 현장과 가장 가까운 곳에서 수험생과 학부모의 마음을 실질적으로 움직이고, 주요 언론을 통해서 정부의 정책을 평가하는 위치까지 왔기 때문이다. 일부 학자들은 학생의 사교육 참여가 사회적으로 '당연시되는(taken for granted)' 제도화(institutionalized) 단계에 접어들었다고 분석하기도 한다. 이는 세계적 현상이기도 하다. 사회 제도는 오랜 역사의 산물이고, 사교육이 하나의 제도로 자리 잡고 있다는 것은 사회적으로 '정통성(legitimacy)'을 인정받고 '지속 가능한 상태'가 되었음을 의미한다. 게다가 사교육은 그 종사자에게는 생존의 문제와도 직결된다는 점에서 우리나라에서 사교육 산업은 당분간 쉽게 무너지지 않을 전망이다.

::: center
• • •

대입제도와 국가교육위원회
:::

국가교육위원회의 출범

2021년 7월 '국가교육위원회 설치 및 운영에 관한 법률'이 국회를 통과했다. 교육 정책은 시민 사회의 다양한 의견을 수렴해 수립하고 장기적인 안목에서 추진해야 한다는 것이 법안의 취지이다. 또한 정부가 바뀌어도 교육 정책만은 일관성 있게 안정적으로 추진해야 한다는 교육계의 오랜 염원을 반영한 것이기도 하다.

이러한 구상은 2002년 제16 대통령 선거 때부터 공약으로 제시되었다. 국회에서도 제19대부터 제21대까지 총 12건의 국가교육위원회 설치 법률안이 발의되었다. 하지만 우리나라처럼 이념적 대립과 갈등이 심한 정치 문화에서 법안은 표류했고 결실을 보지 못했다. 그런 면에서 이번 법률의 통과는 환영할 만하다.

그런데 법률이 제정된 입법 절차를 보면, 아쉬움이 적지 않다. 절대적으로 많은 의석을 가진 여당의 독주 아래 만들어졌다는 평가가 많기 때문이다. 교육 정책과 관련해서 사회적으로 중지를 모으고 합의를 바탕으로 추진하자는 것이 입법 취지임에도 정작 이를 규정한 법률은 충분한 논의를 거치지 않고 일방적으로 통과되었다는 평가가 많다. 그나마 부칙에서 법률을 공포한 지 1년이 지난 시점에 위원회를 구성할 수 있도록 했기 때문에 심한 충돌은 피할 수 있었던 것으로 보인다. 결국 국가교육위원회의 구성과 운영은 2022년에 들어설 정부에서 본격화할 것이다. 하지만 첫 단추부터 잘못 끼운 위원회가 제대로 굴러갈지는 미지수다.

위원회의 법적 성격과 권한 문제

법률 제10조와 제12조에 따르면, 국가교육위원회는 학제, 교원 정책, 대입 정책, 학급당 적정 학생 수 등 중장기 교육 제도 및 여건 개선에 관한 계획을 수립하고, 국가교육과정을 수립해서 고시하는 업무를 담당한다. 법적으로는 교육부가 가진 행정 권한 일부를 가져와서 수행하는 '합의제 행정기관'의 성격을 지닌다. 위원장은 예산과 관련해서 국가재정법상 중앙관서의 장으로 여겨지며, 국회와 국무회의에 출석해서 발언할 수 있다. 또한 국회의 요구가 있으면 국회에 출석해서 보고하거나 답변하는 등 다른 중앙행정기관의 장과 다르지 않은 법적 위상을 가진다(동법 제4조).

그러나 문제는 이러한 권한을 갖는 국가교육위원회가 정부조직법에 근거를 두고 있지 않다는 점이다. 현행 정부조직법 제2조에 따르면, 이 법에 근거하지 않고서는 중앙행정기관을 설치할 수 없다. 그런 이유로 방송통신위원회, 공정거래위원회, 국가권익위원회, 금융위원회 등 다른 합의제 행정기관들은 모두 정부조직법에 근거를 두고 있다. 또한 국가교육위원회법에 따라 관계 중앙행정기관의 장과 지방자치단체의 장은 관련 사무에 대해서 국가교육위원회가 수립한 교육발전계획을 반영한 연도별 시행 계획을 수립해서 추진해야 한다. 전년도 실적과 다음 연도 시행 계획을 위원회에 제출해야 한다. 이렇게 볼 때 국가교육위원회는 정부조직법에 근거가 없이 설립되었음에도 국가의 중요한 교육 정책을 다루고, 어떤 경우에는 다른 중앙행정기관을 지휘하는 권한까지 갖는다. 이런 이유로 이 법이 위헌의 소지가 있다는 주장도 제기된다.

이처럼 법적으로 무리가 있음에도 불구하고 법률이 제정된 이면에는 국가교육위원회 설립을 주도한 사람들의 과욕이 작동했을 것으로 생각된다. 즉, 교육부의 입김에서 벗어나 교육개혁을 더 강력하게 추진하기 위해서는 역대 정부의 교육개혁 위원회처럼 대통령 자문에 그치지 않고 실질적인 정책 권한을 가져야 한다고 생각했기 때문인 것으로 보인다. 그러나 교육개혁은 편법으로 추진해서 성공할 수 있는 종류의 일이 아닐 것이다.

교육 정책 추진 주체의 이원화 문제

앞으로 국가교육위원회가 설치되면, 우리나라에서 교육 정책을 수립하고 추진하는 주체는 교육부와 국가교육위원회로 이원화되는 셈이다. 법률이 정하는 분야에 대해서는 국가교육위원회가 교육발전계획을 10년마다 수립하고, 교육부는 그에 따라 정책을 집행하는 방향으로 역할 분담을 한다.

문제는 정책의 수립과 집행은 서로 영향을 주고받는 환류 과정을 거치면서 긴밀히 얽혀 있다는 점이다. 또한 다른 여러 정책이 함께 시너지를 내야 하는 경우도 많다. 특히 이해관계자가 많은 교육 정책이 그렇다. 대입 정책을 보면, 교육과정 정책, 특목고나 자사고 정책, 대학평가 정책, 재정지원정책 등 여러 정책을 함께 고려하면서 추진해야 한다. 심지어 의학전문대학원이나 법학전문대학원 같은 정책도 대입제도와 관련이 있다. 즉, 교육 정책은 서로 연쇄적으로 영향을 미치는 다수 정책을 총괄적으로 조정하면서 패키지로 추진해야 효과를 발휘하는 경우가 많다. 어느 것은 국가교육위원회의 계획에서 정하고, 어느 것은 교육부가 구체적인 정책으로 정해서 추진한다는 것이 사실상 불가능하거나 추진 과정에서 많은 어려움을 만날 수 있다.

게다가 교육부장관은 교육 정책의 최고 책임자로서 매년 대통령에게 업무 보고를 한다. 여기에는 그해 추진할 과제부터 중장기적으로 추진할 정책 비전까지 다양한 내용이 담긴다. 정치적 역학 관계나 정책적 역동성을 고려할 때, 교육부장관이 단순히 국가교육위원회가 정한 것에 따라 교육부의 업무 계획을 수립할 가능성도 크지 않다. 특히 이념을 달리하는 정부로 정권이 바뀌었다면 더 그럴 것이다. 이렇게 되면 국가교육위원회와 교육부는 서로 협력하기보다 권한 분쟁의 당사자가 될 가능성도 있다.

다음은 책임 행정 문제이다. 향후 국가교육위원회와 교육부가 업무 분담과 정책 시너지를 어떻게 발휘할지는 두고 볼 일이다. 하지만 권한과 책임의 소재를 분명하게 정하는 것이 정부 조직의 기본 원칙인데 이 두 기관의 권한과 책임 분담은 명확하지 않다. 예컨대, 대입제도와 관련해서 국가교육위원회는 중장기 정책 방향을 결정하고 교육부는 단기 정책을 추진한다고 할 때, 대입제도를 바꾸기 위해서는 양 기관이 어떻게 협력하고, 문제가 생겼을 때는 누가 책임을 질 것인가? 우리의 행정 토양과 경험에 비추어 볼 때 기대보다 우려가 앞서는 것이 사실이다.

위원의 임기 문제

현행 국가교육위원회법 제1조에 따르면, 국가교육위원회를 설치하는 이유는 '교육 정책이 사회적 합의에 기반해 안정적이고 일관되게 추진되도록 함으로써 교육의 자주성, 전문성, 정치적 중립성을 확보하고 교육 발전에 이바지'하기 위한 것이다. 즉, 교육 정책이 안정성과 일관성이 중요한 목적이다. 그런데 법률에 따르면, 위원의 임기는 3년이고, 한 차례 연임할 수 있다. 최대 임기는 6년인 셈이다. 대통령 임기보다 임기가 최장 1년이 긴 위원회 위원들이 장기적인 비전을 세울 수 있을까. 최장 6년마다 위원이 바뀔 경우, 정책의 안정성과 일관성이 확보될 것인가.

시나리오를 생각해보자. 법률에 따르면, 1기 위원들은 2022년 차기 정부에서 임명된다. 이들이 대부분 연임을 한다면, 제2기 위원들은 차차기 정부의 2년 차인 2028년에 거의 새로운 사람들로 임명된다. 현실적으로 대통령 선거에 나서는 후보들이 전임 정부의 국가교육위원회 위원들이 수립한 교육 정책 방향을 그대로 따르겠다고 하는 것을 기대할 수 있을까. 매우 이상적으로 모든 국민과 정치인들이 교육 정책만은 정치, 이념, 당파를 떠나서 국가교육위원회가 정한 것을 존중하고 따르는 성숙한 문화가 자리 잡힌다면 가능할 수도 있다. 과연 그렇게 될 것인가.

국가교육위원회 의결 요건 문제 : 재적 위원 과반수 찬성

교육 정책은 때로 정치적으로 대립하기 쉽고 또 민감하다. 최근 여야 간 정치적 갈등이 격화하면서 정권에 따라 교육 정책의 방향도 자주 바뀌고 있다. 이런 상황에서 국가교육위원회 위원 중 2/3 이상을 대통령과 국회가 추천하거나 지명하는데 이들이 정치적으로 완전히 중립이기를 기대하는 것도 현실적으로는 한계가 있다.

국가교육위원회는 재적 위원 과반수 출석으로 개의하고 재적 위원 과반수 찬성으로 의결한다(제15조 ②항). 만약 정치적으로 민감한 교육 정책과 관련해서 재적 위원 과반수를 약간 넘는 위원의 찬성으로 의결되었을 때 그 결정이 과연 정치적 변동과 무관하게 오래 지속될 수 있을까. 위원 대다수의 공감을 바탕으로 대다수의 찬성으로 결정되지 않고 상당수 위원의 반대를 무릅쓰고 재적 위원 과반수 찬성을 얻어 결정된 교육 정책 방향이 중장기적으로 지속될 수 있을 것인가.

고교학점제 교육과정 개정 예외 및 시한 설정 문제

현행 국가교육위원회법 제12조에 따르면, 국가교육위원회는 국가교육과정을 고시하는 권한을 가진다. 그런데 이상하게도 법률의 부칙 제4조는 2021년 현재 교육부장관이 추진하고 있는 고교학점제 시행과 관련된 교육과정의 개정은 2022년 12월 31일까지 당시 교육부장관이 고시하도록 규정하고 있다. 이는 차기 행정부에서 임명될 교육부장관의 권한을 입법부가 법률로 강제한 셈이다. 일부 전문가들은 대의 민주주의와 책임 행정의 원리에 따라, 2022년 출범할 차기 정부에서 고교학점제와 관련된 면밀한 검토를 거쳐 교육과정의 개정 여부와 내용 그리고 시기를 결정해서 고시하는 것이 합리적이라고 본다. 고교학점제는 대입제도와도 밀접하게 연계된다는 점에서 국민의 선택을 받는 차기 정부가 어떤 대입 정책을 취할 것인가에 따라 정책 방향이 정해질 수밖에 없다.

국가교육위원회의 공식 출범에 앞서 재검토할 문제들

교육 정책의 안정성과 일관성을 담보하기 위해서 설치하는 국가교육위원회는 오랜 희망이었다. 하지만 앞서 논의한 바와 같이 여러 면에서 우려되는 바가 있다. 법률에 따라 공식 출범은 차기 정부에서 이루어질 것이므로 다소 늦어질 가능성도 있다. 지금부터라도 다음 사항에 대한 검토와 해법을 찾는 것이 필요하다.

첫째, 보다 안정적이고 지속 가능한 국가교육위원회 제도를 만들기 위해서는 국회의 여당과 야당이 합의해 문제의 소지가 있는 조항을 출범 전에 개정하는 것이 필요하다. 현행 제도는 여야의 충분한 논의와 합의가 없는 가운데 만들어진 것으로 지속가능성 문제는 물론 다른 많은 부작용을 낳을 가능성이 있다.

둘째, 국가교육위원회의 성격을 합의제 행정 기관에서 대통령에게 교육 정책에 대해 자문하는 심의·의결기구로 바꾼다. 또한 국가교육위원회가 심의·의결한 사항에 대해서는 대통령, 국회, 각 중앙행정기관이 존중해야 한다는 선언적 규정을 신설한다.

셋째, 국가교육위원회 최초 위원의 임기를 위원의 1/3은 3년, 1/3은 6년,

1/3은 9년으로 하며, 위원 임기 만료 후 선출되는 위원의 임기는 9년으로 한다. 위원회 구성은 현행 법률 제3조 ③항 제1호 내지 7호에 의한 위원 21명을 18명으로 축소 조정하고, 대통령이 임명 또는 위촉한다. 그 외에 위원회가 직접 선출·추천하고 대통령이 임명하는 9인의 위원을 포함해 국가교육위원회의 위원 총수를 27인으로 한다. 위원회가 직접 선출·추천하는 첫 9인의 위원 임기도 1/3씩 각각 3년, 6년, 9년으로 한다.

넷째, 국가교육위원회의 모든 안건은 재적 위원 2/3의 찬성으로 의결한다. 위원회가 직접 추천하는 위원의 선출도 같다.

다섯째, 국가교육위원회의 심의 안건을 다음과 같이 구체적으로 규정한다. 국가 교육과정의 전면 개정, 대입제도의 대폭 개편, 자율형 사립학교 및 특수목적 고등학교 제도 개편, 국정교과서 제도 변경, 국회 교육위원회가 심의 요청한 사항, 교육부장관이 심의 요청한 사항, 국가교육위원회가 심의하기로 의결한 사항 등이다.

국가교육위원회의 설치와 운영은 지금의 여당이나 야당 모두 오랫동안 도입을 주장해 온 것이다. 즉 중요성과 필요성에 대해서는 모두 공감하고 있다. 동 법률이 이미 공포되기는 했지만 국가교육위원회의 구체적인 모습은 결국 2022년에 있을 20대 대통령선거 후 출범할 새 정부의 의지에 따라 최종적으로 결정될 것이다. 따라서 새 정부의 출범 전 또는 출범 직후에 여야가 허심탄회한 협의를 통해 합의하는 방향으로 국가교육위원회를 설치해야만 그 소기의 성과를 기대할 수 있을 것이다.

교육부장관과 청와대가 충돌한 비운의 '수능 등급제'

'2008학년도 이후 대학입학제도'는 비운의 제도이다. 정책의 제안부터 논의를 거쳐 세상에 나오기까지 어느 대입제도보다 힘든 과정을 거쳤다. 하지만 시행하자마자 핵심 부분이 빠지는 대수술을 당하고 반쪽짜리 제도로 전락하는 운명을 맞았다. 오히려 제도 개혁의 작은 일부였던 입학사정관제가 갑자기 만병통치약처럼 부각되었다. 하지만 이 또한 부모가 영향을 미치는 불공정한 대입 전형의 대명사처럼 여겨지며 이름을 바꿔 명맥을 유지하다가 이제는 거의 사라질 수도 있는 운명에 처해 있다. 거세게 몰아치는 대입의 공정성 강화라는 파고를 넘어서기가 쉽지 않기 때문이다.

2003년 2월 출범한 노무현 정부는 공약에 따른 교육 혁신을 추진하기 위해 교육 혁신을 국정 과제로 선정하고 같은 해 7월 대통령 자문기구로 교육혁신위원회를 출범시켰다. 경남 거창고에서 여러 성과를 내었던 전성은 교장이 위원장을 맡았고, 경북대 김민남 교수가 선임위원으로 임명되었다. 그 밖에도 그동안 중앙 무대와는 연줄이 없던 지방의 '새 얼굴'들이 위원으로 대거 위촉되었다.

노무현 대통령은 2003년 12월 초 직접 주재한 두 번의 토론회에서 공교육 정상화와 사교육비 절감에 기여할 수 있는 '2008학년도 이후 대입제도 개선안'을 만들어 달라고 교육혁신위원회에 주문했다. 대입제도는 응시 대상이 고등학교에 진학하기 전, 즉 3년 전까지 확정해야 한다. 따라서 2004년 중에 새로운 대입제도를 확정해서 발표하고 이를 2008학년도 대입 전형부터 적용하는 것이 목표였다. 그렇다면 대통령은 왜 교육부가 아닌 대통령 자문기구에 대입제도의 개선안을 주문했을까. 이는 혁신위가 어떤 혁신적 방안을 준비하고 있다는 사실을 대통령도 알고 있었음을 시사한다.

그 직후인 12월 말 교육인적자원부 장관에 취임한 안병영 장관은 2004년 2월 '공교육 정상화를 통한 사교육비 경감 대책'을 발표했다. 이 대책에 따라서 2004년 3월 교육혁신위원회 산하에 대학입학제도개혁특별위원회가 발족했다. 위원장에는 이인호 명지대 석좌교수를 선출했고, 2008학년도 이후 적용될 중장기 대학입학제도 개선 방안을 마련해서 2004년 8월까지 기본 방향을 발표하기로 했다. 그러나 특별위원회는 발족하면서부터 갈등 요인을 안고 있었다. 첫 회의에서 교육혁신위원회와 교육부 사이에 미묘한 견해 차이가 감지된 것이다. 전성은 교육혁신위원장은 "대통령께서 이력철 중심 경로별 입시안을 세밀하게 준비할 것을 당부하셨다"라고 전했지만, 안병영 장관은 "대입 개혁안은 내신 위주로 전환한다는 근본적인 방향만 제시하고 구체적인 내용은 이번 특위에 유보한 상태"라고 말했다. 이 회의에 참석했던 이정우 청와대 정책기획위원장은 "우리 사회의 고질적인 교육 문제를 치유하는 방안으로 경로별 입시를 제시한 것은 옳은 방향성이라 생각하며 아직 미완성인 것을 완성하는 것이 특위 위원들의 역할이라고 생각한다"라고 언급함으로써 혁신위원장의 말에 힘을 실었다. 반면, 이인호 특위 위원장은 "본 특위에서는 방안에 대한 특별한 제한 없이 근본적인 논의로부터 출발하는 것"이 바람직하다는 의견을 피력했다. 이러한 일련의 발언에 비추어볼 때, 특위를 구성했던 교육혁신위 소속 위원과 일반 위원 사이에는 이미 상당한 견해의 차이가 있었음을 알 수 있다.

특위에서 중요한 역할을 했던 사람은 선임위원으로 활동했던 김민남 교수였다. 대통령비서실 안팎에 포진한 진보 진영의 지지를 받던 김 교수는 이미 '이력철 중심의 경로별 입시안'이라는 기본 틀을 생각하고 있었다. 그를 비롯한 일부 혁신위원들은 공교육이 정상화하려면 학교 교육을 대학 입시로부터 분리해야 한다는 생각을 공유하고 있었다. 이를 위해 ① 기존 수능 중심 선발에서 '교육 이력철' 중심 선발로 대입의 기본 틀을 전환하고, ② 전공별로 다양한 선발 방식을 적용하는 '경로별 선발 제도'를 도입하며, ③ 전국단위 시험인 수능을 폐지하고 지역 단위별로 문제은행식으로 출제하는 '국가 기준 시험'을 실시하되 5등급 이하로 성적 표기 등을 생각하고 있었다. 이것은 교육혁신위원회가 추구했던 '학벌 타파와 대학 서열 극복'이라는 목표와 연결된 것이기도 했다.

반면, 보수적인 색채를 가졌던 외부 위원들은 '교육 이력철', '경로별 선발 제도', '국가 기준 시험'이라는 생소한 개념에 대해 의문을 제기하며 쉽게 수용하려고 하지 않았다. 그들에게 이 제도는 현실과 거리가 먼 지나치게 이상적인 방안이었다. 특위 발족 후 8월까지 12번의 정기 회의와 4번의 소위원회 회의가 이루어졌지만, 위원 간 합의가 쉽지 않았다.[23] 교육혁신위원회 소속 위원과 외부 위원들이 서로 대립하면서 각자의 주장을 굽히지 않았기 때문이다. 이인호 위원장조차도 위원 간 갈등을 조정하지 못하고, 7월 중순 이후에는 회의에 참석하지 않다가 결국 사퇴하고 말았다.

7월 23일 열렸던 교육혁신위원회에는 안병영 장관이 직접 참석해서 혁신위원들과 토론에 나섰다. 이 자리에서도 김민남 상임위원은 입장을 굽히지 않았다. 안 장관은 김 위원이 제시한 대안이 가진 현실적인 문제점들을 조목조목 지적했다. 위원 간 격렬한 토론이 벌어졌다. 최종적으로 위원들은 몇 가지 쟁점에 관한 특위의 입장을 잠정적으로 정리하고, 8월 말까지는 대입제도 개혁안을 내놓기로 합의했다.

---

23) 안선회(2005). 참여정부 교육정책 결정체제에 관한 연구(고려대학교 석사학위 논문). 이 논문은 실무적 차원에서 '2008학년도 이후 대학입학제도 개선안'의 결정 과정에 대한 상세한 정보를 담고 있어 이 정책의 결정 과정을 다차원적으로 이해하는 데 큰 도움을 주었다.

이어서 7월 29일에는 청와대 이원덕 사회문화수석비서관 주재로 회의가 열렸다. 여기에는 특위 활동에 참여했던 혁신위 소속 위원, 일반 위원, 교육부 관계자 등이 참석했다. 또다시 진통을 겪었고, 이원덕 수석을 중심으로 조정안을 만들고 특위에서 더 논의해 최종안을 정리하기로 결정했다. 조정안에는 대체로 교육부 의견이 많이 반영되었다. 마지막으로 8월 12일 대입제도개혁특위가 열렸고, 여러 위원 사이에서 이견이 표출되기는 했지만 결국 청와대가 제시한 조정안이 추인되었다.

〈표 16〉 청와대 조정안의 기초가 된 혁신위안과 교육부안의 내용비교

구분	2002제도	혁신위안	교육부안
고교 기록	학교생활기록부 – 점수(절대평가) – 내신부풀리기	교육이력철 – 단계적 접근 　2005년 : 고1에 독서이력 　　　(학생부) 　2006년 전면도입 　(내용은 부분적) 　2008학년 대입전형에 　서 활용 – 5-9 등급제 – 절대, 상대평가 병행	2007년까지 학생부 개선 – 9등급제 – 절대, 상대평가 병행 – 고교, 대학 협의제 　구성 2008년부터 교육이력철 　도입 2011년 대입전형에서 　활용
공기관 주관 시험	대학수학능력시험 – 점수 – 수험부담 – 반영비중 높음	전국단위 교육과정 완성도 시험 – 공통과정 and/or – 선택과목시험 – 5등급 – 과목수 미정 – 문제은행식 출제	수능 시험 – 교육과정내 출제 　(학력고사 형태) – 9등급 (영역별 등급) – 문제은행식

대학의 전형	일반전형/ 다양한 특별전형 논술, 서류, 심층면접 등 다양한 전형방법	대입 전문화 경로 - 일반계, 동일계, 사회 공헌도, 전공특수성, 특별전형, 정성평가 자율화	대입 전문화 특별전형 활성화

8월 18일 다시 교육혁신위원회 본회의가 열렸다. 다음 날 '국정과제회의'에 상정할 조정안을 논의하기 위한 자리였다. 당시 위원들은 혁신위가 처음 제시했던 방안과 차이가 있다는 이유로 혁신위의 정체성 문제까지 거론하며 반발했다. 하지만 공청회를 열어서 혁신위의 원래 의도를 충분히 개진하기로 하고, 원안을 받아들였다.

8월 19일 노무현 대통령과 청와대 및 정부 관계자들이 참석한 가운데 제53회 '국정과제회의'가 열렸다. 교육혁신위원회가 제안한 '학교 정상화를 위한 2008 대입제도 개선안'이 안건으로 상정되었다. 처음부터 방안 수립을 주도했던 김민남 위원은 참석하지 않았지만 참석자들 사이에서 많은 토론이 벌어졌다. 마지막으로 노 대통령은 회의를 정리하면서 다음 세 가지를 언급했다. 첫째, 수능 시험과 내신 모두 9등급으로 나누는 것 자체가 천지개벽과 같은 변화라고 할 수 있다. 구체적인 방법은 추후 결정하자. 둘째, 교과 평가의 주체는 교사별로 평가하는 것이 옳다. 셋째, 교육 이력철이라는 용어는 생소하고 교과 학습의 수치가 완전히 배제되는 느낌을 주어 오해의 소지가 있다. 따라서 학교생활기록부라는 이름을 유지하고, 기록할 내용에 위원회가 생각했던 취지가 반영되도록 하자. 이러한 대통령의 생각에 대해 안병영 장관이 교육 현장의 현실을 볼 때 교사별 평가를 시행하기에는 어려움이 많다고 호소하자, 노 대통령도 이를 받아들여 추후 다시 논의하기로 했다. 마지막으로 대통령은 대입제도 개선안은 교육부가 마무리해 발표하도록 주문했다. 이 회의를 계기로 2008학년도 이후 대입제도 개선 방안을 마련하는 주도권은 교육혁신위원회에서 교육부로 넘어갔다. 다만 그것은 갈등의 끝이 아니라 새로운 시작이었다.

8월 26일 교육부는 국정과제회의 결과를 토대로 만든 '2008학년도 이후 대입제도 개선 시안'을 발표하고, 여론 수렴을 거쳐 9월 중 최종 방안을 확정하겠다고 발표했다. 여기에는 ① 학교생활기록부는 원점수와 함께 평균 및 표준편차와 9등급을 표시한 석차 등급을 제공함으로써 대입 전형에서 내신의 반영 비중을 높이고, ② 수능은 점수 대신 9등급제에 따른 등급만을 제공해서 반영 비중을 줄이며, ③ 입학사정관제를 도입하는 등 학생 선발에서 특성화와 전문성을 강화한다는 내용이 포함되었다. 이 방안의 기본 취지는 학교 교육에서 학생이 보인 과정과 결과를 대입 전형의 중요한 자료로 활용할 수 있게 함으로써 교육의 중심축을 학교 안으로 가져온다는 것이었다. 또한 대학이 가진 학생 선발의 자율권을 확대하고 '여러 줄 세우기' 방식으로 학생을 선발한다는 2002 대학입학제도의 기본 정신을 계속해서 발전시켜나간다는 의미도 있었다. 급진적 방안보다 정책의 실현 가능성을 검토해서 점진적인 제도 개선을 추진한다는 것도 기본 방향으로 삼았다.

<2008학년도 이후 대입제도 개선 시안 주요내용>

• 학교생활기록부 반영비중 확대
  – 내신 부풀리기 방지를 위해 「원점수＋석차등급제」 도입
    · 원점수에는 평균과 표준편차를 함께 제공
    · 석차 등급은 9등급으로 제공
  – 교사의 교수-학습계획 및 평가계획·내용·기준을 사전에 공개
  – 독서 매뉴얼을 개발하여 독서 활동을 학생부에 기록

• 대학수학능력시험 개선
  – 수능 성적은 9등급으로만 제공 〈백분위, 표준점수 미제공〉
  – 출제방식을 문제은행식(item-bank) 체제로 전환
  – 연 2회 실시 및 2일에 나누어 시행하는 방안 검토

• 학생 선발의 특성화·전문화 강화
  – 「입학사정관제」 도입으로 대입전형의 전문화 체제 강화
  – 특수목적고 동일계 특별전형 도입(일반계 고교 학생 지원 가능)
    · 과학고 : 이공계열, 외국어고 : 어문계열
  – 사회통합을 위한 전형 활성화

그러나 교육부가 시안을 발표한 다음 대입제도를 둘러싼 논란은 새로운 양상으로 전개되기 시작했다. 일부 대학은 수능 시험의 점수를 등급제로 표기하게 되면, 고교 간 존재하는 학력의 차를 반영할 수 없게 되므로 본고사 방식의 논술 시험이나 심층 면접 고사를 실시할 수밖에 없다고 주장했다. 또한 당시 미국을 방문 중이던 고려대 어윤대 총장은 한국 특파원과 만난 자리에서 "고교 간 학력 격차를 입시에 반영하는 것이 당연하다"고 말하며, '고교 등급제' 도입의 불가피성을 주장해서 논란에 불을 지폈다.

이러한 상황이 전개되자, 안병영 장관은 직접 서한문을 내고 정부는 고교 등급제를 인정할 수 없다고 발표했다. 나아가 교육부는 내부적으로 고교 등급제를 적용하고 있다는 의혹이 제기된 6개 대학을 대상으로 실태조사에 나섰다. 그 결과 수시모집에서 사실상 고교 등급제를 적용해 다른 대학보다 서울 강남 지역 출신 학생과 특목고 학생을 훨씬 많이 뽑은 것으로 파악된 고려대, 연세대, 이화여대에 대해 2년 동안 10억 원의 재정 지원을 삭감하는 조치를 했다.

이어서 9월에는 '2008학년도 이후 대입제도 개선 시안'에 대한 공청회가 지역별로 열렸다. 전교조 등 진보적 교원단체와 시민 단체는 시안이 기대에 미치지 못한다고 주장하며 공청회 개최를 방해하려고 했다. 교총 등 보수적인 교원단체와 학부모·시민 단체도 수능의 등급제를 반대하고 나섰다. 진보 언론과 보수 언론 모두 각자 관점에서 정부가 제시한 방안에 대해 비판적인 기사를 쏟아 냈다. 앞서 불거졌던 교육혁신위원회와 교육인적자원부의 대립에 더해서 대학과 정부의 갈등까지 전선이 확대된 것이다. 이념적으로도 교육부는 진보와 보수 양 진영의 공격을 받는 처지가 되었다.

정부가 제시한 대입제도 개선 방안을 두고 사회적 갈등이 높아가는 상황에서 안병영 장관은 교육의 형평성과 수월성이 조화되어야 한다는 평소 교육철학을 바탕으로 중립적인 입장에서 상황을 관리하려고 애썼다. 노무현 대통령의 현실 감각과 균형 있는 판단력도 안병영 장관에게는 큰 도움이 되었다. 이는 고교등급제와 수능 9등급제에 대한 논란이 최고조에 이른 2004년 9월 30일 수석보좌관 회의에서 있었던 대통령의 주요 발언에서 엿볼 수 있다.

"내신의 신뢰성이 확보되지 않은 상황에서 (대학의 면접과 논술을) 막을 수 있겠는가? … 현재 대학들은 자율권을 더 요구하고 있는데 뺏어오겠다는 것은 어렵다. 그러므로 대학이 가지고 있는 것을 선용하도록 최선을 다할 수밖에 없다."

"내신이 완벽하지 않고 불신을 받으면서 자꾸 대학교 보고 '당신들은 구두 시험도 치지 말아라, 면접 시험도 치지 말아라, 눈 감고 뽑아라' 그런 건 불공평하다. 학교 스스로 책임져야 한다. 내신 신뢰도를 높이는 것은 교총과 전교조 사람들이 선두에 서서 해결해야 한다."

"대학도 수능 평가가 과목별 9등급이므로 더 요구해서는 안 된다. 내신을 9등급으로 자른 것만도 대단한 진보고, 수능을 9등급으로 자른 것만도 대단한 변화이다. 그런데 이걸 이제 무력화하려고 할 것이다. 이 무력화시키는 것을 최대한 방어해 나가야 한다."

"학생부의 실질반영률도 내신의 신뢰도와 더불어 조절해가는 것이 과제이다."

"고교등급화는 꼭 막아야 한다. … 학교 간 격차를 줄이도록 정부가 여러 가지 대책으로 최대한 도와줘야 한다. 공교육이 대학 수학을 위한 실질적인 능력, 창의력 교육으로 집중해줘서 내신 점수가 좋아서 합격한 사람이 대학교에서 수학 능력이 없다는 소리를 들어서는 안 된다. … 공교육을 제대로 받은 사람이 사회 경쟁에서 불이익이 없도록 될 때까지 국가가 책임지고, 공교육이 제대로 될 수 있도록 대학교도 협력해 달라."

그런 가운데 수능 시험의 1등급 비율 문제가 새로운 쟁점으로 부상했다. 전교조 등 진보 진영에서는 5등급제를 주장하고, 대학은 13등급 또는 15등급제를 요구하는 상황에서 교육부는 9등급제라는 타협안을 발표했는데, 이제 다시 1등급을 몇 %로 할 것인가의 문제를 두고 충돌한 것이다. 진보 진영에서는 5등급제를 양보해서 9등급으로 하게 되었으니 등급을 균등하게 나눠서 등급별로 각각 11%로 하자고 주장했다. 그러나 이러한 주장에 대해 청와대와 여당은 수능 시험의 변별력이 너무 약화돼 대학이 수용하기 어려울 것으로 판단하고, 4%를 주장하는 교육부와 11%를 주장하는 진보 진영의 의견을 절충한 7%로 대안을 제시했다. 이 방안은 노 대통령의 판단과 의지가 담겨 있는 것으로도 볼 수 있었다.

안병영 장관은 1등급 비율을 7%로 하게 되면 수능 시험의 변별력이 너무 줄고 학교생활기록부 성적의 상대적 비중이 높아져서 문제가 될 수 있다고 생각했다. 고교등급제 이슈가 다시 수면 위로 떠오르고, 대학들은 논술과 면접을 강화하는 등 부작용이 심각할 것이라고 예상했다. 고심 끝에 1등급 비율을 4%로 하는 방안이 적절하다고 결론을 내렸다. 하지만 이렇게 결론을 짓고 보니 교육부와 청와대가 대립하는 상황이 되어버렸다.

청와대는 여러 방법으로 교육부를 압박하기 시작했다. 그래도 장관이 입장을 굽히지 않자 마지막으로 10월 25일 오후 5시경 국무총리 공관에서 고위 관계자 회의를 열고 마지막 절충을 시도했다. 이해찬 국무총리가 회의를 주재하고, 청와대에서는 이정우 정책기획위원장, 문재인 시민사회수석비서관, 이원덕 사회정책수석비서관이 참석했다. 당시 여당이었던 열린우리당에서는 정봉주 국회의원이 나왔다. 교육혁신위원회에서는 전성은 위원장, 박도순 상임위원이 참석했고, 교육인적자원부에서는 안병영 장관과 김영식 차관이 참석했다. 격론이 벌어졌지만 입장 차이가 쉽게 좁혀지지 않았다. 다른 일정 때문에 이해찬 총리가 자리를 뜬 뒤에는 분위기가 더욱 가열되었다. 오후 7시 20분경 안 장관이 "이제 내 체력도, 이성도, 인내도 한계에 왔다"라고 말하며 자리를 박차고 일어났다. 그는 이원덕 수석에게 미리 준비했던 사직원을 억지로 떠맡기고 총리 공관을 떠났다. 이후 밤늦게까지 이해찬 총리, 안병영 장관 그리고 김병준 청와대 정책실장 사이에 많은 통화가 오갔다. 다음날 아침 이해찬 총리는 노무현 대통령이 1등급 4%를 받아들였다는 말을 전하면서 장관에게 사직원을 돌려주었다. 다음날 국회에서 열린 당정조정회의에서도 일부 의원은 1등급을 7%로 해야 한다고 주장했지만, 결국 교육부와 여당이 각자의 입장을 피력하는 모양새만 갖추고는 바로 끝났다. 2008학년도 대학입시제도를 둘러싼 정부 내의 정책 조정절차가 모두 마무리된 것이다. 물론 당시에는 이 내용이 언론이나 외부에 알려지지 않았다.

2004년 10월 28일, 안병영 장관은 '2008학년도 이후 대입제도 개선안'을 최종 발표한다. 지난 8월에 발표했던 시안의 내용을 중심으로 하면서, 1등급 비율을 4%로 한다는 것이 핵심이었다. 하지만 상황이 끝난 것은 아니었다. 당시 안장관은 2008학년도 이후 대입제도를 발표하면서 새 제도의 성공 조건으로 '교육발전협의회'가 필요하다고 강조했다. 대학 입시처럼 온 국민이 관심을 두는 문제면서 집단 간 이해가 첨예하게 얽혀 있는 문제를 해결하려면 교육 주체 간의 '사회적 대타협'이 필요하다고 생각한 것이다. 이에 따라, 2004년 12월 중순경 손봉호 교수를 위원장으로 하는 '교육발전협의회'가 구성되었다. 여기에는 고교 교장, 대학 총장, 학부모 또는 시민 단체의 장, 교육혁신위원회 및 한국대학교육협의회 관계자, 교육감 및 부교육감, 정부출연 연구기관의 장, 대학 교수, 언론인, 경제계 인사 등 27명의 인사가 참여했다.

2005년 1월 초 안병영 장관이 퇴임했다. 그는 교육부 간부들에게 교육발전협의회를 잘 운영해서 대입제도에 관한 사회적 합의를 끌어내고, 이해관계 집단 사이에서 공감대를 넓혀가도록 간곡히 당부했다. 그러나 교육발전협의회는 별다른 성과를 거두지 못했다. 2005년 3월, 김진표 교육부총리가 참석한 가운데 첫 번째 회의를 했고, 이후 전체 회의를 4번, 분과 회의를 8번 했지만, 대입제도에 관한 사회적 합의를 끌어내는 데는 한계가 있었다. 교육발전협의회를 운영하는 교육부의 인식이나 역량도 '사회적 대타협'을 이끌어낼 만한 수준에는 미치지 못했다. 그러나 이후의 상황이 어떻게 돌아갔는지를 보면 알 수 있는 것처럼, 어쩌면 당시 우리 사회의 이념적, 정치적, 사회적 갈등의 골이 너무 깊어서 대입제도에 관한 대타협 자체가 어려운 환경이었던 것이 근본적인 요인이었을 수 있다.

'2008학년도 이후 대입제도 개선안'은 수립되는 과정만큼 발표 후에도 많은 우여곡절을 겪었다. 정책이 만들어지는 과정에는 교육혁신위원회, 교육부 그리고 청와대 등 정부 내 갈등이 심각했다. 하지만 정책이 발표된 후에는 학생, 대학, 언론, 야당 등 정부 밖 주체들의 반발이 컸다.

우선 학생 반발이 터져 나왔다. 새 대입제도가 적용되는 고교 1학년을 중심으로 촛불 시위가 열렸다. 학생들은 학교생활기록부 성적에서 원점수, 평균 및 표준편차, 석차 등급이 제공되면서 내신성적에 대한 부담이 증가하고, 논술과 심층 면접 등 대학별 고사의 비중까지 높아진다고 생각했기 때문이다. 2005년 5월에 시작되었던 고교생들의 촛불 시위는 우려와 달리 큰 파장 없이 지나갔지만, 이를 계기로 야당은 2008학년도 이후 대입제도의 문제점을 지적하면서 '3불 폐지'를 정치적으로 이슈화하기 시작했다. 이후 야당의 공격은 17대 대통령 선거가 치러진 2007년 12월까지 계속되었다.

2005년 12월, 대학들은 대학별 대입 전형 계획을 3년 전에 발표하도록 한 원칙에 따라 '2008학년도 대입 전형 기본계획'을 발표했다. 서울 시내 주요 사립대학의 대입 전형 계획을 살펴본 교육부는 학교생활기록부 비중이 작아지고, 대학별 고사의 비중이 커지고 있음을 감지했다. 따라서 대학들에 학교생활기록부 반영 비중을 높여달라고 강력히 권고하기 시작했다. 김진표 교육부총리는 2006년 2월, 주요 사립대학을 방문해서 협조를 요청하기도 했다.

2006년 3월, 어느 고등학생이 만든 '죽음의 트라이앵글—누가 우리를 미치게 하는가?'라는 동영상이 갑자기 큰 파장을 몰고 왔다. 학교생활기록부, 수능, 대학별 고사, 세 가지 모두를 잘해야 대학에 갈 수 있다는 압박감이 학생을 죽음으로 내몰고 있다는 내용이었다. 교육부는 새 대입제도를 통해 도입한 학교생활기록부와 수능 등급제의 취지를 설명하면서 적극적으로 학생 설득에 나섰다.

2006년 5월, 한국대학교육협의회는 2008학년도 대입 전형에 관한 입장을 채택해서 발표했다. 주요 내용은 2008학년도 대학 입시에서 학교생활기록부 반영 비율을 50% 이상으로 확대하고, 대학별 고사는 본고사 논란이 발생하지 않도록 최소화한다는 것이었다. 이는 사실 교육부의 강력한 요청에 따른 것이었다. 교육부도 차관을 단장으로 하는 '2008학년도 이후 대입제도 정착 추진단'을 구성해서 이를 뒷받침하고 나섰다.

2007년 2월, 경제협력개발기구(OECD)는 우리나라 고등교육 시스템을 검토하면서 본고사, 기여입학제, 고교 등급제를 금지하는 '3불 정책'이 대학의 자율성을 과도하게 제약하는 것이라고 지적했다. 이어서 3월에는 한국대학교육협의회가 '3불 정책'의 폐지를 정부에 건의하기로 결의했다. 이에 대해 김신일 교육부총리는 즉각 '국민에게 드리는 글'을 발표하면서, 2008학년도 이후 대입제도가 공교육 정상화를 위한 정책임을 호소하고 정부 방침에 변화가 없을 것임을 다시 확인했다. 김신일 교육부총리는 전국을 돌며 20여 회에 걸친 회의와 특강을 하면서 '3불 정책'은 학교 교육 정상화를 위해 불가피하다고 호소했다. 하지만 논란이 가라앉지 않자, 4월 6일 노무현 대통령이 직접 EBS에 출현해서 '본고사가 대학 자율인가?'라는 주제로 특강을 했다. 그러나 5월 한국대학교육협의회 회장에 취임한 이장무 서울대 총장은 '3불 정책'을 포함해서 대학 입시에서 대학이 가지는 자율권 문제를 개방적으로 논의할 필요가 있다고 언급함으로써 정부와 대학의 갈등은 더욱 깊어지는 양상을 보였다.

이러한 갈등이 벌어지는 가운데 또다시 문제가 터졌다. 6월 13일 연세대와 이화여대의 입시 관계자가 2008학년도 정시 모집에서 학교생활기록부 9등급 중 4등급까지 만점을 줘서 동점으로 처리하고 수능의 영향력을 높이는 방안을 검토 중이라는 언론 보도가 나왔다. 다른 대학도 이에 동조할 움직임을 보였다. 이에 대해 청와대는 내신성적 무력화 시도에 대한 대처 방안을 범정부 차원에서 마련하라고 지시했다. 6월 15일 한덕수 국무총리 주재로 대학 입시 관계 부처 장관 회의가 열렸다. 정부는 내신성적의 실질반영률을 의도적으로 낮추는 대학에 대해서 재정 지원 중단 등 강력한 제제를 내릴 것이라고 경고했다. 이후에도 정부의 경고와 대학의 반발이 반복되었다. 다만 6월 22일 서울·경인지역 입학처장협의회 회장단이 학교생활기록부의 실질 반영 비율을 확대함으로써 새 대입제도의 취지가 구현되도록 협조하겠다는 뜻을 발표했고, 교육부도 내신 반영률을 단계적으로 확대하는 방안을 수용하겠다는 '절충안'을 내놓으면서 대학과 정부의 갈등은 잠시 가라앉는 듯했다.

6월 26일, 청와대에서 전국 대학 및 전문대학 총장이 참석한 가운데 '고등교육의 전략적 발전 방안 보고회'가 열렸다. 이 자리에서 노무현 대통령은 대학 총장들에게 2008학년도 이후 대입제도에 대한 협조를 당부했다. 그러나 대학 사회는 이를 대통령의 대학에 대한 '압력'으로 받아들이고, 대학과 정부의 갈등이 더 악화되는 상황으로 진행되었다. 연세대 교수평의회를 비롯해 주요 대학의 교수협의회까지 나서서 대학의 자율성 확대를 요구하는 성명을 발표하기에 이르렀다.

7월 4일, 김신일 교육부총리와 한국대학교육협의회 이장무 회장(서울대 총장)은 긴급 회동을 하고, 세 조항이 담긴 공동 발표문에 합의했다. 주요 내용은 2008학년도 이후 대입제도가 천명한 학교생활기록부 중심의 대입 전형 원칙을 재확인하고, 학교생활기록부 반영 비율을 사회가 이해할 만한 수준까지 단계적으로 확대해 가도록 노력한다는 것이었다. 이를 계기로 정부와 대학의 갈등은 점차 진정되었다. 청와대 역시 더 이상의 갈등 상황이 진행되기를 원하지 않아 이후 수습되는 국면으로 들어섰다.

하지만 제17대 대통령 선거 결과는 '2008학년도 이후 대입제도'에 직접적인 영향을 가져왔다. 여당 후보와 500만 표 이상의 큰 차이로 이명박 후보가 당선되면서 자신감을 얻은 대통령직인수위원회는 매우 과감한 개혁 조처를 해 나갔다. 2008년 1월, 당장 2009학년도 대입부터 수능 등급제를 폐지하고, 수능 등급과 표준 점수 및 백분위 점수를 함께 제공한다고 발표했다. 새 정부가 미처 출범하기도 전이었다.

특히 노무현 정부에서 그토록 치열한 논쟁과 갈등을 거쳐 탄생하고, 3년의 예고 기간에 여러 당사자들 사이에서 또 한 번의 힘겨운 줄다리기를 해야 했던 '2008학년도 이후 대입제도'의 핵심인 수능 등급제는 단 한 번의 시행을 마지막으로 허망하게 폐지되었다. 새롭게 들어설 정부의 맹렬한 기세 앞에서 '2008학년도 이후 대입제도'는 대통령직인수위원회가 변경할 수 있는 것인지에 대한 문제의 제기나 대입제도 변경을 위한 사전 예고 원칙 같은 것은 끼어들 여지도 없이 역사 속으로 사라지고 말았다. '2008학년도 이후 대입제도'는 우리나라에서 대입제도가 갖는 다양하고 복잡한 정치적 측면과 제도의 결정과 집행 과정에서 나타날 수 있는 다양한 갈등의 양상을 가장 잘 보여준 사례가 될 것이다.

대입제도 정책 결정 과정의 교육정치학

교육은 정치적으로 중립이어야 한다. 우리 헌법 정신이다. 교육에는 정파적 의도가 스며들어서는 안 된다는 의미일 것이다.

반면 교육 정책은 정치적으로 중립일 수 없다. 선거 때마다 후보들이 다양한 교육 공약이 내세우는 것은 교육 정책이 정치적으로 중립일 수 없다는 명백한 증거다. 또 교육 정책은 많은 사회 문제와 긴밀히 연계되어 있고, 다른 정책과도 영향을 주고받는 정책 생태계의 한 부분이다. 나아가 교육 정책은 '교육 기회'라는 사회적 가치를 배분하는 문제와 연결되어 있어서 학생과 학부모, 학교와 교사, 대학, 지역사회 등 여러 당사자가 서로 다른 이익을 추구하는 영역이다. 이 점에서 교육 정책은 본질에서 정치적일 수밖에 없다. 어떤 면에서는 오히려 이념적 경쟁과 갈등, 정치적 타협, 이해의 조정 등을 거치면서 교육 정책은 성장하고 발전하기도 한다.

교육 정책 중에서 대입 정책은 특히 이런 정치적 측면을 가장 많이 내포한 영역이다. 대입제도는 교육 기회의 배분은 물론 신분 이동, 사회 구조의 변화까지 가져올 수 있는 엄청난 영향력을 가졌고 이를 둘러싼 정치적 집단 간의 경쟁과 갈등이 치열하기 때문이다. 따라서 대입제도에 관한 분석을 할 때는 이를 둘러싼 다양한 주체들의 역학관계와 정치적 역동성을 세밀하게 들여다볼 필요가 있다. 이는 대입 정책의 발전 차원에서도 필요한 일이다.

아직 우리 학계에서 대입제도 결정 과정에 대한 정치학적 분석은 미미하다. 교육 분야에서는 정치적 중립성이라는 가치를 중시하는 분위기 때문인지 정치학보다는 행정학적 관점에 기초한 가치 중립적 분석이 대세를 이루고 있다. 또한 한국 교육학계에는 교육정치학을 전공한 학자가 많지 않고 그 학문적 정체성이 충분히 정립되지 못한 것도 이유일 것이다. 그러나 대입제도에 내포된 다양한 가치와 이념적 요소들을 생각하면 이 분야만큼 정치학적 분석이 요구되는 분야도 드물다. 대입제도 결정 과정에 대한 깊이 있는 정치학적 분석은 교육정치학의 학문적 성숙에 기여할 수 있을 뿐만 아니라 심각한 갈등을 동반하지 않고도 합리적인 대입제도를 만드는 데에도 큰 도움을 줄 수 있을 것이다.

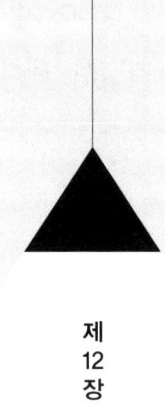

제
12
장

대입제도,
어디로 가야 하나?

새로운 대입제도가 갖추어야 할 기본 가치 :
공정성, 교육적 타당성, 대학의 자율성

시대정신을 뒷받침할 대입제도의 '공정성'

1945년 광복 이후 우리 사회는 급격한 변동을 겪었다. 타고난 혈연이 중요했던 봉건적 신분 질서가 서서히 무너졌고, 일제가 떠난 빈자리는 누군가에 의해 채워져야 했다. 오직 실력으로 겨루는 '교육'이 계층 이동을 위한 공정한 수단이자 사회 엘리트 충원의 관문 역할을 했다. 모두가 가난했던 시대, 사교육이란 것도 흔하지 않았던 시대였기 때문에 능력이 뛰어나면 명문 학교에 갈 수 있었고, 명문대 졸업장은 출세를 보장했다. 대입제도는 마치 과거 제도처럼, 암암리에 신분 제도적 기능을 수행한 것이다. 사람들은 시험만 공정하다면 누구나 결과에 승복했다. 정부의 역할은 공정한 시험 관리, 즉 절차적 공정성을 유지하는 것이었다. 이후에도 대입제도를 지탱하는 강력한 가치로 무엇보다 우선해서 공정성이 요구되었다.

어느 사회나 그렇듯 부모가 자신이 일군 부와 지위를 대물림하고 싶은 것은 인지상정일 것이다. 부모들은 자식이 좋은 교육을 받아서 명문 대학에 갈 수만 있다면 무엇이든지 하겠다는 헌신의 마음이 있게 마련이다. 그 마음을 비집고 들어와 슬며시 자리 잡은 것이 과외, 즉 사교육이었다. 내 자녀를 도와서 시험을 잘 보게 하고, 다른 집안 자녀와는 차별화를 가능하게 해주는 은밀한 교육적, 사회적 도구였다. 어떤 해외 학자는 이러한 현상을 한국의 '교육열(education fever)'이라고 표현했다.

1990년 IMF 외환위기를 맞아 중산층이 무너지면서, 사회 양극화 현상이 두드러지기 시작했다. 이때에도 상류층은 다른 계층과 차별화하거나 가문의 지위를 영속화하는 수단으로 '교육'이 효과적이라고 생각했고, 자녀의 명문고 또는 명문대 진학을 위해 투자를 아끼지 않았다. 필요하다면 유학이라는 대안도 있었다. 과외 금지가 위헌 결정을 받으면서 해제되자 '사교육' 열풍은 더욱 번성했다. 시험 성적을 매개 고리로 대학 입시에 영향을 미치고 결국은 사회 계층 분화에까지 영향을 미치는 반갑지 않은 상황이 되었다.

교육 양극화가 사회 양극화로 전이되는 상황을 보면서, 출발점에서의 교육 기회를 균등하게 보장하는 것으로는 사회 양극화를 해소할 수 없다는 인식이 나타나기 시작했다. 시험만 공정하게 치러지면 된다는 '절차적 공정성'에 대한 믿음이 한계를 드러내기 시작한 것이다. 원래 3루에서 태어났지만, 자신이 3루타를 쳐서 거기까지 왔다고 생각하는 사람들을 보면서, 절차적 공정성만으로는 진정한 공정을 이루기 어렵다는 주장도 나왔다. 이들은 교육이 특히 사교육을 통해 계층 이동을 돕는 윤활유가 아닌 사회적 재생산에 이바지하는 제도가 되었다고 비판한다. 이에 따라 대입제도는 절차적 공정성뿐만 아니라 결과적 공정성까지도 보장할 수 있어야 한다는 주장이 점점 설득력을 얻고 있다. 교육이 계층 이동의 사다리가 될 수 있도록 복원해야 한다는 것이다. 그것이 절차적 공정성이든 결과적 공정성이든, 공정성은 이제 시대정신이 되었고 대입제도가 지향해야 할 중요한 가치가 되었다.

교육 제도로서 대입제도의 '교육적 타당성'

대입제도를 지탱하는 또 다른 가치는 교육적 타당성이다. 교육에서 경쟁은 무엇을 위한 경쟁이고, 누구와의 경쟁이어야 하는가? 교육에서 경쟁이 가장 고조되는 시기는 대학 입시 단계이다. 누구나 가고자 하는 명문대 입학자 수는 정해져 있어서 추첨 같은 극단적 방법을 쓰지 않는 이상 응시자 간 경쟁은 불가피하다. 경쟁은 통상 시험 상황에서 최고조에 달한다. 경쟁의 부정적인 면을 강조하는 사람들은 시험을 폐지해서 경쟁 자체를 없애야 한다고 주장할 정도다. 누가 누가 잘하나 식의 경쟁은 교육의 본질이나 목적에 부합하지 않을뿐더러, 지금처럼 과열된 경쟁은 학생의 진정한 성장과 발달을 오히려 저해할 수 있다는 것이다.

반면, 교육에서 경쟁이 가지는 의미를 긍정적으로 바라보는 견해도 있다. 경쟁이 건전하게 이루어지면 학습 동기를 유발하고 더 높은 수준의 성취를 끌어내는 촉매제가 될 수 있다는 것이다. 지금까지 우리 사회가 일구어 온 경제 성장과 사회 발전도 건전한 경쟁을 통해 우수 인재를 길러냈기 때문이라고 해석한다. 교육뿐만 아니라 자본주의 사회에서 경쟁은 개인을 움직이게 하는 동인(動因)일 뿐만 아니라, 사회적 차원에서 효율을 달성할 수 있는 시스템이라고 믿는다.

이제 경쟁, 시험, 공정성 그리고 교육적 타당성의 관계를 살펴보자. 우리 사회에서는 부모 같은 외적 요인이 배제된 상태, 즉 학생이 오직 자신의 실력만으로 경쟁하는 것이 가장 공정한 시스템이라는 인식이 널리 퍼져 있다. 이에 적합한 것이 바로 시험이다. 시험이야말로 공정한 경쟁을 보장하는 것이고, 시험 점수를 바탕으로 하는 학생을 선발하는 것이 공정한 제도라는 믿음이 있다. 하지만 이러한 점수 위주 경쟁과 선발 체제는 교육적인 면에서 한계가 분명하다. 고차적인 사고력, 문제해결력, 인성 같은 자질과 역량은 교육적으로 중요한 것임에도 불구하고 이를 시험이라는 도구를 활용해서 평가하기 어려울뿐더러, 그 정도를 양적인 점수나 수치로 나타내기도 어렵다. 따라서 종종 시험을 통해 평가하는 내용에서 제외된다. 대학에서 공부하는 데 꼭 필요한 글쓰기 능력을 측정하는 논술 시험이나 문답을 통해 학생의 내적 성품과 능력을 알아보는 구술식 면접에 대해서도 객관성이 떨어진다는 의혹과 불만은 여전하다. 시험에서 공정성을 중시할수록, 교육적으로 중요한 가치를 갖는 역량의 평가는 배제되는 결과를 낳는다. 이처럼 공정성과 교육적 타당성은 서로 배치되는 경우가 많다.

대입제도는 공정성을 본질적으로 훼손하지 않는다는 전제 아래 최대한 교육적 타당성을 추구해야 한다. 특히 대입제도가 고교 교육에 직접적인 영향을 미치는 상황에서 대입 전형을 단지 공정하게 적격자를 선발하는 수단으로만 인식하고 교육적 타당성을 도외시한다면 교육의 황폐화는 불 보듯 뻔한 일이다. 예컨대, 대입제도의 공정성 확보를 이유로 수능 점수 위주로 학생을 선발하는 정시 모집 비중을 40%까지 확대한 정책은 학교 교육의 정상화에 크게 기여한 것으로 평가받는 학교생활기록부 종합전형을 약화하는 결과를 가져왔다. 학교에서 이루어지는 학업 활동의 성과, 진로 관련 활동, 다양한 교육 경험과 성취 등을 종합적으로 평가해 선발하던 전형이 점수에 기반을 둔 한 줄 세우기 전형으로 되돌아간 것을 의미한다. 이는 공정성을 이유로 교육적 타당성이 희생된 것으로 볼 수도 있다.

한편 경쟁이 교육적 부작용을 불러올 수 있다는 이유로 시험이나 선발에서 경쟁 요소를 완전히 없애야 한다는 주장도 지나치다. 경쟁이 가진 긍정적인 기능이 사라지고, 자칫 '빈대 잡으려다 초가삼간 태우는 격'이나 영국 속담처럼 '목욕물을 버리다 아이까지 버리는 격(Don't throw the baby out with the bathwater)'이 될 수 있다. 결국, 남겨진 과제는 대학 입학을 위해서 벌어질 수밖에 없는 경쟁을 '교육적으로 바람직한 경쟁'이 되도록 유도하는 것이다. 즉, 대입제도가 단순한 학생 선발을 위한 도구적 기능을 넘어 학생의 참된 성장과 발전에 도움을 주는 교육적 타당성까지 가질 수 있도록 설계하고 운영해야 한다.

대학 신입생 선발 제도로서 대입제도와 '대학의 자율성'

우리나라 헌법 제31조 4항은 "교육의 자주성, 전문성, 정치적 중립성 및 대학이 자율성은 법률이 정하는 바에 의하여 보장된다"라고 규정하고 있다. 이때 원하는 학생을 선발하는 것도 대학이 누려야 할 자율의 범위에 포함된다. 국가는 이를 최대한 보장할 책임이 있다. 그러나 지금까지의 현실은 그렇지 않았다. 대입제도가 미치는 교육적, 사회적 영향이 크다는 이유로 정부가 개입했고, 오늘날 대입제도는 정부가 주도하는 국가 제도가 되었다.

대학의 학생 선발권을 제약하게 된 배경에는 공교육을 정상화하고 대입에서 공정성을 추구하고자 하는 정부의 정책 의지가 작동한 것이지만, 대학에도 책임이 없다고는 할 수 없다. 대입제도가 수학 적격자 선발을 위한 장치를 넘어 교육과 사회 전반 그리고 국민의 삶에 미치는 영향이 큼에도 불구하고, 그동안 대학들은 학생 선발을 권리로만 생각해서 대학의 이해만을 반영하려고 했던 것은 아닌지 생각해볼 일이다. 나아가 대학들이 입학 전형을 통해 또 다른 헌법 가치인 균등한 교육 기회의 보장과 사회 통합의 정신을 구현하려고 노력했는지도 되짚어 봐야 한다. 이런 상황에서 우리 사회는 공교육 정상화, 교육의 기회균등, 대입 공정성을 추구하는 정부와 적격자 선발이라는 대학의 권리가 대립하거나 충돌하면, 정부의 손을 들어주었다. 이런 역사가 반복되면서 헌법 규정에도 불구하고 대학의 자율은 위축되는 길을 걸어왔다.

이제는 발상의 전환이 필요하다. 정부가 개입하게 만든 명분이나 이유를 원천적으로 해소하는 것이 필요하다. 이는 대학의 입장에서도 대입 전형을 오직 수학 적격자 선발이라는 수단으로만 인식하지 않고, 공익도 함께 추구하는 사회적 장치로 운용하는 것이다. 대학 입학과 관련해서는 정부보다 대학의 영향력이 더 크다. 대학이 학생 선발의 당사자이고 전형의 주체이기 때문이다. 대학이 이렇게 나서면, 정부와 사회는 대학을 더욱 신뢰하고 더 많은 자율을 부여하자고 나설 것이다.

세 원칙 각각의 한계 그리고 상호 균형과 조화의 필요성

대입제도가 객관성이나 공정성을 극단적으로 추구하게 되면, 교육적 타당성이나 대학의 자율성이 훼손될 수 있다. 또한 대학 서열 구조가 지속되는 가운데 대입제도가 공정성에만 집착하면 대입제도의 신분 제도적 특성이 더 강화될 가능성도 있다. 또한 대입제도의 형식적 공정성만을 과도하게 강조해서 소수 집단이나 사회적 약자 집단을 적극적으로 배려하지 않는다면, 대입제도의 정당성이 위협받을 수도 있다.

대입제도의 교육적 타당성만 지나치게 중요시하면, 공정성이 크게 훼손될 수 있다. 교육적 타당성은 대입제도가 지향해야 할 가장 중요한 가치지만 학부모와 국민의 신뢰가 뒷받침되지 않은 교육적 타당성은 모래 위에 집을 짓는 것과 다르지 않다.

대학이 적격자 선발이라는 명분으로 학생을 선발하면서 사교육을 유발하거나 고교 교육과정의 정상적인 운영을 어렵게 하는 상황을 만들 때는 대학의 자율성에 대한 사회적 지지를 확보할 길이 없다. 대학의 자율성과 책무성은 동전의 양면이다.

우리나라 대입제도의 변천사를 들여다보면, 대입제도에서 공정성, 교육적 타당성, 대학의 자율성이 조화와 균형을 이루는 방향으로 진화했음을 알 수 있다. 세 가치 사이에서 불균형이 생기거나 어느 하나가 심각하게 훼손되면 거의 언제나 대입제도를 바꾸라는 사회적 요구가 분출했다. 앞으로도 대입제도를 개편하고자 할 때는 항상 이 세 가치가 조화와 균형을 이룰 수 있도록 지혜를 발휘하고 관련 집단의 협조를 구해야 한다.

대입 지원자 미달과 대입제도

저출산 영향으로 고교 졸업자 수가 대학 정원보다 줄어들고 있다. 상당수의 대학, 특히 지방 대학들은 학생 충원이 최대의 과제이다. 학생 입장에서 보면 대학 입학 자체는 별다른 어려움이 없을 것으로 전망된다. 앞으로 대학 입학을 위한 경쟁은 소수 명문 대학이나 수도권 대학 또는 일부 취업이 유망한 전공 분야에 집중될 가능성이 크다. 상대적으로 정원이 많지 않은 소수의 대학과 전공 분야에 입학하기 위한 경쟁은 여전할 것이다.

다행인지 불행인지 대다수 학생은 적어도 고교 2학년까지는 모두 명문대 입학을 꿈꾼다는 것이다. 이는 대입제도가 지금처럼 초·중등 교육 전반에 상당한 영향을 끼치게 될 것을 의미한다. 따라서 가까운 장래에 현 대입제도의 근본 틀을 획기적으로 바꿔야 할 필요성은 크지 않을 것이다.

학생 자원의 감소가 대학에게는 큰 위기임이 분명하지만, 한편으로는 학생 간 경쟁이 줄어들어 대입제도를 좀 더 교육적으로 설계할 수 있는 여건을 만들어 줄 수도 있다. 또한 COVID-19로 인해 교육 분야에서도 비대면 교육 활동이 크게 늘어나 그로 인한 교육 시스템 전반의 변화도 예상할 수 있다. 이러한 변화가 가져올 연쇄 효과와 그것에 대입제도가 어떻게 대응해야 할 것인가의 구체적인 내용은 아마도 시간이 더 지나야 정리될 수 있을 것이다. 그렇지만 이에 대비한 중장기 대입제도 개편 방안에 대한 기초 연구는 지금 시작할 필요가 있다. 물론 이 경우에도 세 가지 가치의 균형과 조화가 중요함은 당연하다.

고교교육 기여대학 지원 사업의
대폭 확대와 시행방법 개선

규제 중심 대입제도 정책을 유도 정책으로 전환

정부가 민간을 대상으로 시행하는 정책은 크게 두 가지 유형이 있다. 하나는 정부가 법령의 위임을 받아 어떠한 행위를 억제 또는 규제하는 것이고, 다른 하나는 정부가 여러 자원을 동원해서 특정 활동을 유도하거나 조장하는 것이다. 대부분 대학이 사립이고 자율이 중시되는 고등교육 분야에서도 두 가지 유형의 정책을 볼 수 있다. 특히 입시 제도는 규제와 지원이라는 두 가지 유형의 정책이 함께 작동한다.

대학 입시는 공교육은 물론 사회 전반에 미치는 영향이 크다는 점에서 대학의 자율을 무한대로 허용하기 어렵다. 그런 이유로 정부는 대학 입시와 관련해서 여러 규제를 하고 있다. 예컨대, 대학은 학생을 모집하는 시기와 방법에서 완전한 자율을 누리지 못한다. 입시의 예측 가능성을 높이기 위해 대입 전형은 반드시 사전 예고를 해야 하고, 대학은 이에 따라야 한다. 이러한 모두가 정부 규제가 작동하는 영역이다.

반면, 대입 전형의 공정성을 높이고 교육적 타당성을 확보하며 대학이 사회적 책무를 다할 수 있도록 유도하기 위해서는 규제적 접근 못지않게 대학의 참여와 협력을 이끌어내는 것이 중요하다. 대학이 좀 더 적극적으로 나서서 공교육 정상화와 사회통합을 끌어내는 입학 전형을 시행한다면 우리 교육은 물론 사회 전반에도 많은 변화를 일으킬 수 있다. 특히 학생들이 입학을 선호하는 명문 대학이 나서면 그 파급 효과는 더 커진다. 이처럼 대학이 나서도록 유도하기 위해서는 적절한 유인책을 제공하는 것이 필요하다.

이와 관련해서 정부가 시행하는 사업은 '고교교육 기여대학 지원 사업'이다. 사업 명칭에서 볼 수 있듯이 대학이 자율적으로 공교육의 정상화에 이바지하는 입학 전형을 운영할 때, 정부가 필요한 경비를 지원하는 사업이다. 이 사업을 시대적 상황에 맞게 개선하면 대학의 자율적 참여를 바탕으로 대입의 공정성과 교육적 타당성은 물론 사회적 책무성까지 높일 수 있는 계기를 마련할 수 있다.

대학 지원 규모를 매년 2조 원 규모로 확대하고 지원 방식도 개선

먼저 지원 방식을 바꿀 필요가 있다. 현재 사업 방식은 교육부의 선정 기준에 따라 대학의 입학 전형 방법과 결과 등을 평가해 지원 대학을 선정한다. 정부가 주도하는 방식이다.

앞으로는 대학이 그동안 경험과 자기 성찰을 통해 더 주도적으로 나서게 하는 방식으로 전환할 필요가 있다. 대학이 건학 이념과 사회적 책무성을 바탕으로 공교육 정상화와 교육 혁신, 나아가 교육의 기회균등 및 사회 발전에 기여하는 전형 방안을 수립해 시행하고 전문가들이 그 과정과 결과를 평가해서 재정을 대폭 지원하는 방식이다. 이때 평가를 담당할 위원회에는 교육계, 학계, 시민단체 등 공교육 혁신과 대학 입시 관련 전문가로 구성한다.

지원 규모는 현재 연간 560억 원 정도에서 연간 2조 원 규모로 확대한다. 연간 2조 원은 큰 예산이지만 대입제도의 영향을 크게 받는 사교육비 규모가 연간 20조 원을 넘은 현 상황에서 이 정도의 재정 지출은 큰 무리라고 할 수 없다. 개별 대학에 대한 재정 지원은 차등 지원을 원칙으로 하면서, 고교 교육의 정상화와 사회 발전에 미치는 영향이 큰 주요 대학에는 각각 연간 최대 1천억 원 정도까지 지원 규모를 대폭 확대할 필요가 있다. 이 정도의 재원이 확보되면 대학도 자발적으로 참여할 충분한 동기를 얻게 될 것이다. 지원 방식도 일정한 기간 안정적으로 지원할 수 있도록 대학과 정부가 협약을 체결하는 방식을 고려할 필요가 있다. 예산의 활용도 입학사정관 고용, 입학 설명회 같은 전통적인 입시 업무 외에도 대학 교육의 질 제고라는 목적에 부합한다면 폭넓게 사용할 수 있도록 블록 펀딩 방식의 포괄적인 지원이 바람직하다. 이것은 대학의 적극적인 참여와 입시 제도의 획기적 변화를 유도하는 데 매우 효과적일 것이다.

비록 사업의 타당성을 인정할 수 있다 하더라도 대규모 예산을 한꺼번에 증액한다는 것은 쉽지 않다. 따라서 정치적, 정책적 결단이 먼저 필요하다. 이 사업이 성공하면 공교육 정상화, 사교육비 경감, 나아가 사회 통합과 지역 균형발전에까지 상당한 파급 효과를 기대할 수 있을 것이다.

무엇보다 연간 2조 원 규모의 국고 예산을 새로 책정하는 것은 무리가 있다. 대신 교육 재정 범위에 포함되어 있는 지방교육재정교부금의 활용을 검토할 것을 제안한다. 지방교육재정교부금은 지방자치단체가 설립한 유·초·중등학교의 운영과 주요 교육 사업을 위해 중앙정부가 시도교육청에 지원하는 예산이다. 법령에 따라 내국세 수입의 20.79%에 해당하는 예산이 매년 자동으로 할당된다. 최근 세수가 확대되어 지방교육재정 규모는 늘어나는데 학생 수는 줄어들고 있어서, 재정 당국과 일부 전문가들이 지방교육재정 교부율을 줄이는 방향으로 세제를 개편해야 한다고 주장하고 있다. 그러나 이는 바람직하지 않다. 또한 교육재정을 줄이는 것은 교육계의 반발을 비롯해 여러 현실적인 이유로 쉽지 않은 일이다. 하지만 교육재정의 혁신과 관련된 사회적 요구도 외면할 수만은 없는 노릇이다. 따라서 교육계 내부에서 교육재정 구조를 큰 틀에서 살펴보고 합리적인 개선 방안을 모색하는 것은 필요하다.

'고교교육 기여대학 지원 사업'은 대학에 예산을 지원하는 사업이지만, 사업 목적은 초·중등 학교 교육의 정상화에 있다. 그렇기 때문에 지방교육재정의 일부를 활용할 충분한 명분이 있다. 또한 지원 대학을 선정하는 위원회에 시·도교육감이 추천하는 인사를 포함하고, 사업의 설계와 운영에 시·도교육감이 참여할 수 있게 함으로써 초·중등교육과 고등교육의 연계를 도모할 수 있다. 예산 당국인 기획재정부 입장에서도 국고 예산을 늘리는 것에는 매우 부정적이겠지만, 국고 예산으로 편성할 수도 있는 예산을 기존 지방교육재정을 활용해서 충당하는 것에 대해서는 동의할 가능성이 충분하다. 이렇게 되면 고등교육에 대한 국고 지원 비율이 OECD 평균보다 크게 낮은 불균형 문제를 개선하는 데도 도움이 될 것이다.

만약 사업이 시행되게 되면 그 관리도 중요하다. 지원 단계에서는 개별 대학의 '대학입학 전형 시행계획'을 꼼꼼히 심사해야 한다. 매년 대입 전형이 끝나면, 대학이 계획한 대로 대입 전형이 이루어졌는지, 실제로 해당 전형이 대입의 공정성, 공교육 정상화, 교육 혁신에 미친 영향은 어떠한지를 평가해 계속 지원 여부를 결정하도록 한다.

정부로부터 재정을 지원받은 대학은 해당 대학에 학생을 입학시킨 고교의 지역별 분포와 연도별 추세, 해당 대학에 학생을 특히 많이 입학시킨 고교의 분포와 연도별 추세, 소득 수준별 신입생 분포와 연도별 추세 등 대입의 '결과적 공정성'을 입증할 지표를 개발해서 제시하고 이를 이행하도록 한다. 만약 입시와 관련된 부정이나 불공정 사례가 발생하면, 이를 공표한 후 지원을 중단하거나 지원 예산을 대폭 감액하도록 한다.

• • •

고교학점제와 대입제도 개편

조급한 교육과정 개정과 대입제도 개편 계획

교육과정의 개정은 다른 여러 정책의 변화를 수반한다. 그렇지 않으면 정책에 엇박자가 생기고 여러 가지 부작용이 발생한다. 특히 우리나라처럼 대학 입학이 중요한 나라에서 만약 교육과정을 개정한 취지가 대입제도에 반영되지 않으면, 그 교육과정은 형해화(形骸化)하기 십상이다. 고등학교에서 이루어지는 실제적 교육과정도 다르게 운영될 수 있다.

그런 면에서 문재인 정부가 추진하는 고교학점제 기반 교육과정 개편은 여러 문제점이 우려된다. 2021년에 '2022년 개정 교육과정 총론 주요 사항'이 발표되었지만, 교육과정의 공식 고시와 관련 대입제도 개편은 다음 정부로 넘어갔다. 고교학점제의 내용이 바람직하다고만 전제하면 정책의 안정성과 지속 가능성 차원에서 다음 정부가 현 정부에서 발표한 내용 그대로 따라야 한다고 하겠지만, 역사가 가르쳐준 교훈은 그렇지 않았다. 정권이 바뀌면 정책도 바뀌는 것이 상례였다. 야당으로 정권교체가 되는 경우는 말할 것도 없고 여당 후보가 당선될 때도 정책의 연속을 장담할 수 없다.

이런 이유로 문재인 정부가 임기 말에 추진한 고교학점제는 다음 정부의 정책 결정 권한을 충분히 고려하지 않은 '대못 박기'라는 비판을 받을 수 있다. 한번 정했으면, 정부가 바뀌어도 무조건 따라야 한다는 생각은 현실에서의 민주주의 실천과 부딪히는 면도 있다. 국민의 선택을 받은 새 정부는 나름의 철학과 이상을 품고 국정에 임하게 된다. 반드시 지난 정부의 정책을 이어받지 않을 수도 있다. 이럴 때 피해는 고스란히 학생과 학부모에게 돌아간다. 따라서 정부와 정책 담당자는 이상에만 치우치지 않고 현실도 충분히 고려하면서 매우 신중하게 정책 결정에 임해야 한다. 문재인 정부가 발표한 고교학점제를 반영한 국가 교육과정 개정 일정은 다음과 같다.

1. 2021년 하반기 : 2022년 개정 교육과정 주요 사항 발표
2. 2021년 하반기~2022년 : 국가 교육과정 총론 및 각론 시안 개발 연구
   ※ 2022년 3월 9일 제20대 대통령 선거일(5월10일 임기 시작)
3. 2022년~2024년 : 고교학점제 연구·선도학교 지정 또는 전면 적용(경기도)
4. 2022년 하반기 : 2022년 개정 교육과정 총론 및 각론 고시
5. 2024년 3월까지 : 국정 교과서 개발 및 적용
6. 2025년 3월까지 : 검인정 교과서 개발 및 적용
7. 2024년 상반기 : 2028학년도 대입제도 개선 방안 발표
8. 2027년 하반기 : 2028학년도 대입제도 시행

먼저 문재인 정부는 다음 정부가 출범하기 전에 '2022년 개정 교육과정 총론 주요 사항'을 발표했다. 따라서 차기 정부는 출범 후 불과 몇 개월 만에 고교학점제를 골간으로 하는 '2022년 개정 교육과정'의 총론과 각론을 확정해서 고시해야 하는 부담을 갖는다. 다음 정부로서는 대입제도에 미치는 영향까지 숙고해서 결정해야 하는데, 촉박한 일정이다. 만약 다음 정부가 고교학점제를 비롯해 이번 정부가 결정한 개정 교육과정의 주요 내용에 동의하지 않는다면 문제는 더 커지고, 학교 현장은 혼란에 빠질 것이다. 이것은 이상(理想)과 당위(當爲)가 아닌 현실의 문제이다.

이런 이유로 교육과정 개정 같은 중요한 정책의 결정은 정부가 출범한 후 최소한 1년 정도의 기간을 거친 후 시행하는 것이 바람직하다. 교육과정을 심의하고 의결할 권한을 가진 '국가교육위원회'도 2022년 7월 이후에나 발족할 수 있을 것으로 전망된다. 교육과정 개정은 위원회의 심의 사항인데도 이번에는 예외로 한 것도 자연스럽지 않다. 나아가 위원회에서 심도 있는 논의를 하려면 더 많은 시간이 필요하다.

한편, 현행 고교학점제 종합 추진계획에 따르면, 시·도교육청이 2022년부터 고교학점제 연구·선도학교를 지정해 운영할 수 있도록 하고 있다. 그러나 고교학점제를 포함한 2022년 개정 교육과정은 교과서를 개발해서 학교에 배포하는 2025년에 본격적으로 적용된다. 원래 연구학교 제도의 취지는 교육과정을 비롯한 중요한 교육 정책을 시행하기에 앞서 일부 학교에 우선 적용해봄으로써 기대했던 효과가 제대로 발생하는지, 예상하지 못한 부작용이 있는지를 점검하고 확인하기 위한 것이다. 즉, 연구 또는 시범학교를 운영해서 여러 사항을 미리 점검한 후에 정책을 최종적으로 결정하고 시행하기 위한 것이다. 따라서 일부 시·도교육청이 고교학점제 교육과정이 고시되기도 전에 모든 고등학교를 선도학교로 지정하겠다고 결정한 것은 너무 급할 뿐만 아니라 편법이라는 비난을 받을 소지가 크다.

추진 일정의 재조정 필요성

현재 계획대로 다음 정부 출범 후 2022년 하반기에 교육과정을 확정 고시하고, 약 1년 반이 지난 뒤인 2024년 상반기에 '2028학년도 대입제도'를 발표하는 일정은 상당히 무리한 계획이다. 차기 대통령 선거 및 다음 정부의 국정 운영 일정을 고려할 때, 고교학점제를 반영한 국가교육과정은 현실적으로 2023년에 최종적으로 확정될 가능성이 크다. 즉, '2022년 개정'이 아닌 '2023년 개정 교육과정'이 될 수 있다. 특히 수능 시험 체제 개편 방안은 새로운 교육과정을 확정하면서 함께 발표해야 학교 현장의 혼란을 예방할 수 있다는 점에서도 지금의 일정은 재검토할 필요가 있다.

고교학점제를 반영하는 교육과정의 미래는 우선 다음 정부가 이를 자신의 정책으로 승계할 것인지에 달려 있다. 또한 다음 정부가 받아들인다면, 새로운 수능 시험 체제를 비롯한 대입제도 개편 방안이 교육과정 개정과 함께 맞물려 추진되어야 현장의 혼선을 막을뿐더러 교육과정 개정의 효과도 발휘할 수 있을 것이다. 과거 문·이과 통합형 교육을 지향했던 '2015년 개정 교육과정'도 정부가 바뀌면서 대입제도 개편과 순조롭게 연계되지 못하고 표류했던 경험이 있다. 과거 사례를 반면교사로 삼을 필요가 있다.

고교학점제와 대입제도 개편

국가교육과정과 수능 시험 체제는 밀접한 관련을 맺는다. 수능 시험은 국가교육과정을 바탕으로 결정되고, 역으로 고등학교에서 운영되는 실제 교육과정은 수능 시험 체제의 영향을 받는다. 따라서 교육과정을 개편할 때, 새로운 수능 시험 체제를 함께 발표하는 것이 정석이다. 그렇지 않고 시차를 두면, 국가의 '공식적 교육과정'과 학교에서 운영되는 '실제적 교육과정' 사이에 시차가 생길 수 있고 학교 현장은 혼란에 빠지게 될 가능성이 크다.

교육과정과 수능 시험 체제의 관계에서 특히 중요한 부분은 고교 교육과정 중에서 모든 학생이 이수할 '공통 이수 범위'를 어떻게 설정하느냐이다. 공통 과목이 적고, 선택 과목의 폭이 커지면 학생의 선택권을 확대한다는 면에서 바람직하다. 하지만 수능 시험 맥락에서 보면, 학생의 선택 과목에 따라서 유리하거나 불리한 문제가 발생할 수 있다. 학생들이 자신의 진로와 관련해서 교과목을 선택하기보다 높은 성적을 받는 데 유리한 과목을 선택할 가능성이 크다. 실제로 2021학년도 수능 시험의 경우, 제2외국어 또는 한문 영역에서 '아랍어' 과목을 선택한 학생은 67.95%에 달했다. 이 학생들이 모두 대학에서 아랍어를 전공하거나 관련 분야로 진로를 설정했다고 보기는 어렵다. 이렇게 볼 때, 2021년 교육부가 발표한 '고교학점제 종합 추진계획'과 이를 담은 '2022년 개정 교육과정 총론 주요 사항'은 여러 면에서 재검토가 필요하다.

공통 교과 이수 단위의 비중

교육부가 발표한 '고교학점제' 체제에서 고등학교 학점 배당 기준(안)에 따르면, 국어, 수학, 영어, 사회, 과학 교과군의 공통 이수 학점은 48학점으로, 전체 192학점의 25%에 불과하다. 필수 학점도 전체 이수 학점의 43.8% 수준이다. 이는 학생들의 교과목 선택권을 대폭 확대하겠다는 것이다. 하지만 학생의 진로 성숙 수준은 물론 다른 나라의 교육과정과 비교해볼 때, 공통 교과와 필수 이수 학점의 비중이 지나치게 줄어든 것은 아닌지 재검토할 필요가 있다.

〈표 17〉 각국 교육과정의 필수 및 선택 교과목 이수 단위

		총계	필수	선택
미국(캘리포니아주)		210	150 (71.4%)	60 (28.6%)
캐나다(온타리오주)		30	18 (60.0%)	12 (40.0%)
중국		144	116 (80.6%)	28 (19.4%)
일본		74~90	38 (42~51%)	36~52 (49~58%)
핀란드		71~79	47~51 (65~66%)	24~28 (34~35%)
한국	현행	204	94 (46.1%)	110 (53.9%)
	고교학점제	192	84 (43.8%)	108 (56.3%)

공통 과목의 비중이 작고, 고교 2학년과 3학년 교과가 선택 과목을 중

심으로 채워지면, 수능 시험 체제는 당연히 선택 과목을 중심으로 이루어질 수밖에 없다. 전문가들은 학생들이 고등교육을 이수하는 데 필요한 기초 학업 역량을 충분히 익히지 않고, 대학에 진학할 수 있다는 우려를 제기하고 있다. 또한 과목 선택도 교육적 필요보다 대학 입시에 유리한 과목을 중심으로 이루어질 가능성이 크다.

'2015년 개정 교육과정'에서도 공통 교육과정의 비중이 너무 작다는 지적이 있었고, 이를 반영한 수능 시험도 너무 많은 선택과목이 있어 혼란이 벌어지고 있다. 이러한 경험에 비추어 볼 때, 나중에 수능 시험 체제를 통해 이 문제를 해결하기보다는 교육과정을 적절하게 개편하는 것이 교육과정의 본래 취지에 더 맞을 것이다.

선택 과목 종류와 성격의 불분명

교육부는 선택 과목을 일반 선택, 융합 선택, 진로 선택으로 나누어 제시하고 있다. 이처럼 과목 체계가 복잡하면 수능 시험 체제가 이를 소화하기 어렵다. 물론 교육과정의 개정 방향에 따라 수능 시험 체계를 바꾸는 것이 원칙이지, 수능 시험 체제를 미리 고려해서 선택 과목 체계를 개발하는 것은 바람직하지 않을 수 있다. 그러나 이상과 현실은 다르다. 자칫하면 국가교육과정이 정한 내용대로 교육과정이 운영되는 것이 아니라 수능 시험 체계에 따라 교육과정이 운영될 가능성이 크다.

우선 '일반 선택' 과목은 폐지하는 것이 바람직하다. 기초적인 내용은 공통 과목으로, 고급 내용을 '진로 선택' 과목으로 옮기는 것을 고려할 수 있다. 고교 현장에서 시행하기 어렵고 모호한 '융합 선택' 과목도 '진로 선택' 과목에 통합하는 것이 바람직하다. 마지막으로 '진로 선택' 과목은 현행 방안이 복잡할뿐더러, 실제로 대입제도와 연계가 어렵고, 그동안 점수 따기 쉬운 과목 중심의 시험과목 선택 관행을 볼 때 생각했던 만큼 교육적 효과를 발휘할지도 미지수이다. 대안으로 현행 '2015년 개정 교육과정'의 교과목 편제를 전면 개편해서 학생들의 실제 진로와 관련된 교과목으로 재편하는 것을 검토할 수 있다. 특히 일반고 학생들은 대부분 대학 진학을 염두에 두고 있다는 점에서, '진로 선택' 과목을 대학에서 가르치는 '기초 학문' 분야(언어학, 문학, 역사학, 철학, 사회학, 심리학, 경제학, 정치학, 법학, 교육학, 물리학, 화학, 생명과학, 기계공학, 재료공학, 전기·전자공학, 건축학, 인공지능 등)와 연계하는 방안을 고려할 수 있다. 나아가 대학과 연계해서 미국의 AP(advancement placement) 제도와 같은 '대학 학점 선이수 제도'로 발전시키는 방안도 검토할 수 있다. 이를 위해서는 고등학교에서 가르치는 '진로 선택' 과목들이 대학에서 배우는 개론 수준의 질을 가져야 한다. 관련해서 과목을 전공한 교사 또는 해당 분야 박사학위 소지자를 강사로 초빙해서 가르치거나, 학생들이 대학 강의를 직접 듣는 방안까지 다양한 방안을 고려할 수 있다. 마지막으로 3학년 2학기 진로 선택 과목의 경우는 수시 모집으로 대학입학이 결정된 학생을 대상으로 하는 실용적 성격의 과목(실용 법률 상식, 여행 영어, 성교육 등)을 다양하게 운영하는 방안을 검토할 수 있다.

통합 사회와 통합 과목 교육 문제

교육에서 학생의 선택권을 존중하고 확대하는 것은 중요하다. 더욱이 '맞춤형 교육'이 대세인 오늘날 학생의 진로 설계를 돕고 기본적인 지식을 습득할 수 있도록 하는 '선택 중심 교육과정'을 운영하는 것은 교육적으로도 타당하고 매력적이다. 하지만 선택 중심 교육과정을 운영할 때도 교육적으로 고려할 사항이 있다. 첫째는 교과 지식의 편식 문제이다. 현재는 날로 분화하는 학문 분야를 답습해서 고교 단계에서의 교과목도 세분화하는 추세이고, 학생들은 이 중에서 선택하는 상황이 벌어지고 있다. 하지만 심화 지식을 접하기 전에는 기초 지식을 균형적으로 함양하는 것은 바람직하다.

다음으로 현실 세계에서는 수능 시험 과목을 일찍 선택해서 시험 준비 차원에서 학습을 진행하는 학생이 많다. 하지만 앞으로 평생에 걸쳐 직업이 서너 번 이상 바뀌고, 융합 사고와 창의적 문제해결 역량이 중요해진다. 따라서 세분화하는 교과목을 많이 늘리는 것보다 통합적 교과목을 강화하는 방향으로 교육과정을 운영할 필요가 있다. 이러한 문제를 개선하기 위해 '2015년 개정 교육과정'은 '통합사회'와 '통합과학' 과목을 도입했다. 이 과목들을 고교 1학년 단계에서 기초 입문 성격의 교과목으로 운영하거나, 이수 단위를 확대해서 통합사회 II와 통합과학 II를 추가로 신설해 고교 2학년 또는 3학년 과정에서도 학습할 수 있도록 하는 방안의 검토가 필요하다. 통합사회 II와 통합과학 II의 경우는 저학년 과정에서 각 학문 분야별 교과목을 수강한 후, 고학년 과정에서 이를 융합해서 학습하는 융합적 통합 교과목을 개발해 운영하는 것을 고려할 수 있다.

대입제도 개편 방향 :
3대 전형 요소의 균형과 조화

대학수학능력시험, 학교생활기록부, 대학별 고사의 균형 반영

현행 대학입시제도의 특징은 수능 시험의 비중이 지나치게 크다는 것이다. 수능 점수를 바탕으로 합격자를 선발하는 정시 모집은 물론이고, 수시 모집에서도 일정 등급 이상의 수능 성적을 최저 학력 기준으로 요구하는 대학들이 많기 때문이다. 어느 전형을 택하든 수능 시험을 잘못 보면 낭패를 보게 된다. 그래서인지 우수한 성취를 보이는 학생까지도 수능에서 실수하지 않기 위해 마지막 순간까지 문제 풀이 학습을 반복하게 된다. 교육적으로 타당하지 않을뿐더러 개인이나 국가 차원에서도 낭비가 아닐 수 없다.

이처럼 수능 성적에 따른 합격자 선발을 중시하게 된 배경에는 공정성에 대한 사회적 요구가 있다. 한날한시에 모여서 홀로 치르는 수능 시험은 부모의 영향을 배제할 수 있고, 객관적인 점수를 바탕으로 당락을 결정하기 때문에 부정이나 비리가 발생할 가능성이 적다는 믿음이 있다. 그러나 실제로는 그렇지 않다. 수능 같은 표준화 시험이 외형상으로는 공정해 보일지 모르지만, 실제로는 부모의 사회경제적 지위가 학생의 시험 성적이 미치는 영향이 크다는 것은 많은 연구로 밝혀졌다. 따라서 수능 시험 성적의 영향을 낮추는 방향으로 대입제도를 개편할 필요가 있다. 아울러 학생의 진로 관련 활동과 학습 경험을 촉진하고 공교육의 정상화에도 도움이 되는 학교생활기록부 기재 내용의 반영 비중을 확대할 필요가 있다. 고등학교 3년 동안 거둔 학업 성적은 학생의 학업 역량과 성취 수준을 잘 나타내는 타당성 높은 평가 결과이기 때문이다. 또한 지방 또는 낙후 지역 학생들의 사회경제적 배경을 고려해도, 학교생활기록부 성적의 반영 비중을 높이는 것은 '결과적 공정성'을 높이는 방법일 수 있다.

학교생활기록부의 비중을 높이려면 변별력을 가져야 한다. 하지만 현행 대입제도는 공정성을 우려해서 학교생활기록부에 기재할 수 있는 비교과 활동이나 학교 밖 활동의 범위를 지나치게 축소한 상태이다. 이는 학교생활기록부를 통해 학생 간 변별력을 확보하기 어렵다는 말이기도 하다. 따라서 학교생활기록부의 기재와 관련된 부작용을 방지하는 대책을 시행하면서, 기재 범위의 확대를 추진할 필요가 있다.

대입의 공정성을 최대한 유지한다는 전제에서 대학별 고사를 점진적으로 확대할 수도 있다. 이때 대학의 입시 관리에 대한 사회적 신뢰가 높지 않다는 점을 생각하면, 대학별 고사의 비중을 확대할 때는 엄격한 모니터링이 요청된다. 예컨대, 심층 면접을 한다고 하면서 본고사형 문제 풀이를 시키거나, 고교 교육과정을 벗어난 고난도 문제를 내는 등 편법적인 대학별 고사에 대한 감독도 강화할 필요가 있다.

대학수학능력시험의 개선 방안

현행 수능은 사실상 학력고사처럼 운용되는 면이 있다. 앞으로 '발전된 학력고사'라는 원래 수능 시험 성격을 회복하는 것이 필요하다. 탈교과적, 통합교과적 문제를 확대함으로써 단순한 교과 지식의 암기에서 벗어나 고등 사고력을 배양하는 방향으로 공교육을 유도할 수 있게 된다. 이를 위해 현행 수능의 국어, 수학, 영어 영역으로 표시하는 것을 언어, 수리, 외국어 영역으로 다시 바꾸고, 통합교과적 성격을 확립하는 것이 필요하다. 구체적으로는 문·이과를 통합할 수 있는 교육과정과 수능 시험 체제로 전환하고, 평가 방식은 9등급 절대평가 방식으로 전환하는 것을 고려할 수 있다. 9등급 절대평가제를 도입하면, 최상위권 학생조차도 '수능 시험에서 한 문제라도 덜 틀리기 위해 반복 학습'을 하는 부담에서 벗어날 수 있다. 대신 관심이 있는 교과의 심화 학습이나 활동에 집중할 수 있는 여건을 조성해야 할 것이다.

이와 함께 중장기적으로 수능 시험을 '자격고사'로 전환하는 방안을 검토할 필요가 있다. 여기에 9등급 절대평가제를 시행하게 되면, 서술형 평가를 도입할 수 있는 여건도 갖출 수 있다. 다만, 서술형 문제는 채점이 어렵고, 채점 결과에 대한 사회적 신뢰가 충분히 성숙되지 않았다는 점을 고려해 일률적으로 대폭 확대하기보다는 채점한 결과와 공정성에 대한 면밀한 분석을 바탕으로 점진적으로 확대하는 것이 바람직하다.

학생 수가 급감하는 상황에서 대학들은 학생 충원에 전념해야 하고, 학생을 선별하기 위한 수능 시험의 영향력은 점차 줄 것으로 예상된다. 즉, 수능 시험 성적은 전체 대학 중 일부 대학과 일부 우수 학생에게만 의미 있는 전형 자료가 될 수 있다. 그렇다고 수능 시험이 중요해지지 않는 것은 아니다. 아직까지 선택의 여지가 남아 있는 고교 2학년까지는 많은 학생의 학습에 영향을 미치게 될 것인 만큼 그 중요성을 무시할 수는 없을 것이다.

마지막으로 수능 시험의 응시 영역은 전공 계열과 관계없이 '한국사, 언어, 수리, 외국어, 통합사회, 통합과학, 제2외국어/한문'으로 통일하는 것을 고려할 필요가 있다. 심화 학습이 필요한 교과목의 학습 역량은 학교생활기록부 성적으로 평가를 유도하는 것이 바람직하다.

학교생활기록부 제도의 발전 방향

학교생활기록부 성적, 즉 내신성적은 절대평가 방식인 과목별 성취도 평가 결과와 상대평가 방식인 석차를 병행해서 제공하는 것을 제안한다. 만약 완전히 상대평가를 없애면, 한 학생이라도 상위권 대학으로 보내고자 하는 학교들은 '성적 부풀리기'를 방지할 방법이 없다. 이렇게 되면 학교생활기록부 내신성적의 변별력이 약화하고, 대학들이 이 자료를 쓰지 않으려 할 것이다. 그렇게 되면 학생들은 학교 수업을 외면하게 되고 교육의 중심축이 학교에서 학교 밖, 사교육으로 바뀌게 될 가능성이 크다. 결론적으로 절대평가는 교육적으로는 바람직하지만, 이를 적용하기에는 많은 부작용이 예상된다. 반대로 상대평가는 교육적으로 바람직하지는 않은 면이 있지만, 우리 교육 현실에서는 불가피한 면이 있다. 결론적으로 학교생활기록부 성적은, 현재와 같이 절대평가와 상대평가 두 가지 방식을 병행하고, 내신성적의 구체적인 반영 방법은 대학 자율에 맡기는 것이 바람직하다.

다음으로 '고교 교육 기여대학 지원 사업'과 연계해서 입학사정관 전형을 점진적으로 확대할 필요가 있다. 이를 위해서는 현재 지나치게 축소되어 전형 자료로서 유명무실해진 비교과 활동 기재 사항을 좀 더 확대하고, 입학 전형 과정에서 심층 면접 등의 방법으로 기재 사항의 진실성을 확인하고 평가하는 방법을 고려할 수 있다. 또한 공교육의 내실화와 정상화, 진학지도 강화 차원에서 폐지한 교장·교사 추천서를 부활하는 것도 검토할 수 있다. 학교장이나 교사의 추천서와 학교생활기록부에 기재된 활동과 성적을 반영하는 전형은 대학 자율에 맡기는 것이 바람직하다. 다만, 대학의 자율성을 확대한 만큼, 입시 공정성과 관련해서 문제가 발생하면 대학이 해명하고 잘못이 없음을 입증하는 책임을 지도록 해야 할 것이다. 문제가 심각하다고 판단될 경우에는 정부가 나서서 조사와 감사를 통해 책임을 규명하고, 해당 대학이 '고교 교육기여 대학 지원 사업'을 받는 경우에는 사업비 배정을 철회하거나 불이익을 주어야 할 것이다. 이러한 방안들을 통해서 시간이 걸리더라도 입학사정관 전형이 정착하면, 고교 교육의 정상화에 큰 도움이 될 수 있다. 이러한 선순환 구조가 제대로 이루어지려면 선결 조건은 고교와 대학 차원의 객관적이고 공정한 진학 지도와 입시 관리이고, 이를 통해 쌓인 대입제도에 대한 사회적 신뢰일 것이다.

대학별 고사의 개선 방향

대학별 고사의 전형인 심층 면접과 논술고사는 대학의 자율 영역이다. 다만, 심층 면접 과정에서 본고사형 문제를 풀게 하는 등 편법적인 면접이나 논술 시험은 '고교 교육기여 대학 지원 사업'에서 배제하는 방식으로 억제할 수 있다. 농어촌 학생 특별전형, 특성화고교 졸업자 특별전형 등은 사회적 요구나 교육적 필요성을 검토해 제도의 폐지를 검토하고, 이를 정원 내 특별전형으로 일원화하는 것도 필요하다. 반면, 지역 균형 선발, 농어촌 학생 특별전형 등 '결과적 공정성'과 고등교육의 기회 균등을 함께 실현할 수 있는 정원 내 특별전형은 '고교 교육기여 대학 지원 사업' 등 정부의 재정 지원으로 강력히 유도할 필요가 있다.

3불 정책의 당분간 유지

사회적 여건이 충분하게 성숙하지 않은 상황에서, 기여입학제, 고교등급제, 대학 본고사 금지 등 3불 정책은 지속하는 것이 바람직하다. '기여입학제'는 재정 상황이 날로 어려워지는 대학의 처지에서는 나름대로 이점이 있다. 그러나 국민이 요구하는 대입제도의 공정성과 관련해서 심각한 사회적 갈등과 논란을 불러올 수 있다. '고교등급제'도 농어촌이나 낙후 지역 학생에게 불리하게 작용하고, 고입 단계에서 과열 경쟁을 유발할 가능성이 크므로 이를 허용하기는 어려울 것이다. '대학 본고사'는 고교 교육의 파행과 사교육을 심각하게 유발할 수 있다는 점에서 이를 허용하는 것은 시기상조이다.

이상의 3불 정책이 허용되는 것은 대학의 공정한 학생 선발에 대한 사회적 신뢰가 얼마나 확보되느냐에 달려 있다. 향후 이를 도입할 필요성이 제기되더라도 이는 '공론화'를 통해 다양한 의견을 수렴하고 사회적 합의를 거쳐 추진해야 할 것이다.

대입제도 발전을 위한 중장기 과제

대입제도 개선에 대한 기초 연구

지금까지 대입제도의 개편과 관련된 논의는 대개 사회적 불만이 쌓이거나, 입시와 관련해서 부정적 여론을 불러오는 사건이 발생할 때, 이를 해결하기 위해 이루어졌다. 따라서 현재의 불만이나 부작용을 해소하는 소극적인 방안을 제시하는 데 그쳤다. 다양한 의견을 충분히 검토하고, 사전 준비를 철저히 하지 못한 제도 개편은 새로운 문제를 만들거나 기대하지 않았던 부작용을 낳기도 했다.

긴 안목과 호흡으로 중장기적인 교육 혁신을 추진하는 방안의 하나로 대입제도의 개선 방안을 모색하는 것이 필요하다. 지금까지 정부가 추진한 교육 개혁 방안이 대입제도와 연계되지 않으면 정책 효과가 반감되거나 심지어 정책이 물거품으로 돌아가는 것을 지켜봤다. 이제 10년, 20년을 내다보는 장기적 관점에서, 대입제도를 개선하기 위한 기초 연구를 수행할 필요가 있다.

특히 앞으로 예상되는 학생 수 격감 문제, 그리고 COVID-19를 계기로 크게 확대될 비대면 교육이 우리 교육 체제에 미칠 영향과 그것에 대비한 대입제도의 발전 방향에 대한 새로운 시각의 접근이 필요하다. 학생 수 격감 문제는 우리나라 고등교육 생태계 전반에 큰 충격을 줄 것으로 예상되고, 비대면 교육의 확대도 학교 교육 패러다임 자체에까지 큰 변화를 가져올 가능성이 있기 때문이다. 이에 대한 면밀한 관찰과 대응이 필요하다. 대입제도는 이 변화로 인한 영향을 받으면서도 동시에 그 변화 자체에도 영향을 줄 수 있는 가능성이 있다. 이 변화를 긍정적인 변화로 만들기 위해 그에 상응하는 대입제도의 방향에 대한 기초 연구가 시작되어야 할 때다.

한국교육과정평가원의 역할과 기능의 전환 및 강화

장기적으로 수능 시험에서 논술식 또는 서술식 평가를 확대하려면, 평가 문항과 방법의 개발, 채점을 위한 전문가 양성 등 평가 역량을 강화해야 한다. 하지만 현실적으로 한국교육과정평가원의 기관 역량은 수능의 관리에 집중되었다. 이제는 한국교육과정평가원을 중심으로 국가 차원의 평가 인프라와 역량을 키우는 데에도 관심을 기울여야 할 것이다.

나아가 고등학교 내신성적, 즉 학업성취도 평가를 절대평가 방식으로 바꾸고, 이를 대입 전형에 반영하려면 학교별로 산출된 내신성적에 대해 사회적 신뢰를 확보하는 것이 필수적이다. 이를 위해서는 교육과정이 제시하는 성취 수준과 평가를 연계하는 것이 필요하다. 한국교육과정평가원은 1998년에 교육과정과 교육평가를 연계하고, 국가 차원에서 두 제도의 정합성을 높이기 위해 설립되었다. 그러나 지금은 수능 시험의 관리와 운영이라는 현안에 매달려 교육과정과 교육평가의 연계와 평가 인프라 구축이라는 본연의 기능을 수행하는 데에는 한계가 있었다. 이제는 수능 시험을 시행하는 위탁기관의 역할에만 머무르기보다, 국가교육과정을 담당하는 기관으로서 학교 교육의 성과를 분석하고 학교의 평가 역량을 높이기 위한 정책적 노력을 펼쳐야 할 것이다. 아울러 평가를 통해 얻은 정보를 활용해서 교육과정의 개선에 활용하는 환류 체제를 갖추어야 할 것이다.

대입제도는 신분 제도인가, 교육 제도인가?

책 제목에서 질문을 던졌다. 대입제도는 신분 제도인가, 교육 제도인가? 이제 저자의 생각을 밝힐 차례가 되었다.

대입제도는 본래 교육 제도이며 또 마땅히 교육 제도이어야 한다. 그러나 현실 세계에서 대입제도를 교육 제도로만 이해하려고 하면 풀리지 않는 문제가 있다. 그것은 대입제도가 가진 강력한 신분 제도적 기능이다. 광복 이후 한국 사회가 거쳐 온 역사의 굴곡에서 대학에 진학한다는 것, 특히 명문 대학에 입학한다는 것은 매우 중요한 의미를 지녔다. 마치 조선 시대 과거 급제처럼, 개인적으로 사회적 신분의 상승을 의미했고 가족의 명예를 드높이는 일이었으며 경제적으로도 많은 새로운 기회의 창을 보장받는 것이었다. 개인과 가족의 처지에서 보면, 명문 대학 합격증을 거머쥐는 것은 공교육의 정상화나 사회 통합 같은 거대 담론에 앞서는 원초적 욕망이자 '가문의 영광'이었다. 이러한 욕망이 복잡하게 얽혀 있는 현실 세계는 대학 입시와 관련된 어떠한 교육적 담론과 정책적 논리도 흡수해 버릴 만큼 강력한 자기장을 만들어냈다. 명문 대학 진학을 통해 자녀의 경제·사회적 지위를 높이려는 강렬한 욕구, 그렇지만 오직 소수만 승리자가 되고 대다수는 패배자가 될 수밖에 없는 잔인한 신분 제도적 속성이 모든 학생의 성장을 추구하려는 교육 제도적 성격을 압도한 것이다. 게다가 빈부 격차가 커지고 승리한 소수가 모든 것을 독식하는 방향으로 한국 사회가 변화하면서, 대입제도가 가진 신분 제도적 속성은 더 강해지는 모습을 보이고 있다. 이러한 엄연한 현실을 충분히 이해하지 않고 대입제도를 교육제도의 프레임으로만 이해하고 개혁을 추진하려 한다면, 정책은 현실에서 유리되고 왜곡된 결말을 낳을 수도 있다. 대입제도를 설계할 때, 교육적 타당성 못지않게 절차적, 결과적 공정성 문제까지 고민해야 하는 이유가 여기에 있다.

그렇다고 해서 만약 대입제도가 가진 신분 제도적 속성에 주목해서 공정성이라는 가치를 대입제도의 개편에서 고려할 최고의 원칙으로 내세운다면 어떻게 될까. 대입제도의 공정성에 대한 사회적 불만을 잠재우기 위해 수능 점수 위주의 정시 모집을 늘리고, 수시 모집을 줄이도록 대학에 요구한 것도 같은 맥락으로 이해할 수 있다. 이는 객관적 점수를 바탕으로 한 줄로 세워서 평가하는 것이 공정하다는 일반 대중의 통념을 반영한 정책이다. 이러한 정책으로 입시 제도가 불공정하다는 사회적 불만을 다소나마 화급하게 잠재울 수는 있다. 하지만 대입제도와 정책이 신분 정책의 프레임에 깊이 빨려 들어갈수록 점점 더 신분 제도적 속성이 강해지는 비극의 굴레에서 헤어 나오지 못할 수 있다. 무엇을 위한 경쟁인지를 고민하지 않고 공정한 경쟁만을 강조할수록, 아이들이 점점 숨 막히는 막다른 골목으로 내몰리게 된다. 이런 상황에서 교육은 꿈과 희망의 상징이 아닌 갈등과 고통의 장으로 변질하고 말 것이다. 우리 아이들이 미래 사회에서 활짝 날개를 펼 수 있게 하려면 이제는 대입제도가 낡고 시대착오적인 신분 제도적 속성에서 벗어나야 할 때다. 그래야 나라의 미래도 열린다.

결론적으로 대입제도 개편은 무엇보다도 교육적 타당성을 추구해야 한다. 학생들의 학교 생활과 성장에 미칠 영향을 최우선으로 고려해야 한다. 미래 사회를 전망하면서 그 세상을 살아가는 데 필요한 능력과 성품을 길러주는 데 도움을 주는 대입제도가 아니라면 교육 제도라고 할 수 없다.

공정하기는 하지만 교육적으로 정당화할 수 없는 대입제도는 교육 제도가 아니라 냉혹한 신분 제도에 지나지 않는다. 이와 함께 대입제도 개편이 성공하기 위해서는 공정성이라는 날카로운 화살들을 효과적으로 막아낼 지혜도 필요하다. 우리 대입제도의 변천 역사는 대입제도에 내포된 공정성이라는 신분 제도의 '역린'을 건드리지 않도록 세심하게 다룰 때 비로소 개혁안이 효과를 발휘할 수 있음을 보여주었다.

지금 우리가 갖고 있는 대입제도는 긴 역사의 산물이다. 그 안에는 우리 사회와 교육이 안고 있는 많은 모순적 상황 속에서도 자라나는 세대에게 조금이라도 더 나은 세상과 교육이 되도록 노력했던 많은 사람의 힘겨운 고투가 각인되어 있다. 대입제도가 시대의 변화에 발맞추어 더 나은 교육 제도로 발전하기를 바라는 마음이 간절하다.

이 책에서 펼친 주장과 대안만이 옳고 최선이라는 생각은 조금도 없다. 오히려 한없이 부끄럽고 조심스럽기만 하다. 그럼에도 불구하고 이 책을 내기로 용기를 낸 것은 더 나은 대입제도를 기대하는 소망 때문이다. 여기에 기록된 역사와 경험이 새 길을 개척해 나갈 사람들에게 영감을 주고 하나의 이정표가 되었으면 좋겠다. 그렇게 된다면 이 길 없는 길을 걸어온 긴 고통의 나날에도 따뜻한 위안이 될 것이다.

참고문헌

교육부(1999). 교육정책토론회 1년의 발자취. 서울: 교육부.

국정브리핑 특별기획팀(2007). 대한민국 교육 40년. 서울: 한스미디어.

김동석(2002). 고교평준화에 관한 정책주장의 논리구조 분석. 교육행정학연구, 20(3), 23-48.

김선(2020). 교육의 차이. 서울: 혜화동.

김수현(2013.10.03). EBS 지식채널e '시험의 목적'. https://jisike.ebs.co.kr/jisike/vodReplayView?siteC
d=JE&prodId=352&courseId=BP0PAPB0000000009&stepId=01BP0PAPB0000000009&lect
Id=10155120에서 추출.

김주후, 정책희, 정수현, 김주아(2005). 자립형 사립고등학교 시범운영 평가보고서(CR2005- 16).
서울: 한국교육개발원.

대통령자문 정책기획위원회(2008). 2008 대입제도 개선안 정책보고서. http://archives.knowhow.
or.kr/policy/report/view/17602에서 추출.

박남기(2018). 실력의 배신. 서울: 쌤앤파커스.

서울특별시교육청(2010). 고교선택제에 따른 2010학년도 후기 고등학교 신입생 배정 결과 발표
(보도자료). 서울: 서울특별시교육청.

안병영(2008). 2008 대학입학제도 개선안의 정책과정. 오석홍 외, 행정개혁실천론: 행정학자들
의 개혁현장 체험(제1판, pp.15-65). 서울: 법문사.

안병영(2013.10.16). EBS 수능과 관련하여 기억해야 될 이야기들. https://hyungang.tistory.com/262
에서 추출.

안병영(2017). 교육정책 결정 과정에서 정치와 행정의 역할과 조화. 한국교육정치학회 학술대회
지, 3-20.

안병영, 하연섭(2015). 5·31 교육개혁 그리고 20년. 서울: 다산출판사.

안선회(2005). 참여정부 교육정책 결정체제에 관한 연구. 고려대학교 석사학위 논문.

윤영섭(2021.8.30). [살며 생각하며] ㉓ YS와의 악언, 한 번의 괘씸죄와 두 번의 보복 그리고 그 은
덕. http://news.unn.net/news/articleView.html?idxno=514466에서 추출.

윤종혁(2004). 고교 평준화 정책의 쟁점과 과제. 이종재 외, 『한국교육평론』 2004 : 교육의 경쟁력
제고 측면에서 본 한국교육의 과제(EP2005-01, pp.190-210). 서울: 한국교육개발원.

이윤미(2018). 1974년 고교평준화정책에 대한 구술사적 연구. 한국교육문제연구, 36(3), 1-29.

이주호, 홍성창, 박혜경(2006). 평준화를 넘어 다양화로: 실천적 한국교육정책론. 서울: 학지사.

이찬승(2017.11.15). 일본의 '교육 및 대입제도 대개혁'이 한국 입시개혁에 주는 시사점. https://21erick.org/column/561/에서 추출.

정태수(1991). 7·30 교육개혁. 서울: 예지각.

통계청(2021). 인구동향조사·장래인구추계.

학부교육선도대학협의회(2019). 대학자율역량강화지원사업 ACE+ 백서: 잘 가르치는 대학사업, 8년의 성과와 과제. 서울: 학부교육선도대학협의회.

Bae, S. H. (2021.11). What Really Matters to Unshrinkable Private Tutoring in Korea: Defective Public Schooling or Universalized Desire for upward Mobility and Family Reproduction?. The 19th Shanghai International Curriculum Forum. Forum conducted at the meeting of the East China Normal University Yifu Building, Shanghai.

Bray, M. (2013). Shadow Education: Comparative Perspectives on the Expansion and Implications of Private Supplementary Tutoring. Procedia-social and behavioral sciences, 77, 412-420.

Karier, C. J. (1967). Man, Society, and Education a History of American Educational Ideas. Illinois, Northbrook: Scott Foresman.

Kingdon J, A. (1984). Alternatives and Public Policies. Boston: Little, Brown and Co.

Montacute, R. (2018). Access to Advantage: The Influence of Schools and Place on Admissions to Top Universities. London: Sutton Trust.

Sandel, M. J. (2020). 공정하다는 착각 (함규진 역). 서울: 와이즈베리.

Sean Coughlan. (2018. 12. 7). Oxbridge 'over-recruits from eight schools'. Retrieved from https://www.bbc.com/news/education-46470838.

Weber, M. (2006). 프로테스탄트 윤리와 자본정신 (김상희 역). 서울: 풀빛.

Young, M. (2020). 능력주의 (유강은 역). 서울: 이매진.

참고자료

교육아래 참고자료는 성균관대학교 교육과미래연구소 홈페이지 자료실에서 찾아볼 수 있다.

1. 1975학년도 대학입학예비고사 시행계획

2. 1994학년도 대학입시 기본계획 (새 대학입학제도 시행 기본계획)

3. 1995학년도 대학입시 기본계획

4. 2002학년도 대학입학전형 기본계획

5. 2002학년도 대학입학제도 개선안내 자료집

6. 2008학년도 대학입학전형 기본계획

7. 2009학년도 대학입학전형 기본계획

8. 2010학년도 대학입학전형 기본사항 (한국대학교육협의회)

9. 2014학년도 대학입학전형 기본사항 (한국대학교육협의회)

10. 2017학년도 대학입학전형 기본사항 (한국대학교육협의회)

11. 2023학년도 대학입학전형 기본사항 (한국대학교육협의회)

12. 교육인적자원부, 2008학년도 이후 대입제도 개선안

13. 대통령자문정책기획위원회 정책보고서, 2008 대입제도 개선안

14. 보도자료 (2004.02.17) 사교육비 경감대책 발표

15. 보도자료 (2011.01.27) 2014학년도 수능시험 개편방안

16. 보도자료 (2013.08.28) 대입전형 간소화 및 대입제도 발전방안(시안)

17. 보도자료 (2013.10.24) 2017학년도 대입 제도 확정

18. 보도자료 (2014.09.24) 2015 문이과 통합형 교육과정 총론 주요사항 발표

19. 보도자료 (2015.09.23) 2015 개정 교육과정 확정 발표

20. 보도자료 (2017.08.10) 2021학년도 수능 개편 시안 발표

21. 보도자료 (2018.04.11) 대입 제도 국가교육회의 이송안 발표

22. 보도자료 (2018.08.17) 2022학년도 대학입학제도 개편방안 및 고교교육 혁신방향

23.보도자료 (2019.11.28) 교육부 대입제도 공정성 강화방안 발표

24. 보도자료 (2020.03.11) 2019년 사교육비 조사 결과 발표

25. 보도자료 (2021.11.24) 2022 개정 교육과정 총론 주요사항 시안 발표

26. 보도자료 첨부자료(2017.08.10) 2021학년도 수능 개편 시안

27. 보도자료 첨부자료(2018.04.11) 대학입시제도 국가교육회의 이송안

28. 보도자료 첨부자료(2021.10.21) 2022 개정 교육과정 총론 주요사항(시안)

29. 안병영, EBS 수능과 관련하여 기억해야 될 이야기들